Ontdek
Oostenrijk

Inhoud

Oostenrijk – veelgestelde vragen 7
Favorieten 12
In vogelvlucht 14

Reisinformatie, adressen, websites

Reisinformatie	18
Weer en reisseizoen	19
Reizen naar Oostenrijk	21
Reizen in Oostenrijk	22
Overnachten	23
Eten en drinken	25
Actieve vakanties, sport en wellness	28
Feesten en evenementen	31
Praktische informatie van A tot Z	34

Kennismaking – feiten en cijfers, achtergronden

Oostenrijk in het kort	40
Geschiedenis	42
Sissi – keizerin tegen wil en dank	47
Het Beleg van Wenen (1683) – de Turken voor de poorten van Europa	50
Wandelen door de Oostenrijkse Alpen	52
Smeltende gletsjers	56
Speuren naar steenbok en edelweiss	58
Over bombastische barok en Weense jugendstil – bouwkunst in Oostenrijk	62
Klederdracht – meer dan lederhose en dirndl	66
Van wonderkind tot Weense wals – muziektraditie in Oostenrijk	68
Almabtrieb – de feestelijke terugkeer van het vee uit de bergen	73

Inhoud

Onderweg in Oostenrijk

Wenen en omgeving — 78
Het oude centrum — 81
Langs de Ringstraße — 91
Buiten het centrum — 95
In de omgeving — 99

Neder-Oostenrijk en Burgenland — 104
St. Pölten — 106
Stift Melk — 110
Dürnstein — 115
Krems — 117
Stift Altenburg — 119
Door het Waldviertel — 122
Door het Weinviertel — 124
Baden bei Wien — 128
Wiener Alpen — 129
Eisenstadt — 131
Neusiedler See — 132

Opper-Oostenrijk — 134
Linz — 136
Door het dal van de Donau — 143
Door het Mühlviertel — 147
Langs de Inn — 149
Ten zuiden van de Donau — 152
Steyr — 153
Salzkammergut — 155
Hallstatt — 160

Stiermarken — 164
Graz — 166
Ten zuiden van Graz, Thermenland — 180
Pöllau — 182
Bruck an der Mur — 183
Leoben — 184
Eisenerz — 185
Mariazell — 186
Nationalpark Gesäuse — 188
Stift Admont — 189
Bad Aussee — 190
Schladminger Tauern en Dachstein — 191
Abtei Seckau, Het westelijke Murtal — 192
Turracher Höhe — 193

Inhoud

Salzburg — 194
- Salzburg — 196
- St. Gilgen, Hallein — 212
- Abtenau — 213
- Radstadt — 214
- Werfen, Pongau — 215
- Lungau, Gasteinertal — 216
- Gasteinertal — 216
- Nationalpark Hohe Tauern — 217
- Zell am See, Saalbach-Hinterglemm — 220
- Saalachtal — 221

Karinthië en Oost-Tirol — 222
- Klagenfurt — 224
- Rond de Wörthersee — 231
- Maria Saal — 232
- Burg Hochosterwitz, Bad Eisenkappel, Door het Lavanttal — 233
- St. Veit an der Glan — 236
- Friesach — 237
- Gurk — 238
- Villach — 239
- Hermagor, Spittal an der Drau — 242
- Millstätter See, Gmünd — 243
- Lienz — 246
- Matrei in Osttirol — 247

Tirol en Vorarlberg — 252
- Innsbruck — 254
- Hall in Tirol — 264
- Schwaz, Achensee — 265
- Zillertal — 266
- Rattenberg, Kufstein — 270
- Kitzbühel — 271
- Seefeld in Tirol — 272
- Ehrwald, Reutte — 273
- Ötztal — 274
- Pitztal, Landeck, Paznauntal — 275
- St. Anton am Arlberg, Bregenz — 276
- Kleinwalsertal, Feldkirch — 278
- Bludenz, Montafon — 279

- Toeristische woordenlijst — 282
- Culinaire woordenlijst — 284
- Register — 286
- Fotoverantwoording en colofon — 296

Op ontdekkingsreis

Keizerlijke pronkzucht – de Hofburg	88
Een klassieker onder de fietsroutes – de Donauradweg	112
Graven naar een verdwenen Romeinse stad – Carnuntum	126
Krippenstein – grotten en bergpanorama's	162
Schlossberg – kasteelberg met een ondergronds doolhof	172
The Sound of Music – Salzburg als filmdecor	206
Großglockner Hochalpenstraße – de mooiste panoramaroute van de Alpen?	218
In de schaduw van de Großglockner – bergwandelen voor jong en oud	248
Naar de top van de Nordkette	262
Zillertaler Alpen – drie berghutten op één dag	268

In het ruige bergland van Oost-Tirol valt veel te ontdekken

Kaarten en plattegronden

Stadsplattegronden

Wenen	84
St. Pölten	108
Linz	138
Graz	168
Salzburg	198
Klagenfurt	226
Innsbruck	256

Routekaarten

Donauradweg	114
Carnuntum	127
Krippenstein	163
Schlossberg Graz	173
Großglockner Hochalpenstraße	219
Bergwandelen in de schaduw van de Großglockner	249
Naar de top van de Nordkette	263
Zillertaler Alpen	269

▶ Dit symbool verwijst naar de uitneembare kaart

Symbool van Wenen: het nostalgische reuzenrad in het Prater

Oostenrijk – veelgestelde vragen

Weinig tijd? Een eerste kennismaking

Voor een eerste kennismaking met Oostenrijk zijn twee bestemmingen veruit favoriet: wereldstad Wenen en het imposante berglandschap van de Alpen.

Het is niet verwonderlijk dat **Wenen** zeer hoog scoort bij liefhebbers van een stedentrip: de keizerlijke Hofburg, de Stephansdom, de kunst in de musea, de Weense koffiehuizen waar de tijd lijkt stil te staan – een paar dagen is eigenlijk niet genoeg om deze prachtstad te ontdekken. En dan komen daar nog het reuzenrad, Schloss Schönbrunn, het Belvedere, de gezellige winkelstraten en de vele festivals bij ...

Wintersporters, klimmers, bergwandelaars, mountainbikers en andere sportieve reizigers vinden in de **Alpen** alles wat zij wensen. Elk dal, elke bergrug en elke top belooft weer nieuwe panorama's en andere sportieve mogelijkheden. Prachtige berggebieden zijn bijvoorbeeld het Dachsteinmassief, het Karwendel en het Kaisergebirge, maar de hoogste bergen en de grootste gletsjers zijn te vinden in **Nationalpark Hohe Tauern**, dat zich uitstrekt over de deelstaten Karinthië, Salzburg en Tirol. Als extraatje laten bekende alpendieren als gems, steenbok, alpenmarmot, steenarend en lammergier zich hier regelmatig zien.

Wat zijn de mooiste steden?

Wie – in de winter of de zomer – voor de bergen naar Tirol is afgereisd, moet zeker tijd inplannen voor een dagje shoppen of cultuur in de hoofdstad **Innsbruck**. Nog meer cultuur belooft een bezoek aan Mozartstad **Salzburg**.

Oostenrijk – veelgestelde vragen

Het geboortehuis en het woonhuis van Mozart zijn er nog, maar ook de vesting Hohensalzburg en het met winkelstraten, kerken en paleizen gevulde stadshart staan garant voor een geslaagde stedentrip. Net een maatje kleiner is **Graz**, de hoofdstad van Stiermarken. **Klagenfurt** is een oude, bijna mediterrane stad aan de Wörthersee. Uniek is de sfeer in **Hallstatt**, een ministadje op de smalle oever van de Hallstättersee, bekend van de zoutmijn en de archeologische opgravingen.

Zijn er nog meer hoogtepunten?

De zoutmijn van Hallstatt is toegankelijk onder de naam **Salzwelten**. Daarnaast bieden ook andere verlaten mijnen een kijkje onder de grond. **Salzwelten Hallein** toont een zoutmijn in Salzburg, het **Schwazer Silberbergwerk** neemt u mee naar een oude zilvermijn.

Bovengronds – vaak op de top van een rots – getuigen robuuste burchten van roerige tijden, waarbij vooral de strijd tegen de Turken sporen heeft achtergelaten. Onneembaar ogen **Burg Hohenwerfen** in Salzburg en **Burg Hochosterwitz** in Karinthië. Uit een latere periode dateren de paleizen, die vooral werden gebouwd om te pronken. De uitbundige plafond- en muurschilderingen zijn kenmerkend voor de barok, een stijl die in de 17e en 18e eeuw zeer populair was. Bezoek bijvoorbeeld **Schloss Schönbrunn** en **Schloss Belvedere** in Wenen, **Schloss Eggenberg** in Graz en **Schloss Hof** nabij de Sloveense grens. Een vergelijkbare barokke weelde siert tal van kerken en kloosters, met als toppers **Stift Melk** aan de Donau, **Stift Admont** in Stiermarken en **Stift St. Florian** bij Linz.

Een juweel van een heel andere orde is **Swarovski Kristallwelten** in Wattens: binnen én buiten draait alles om flonkerend kristal – dit is een van de drukst bezochte attracties in Oostenrijk.

De kristallen wonderwereld van Swarovski

Waar vind ik de mooiste watervallen en grotten?

Tweederde van het Oostenrijkse grondgebied wordt ingenomen door bergen. Extra indrukwekkend wordt dit landschap bij natuurfenomenen als watervallen, kloven, druipsteengrotten en ijsgrotten. De hoogste waterval van Europa zijn de 380 m hoge **Krimmler Wasserfälle** in Nationalpark Hohe Tauern. De waterval is tot bovenaan toegankelijk. Ook bij veel kloven (*Schlucht* of *Klamm*) maken trappen, vlonders en paden het mogelijk om het donderende natuurgeweld van dichtbij te bekijken. Spectaculair zijn de **Liechtensteinklamm** en de **Salzachöfen** in Salzburg en de **Garnitzenklamm** in Karinthië.

De grootste ijsgrot, compleet met ijspegels en ijskristallen aan de wanden, heet **Eisriesenwelt** en ligt in Salzburg. Bij druipsteengrotten zijn door kalkafzetting stalagtieten en stalagmieten ontstaan. Feeëriek en kleurrijk is de **Lurgrotte** in Stiermarken.

Wat zijn de bekendste wintersportgebieden?

Wintersportgebieden zijn er in alle soorten en maten. De grootste skigebieden voor een brede doelgroep zijn **Ski amadé**, **Salzburger Sportwelt**, **Skicircus Saalbach Hinterglemm Leogang** en het **Gasteinertal** in de deelstaat Salzburg, en **Skiwelt Wilder Kaiser-Brixental** (Kitzbüheler Alpen), **Zillertal Arena** en **Sölden** in Tirol. Populair bij Nederlanders is bovendien het wintersportdorp **Gerlos**, gelegen in een zijdal van het Zillertal. Gerlos staat ook bekend om de levendige après-ski, evenals bijvoorbeeld de Tiroolse wintersportdorpen **Ischgl**, **Kirchberg in Tirol**, **Mayrhofen** en **Saalbach-Hinterglemm**. Voor langlaufers zijn er volop mogelijkheden rond **Leutasch** en **Seefeld** in Tirol en bij **Ramsau am Dachstein** in Stiermarken, dat verder vooral geschikt is voor beginnende skiërs. Snowboarders vinden veel geschikte pistes in **Saalbach-Hinterglemm** en **St. Anton am Arlberg**. Wintersporters met een beperkt budget kijken bijvoorbeeld naar **Hinterstoder** (bij Linz) en **Matrei in Osttirol**.

Wat kan ik nog meer doen in de bergen?

Kabelbanen, berghutten, routebordjes – Oostenrijk is in de zomer helemaal ingesteld op (berg)wandelen, van eenvoudige dagwandelingen tot meerdaagse toppentochten. Brochures, wandelkaarten en wandelgidsen vindt u in de toeristenbureaus en de boekwinkels. Extra attracties onderweg zijn de kabelbanen en spectaculaire uitzichtplatforms die soms boven een eindeloze leegte hangen, zoals de **Skywalk** (Wiener Alpen), **Top of Tyrol** (Stubaital), de **Adlerblick** (Kaunertal) en **5fingers** (Dachstein).

Ook mountainbikers kunnen kiezen uit een keur aan paden en gemarkeerde routes. Prachtige bestemmingen zijn het **Dachsteinmassief** (met een vierdaagse route) en in Tirol de **Silvretta Arena**, **Kitzbühel** en **Stubaital & Zillertal**. In Tirol zijn bovendien tientallen downhillparcoursen aangelegd.

In Schladming-Dachstein zijn volop routes voor wandelaars en mountainbikers

Oostenrijk – veelgestelde vragen

Liefhebbers van bergpanorama's kunnen ook met de auto spectaculaire routes volgen. Vaak leiden deze via een hele serie haarspeldbochten naar een hooggelegen pas. Naast de wereldberoemde **Großglockner Hochalpenstraße** zijn ook de **Silvretta Hochalpenstraße**, de **Nockalmstraße** en de **Villacher Alpenstraße** een verkenning waard.

Wat zijn de mooiste meren en rivieren?

Grote rivieren als de **Donau** en de **Inn** nodigen uit tot een relaxte fietstocht langs de oevers, waarbij bordjes de weg wijzen. Afstappen kan in prachtige stadjes waar de vroegere handelsrijkdom vaak nog zichtbaar is. Avontuurlijker zijn de sportieve mogelijkheden in bergrivieren en -beken, die zich vaak met donderend geweld door smalle kloven en langs rotspartijen persen. Wildwaterkajakken en raften kan onder meer op de **Enns** en de **Salza** in Stiermarken, de **Inn** en **Ötztaler Ache** in Tirol en de **Isel** in Oost-Tirol.

Voor zwemmers is vooral de watertemperatuur van belang. Mooie zwemmeren met aangenaam water zijn de **Milstätter See**, de **Ossiacher See** en de **Wörthersee** in Karinthië, de **Attersee** en de **Hallstätter See** in Opper-Oostenrijk, en de **Bodensee** in Vorarlberg. De meeste van deze meren lenen zich ook voor zeilen, surfen en kitesurfen, maar denk daarvoor ook aan de **Neusiedler See** in Burgenland, de **Achensee** in Tirol en de **Traunsee** en **Mondsee** in Opper-Oostenrijk.

Waar naartoe met de kinderen?

Zwemmeren, middeleeuwse kastelen, druipsteengrotten, watervallen, kabelbanen en verlaten mijnen doen het (meestal) goed bij kinderen, maar het is altijd handig om wat klassieke favorieten achter de hand te hebben. Grote **dierentuinen** zijn er bij Salzburg, Innsbruck en Schönbrunn in Wenen. In datzelfde Wenen biedt het Haus des Meeres een blik onder water. Zoo Schmiding ligt bij Krenglbach (Opper-Oostenrijk)

Sommige alpenmarmotten in Nationalpark Hohe Tauern zijn aan mensen gewend geraakt

en Tierwelt Herberstein bij Stubenberg am See (Stiermarken). Aapjes kijken kan bij Abenteuer Affenberg bij de ruïne van Landskron (Karinthië). Verder zijn er in tal van plaatsen kleine dierenparken met vooral alpendieren.

Voor kinderen die houden van klimmen en klauteren zijn er eindeloos veel **klimparken**, waar tussen de bomen touwen en andere klimconstructies zijn gemaakt. **Boomkroonpaden** vallen in dezelfde categorie. Imposant zijn de Baumwipfelweg nabij Saalbach-Hinterglem en de Baumkronenweg bij Kopfing in Opper-Oostenrijk.

De Oostenrijkse **attractieparken** zijn doorgaans klein en vooral op (jonge) kinderen gericht. Het bekendst is het attractiepark – of eigenlijk meer een soort kermis – in het Prater in Wenen. **Familypark Neusiedlersee** profileert zich als het grootste attractiepark, inclusief achtbaan. Daarnaast zijn er in de meeste toeristengebieden speeltuinen met kinderattracties te vinden.

Zeilen op de Traunsee in Opper-Oostenrijk

Wat is typisch Oostenrijks?

Kennismaken met het 'echte' Oostenrijk kan het best in de afgelegen dalen, waar de tradities lang konden standhouden. Bij dorpsfeesten komen hier nog de traditionele klederdrachten uit de kast, waarbij de verschillen tussen de regio's duidelijk zichtbaar zijn. Kom op 1 mei om de feestelijkheden rond het opzetten van de meiboom te zien. Na de zomer (sept.-okt.) wordt het vee op al even feestelijke wijze binnengehaald als het terugkeert van zijn zomerverblijf in de bergen. Proef hier dan ook de *Bergkäse*, de kruidige kaas die wordt gemaakt van de melk die de koeien in de bergen produceren.

Typisch Weens – en later overgewaaid naar andere steden – zijn de koffiehuizen waar de tijd niet lijkt te bestaan. De Weners kunnen hier uren doorbrengen, zonder dat ze zich daarbij laten leiden door de dwang van de klok. Misschien ook een ideaal uitgangspunt voor een relaxte vakantie in Oostenrijk?

Wat zijn de Oostenrijkse specialiteiten?

Ondanks de eindeloze hoeveelheid varianten mag je koffie geen Oostenrijkse specialiteit noemen, maar het enorme aanbod aan suikerzoete taarten en gebak (*Sachtertorte!*) is dat zeker wel. Van de hoofdgerechten zijn de wienerschnitzel en goulash internationaal doorgebroken, maar probeer ook de *Rostbraten* (gebraden rundvlees) en de *Tafelspitz* (gestoomd rundvlees). Klassiekers die als bijgerecht op tafel komen zijn onder meer *Spätzle* (kleine stukjes pasta) en *Knödel* (deegballen). Drink daarbij een frisse witte wijn of juist een verrassende rode wijn uit Burgenland. Of toch maar een worst van een kraampje op straat?

Monument voor een oorlogsheld in Schloss Belvedere in Wenen. Zie blz. 96.

Nadenken over leven en dood in de crypte van Stift Altenburg. Zie blz. 121.

Favorieten

De auteurs van deze serie reisgidsen kennen de beschreven gebieden door en door. Ook proberen ze op de hoogte te blijven van de laatste ontwikkelingen. Het kan dan ook niet anders dan dat ze allemaal hun eigen favoriete plekjes hebben. Dat kan gaan om dorpen die net buiten de bekende toeristische routes liggen, een bijzondere burcht of klooster, plaatsen waar je als bezoeker heerlijk kunt ontspannen of stukjes natuur die nooit vervelen en waar je steeds weer naar terug wilt keren.

Barok paardenbad bij de aartsbisschoppelijke stallen in Salzburg. Zie blz. 204.

De Pyramidenkogel: ultramoderne uitzichttoren bij de Wörthersee. Zie blz. 234.

Sierlijke huizen in gildekleuren in Schärding aan de Inn. Zie blz. 150.

Druipstenen sieren de sprookjesachtige Lurgrotte in Stiermarken. Zie blz. 179.

Elke winter trekken fanatieke schaatsers massaal naar de Weissensee. Zie blz. 244.

De sfeer in de kersttijd is uniek, zoals bij de kerstmarkt in Innsbruck. Zie blz. 258.

In vogelvlucht

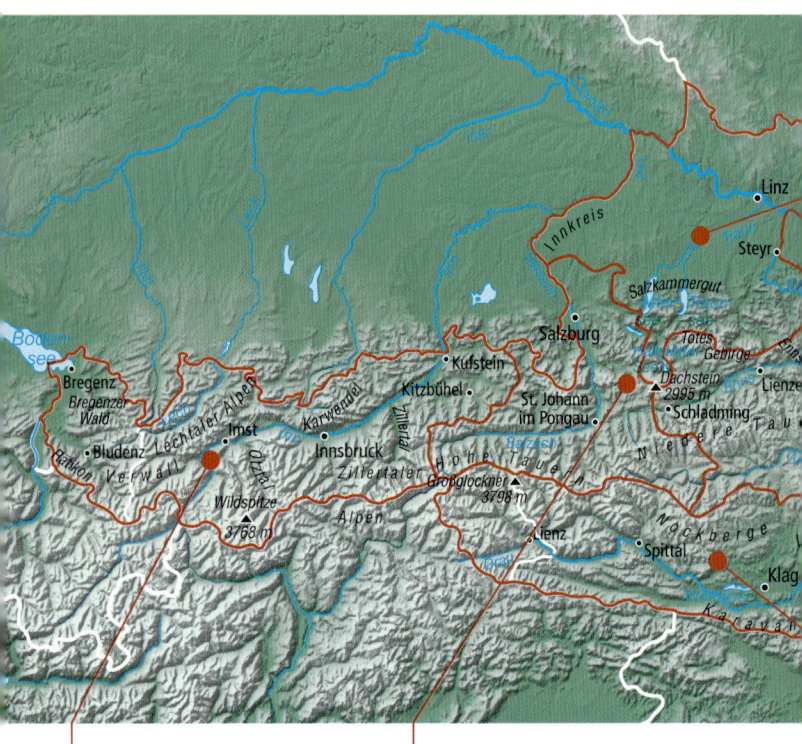

Tirol en Vorarlberg
Machtige bergtoppen, lieflijke dalen, diepe kloven – Tirol is het Oostenrijk zoals wintersporters, klimmers en bergwandelaars dat graag zien. Met Innsbruck bezit het bovendien een prachtige hoofdstad waar je zonder meer een paar dagen kunt doorbrengen met shoppen, flaneren en de nodige cultuur. Het uiterste westen van Oostenrijk wordt ingenomen door de kleine deelstaat Vorarlberg: net wat minder toeristisch en qua sfeer aanleunend tegen Liechtenstein en Zwitserland. Topper is hier de Bodensee. Zie blz. 252.

Salzburg
Salzburg is zowel de naam van een deelstaat als van de hoofdstad van die deelstaat. Om verwarring te voorkomen wordt de deelstaat daarom ook wel het Salzburgerland genoemd. De stad – geboorteplaats van Mozart – doet op cultureel gebied nauwelijks onder voor grote broer Wenen, met de Salzburger Festspiele als internationale topper. Direct buiten de stad begint de natuur, die minstens zo imponerend is. IJsgrotten, bergtoppen en de beroemde Großglockner Hochalpenstraße vragen om verkenning. Zie blz. 194.

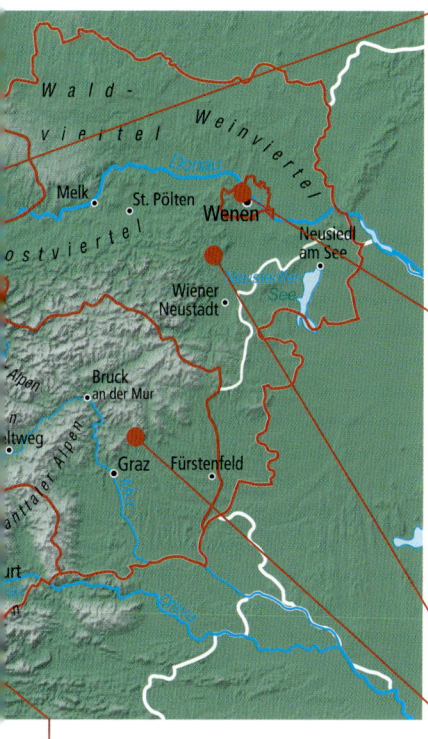

Opper-Oostenrijk
De naam van de deelstaat verwijst naar de ligging boven de Donau. In het noorden vinden wandelaars en fietsers onbetreden paden in een golvende lappendeken van weiden, houtwallen en akkers, in het zuiden ligt het Salzkammergut, bekend vanwege de vele langgerekte meren. Zie blz. 134.

Wenen
De hoofdstad van Oostenrijk is een vakantiebestemming op zich. Pronkpaleizen van keizers en keizerinnen, barokke kerken, statige boulevards, musea vol kunstschatten, klassieke muziek, de beroemde Weense koffiehuizen – een paar dagen is eigenlijk niet genoeg om dit allemaal te ontdekken. Zie blz. 78.

Neder-Oostenrijk en Burgenland
De Donau slingert in Neder-Oostenrijk langs bossen, akkerlanden, glooiende wijnvelden en steeds hoger wordende bergen, met overal middeleeuwse stadjes en barokke kloosters. Het kleine Burgenland hoorde lange tijd bij Hongarije, zoals aan de sfeer nog altijd te merken is. Proef zeker de rode wijnen! Zie blz. 104.

Karinthië en Oost-Tirol
De zuidelijkste deelstaat van Oostenrijk is meteen ook de zonnigste: met mediterrane temperaturen en tweehonderd zwemmeren is Karinthië een ideale bestemming om heerlijk te relaxen, maar ook om te wandelen door het glooiende landschap. Ten westen van Karinthië ligt Oost-Tirol. Zoals de naam al suggereert hoort het bij de deelstaat Tirol, maar het grenst daar niet aan. Oost-Tirol bestaat vooral uit hoge, ruige bergen waar het massatoerisme nog niet is doorgedrongen. Perfect voor de echte avonturiers en de rustzoekers. Zie blz. 222.

Stiermarken
De bijnaam 'het groene hart van Oostenrijk' dankt Stiermarken aan de bergen, de heuvels en het grote areaal bos. In het hart van de deelstaat ligt de prachtstad Graz. Maar bezoek ook de druipsteengrotten, de herinneringen aan de mijnbouw en de machtige burchten en versterkte abdijen. Zie blz. 164.

Reisinformatie, adressen, websites

Traditionele koeienbellen, gebruikt tijdens de jaarlijkse Almabtrieb

Reisinformatie

Internetadressen

www.austria.info/nl
Nederlandstalige reisinformatie van het Oostenrijks Toeristenbureau rond activiteiten, cultuur, bestemmingen per regio en per stad, gezinsuitstapjes en praktische informatie. Veel tips en verwijzingen naar andere websites, dus een handige startpagina voor wie zich wil oriënteren of juist buiten de gebaande paden wil treden.

www.anwb.nl/vakantie/oostenrijk
Uitgebreide praktische informatie voor wie naar Oostenrijk reist, van tolvignetten tot douaneregels en medische zorg ter plekke. Daarnaast vakantietips voor verschillende populaire regio's en wintersport.

www.snowplaza.nl/oostenrijk
Nederlandstalige website met (bijna) alles over de wintersportmogelijkheden in Oostenrijk: de reis ernaartoe, bestemmingen, accommodatie, après-ski, weerbericht en sneeuwhoogtes.

www.wintersporters.nl/wintersport/oostenrijk
Nederlandstalige informatie over wintersport in Oostenrijk: zoek een bestemming op basis van verschillende criteria of bekijk welke faciliteiten een bestemming heeft.

nl.bergfex.com/oesterreich
Uitgebreid overzicht van skigebieden in Oostenrijk (en andere Alpenlanden), inclusief snowparks, langlaufmogelijkheden, accommodatie, sneeuwberichten enzovoort. Nederlandstalig, met soms doorverwijzingen naar Duitstalige websites.

www.indebergen.nl/vakantie/oostenrijk
Nederlandstalige informatiebron voor een zomervakantie in de Oostenrijkse Alpen. Uitgebreid overzicht van bergdorpen en de recreatieve mogelijkheden ter plekke.

www.nationalparksaustria.at
Informatie over de verschillende nationale parken in Oostenrijk. Beknopte beschrijvingen en tips voor recreatie. Duits- en Engelstalig.

www.alpenverein.at
Uitgebreide informatie van de Oostenrijkse Alpenvereniging over materialen, huttentochten, cursussen, natuurbehoud, tips enzovoort. Duitstalig.

www.lawine.at
Informatie over het weer, sneeuwomstandigheden en (eventueel) lawinegevaar per deelstaat. Duitstalig.

oe3verkehr.orf.at
Oostenrijkse filemeldingen en routeplanner. Duits- en Engelstalig.

www.feratel.com
Alvast in de sfeer komen met webcams in verschillende Oostenrijkse vakantiebetemmingen.

Toeristenbureau

Oostenrijks Toeristenbureau
info@austria.info (mailen in het Duits of Engels)
www.austria.info/nl

Kijk voor de regionale toeristenbureaus bij het infoblok aan het begin van elk hoofdstuk.

Kaarten en gidsen

ANWB Wegenkaart Oostenrijk 1 & 2: schaal 1:200.000 (1 cm = 2 km), wegenkaarten met stadsplattegronden en uitgebreid register. Deel 1: Tirol, Vorarlberg, Südtirol & Beierse Alpen. Deel 2: Salzburg, Stiermarken & Karinthië.
ANWB Wegenkaart Duitsland, Zwitserland & Oostenrijk: schaal 1:800.000 (1 cm = 8 km), inclusief stadsplattegronden en agglomeratiekaarten.
ANWB Wegenatlas Alpen: schaal 1:300.000 (1 cm = 3 km), boek met wegenkaarten van de Alpenlanden Frankrijk, Zwitserland, Oostenrijk, Duitsland, Italië en Slovenië.
ANWB Extra Reisgids Wenen: handzame gids met 15 hoogtepunten die u meenemen naar de leukste plekjes en mooiste bezienswaardigheden in Wenen. Met uitneembare kaart.
ANWB Charmecampings Zwitserland & Oostenrijk: een selectie van honderd campings waar charme voorop staat. Dat wil zeggen ruime, groene standplaatsen op idyllische plekken: hoog de bergen, in de beschutting van een bos, nabij een gletsjer of langs een kabbelend riviertje.
Rustiek Kamperen Duitsland, Zwitserland en Oostenrijk: honderd campings in de Alpen die staan voor kleinschaligheid, rust en authenticiteit. De gids is samengesteld door kritische en onafhankelijke auteurs.
Michelin Groene Reisgids Oostenrijk: praktische gids met veel informatie en adressen voor Oostenrijkreizigers.
Capitool Reisgids Oostenrijk: zeer rijk geïllustreerde reisgids van Oostenrijk met veel foto's, kaarten en tekeningen van bezienswaardigheden.
Capitool Compact Reisgids Wenen: rijk geïllustreerde reisgids in compact formaat met daarin een overzicht van de belangrijkste bezienswaardigheden van Wenen. Met uitneembare kaart.
Marco Polo Oostenrijk: handzame gids met in een notendop de belangrijkste bezienswaardigheden in het land. Met persoonlijke tips van de auteur.

Weer en reisseizoen

Klimaat

Het weer in Oostenrijk kan wispelturig en onvoorspelbaar zijn – voor toeristen zeker iets om rekening mee te houden! Er zijn dan ook flink wat factoren die invloed hebben op het weer en het klimaat, zoals de bergen, de soms sterke wind en de nabijheid van de Middellandse Zee.

In het oostelijke deel van het land, dat relatief laag ligt, zijn de zomers warmer dan in Nederland en België. Zo zijn in Wenen temperaturen van boven de 30 °C in juli en augustus geen uitzondering. In de winter kan het hier licht vriezen, waarbij de temperatuur overdag maar net boven nul komt.

Het hart van het land bestaat voornamelijk uit bergen. Hier heerst een hooggebergteklimaat, dat wil zeggen dat het op hoogtes boven de 1800 m ook in de zomer koud is (maximaal 10 °C). De nulgradengrens ligt meestal tussen de 3000 en 4000 m, maar kan tijdens een regenbui flink lager liggen. Ook zijn er grote temperatuurverschillen tussen de dag en de nacht en tussen noord- en zuidhellingen. In de dalen heerst vaak een milder klimaat met minder neerslag.

In het zuiden van Oostenrijk wordt de invloed van de Middellandse Zee al duidelijk merkbaar, resulterend in soms mediterrane omstandigheden.

Houd er tijdens het wandelen of andere activiteiten altijd rekening mee dat er plotseling zwarte wolken aan de hemel kunnen verschijnen, waar dan binnen korte tijd een grote hoeveelheid neerslag uit kan vallen. Zo'n bui kan bovendien gepaard gaan met onweer. Als er minder dan tien seconden zit tussen lichtflits en knal, is het zaak zo snel mogelijk af te dalen en veiligheid te zoeken in bijvoorbeeld een berghut of een auto.

De meeste neerslag valt aan de noordrand van de Alpen, waar de bergen de vochtige zeelucht uit West-Europa omhoog stuwen. Aan de Bodensee, in het uiterste noordwesten van het land, valt jaarlijks 1627 mm (in Nederland jaarlijks 880 mm). Aan de oostkant van Oostenrijk is dat slechts 500 mm. Overigens valt in de winter bijna alle neerslag in de vorm van sneeuw – waar de doorsnee wintertoerist doorgaans heel blij mee is. Alleen in de laagste delen van het land kan er dan regen vallen, afhankelijk van de temperatuur.

Tot slot: de wind kan grote invloed hebben op de gevoelstemperatuur. In de loop van de dag waait er vaak een dalwind, die 's avonds overgaat in een bergwind. Een bijzonder fenomeen is de föhn: een warme, droge wind die vooral in voor- en najaar voor een sterke temperatuurstijging kan zorgen.

Reisseizoen

Oostenrijk kent globaal twee reisseizoenen. Het zomerseizoen duurt van juni tot in oktober, met daarin de drukke vakantieperiode in juli en augustus. Voor bergwandelaars zijn de periodes net rond de zomervakantie wellicht het mooist, maar het weer is dan vaak net wat instabieler. Het winterseizoen start na het vallen van de eerste sneeuw, meestal in de loop van november. Afhankelijk van de hoogte van de skihellingen eindigt het seizoen in april of half mei. Overigens: de meeste hellingen in Oostenrijk liggen tussen de 1000 en 1800 m. In vergelijking met bijvoorbeeld Frankrijk is dat relatief laag, waardoor de sneeuwzekerheid op deze hellingen net wat minder is.

Tip: de periode voor kerst is bijzonder sfeervol omdat er dan in veel plaatsen kerstmarkten en andere adventactiviteiten worden georganiseerd.

Kleding en uitrusting

Voor een stadsbezoek voldoet vrijetijdskleding, maar voor klassieke concerten, theater enzovoort is nette kleding (min of meer) verplicht. Verder zijn gezien de zomerse warmte badkleding en een zonnebril geen overbodige luxe.

Wie de bergen in gaat, doet dat uiteraard met de juiste uitrusting: stevige (berg)schoenen, eventueel wandelstokken, rugzak, kleding in laagjes, regenkleding, bescherming tegen de zon en voldoende voedsel en water.

Klimaattabel Wenen

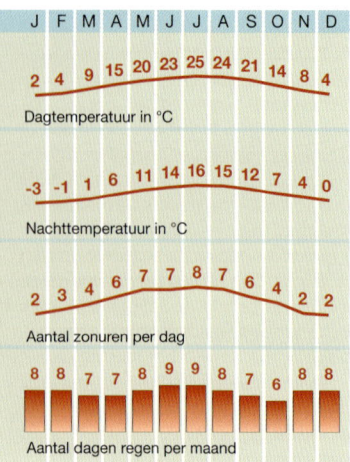

Reizen naar Oostenrijk

Douane

Reisdocumenten en goederen
EU-burgers moeten zich in Oostenrijk kunnen legitimeren met een geldig paspoort of identiteitsbewijs. Ook kinderen hebben een eigen identiteitsbewijs nodig. Goederen die in een EU-lidstaat voor eigen gebruik zijn gekocht, kunnen zonder problemen worden ingevoerd. Richtlijn: tot 800 sigaretten, 90 liter wijn en 10 liter sterkedrank.

Huisdieren
Voor honden gelden de gebruikelijke EU-regels: ze moeten in bezit zijn van een Europees huisdierenpaspoort, ze moeten een chip hebben en ze moeten zijn ingeënt tegen rabiës. Let op: pas 21 dagen na de inenting mag de hond de grens over. Als extra regel geldt in Oostenrijk dat honden moeten zijn aangelijnd en dat in het openbaar vervoer een muilkorf verplicht is.

Vervoermiddelen

Vliegtuig
Vanuit verschillende luchthavens in Nederland en België gaan regelmatig rechtstreekse vluchten naar de zes belangrijkste luchthavens in Oostenrijk: Wenen, Graz, Innsbruck, Salzburg, Klagenfurt en Linz. Soms is dat meerdere keren per dag. Ook gaan er goedkope vluchten naar Bratislava (met transfer naar Wenen).

Auto
De afstand Utrecht-Wenen bedraagt ruim 1100 km, Utrecht-Innsbruck is bijna 900 km. Zorg dat u vóór de grens een Autobahnvignet aan de binnenkant van de autoruit hebt geplakt (zie kader). In Oostenrijk moet u verder altijd een gevarendriehoek, een verbanddoos en veiligheidsvesten in de auto hebben. Winterbanden zijn van 1 november tot 15 april verplicht bij winterse omstandigheden; eventueel kunt u als alternatief sneeuwkettingen gebruiken. Zie www.anwb.nl/vakantie/oostenrijk voor meer informatie.

Trein
Naast de gebruikelijke internationale treinverbindingen rijdt in de winter de Alpen Express direct vanuit diverse stations in Nederland naar wintersportbestemmingen in Oostenrijk (vertrek in de avond, aankomst in de ochtend). In de voorjaarsvakantie rijdt de Krokus Express overdag naar Oostenrijk – en de week daarna weer terug. De Schnee Express is een Duitse nachttrein die vanuit Düsseldorf, Münster, Osnabrück, Bremen en Köln naar diverse Oostenrijkse bestemmingen rijdt. Kijk voor tijden en prijzen op www.nsinternational.nl, www.b-europe.com en www.oebb.at.

Tol en vignet
In Oostenrijk is voor het rijden op de snelwegen en sommige autowegen een geldig Autobahnvignet nodig. Dit vignet is te koop bij ANWB-winkels, bij benzinestations langs de Duitse Autobahn en bij de Oostenrijkse grens. Er zijn vignetten voor tien dagen, twee maanden of een jaar. Het vignet moet goed zichtbaar op de binnenzijde van de voorruit worden geplakt. Daarnaast moet er op verschillende trajecten (met name bij tunnels, bergpassen en panoramaroutes) tol worden betaald. Kijk voor meer informatie op www.anwb.nl/vakantie/oostenrijk.

Reizen in Oostenrijk

Openbaar vervoer

Trein

Het spoorlijnennetwerk in Oostenrijk is uitstekend verzorgd, zij het een stuk minder fijnmazig dan in Nederland en België. De belangrijkste lijnen doen Wenen, Salzburg, Graz, Innsbruck en Klagenfurt aan. De meeste lijnen zijn in handen van de Österreichische Bundesbahnen (ÖBB). Paradepaardje is de Railjet, de hogesnelheidslijn die sinds 2008 tussen verschillende grote steden rijdt (voorbeeld: Innsbruck-Wenen duurt 4 uur en 15 minuten). Daarnaast zijn er onder meer de Intercity-Express (ICE) en de InterCity (IC). Reserveren is niet verplicht, maar wordt wel aangeraden voor vakantieperiodes en op nationale feestdagen. Op sommige lijnen mag de fiets mee. Treinkaartjes zijn niet goedkoop. Tip voor groepen: met het Einfach-Raus-Ticket kunnen groepen van twee (€ 33) tot vijf (€ 45) personen een hele dag gratis van alle regionale treinen gebruikmaken. Meer informatie op www.oebb.at (ook in het Engels).

Bus

Dorpen die geen station hebben, zijn meestal per bus bereikbaar. Ook voor het vervoer naar startpunten van wandeltochten in natuurgebieden is de bus het ideale vervoermiddel. Vraag bij het plaatselijke toeristenbureau naar de vertrektijden en de tarieven.

Eigen vervoer

Auto

Automobilisten moeten er rekening mee houden dat met name in de bergen het aantal wegen beperkt is en dat vooral pasroutes een deel van het jaar gesloten kunnen zijn. Voor bepaalde wegen, passen en tunnels betaalt u apart tol. In de Alpen is voor het rijden over de beroemde paswegen een flinke dosis ervaring vereist, vooral als er een caravan of aanhangwagen achter de auto hangt. Let ook op de verplichtingen rond winterbanden en het tolvignet (zie blz. 21).

Brandstof

Euro 95 (*Super*/*Bleifrei*): goed verkrijgbaar. De voorgenomen invoering van E10 (benzine met maximaal 10% ethanol) als alternatief voor Euro 95 is voor onbepaalde tijd uitgesteld.
LPG: bij circa 50 tankstations verkrijgbaar, kijk op mylpg.eu of lpgwijzer.com. In Oostenrijk komen twee vulsystemen voor: voor een lpg-installatie met een Nederlandse standaardaansluiting (bajonet) zijn een Europanippel (acme) en een Italiënippel (dish) nodig. Deze zijn beide onder meer verkrijgbaar bij webwinkel.anwb.nl onder de namen Europa Gasnippel en Gasnippel Italië.
Elektrisch rijden: Oostenrijk heeft ruim 1200 oplaadlocaties, maar het netwerk is niet dekkend.

Verkeersregels

Maximumsnelheid: voor auto's lichter dan 3500 kg binnen de bebouwde kom 50 km/u, buiten de bebouwde kom 100 km/u, op autosnelwegen 130 km/u.
Alcohol: maximaal toegestaan alcoholgehalte in het bloed is 0,49 promille. Voor bestuurders die korter dan twee jaar een rijbewijs hebben, is de limiet 0,1 promille.
Pech onderweg: gebruik van een veiligheidshesje is verplicht, net als het plaatsen van een gevarendriehoek.
ANWB Alarmcentrale: vanuit het buitenland tel. 0031 70 314 14 14.

Overnachten

Hotels, vakantiewoningen en Privatzimmer

Hotels zijn er in alle smaken en prijsklassen, van luxe *Schlosshotels* (in kastelen, landhuizen en paleizen) tot *Romantikhotels*, wellnesshotels, designhotels en appartementenhotels (studio's met kitchenette). *Gasthöfe* zijn hotels in het midden- of lagere segment, waar u ook kunt eten. *Privatzimmer* zijn kamers die u huurt bij particulieren, met of zonder ontbijt; de prijzen liggen hier doorgaans wat lager dan bij een hotel of een officieel pension. Het comfort kan wel sterk variëren, net als de aanwezige faciliteiten.

Voor vriendengroepen of grote gezinnen is het huren van een vakantiewoning of appartement vaak de beste en goedkoopste optie. Dat geldt voor de zomerperiode, maar zeker ook voor de wintersportvakantie.

Boeken kan vaak via de website van de accommodatie zelf of via een van de vele vergelijkings- en boekingssites. Maar kijk zeker ook op de websites van de regionale toeristenbureaus, waar het aanbod aan logeeradressen net wat verrassender kan zijn.

Jeugdherbergen

Voor budgetreizigers blijven de jeugdherbergen een uitstekende optie, zeker nu er ook kleine kamers voor stellen en gezinnen zijn. Er is geen formele leeftijdsgrens, maar de belangrijkste doelgroepen zijn jonge mensen en gezinnen met minimaal één kind. De meeste jeugdherbergen zijn het hele jaar geopend, sommige alleen in de zomermaanden. Doorgaans geldt er een maximumverblijf van zes nachten. Kijk voor meer informatie op www.oejhv.at.

Voor bergwandelaars een herkenbaar plaatje: slaapkamer in een traditionele berghut

Reisinformatie

Logeren én spelen bij de boer

In de bergen

Voor de actieve Oostenrijkbezoekers zijn er verschillende mogelijkheden om in de bergen te overnachten. Wintersporters kunnen terecht in chalets – van luxe onderkomens met sauna en bediening tot eenvoudige hutten – en in appartementen. Een bijzondere variant zijn de berghuttendorpen (*Almhüttendörfer*), een soort kleinschalige bungalowparken met houten chalets die aan de vroegere hutten van de herders/kaasmakers doen denken.

Daarnaast zijn er berghutten die vooral voor bergwandelaars en alpinisten zijn bedoeld (zie blz. 54). Sommige ademen nog de nostalgische sfeer van vroeger, andere zijn uitgegroeid tot moderne berghotels met tal van faciliteiten. De meeste hutten zijn alleen in het zomerseizoen geopend (juni-half sept., ook afhankelijk van het weer). In de skigebieden zijn er ook winterhutten. Bij voorkeur reserveren!

Logeren bij de boer

Een absolute favoriet bij kinderen: logeren op een echte boerderij (*Urlaub am Bauernhof*). Kinderen kunnen helpen bij het verzorgen van de dieren of gewoon lekker ravotten. Slapen gebeurt in een huisje op het erf of in een apart gedeelte van de boerderij. Het is ook een goede gelegenheid om het platteland te voet of per fiets verder te ontdekken. Er zijn verschillende soorten boerenbedrijven waar u kunt overnachten. Kijk voor een overzicht van de mogelijkheden op www.urlaubambauernhof.at. Ook de toeristenbureaus helpen u graag verder (kijk op de websites).

Kamperen

Oostenrijk telt circa 5000 kampeerterreinen, waarvan een klein deel het hele jaar is geopend. Sommige campings liggen op hoogtes boven de 1000 m. Dat klinkt aanlokkelijk vanwege de fraaie uitzichten, maar bedenk wel dat hoe hoger de camping ligt, hoe kouder het wordt (stelregel: 1 °C per 100 m). Met name 's morgens en 's avonds betekent dat een extra trui aantrekken – of een langer verblijf in de warme slaapzak. Thuis al een camping uitzoeken kan via www.anwbcamping.nl, www.campingclub.at en www.cca-camping.at.

Prijspeil

Voor alle accommodaties geldt dat de prijzen door het jaar heen sterk kunnen variëren. Duur zijn de maanden juli en augustus, de kerstperiode en de schoolvakanties. Voor- en naseizoen, en ook de maand januari, zijn een stuk goedkoper. Ook bij een verblijf van minimaal drie dagen krijgt u vaak korting (*Pauschalpreise*).

Eten en drinken

De Oostenrijkse keuken is van oudsher een boerenkeuken: stevige kost, gemaakt met lokale producten. Door de aanwezigheid van de bergen ontstonden er grote regionale verschillen, resulterend in streekgerechten die ook nu nog vaak op de menukaarten staan. Daarnaast is de vermenging van de verschillende culturen – Bohemen, Hongarije, Noord-Italië – onmiskenbaar; denk aan de goulash die vooral in Wenen populair is geworden.

Ontbijt en lunch

Het ontbijt *(Frühstück)* bestaat vaak uit harde, witte broodjes *(Kaiseremmel)* en soms een sneetje *Schwarzbrot*. In een hotel krijgt u daar dan boter, jam, honing, kaas en/of worst bij. Wie zelf zijn ontbijt verzorgt, vindt in de winkels overigens veel meer broodsoorten, waaronder zuurdesem- en volkorenbrood. Koffie, thee en vruchtensap zijn de gebruikelijke ontbijtdrankjes.

Ook voor de lunch (*Mittagessen* of *Mittagmahl*) staat er vaak brood op het menu, met als beleg een keur aan smakelijke kazen en worsten. Zo'n *Jause* wordt ook vaak later in de middag als tussendoortje besteld. Bij een *Brettljause* wordt alles op een plank geserveerd. Wintersporters en bergwandelaars kiezen in de wintersportoorden en bergrestaurants vaak voor een stevige warme lunch met bijvoorbeeld *Spätzle* (een soort pasta) of *Knödel*.

Voorgerechten

Vanwege de zware hoofdmaaltijd wordt er niet altijd voor een voorgerecht gekozen. De menukaart vermeldt vooral soepen. Ze zijn er als heldere bouillons '*mit Einlage*' en als gebonden soepen. Een klassieker is de *Frittatensuppe*, een heldere soep met reepjes pannenkoek. *Griesnockerlsuppe* is gevuld met luchtige balletjes griesmeel. De *Knoblauchrahmsuppe* is een romige knoflooksoep die overal in Oosterijk verkrijgbaar is. Klassiekers bij wintersporters zijn de *Gulaschsuppe* en de *Kaspressknödelsuppe*, soep gevuld met knoedels van brood, kaas en eventueel andere smaakmakers uit de streek.

Hoofdgerechten

Een stuk vlees met groente en aardappelen of pasta – de samenstelling van de traditionele Oostenrijkse maaltijd klinkt erg bekend. Alleen is de invulling vaak anders dan in Nederland en Belgie, met bovendien grote regionale verschillen. Sommige van deze streekspecialiteiten hebben zelfs internationale bekendheid gekregen. Zoals de wienerschnitzel: een stuk platgeslagen en gepaneerd kalfsvlees. In andere varianten wordt het dure kalfsvlees ook wel vervangen door varkensvlees, kippenvlees of ander mager vlees. Ook Weense wortels heeft de *Tafelspitz*, een klassiek rundvleesgerecht geserveerd met gebakken aardappelen of *G'röstel* (rösti), groenten en *Apfelkren*, een koude saus van versgeraspte mierikswortel met appel en crème fraîche.

Liefhebbers van gebraden vlees kiezen bijvoorbeeld voor *Schweinsbraten*, gebraden varkensvlees dat soms met een knapperige korst *(Krustenbraten)* op tafel komt. *Zwiebelrostbraten* is van magere rosbief en wordt geserveerd met gebakken uien (*Zwiebeln*) en gebakken aardappelen of *Spätzle* (een soort pasta).

Kaasplank met verse producten uit Tirol

Esterházy-Rostbraten is platgeslagen runderlende die samen met groenten wordt gebakken en geserveerd.

De uit Hongarije overgewaaide goulash is van oorsprong een soep, maar ontwikkelde zich tot een stevige stoofpot van rundvlees, schapenvlees, varkensvlees of zelfs vis. *Fiaker Gulasch* wordt gemaakt met rundvlees en komt op tafel met een Frankfurter worst, een gebakken ei, augurken en *Schwarzbrot*.

Bijgerechten

Van oudsher worden er in Oostenrijk weinig groenten gegeten. Dat verandert langzaam, maar nog altijd is de keuze meestal beperkt. Klassieke groenten zijn zuurkool, bloemkool, verschillende soorten bonen, tomaten en rauwkostsalades, in de herfst aangevuld met paddenstoelen.

Populaire als bijgerecht zijn aardappelen, deegwaren en meelspijzen. *Spätzle* zijn kleine stukjes pasta van onder andere meel en eieren. Nog bekender zijn de *Knödel*, deegballen in verschillende formaten en smaken. *Nockerl* zijn deegwaren die vooral in Wenen op het menu staan.

Nagerechten en zoetigheid

Oostenrijkers zijn grote liefhebbers van zoetigheid, ofwel in de vorm van een dessert ofwel als tussendoortje bij de koffie. Het woord *Mehlspeisen* is een verzamelterm voor dergelijke zoete verleidingen. Een klassieker die vaak op de dessertkaart staat is *Kaiserschmarrn*, een luchtige pannenkoek, in stukjes gescheurd en geserveerd met poedersuiker en pruimencompote. Flensjes heten in Oostenrijk *Palatschinken*, de vulling kan hartig of zoet zijn. Ook bij ons bekend is de apfelstrudel, gemaakt van dun bladerdeeg – er zijn overigens ook varianten met andere vullingen. *Gugelhupf* is een tulband van gistdeeg met een vulling van wisselende samenstelling.

Favoriet zijn verder de vaak mierzoete taarten en gebakjes die in cafés, koffiehuizen en banketbakkerijen *(Konditorei)* in de vitrines staan; denk aan de *Wiener Sachertorte* (met chocola), de verschillende *Obsttorten* (vruchtentaarten) en de *Linzer Torte* (met deeg en veel jam).

Kaas

In Nederlandse en Belgische winkels kom je slechts zelden Oostenrijkse kaas tegen. Alle reden dus om ter plekke het kaasaanbod te keuren en te proeven. De eerste kennismaking is vaak de kaas die op tafel komt in restaurants, bijvoorbeeld over de *Spätzle*. Maar zoek vooral verder, want in Oostenrijk worden tientallen smakelijke soorten kaas gemaakt, van romige witte tot pittige gele bergkazen. Bergkaas wordt van oudsher in de zomer op de bergweiden gemaakt. De koeien eten hier niet alleen gras, maar ook kruiden, waardoor de kaas een pittige, kruidige smaak krijgt. Voor een deel wordt de *Bergkäse* ook nu nog op deze traditionele manier gemaakt, bijvoorbeeld in het Bregenzerwald in Vorarlberg. De opbrengst is dan te koop in kaaswinkels in het dal, maar soms ook bij de almhutten waar de kaas wordt geproduceerd.

Dranken

De Oostenrijkers behoren tot de grootste bierdrinkers van Europa. Dat verklaart de 174 brouwerijen en circa duizend soorten bier. Klassiekers zijn het *Märzenbier* (amberkleurig, ca. 5% alcohol), *Weißbier* en *Zwickelbier* (troebel bier met weinig koolzuur)

Omdat Oostenrijkse wijnen weinig worden weinig geëxporteerd, zijn ze buiten de landsgrenzen nauwelijks bekend. Toch worden hier wel degelijk topwijnen gemaakt, met name in het zuiden en oosten van het land. De *grüner veltliner* is een bekende naam, maar er zijn ook interessante rode wijnen, bijvoorbeeld uit de deelstaat Burgenland. Bijzonder is de *Heuriger*, de nog jonge witte wijn die vooral in en rond Wenen wordt gedronken. Een *Gespritzter* is een glas wijn aangelengd met mineraalwater. In de winter is natuurlijk ook de glühwein niet te missen: warme wijn met kruiden. Populair is verder most, gemaakt van vergist sap van appels en peren. Gedistilleerde drankjes staan bekend als *Schnaps* of *Edelbrand*.

Liefhebbers van koffie zitten goed in Oostenrijk. Met name in Wenen zijn veel traditionele koffiehuizen waar de obers nog met vlinderdas hun werk doen. Een 'gewone' *Kaffee* bestellen kan, maar de Oostenrijkers zelf hebben daar een heel eigen vocabulaire voor (zie hieronder). Het aanbod aan – vaak mierzoet – gebak is zo mogelijk nog groter.

Wat bestel je in een koffiehuis?

Mokka of *kleiner/großer Schwarzer*: sterke, zwarte koffie, groot of klein.
Brauner: een *Mokka* met een kannetje room, in groot en klein verkijgbaar.
Melange: sterke koffie met warme melk en veel melkschuim.
Kapuziner: koffie met een paar druppels room (bruin als een monnikspij).
Einspänner: koffie in een groot glas met slagroom en poedersuiker.
Verlängerter: espresso met wat extra heet water.
Verkehrter: eenderde espresso, tweederde melk (als een latte).
Fiaker: *Mokka* in een glas met rum of cognac.
Eiskaffee: koude koffie in een glas met vanilleijs, slagroom en wat chocola.
Maria Theresia: dubbele *Mokka* met sinaasappellikeur, slagroom en chocola.

Actieve vakanties, sport en wellness

Grootste trekker van Oostenrijk is en blijft het spectaculaire landschap, dat in de winter ook nog eens met een uitnodigend pakket sneeuw wordt bedekt. Wintersporten en bergwandelen zijn dan ook populaire activiteiten, maar er is nog veel meer te doen in dit ultieme buitensportland.

Fietsen en mountainbiken

Maar liefst 80% van Oostenrijk bestaat uit bergen, maar desondanks is het een prachtig fietsland. Vlak fietsen kan in elk geval in de steden, waar steeds meer fietsen te huur zijn voor een milieuvriendelijke stadsverkenning. Net zo vlak zijn vaak de gemarkeerde routes rond de meren en langs de rivieren; meerdaagse tochten zijn er onder meer langs de Donau, de Drau, de Enns, de Inn en de Mur. Al wat meer hellingen zitten er in langeafstandsroutes als de Tauernradweg (www.tauernradweg.com) door het Salzburgerland en de Alpe Adria Radweg (www.alpe-adria-radweg.com), die van de Salzburgse Alpen naar de Adriatische kust leidt. De talrijke cols zijn dan weer populair bij wielrenners, die graag de Großglockner Hochalpenstraße, Kaunertaler Gletscherstraße, Silvretta Hochalpenstraße of Kitzbüheler Horn aan hun lijstje willen toevoegen. Veel gemakkelijker omhoog gaat het met een e-bike, een trend die zich snel ontwikkelt in Oostenrijk en dan met name in Tirol – eBikewelt in de Kitzbüheler Alpen is met 1000 km zelfs het grootste e-bikenetwerk ter wereld.

Voor mountainbikers is het aanbod bijna net zo groot. Voor alle niveaus is er wel een geschikte mountainbikeroute of singletrack te vinden. Spectaculair zijn bijvoorbeeld de downhillparcoursen in Leogang (bij Saalfelden), in Lermoos en in het Zillertal.

Nog enkele tips: kinderen tot en met 12 jaar moeten verplicht een fietshelm dragen; in treinen mag de fiets doorgaans gewoon mee (toeslag € 5-10).

Golf

Voor golfliefhebbers zal Oostenrijk een verrassende ontdekking blijken: verspreid over het land zijn er meer dan 170 banen. Enkele daarvan liggen zelfs boven de 1000 m: dé plek dus om persoonlijke afstandsrecords te verbreken. De meeste banen liggen in het glooiende Neder-Oostenrijk, maar ook in Salzburg en Tirol zijn er volop mogelijkheden. Kijk op www.golfinfo.at voor een compleet overzicht.

Klimmen

Oostenrijk is een waar paradijs voor klimmers, zowel voor gevorderden als voor beginners. Die laatste groep kan aan de basistechnieken werken in de vele klimparken (*Hochseilgarten, Waldseilpark*) die het land rijk is: tussen bomen en rotswanden zijn met touwen en constructies parcoursen van verschillende moeilijkheidsgraden uitgezet – meestal kunnen kinderen vanaf 4 jaar hier al terecht. Soms is er ook een spectaculaire tokkelbaan bij. Een *Klettergarten* is een variant waarbij verschillende routes zijn uitgezet langs (steile) rotswanden. Vaak zijn instructeurs aanwezig.

Rotsklimmers vinden de meeste geschikte wanden in Tirol en Vorarlberg, maar ook in de Wilde Kaiser zijn prachtige klimroutes te vinden. Een via ferrata of *Klettersteig* is een klimroute waarbij de klimmers via een haak zijn gezekerd aan een staalkabel die langs het parcours is uitgezet. Mooie bestemmingen liggen onder meer in het Zillertal. Beginnende alpinisten die een top willen bedwingen, kunnen bijvoorbeeld kiezen voor de Wildauer Steig in Kufstein of de Zugspitze Westweg bij Ehrwald – maar altijd onder leiding van een ervaren gids! Voor meer informatie over klimmen: www.nkbv.nl.

Kuren en wellness

De Romeinen wisten al dat warm bronwater een heilzame werking kon hebben. De elite herontdekte dit kuurgenot vanaf de 16e eeuw. Nu beschikt het land over een enorm aantal kuuroorden met schone berglucht, minerale thermaalbaden, Kneippcentra en wellnesspaleizen. Bekende verwenadressen zijn: Therme Wien, Aqua Dome in Längenfeld (Tirol), Alpentherme Gastein en Tauern Spa Zell (Salzburg), Thermal Römerbad Bad Kleinkirchheim (Karinthië) en Rogner Bad Blumau (Stiermarken).

Paardrijden

Voor beginners en gevorden, voor korte dagtochten en meerdaagse ruitervakanties – ruiters vinden in Oostenrijk volop mogelijkheden. In de maneges wachten sportieve warmbloedpaarden, kleine, krachtige haflingerpaarden en pony's, die vooral bij kinderen populair zijn. Het dorp Ampflwang (www.reiterdorf-ampflwang.at) in Opper-Oostenrijk is het grootste ruitersportcentrum van Oostenrijk, met onder meer 420 km aan ruiterpaden en infrastructuur voor andere vormen van paardensport. 300 km met prachtige geaccidenteerde ruiterpaden vindt u in Nationalpark Kalkalpen, dat zich presenteert als *Pferdeland* (www.pferdeland-nationalpark.at). Een zeer uitgestrekt en glooiend paardenlandschap, met volop accommodatie voor ruiter en paard, is het Mühlviertel ten noorden van de Donau (www.pferdereich.at).

Parapente

Niets mooiers dan het berglandschap verkennen vanuit de lucht. Met een glijscherm van een helling springen kan in de zomer én in de winter. Beginners kunnen hun eerste ervaringen

Klimmers bij de Achensee

opdoen tijdens een tandemvlucht. Veruit de meeste geschikte locaties zijn te vinden in Tirol. Kijk voor een overzicht op www.paraglidingearth.com.

Wandelen

Thuis een (berg)wandelroute voorbereiden kan meestal via de websites van de toeristenbureaus, maar ook ter plekke kunt u er binnenstappen voor een overzicht van de dagwandelingen en de meerdaagse tochten. Vaak zijn hier ook kaarten en gidsen te koop.

Veel bergwandelroutes beginnen bij het bergstation van een kabelbaan – dat scheelt al een flinke klim naar boven. Talrijke gele bordjes wijzen vervolgens de weg. Maar oplatten blijft geboden: bekijk van tevoren goed hoe zwaar of hoe moeilijk een route is. Zorg verder voor een goede uitrusting, dat wil zeggen een gedetailleerde kaart, stevige schoenen, kleding voor alle weersomstandigheden en voldoende water.

Zeker met kinderen is het leuk om in de route een spannend element op te nemen, zoals een hangbrug, een spectaculair uitzichtpunt of een kloof met vlonders en trappen. Of wat te denken van een wandeltocht met lama's? Het kan onder meer in Neder-Oostenrijk (www.oetscherlamas.at) en in het Montafon (www.mymontafon.com).

Watersport

Meren en rivieren, dat is het speelterrein van de watersporters in Oostenrijk. Het water in de hooggelegen bergmeren is vaak te koud voor een zwempartij, maar in de lager gelegen meren kan de watertemperatuur in de zomer oplopen tot (ver) boven de 20 °C. Bovendien is het water vaak uitzonderlijk schoon. Dat maakt het nemen van een duik wel erg aanlokkelijk. Op verschillende grote meren, zoals de Ossiacher See, de Bodensee, de Wörthersee en de Wolfgangsee, zijn er ook mogelijkheden om te zeilen en te windsurfen.

Wie het nog avontuurlijker wil hebben, kan in de vele snelstromende beken en rivieren eindeloos raften, wildwatervaren en deelnemen aan canyoningtochten. Vraag ernaar bij de toeristenbureaus of check hun websites.

Wintersport

Veelzijdige skigebieden, moderne liften, sneeuwgarantie, uitbundige après-ski – er zijn tal van redenen om naar Oostenrijk af te reizen voor een winterse vakantie. Maar welk skigebied gaat het worden? Begin in elk geval met het maken van concrete keuzes: pistes voor beginners of uitdagende hellingen voor gevorderden? Met of zonder kinderen? Rustig of vooral gezellig? Funparks voor snowboarders en freestylers? Een bestemming zoeken kan bijvoorbeeld via www.anwb.nl, www.wintersporters.nl en www.snowplaza.nl. Op de website van de ANWB vindt u bovendien informatie over sneeuwhoogtes en praktische tips over de reis naar Oostenrijk.

Naast skiën en snowboarden is er in winters Oostenrijk nog veel meer te doen. Wat te denken van een sneeuwschoenwandeltocht door een winters wonderland, rodelen op een helling of op een speciale rodelbaan, een romantische tocht in een arrenslee of een bezoek aan een van de vele kerstmarkten? En natuurlijk zijn er fanatieke schaatsers die graag hun schaatsen willen meenemen. De bekendste locatie is de Weissensee, maar schaatsen kan (meestal) ook op tal van andere meren. Een unieke ervaring is een tochtje met een hondenslee, zoals in bijna alle Alpenregio's mogelijk is.

Feesten en evenementen

Cultuurfestivals

Met zo'n rijke muziektraditie kan het niet anders: in Oostenrijk is er altijd wel ergens een festival aan de gang. Ook internationaal bekend zijn de Salzburger Festspiele, waarbij Salzburg meer dan een maand (eind juli-aug.) in het teken van klassieke muziek en drama staat. Salzburg is rond de geboortedag van Mozart (27 jan.) bovendien het decor van de Mozartwoche, met uiteraard veel aandacht voor de muziek van Mozart. De componist Bruckner staat centraal in het Brucknerfest (sept.-okt.) in Linz. Het grootste culturele evenement van Wenen zijn de Wiener Festwochen (mei-juni), met vooral voorstellingen op het gebied van theater, opera en dans. Maar natuurlijk draait niet alles om klassieke muziek: Wenen heeft ook festivals rond de accordeon (Akkordeon-Festival, febr.-mrt.) en rond klezmermuziek (KlezMore, juni-juli). En elke grote stad heeft wel een jazzfestival in de agenda staan.

Carnaval

Het carnavalsseizoen, in Oostenrijk *Fasching* (in het westen ook wel *Fastnacht*) genoemd, begint met Driekoningen (6 jan.) en loopt door tot Pasen. Overal zijn dan optochten en gekostumeerde feesten met de onvermijdelijke dansmariekes. Een van de grootste optochten vindt plaats in Villach in Karinthië. Typisch voor Wenen zijn de vele formele bals – meer dan honderd – die in deze periode worden gehouden. Hoogtepunt is het operabal in de Wiener Staatsoper op de laatste donderdag van de carnavalsperiode,

Opera in de Felsenreitschule tijdens de Salzburger Festspiele

dat rechtstreeks op de televisie wordt uitgezonden. Wintersporters zullen vooral op *Faschingsdienstag* merken dat het carnaval is: skileraren kunnen zomaar verkleed verschijnen en ook bij de après-ski wordt een verkleedpartij zeer gewaardeerd.

Meiboom

In heel Oostenrijk is het een traditie: het planten van de *Maibaum* op 1 mei (of de vooravond daarvan). De 20 tot 30 m hoge boom, met in de top een pluk groene takken, wordt door het dorp gedragen en dan op het centrale plein neergezet als symbool van vruchtbaarheid en voorspoed. Dat gaat vaak gepaard met muziek, dansen, paalklimwedstrijden en volop eten en drinken – en in sommige gevallen met bewakingsdiensten, want in tal van dorpen is het traditie om te proberen de boom van het buurdorp te 'stelen'.

Kerkelijke feesten

De Kerk heeft eeuwenlang een zwaar stempel gedrukt op het dagelijks leven in Oostenrijk. En ook nu nog staan er veel kerkelijke hoogtijdagen op de feestkalender. Zo worden op Palmzondag (de zondag voor Pasen) in tal van dorpen 'palm'takken gewijd en processies gehouden. Daarna volgt de Goede Week (*Karwoche*), waarin in verschillende dorpen en steden passiespelen op het programma staan. Op de zaterdag voor Pasen, *Karsamstag*, worden paasvuren (*Osterfeuer*) aangestoken. Toeristen profiteren in deze periode vooral van de vele gezellige paasmarkten (*Ostermärkte*). Ook Sacramentsdag (*Fronleichnam*), de tweede donderdag na Pinksteren, is een hoogtijdag én een officiële vrije dag. Gevierd wordt dit met processies en andere feestelijkheden. Daarnaast kent elk dorp een eigen *Kirchtag* of *Kirtag* (ook wel *Kirchweihe*). Van oudsher wordt dan de naamdag gevierd van de heilige waaraan de plaatselijke kerk is gewijd. Dat gaat meestal gepaard met een groot dorpsfeest in de vorm van een jaarmarkt, kermis, muziek en dans. De bekendste kerkdag is de Villacher Kirchtag op de eerste zaterdag van augustus, waar meer dan 400.000 bezoekers op afkomen!

Krampus

De eerste week van december vieren de alpenregio's hun eigen sinterklaasfeest: Nikolaus beloont de brave kinderen, terwijl zijn duivelse knecht Krampus de stoute kinderen straft. Vooral op Krampusdag, 5 december, lopen als duivels verklede jongemannen door dorpen en stadjes om de voorbijgangers angst aan te jagen. Buiten deze dag zijn er ook *Krampusläufen*, georganiseerd optochten van tientallen of soms wel honderden Krampussen. In Tirol, Salzburg en delen van Opper-Oostenrijk lopen van eind december tot begin januari bovendien *Perchte* door de straten, al even duivelse gedrochten die de boze geesten van de winter moeten verdrijven.

Kerstmarkten

Al eind november worden in tal van steden de eerste kraampjes van de *Christkindlmärkte* en *Adventsmärkte* opgebouwd. Van heinde en ver komen mensen naar deze kerstmarkten om decoraties voor de feestdagen te kopen, maar zeker ook voor de sfeer en de typische lekkernijen als glühwein en *Lebkuchen*. Adventzangers en muziekgroepen zorgen voor een passende muzikale omlijsting.

Feestagenda

Januari/februari
Alternatieve Elfstedentocht Weissensee: eind jan. of begin feb. wedstrijd en prestatietochten voor schaatsers op de Weissensee (www.weissensee.nl).
Mozartwoche: een week lang opera's en concerten rond de muziek van Mozart in Salzburg (www.mozarteum.at).
Art on Snow: in een week tijd worden in Gastein in Salzburg ijsblokken tot kunstwerken omgetoverd.

Februari/maart
Fasching: carnavalsperiode (vanaf 6 jan.), in Wenen gevierd met een groot aantal bals, elders met optochten en andere feestelijkheden.

Mei
Gauder Fest: groot voorjaars- en klederdrachtenfeest in Zell am See in Tirol, eerste weekend van mei (www.gauderfest.at).
Pfingstfestspiele: kleine broertje van de Salzburger Festspiele, rond Pinksteren (www.salzburgerfestspiele.at).

Mei/juni
Narzissenfest: feest rond de typisch Oostenrijke sternarcis, met onder meer een optocht in Bad Aussee en een boottocht op de Grundlsee in het Salzkammergut (www.narzissenfest.at).
Wiener Festwochen: meer dan een maand lang opera, dans en theater tijdens het grootste culturele festival van Oostenrijk (www.festwochen.at).

Juni
Donauinselfest: grootste popfestival in de openlucht van Oostenrijk op het Donauinsel in Wenen, eind juni (donauinselfest.at).

Fronleichnam: katholieke processies ter ere van Sacramentsdag, tweede do. na Pinksteren.

Juli/augustus
Salzburger Festspiele: bijna de hele zomer muziek, opera en drama (www.salzburgerfestspiele.at).
Film Festival: hele zomer openluchtvoorstellingen op de Rathausplatz in Wenen (filmfestival-rathausplatz.at).
Bregenzer Festspiele: hele zomer cultureel festival rond een openluchtpodium aan de Bodensee in Bregenz (bregenzerfestspiele.com).

Augustus
Villacher Kirchtag: in Villach, grootste traditionele feest van Oostenrijk, eerste za. van sept. (www.villacherkirchtag.at).

September
Aufsteirern: groot volksfeest in Graz, met veel klederdrachten en volksmuziek, half sept. (www.aufsteirern.at).

September/oktober
Almabtrieb: feestelijke terugkeer van het vee uit de bergen in een groot aantal alpendorpen.

Oktober
Wijnfeesten: in de belangrijkste wijngebieden feesten rond de druivenoogst.

December
Krampus: de eerste week van december maakt de duivelse Krampus amok in de straten van de Alpenregio's.
Christkindl- en Adventsmärkte: kerstmarkten in vele steden en stadjes.

Praktische informatie van A tot Z

Ambassades en consulaten

Nederlandse ambassade in Oostenrijk
Opernring 5 (7e verdieping)
1010 Wenen
tel. 0158 93 90
oostenrijk.nlambassade.org

Nederlandse consulaten
Graz, Innsbruck, Linz en Salzburg.

Belgische ambassade in Oostenrijk
Prinz-Eugen-Strasse 8-10
1040 Wenen
tel. 01502 070
austria.diplomatie.belgium.be

Belgische consulaten
Graz, Innsbruck, Linz en Salzburg.

Apotheken

Openingstijden meestal ma.-vr. 8-12.30 en 14.30-18, za. 8-12 uur. Bij elke apotheek staat vermeld welke apotheken buiten de normale openingsuren zijn geopend. Verder kunt u navraag doen bij de toeristenbureaus en uw hotelreceptie.

Feestdagen

1 januari – Nieuwjaar *(Neujahr)*
6 januari – Driekoningen *(Heilige Drei Könige)*
Goede Vrijdag *(Karfreitag)*
Pasen *(Ostern)*
1 mei – Dag van de Arbeid *(Tag der Arbeit)*
Hemelvaart *(Christi Himmelfahrt)*
Pinksteren *(Pfingstsonntag/-montag)*
Sacramentsdag *(Fronleichnam)*
15 augustus – Maria Hemelvaart *(Mariä Himmelfahrt)*
26 oktober – Nationale Feestdag
1 november – Allerheiligen
8 december – Maria Onbevlekt Ontvangen *(Mariä Empfängnis)*
25/26 december – Kerst *(Weihnachten)*

Fooien

Bedieningsgeld is bij de prijs inbegrepen. Voor een goede dienstverlening kunt u een fooi geven door het bedrag naar boven af te ronden of het wisselgeld te laten liggen. Bij taxichauffeurs kunt u het bedrag afronden.

Geld

De munteenheid in Oostenrijk is de euro. Bankpassen en creditcards worden vrijwel overal geaccepteerd. Oostenrijk heeft voldoende geldautomaten *(Bankomat)*. Let op: geld opnemen met een creditcard is meestal niet gratis. De kosten verschillen per bank en per creditcard.

Prijzen en bespaartips

Het prijsniveau in Oostenrijk is vergelijkbaar met dat in Nederland en België. Voor een budgetovernachting betaalt u vanaf € 30, voor een kopje koffie vanaf € 2,70. De prijzen van een hotelovernachting kunnen flink variëren per regio en vooral per seizoen. Veel steden en toeristische regio's bieden kortingskaarten aan waarmee u kunt besparen op toegangskaartjes van bezienswaardigheden en op het openbaar vervoer. Informeer bij uw hotel of het toeristenbureau.

Gezondheid

De medische zorg staat in Oostenrijk op een hoog niveau. Het is verstandig een goede reisverzekering af te sluiten. Houd er rekening mee dat u mogelijk contant moet betalen voor de verlening van medische zorg. In geval van een ziekenhuisopname of medisch-specialistische zorg kunt u het best direct contact opnemen met uw verzekeringsmaatschappij.

U kunt een Europese gezondheidskaart (EHIC) aanvragen via uw zorgverzekeraar of via www.ehic.nl. Met deze kaart hebt u recht op noodzakelijke medische zorg bij ziekte of een ongeval tijdens uw verblijf in Oostenrijk en weten ziekenhuizen, huisartsen, apothekers en andere zorgverleners dat hun rekening betaald wordt door uw zorgverzekeraar. Dit betekent meestal dat u geen geld hoeft voor te schieten. Sommige zorgverzekeraars geven een zorgpas uit die tevens dient als Europese gezondheidskaart. Informeer bij uw zorgverzekeraar.

Als u geneesmiddelen meeneemt die onder de Opiumwet vallen (zoals sommige slaapmiddelen, ADHD-middelen en sterke pijnstillers), moet u voor deze geneesmiddelen een zogenaamde Schengenverklaring (gelegaliseerde medische verklaring) bij u hebben.

Let op teken als u wandelt of kampeert in de natuur, want deze kunnen de ziekte van Lyme overbrengen. U verkleint de kans op een tekenbeet door bedekkende kleding te dragen en een insectenwerend middel (met DEET) op de onbedekte huid te smeren.

Kinderen

De toeristische infrastructuur is uitstekend ingesteld op kinderen en gezinnen. In bijna alle vakantieplaatsen

Voor kinderen zijn skihelmen vaak verplicht

zijn er speelplaatsen, een oppasservice en speciale programma's voor de jongste jeugd. Informeer bij de toeristenbureaus. Ook gezinsvriendelijke accommodaties zijn er volop. Een aantal hotels en pensions met extra kinderfaciliteiten presenteert zich op de website www.kinderhotels.com.

Vooral voor sportief aangelegde kinderen is er van alles te zien en te doen in Oostenrijk. Doorgaans mogen kinderen tot 6 jaar bij bezienswaardigheden gratis naar binnen, kinderen tot 14 jaar krijgen korting. Kinderen tot en met 12 jaar moeten een fietshelm dragen. Een skihelm is in bijna alle wintersportgebieden verplicht voor kinderen tot en met 15 jaar. Alleen in Tirol en Vorarlberg is dat (nog) niet het geval. Wel kan een skischool verplichten dat kinderen tijdens de skiles een helm dragen. Overigens dragen ook veel volwassenen in Oostenrijk een skihelm.

Feesteijk verlicht Kufstein tijdens de kerstmarkt

Noodnummers

EU-noodnummer: 112
Politie: tel. 133
Brandweer: tel. 122
Bergredding: tel. 140
ANWB Alarmcentrale: 0031 70 314 14 14

Openingstijden

Winkels: ma.-vr. 8/10-18/18.30, za. tot 13 uur. Kleine winkels hebben soms een lunchsluiting van één of twee uur. Grote winkels en supermarkten in de centra van grote steden zijn doordeweeks vaak tot 19/19.30 uur geopend, soms zelfs tot 22 uur, op za. 9-17 uur. Op zondag zijn bijna alle winkels gesloten, met uitzondering van een enkele bakker en souvenirwinkel.
Musea: de meeste musea zijn gesloten op maandag. Gebruikelijke openingstijden zijn 9-18 uur, grote musea zijn vaak één dag per week (vaak do.) langer geopend.

Reizen met een handicap

Reizigers met een handicap of een beperkte mobiliteit *(Behinderte)* kunnen op luchthavens en in wegrestaurants terecht in speciale toiletten, herkenbaar aan het bekende symbool van een rolstoel. De Oostenrijkse Spoorwegen (ÖBB, www.oebb.at) bieden kortingen en extra service aan. Op veel treinstations zijn hulpmiddelen voor rolstoelgebruikers aanwezig. Ook de meeste grote bezienswaardigheden zijn voor rolstoelen toegankelijk, hoewel klinkerstraten en steile trappen soms voor problemen kunnen zorgen. Bij verschillende hooggelegen burchten is een lift of tandradbaan aangelegd, zodat ook bezoekers die minder goed ter been zijn boven kunnen komen. Voor een lijst met aangepaste hotels kunt u terecht bij het Oostenrijks Toeristenbureau (zie blz. 18). Raadpleeg voor meer informatie over de (on)mogelijkheden bij het reizen met een handicap de website www.barriere freierurlaub.at.

Roken

In het openbaar vervoer en in openbare ruimtes is roken verboden. In de horeca golden lange tijd minder strenge regels, waar bovendien soepel mee werd omgegaan. In grote horecagelegenheden waren aparte rookruimtes ingericht, maar in kleine cafés en restaurants konden eigenaar en/of gasten zelf bepalen of er wel of niet werd gerookt. Vanaf 2018 is roken in cafés en restaurants echter geheel verboden, hoewel de horeca deze beslissing nog altijd aanvecht. Hotels houden de mogelijkheid om een aparte rookzaal in te richten.

Taal

Duits is de officiële taal. Veel Oostenrijkers, met name in de dorpen, spreken echter een eigen dialect dat soms lastig te verstaan is. Twee Oostenrijkse regio's hebben naast het Duits een tweede (of derde) officiële taal: in Karinthië is dat het Sloveens, in Burgenland zijn dat Hongaarse en Kroatisch.

Telefoneren en internet

De dekking van mobiele telefoons is doorgaans goed, ook in de bergen. Voor wie lange tijd in Oostenrijk verblijft, kan het voordelig zijn ter plekke een nieuwe simkaart met een Oostenrijks nummer te kopen en die in het eigen toestel te doen. Oostenrijk beschikt over een 4G-netwerk. Veel hotels, restaurants, bars en luchthavens bieden gratis wifi voor hun klanten. In de steden zijn bovendien wifi-hotspots.

Internationale landnummers
Oostenrijk: 0043
Nederland: 0031
België: 0032

Bellen van Nederland of België naar Oostenrijk: 0043, netnummer zonder nul, abonneenummer.
Bellen vanuit Oostenrijk naar Nederland: 0031, netnummer zonder nul, abonneenummer.
Bellen vanuit Oostenrijk naar Belgie: 0032, netnummer zonder nul, abonneenummer.

Veiligheid

Oostenrijk is een relatief veilige reisbestemming, maar neem wel alle gebruikelijke voorzorgsmaatregelen: laat geen waardevolle spullen in de auto achter en let op drukke plekken, zoals in het openbaar vervoer en op markten, altijd goed op uw tas en andere waardevolle spullen. Draag uw geld bij voorkeur op het lichaam of laat het achter in de kluis van het hotel. Ook in Oostenrijk, met name in de grote steden, kunt u professionele bedelaars tegenkomen.

Winkelen en souvenirs

Met name in de grote steden en wintersportcentra zijn er volop mogelijkheden om te shoppen. Vul uw wandel- of wintersportgarderobe aan in een van de vele sportwinkels of kies voor een typisch Oostenrijks souvenir in de warenhuizen, speciaalzaken of souvenirwinkels. Wie een blijvende herinnering mee naar huis wil nemen, kiest bijvoorbeeld voor een kristallen pronkstuk van Swarovski, wijnglazen van Riedel of Gmundner porselein. Korter houdbaar zijn chocolade, bergkaas, pompoenpitolie uit Stiermarken of een fles Oostenrijkse wijn. Bijzonder sfeervol zijn de kerstmarkten die vanaf eind november in talrijke steden opduiken. Bekend zijn de markten in Wenen, Salzburg, Innsbruck, Klagenfurt, Graz en Eisenstadt.

Kennismaking – feiten en cijfers, achtergronden

Skigebied Wurzeralm in de zuidpunt van Opper-Oostenrijk

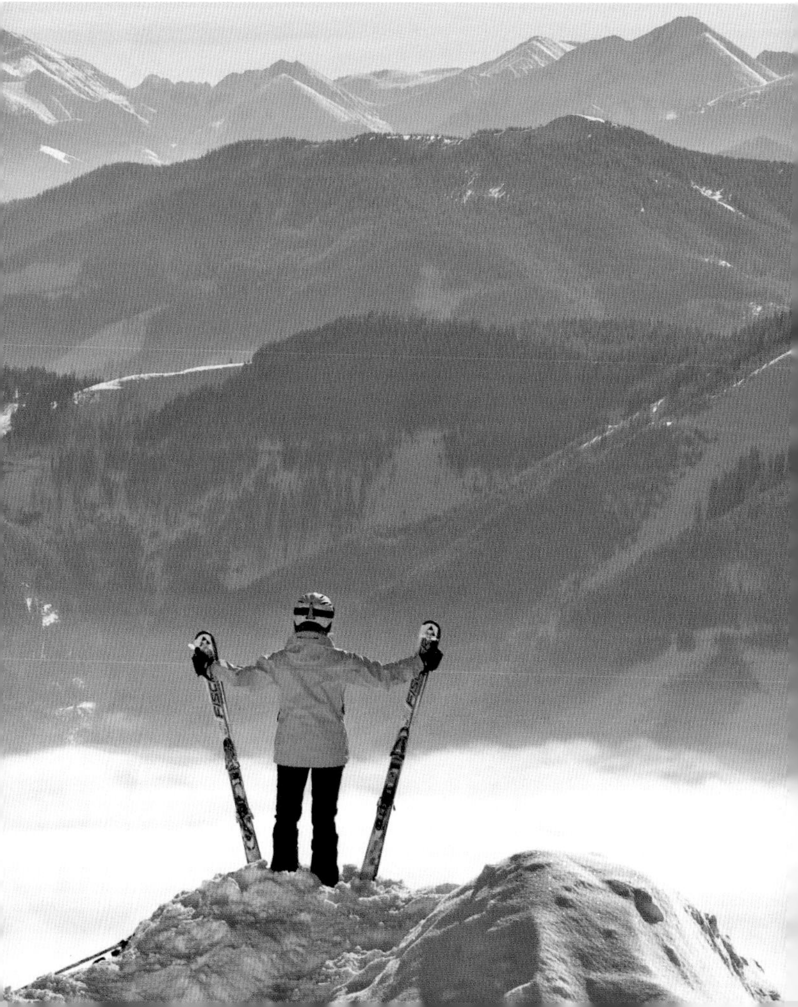

Oostenrijk in het kort

Feiten en cijfers

Ligging: Oostenrijk ligt in het hart van Europa en deelt grenzen met Zwitserland, Liechtenstein, Duitsland, Tsjechië, Slowakije, Hongarije, Italië en Slovenië. Wenen is met afstand de grootste stad en vormt sinds 1922 een eigen deelstaat. De overige deelstaten (*Bundesländer*) zijn Neder-Oostenrijk, Burgenland, Opper-Oostenrijk, Stiermarken, Karinthië, Salzburg, Tirol en Vorarlberg.

Omvang: de totale oppervlakte van Oostenrijk bedraagt 83.871 km^2 – net iets groter dan Nederland, België en Luxemburg samen. De maximale afstand van oost naar west bedraagt circa 575 km, van noord naar zuid is dat circa 295 km.

Inwoners: 8,7 miljoen (waarvan 1,8 miljoen in Wenen).

Geografie en natuur

Oostenrijk is vooral een land van heuvels, bergen en dalen; tweederde van het land ligt boven de 500 m. De soms ruige bergen maken deel uit van de Alpen, een majestueuze bergketen die miljoenen jaren geleden ontstond doordat de aardplaat met daarop het Afrikaanse continent langzaam tegen de Euraziatische plaat botste, waarbij de aardkost omhoog werd gestuwd. De hoogste top in Oostenrijk is de Großglockner (3798 m) op de grens van Karinthië en Tirol.

Ondanks de alomaanwezige bergen is het Oostenrijkse landschap verrassend gevarieerd. Naar het oosten toe worden de bergen steeds lager, resulterend in een laagvlakte op de grens met Hongarije. Het noorden is gevuld met uitgestrekte bossen, terwijl het zuiden bijna mediterraan aandoet. Door dit alles stromen ontelbare beken en rivieren, met als belangrijkste namen de Donau en de Inn. Meren, ijsgrotten, gletsjers en diepe kloven kleden het landschap verder aan.

De grote variaties in landschap, bodem en klimaat hebben ook gezorgd voor een breed spectrum aan planten en dieren. Bijzonder is de alpenflora, die in de zomermaanden de berghellingen boven de 1800 m kleur geeft. Onder deze boomgrens groeien vooral naaldbomen, met de lariks en de alpenden of arve als belangrijkste vertegenwoordigers. De bergen zijn ook het domein van de schuwe alpenmarmot, de gems en de steenbok. Hoog daarboven zweven (soms) de inmiddels zeldzaam geworden steenarend en vale gier, terwijl in de lager gelegen meren soms wel 250 verschillende soorten vogels worden geteld. Verrekijker meenemen dus!

Geschiedenis

Al sinds de prehistorie werden de dalen en bergpassen gebruikt om de Alpen over te steken – denk aan de steentijdman 'Ötzi' die 5300 jaar geleden op een pas overleed en als ijsmummie wereldfaam verwierf. Vanaf de 9e eeuw v.Chr. trokken de Kelten – een verzamelnaam voor verschillende stammen en volkeren – Europa binnen en vestigden zich in het Alpengebied. In de 1e eeuw n.Chr. maakten de Romeinen de Donau tot de noordgrens van hun rijk. Zij bouwden hier forten en nederzettingen, die vaak de basis vormden voor de huidige steden. Na het instorten van het Romeinse Rijk in de 5e eeuw overspoelden verschillende stammen het Oostenrijkse grondgebied. Pas onder de dynastie van de Babenbergers (10e-13e eeuw) werden de verschillende vorstendommen tot een eenheid gesmeed. Zij werden opgevolgd door de Habsburgers, die via een uitgekiende huwelijksstrategie hun macht tot diep in Europa wisten uit te breiden. Ook de Nederlanden vielen onder hun gezag: de Noordelijke Nederlanden van 1482 tot 1581 (Karel V, Filips II), de Zuidelijke Nederlanden zelfs tot 1795. In 1804 werd het keizerrijk Oostenrijk uitgeroepen, dat in 1867 werd vervangen door de Oostenrijks-Hongaarse dubbelmonarchie. Na de nederlaag in de Eerste Wereldoorlog (1914-1918) maakte de dubbelmonarchie plaats voor de Republiek Oostenrijk en kwam er definitief een einde aan de macht van de Habsburgers. In 1938 werd het land ingelijfd bij het Derde Rijk van Adolf Hitler – Oostenrijker van geboorte. Na het einde van de Tweede Wereldoorlog (1939-1945) bleef Oostenrijk tot 1955 bezet door de geallieerden. In 1995 werd Oostenrijk lid van de Europese Unie en in 2002 werd de euro ingevoerd.

Staat en politiek

Oostenrijk is een parlementaire republiek. De president wordt rechtstreeks door het volk gekozen voor een periode van zes jaar. Het parlement, dat bestaat uit twee kamers (*Nationalrat* en *Bundesrat*), is verantwoordelijk voor de landelijke wetgeving. Daarnaast zijn er negen autonome deelstaten (Bundesländer) met een eigen regering en een eigen parlement.

Economie en toerisme

Eeuwenlang zorgden de bodemschatten voor een levendige handel en voor de nodige welvaart. Vooral zout, dat door de Kelten in ondergrondse mijnen werd gedolven, was tot in de middeleeuwen zeer kostbaar. Het werd gebruikt als smaakmaker en om voedsel te conserveren. Rond de vindplaatsen en de handelsroutes – over land, maar vooral over water – ontwikkelden zich bloeiende stadjes, die soms nu nog zijn te herkennen aan het begrip *salz* (Salzburg) of *hall* (Hallstatt, Hallein) in de plaatsnaam.

Nu zijn de dienstensector (toerisme, handel, banken), landbouw en industrie de belangrijkste pijlers van de economie. Het aandeel van het toerisme in het Bruto Nationaal Product is relatief groot: 5,3% (7,2% als je ook de indirecte opbrengsten meetelt). Duitsland levert veruit de meeste buitenlandse bezoekers, met Nederland op een eervolle tweede plaats. België staat in dat lijstje op plaats zes. Favoriete bestemming is de deelstaat Tirol, met jaarlijks bijna 43 miljoen overnachtingen.

Bevolking, taal en religie

De geschiedenis van Oostenrijk wordt getekend door een komen en gaan van allerlei etnische groepen. Dat gaat door tot op de dag van vandaag, waardoor de bevolking een brede mix aan afkomsten laat zien. Dat verklaart ook waarom in sommige deelstaten Hongaars, Kroatisch en Sloveens officiële talen zijn. Maar liefst 19% van de bevolking woont in de kleine deelstaat Wenen.

Bij een volkstelling in 2001 noemde 73,6% van de bevolking zich rooms-katholiek. Inmiddels is dat percentage gedaald tot beneden de 60%, maar nog altijd zijn de katholieken veruit in de meerderheid. Daarmee is meteen ook het grote aantal katholieke kerken in de Oostenrijkse dorpen en steden verklaard. Dat de Kerk bovendien rijk was, blijkt wel uit de pronkzuchtige barokke interieurs van veel van deze kerken.

Geschiedenis

Prehistorie en Romeinen

ca. 23.000 v.Chr. De ontdekking van rotstekeningen en een vrouwenbeeldje met wulpse vormen (de Venus van Willendorf) duiden op vroege bewoning. De mensen wonen in grotten en lemen hutten, maar veel meer is over deze periode niet bekend.

3300-3100 v.Chr. Een ijsmummie bijgenaamd Ötzi, in 1991 in het grensgebied met Italië gevonden, geeft veel informatie over voeding, kleding, uitrusting en bewapening van de mensen in de vroege steentijd.

vanaf 1000 v.Chr. Illyriërs en Kelten vestigen zich in wat nu Oostenrijk is. Zij leven voornamelijk van de veeteelt en beginnen met de winning van ijzer, koper, goud en zout.

850-500 v.Chr. Hallstattcultuur: bij Hallstatt gevonden grafheuvels en zoutmijnen bieden inzicht in de gebruiken en gewoontes van de Kelten in de vroege ijzertijd.

1e eeuw v.Chr. De Romeinen onderwerpen het gebied en maken van de Donau de noordgrens van hun rijk. Ze stichten grensposten en handelsnederzettingen, die later uitgroeien tot steden, zoals Vindobana (Wenen), Juvavum (Salzburg) en Carnuntum.

Middeleeuwen

5e eeuw n.Chr. Het West-Romeinse Rijk gaat ten onder. Hunnen, Ostrogoten en Longobarden dringen het Alpengebied binnen, later gevolgd door Slaven en Bajuwaren uit Beieren. Door plunderingen gaat veel verloren.

7e-8e eeuw Vanuit Beieren brengen missionarissen het christendom naar Oostenrijk. In 696 wordt Stift St. Peter in Salzburg gesticht, mogelijk het oudste klooster in Oostenrijk. Onder Karel de Grote wordt Oostenrijk onderdeel van het Karolingische Rijk.

955 De Duitse keizer Otto I verslaat de Magyaren (Hongaren) op de oevers van de Lech bij Augsburg. Daarmee komt er een einde aan een periode van opstanden en verzet.

976 Leopold I van Babenberg wordt de eerste markgraaf van de Ostmark. De Babenbergers breiden hun macht steeds verder uit en zorgen voor een periode van vrede en voorspoed. Geleidelijk wordt Wenen de belangrijkste stad.

996 Eerste vermelding van het begrip *Ostarrichi*, waarmee het gebied rond St. Pölten wordt aangeduid. Hier ligt de basis voor het huidige Oostenrijk.

1246	Friedrich II van Babenberg sterft kinderloos, waardoor een machtsvacuüm ontstaat. De koningen van Bohemen en Hongarije proberen het Oostenrijkse grondgebied te veroveren.

Habsburgse periode

1278	Rudolf van Habsburg, in 1273 gekozen tot Rooms-Duitse koning, verslaat de Boheemse koning Ottokar II en schenkt de Oostenrijkse gebieden aan zijn zoons. Dit markeert het begin van een periode waarin de Habsburgers over Oostenrijk regeren.
1358-1365	Rudolf IV is hertog van Oostenrijk. Hij sticht de universiteit van Wenen en start met de bouw van de St. Stephansdom. Het levert hem de bijnaam 'de Stichter' op.
1438	Hertog Albrecht II wordt gekozen tot koning van het Heilige Roomse Rijk; Wenen wordt de hoofdstad van het rijk. Vanaf nu leveren de Habsburgers alle koningen en keizers van dit machtige rijk (met uitzondering van Karel VII in 1726-1745). Uitbreiding van het rijk vindt vooral plaats door slim gearrangeerde huwelijken, niet door oorlogen.
1519-1556	Onder Karel V bereikt het Heilige Room Rijk zijn grootste omvang. Na zijn troonsafstand wordt het rijk gesplitst in een Spaans en een Oostenrijks deel onder Ferdinand I.
16e eeuw	Oostenrijk krijgt te maken met aanvallen van Ottomaanse Turken, die in 1529 zelfs Wenen belegeren. Ingrijpend is ook de Reformatie, de strijd tussen het 'oude' katholieke geloof en de nieuwe leer van het protestantisme.
1618-1648	Godsdiensttwisten en machtsstrijd tussen de grote Europese mogendheden leiden tot de Dertigjarige Oorlog. Buitenlandse troepen brengen grote schade toe aan Oostenrijkse steden, dorpen en burchten.
1683	De Ottomaanse Turken staan voor de tweede keer voor de poorten van Wenen. Een leger onder leiding van keizer Leopold I en prins Eugenio von Savoy verdrijft de Turken, maar de strijd tegen de Ottomaanse buren zal nog lang voortduren.
1740-1780	Begin 18e eeuw is er zowel in de Spaanse als in de Oostenrijkse tak van de Habsburgers een felle strijd om de opvolging gaande. Uiteindelijk wordt Maria Theresia koningin van de Oostenrijkse gebieden. Ze is een sterke persoonlijkheid die tal van hervormingen doorvoert. Ook laat ze Schloss Schönbrunn uitbouwen tot een zomerresidentie. Haar zoon Jozef II zet haar beleid voort.

Geschiedenis

1792	Frans II wordt (de laatste) keizer van het Heilige Roomse Rijk. In datzelfde jaar sluit hij zich aan bij een coalitie die de strijd aangaat tegen het steeds machtiger wordende Frankrijk. In diverse veldslagen wordt de keizer echter door Frankrijk verslagen.

Keizerrijk Oostenrijk

1804	Onder druk van de Franse keizer Napoleon ontbindt Frans II het Heilige Roomse Rijk. Hij roept zichzelf uit tot keizer van Oostenrijk onder de naam Frans I.
1809	Nadat Napoleon in 1805 een eerste keer – zonder strijd – Wenen had veroverd, doet hij dat in 1809 nog een keer, nu wel na hevige gevechten. Napoleon dwingt Oostenrijk om zijn bondgenoot te worden.
1814-1815	Als Napoleon definitief is verslagen, worden tijdens het Congres van Wenen de Europese grenzen hertekend. Oostenrijk krijgt de macht in Centraal-Europa en een groot deel van Noord-Italië.
1848	Er gaat een golf van revolutie door Europa. Ook in Wenen is er verzet tegen de machthebbers. De dan 18-jarige Frans Jozef I wordt keizer van Oostenrijk en herstelt het gezag. In 1854 trouwt hij met zijn veel jongere nicht Elisabeth, beter bekend als Sissi.

Oostenrijks-Hongaarse dubbelmonarchie

1867	Op cultureel gebied gaat het goed met het keizerrijk, maar buiten de landsgrenzen kalft de macht steeds verder af. Daarom ontbindt Frans Jozef het keizerrijk en stelt de Oostenrijks-Hongaarse dubbelmonarchie in, waarbinnen Hongarije veel zelfstandigheid behoudt.
1898	Keizerin Elisabeth wordt vermoord door een Italiaanse anarchist.
1914	De Oostenrijkse troonopvolger Frans Ferdinand wordt in Sarajevo vermoord. Oostenrijk verklaart de oorlog aan Servië. Als andere landen volgen, leidt dat tot de Eerste Wereldoorlog (1914-1918). Oostenrijk en zijn bondgenoten verliezen de oorlog.

Eerste Oostenrijkse Republiek

1919	Na de oorlog wil Oostenrijk zich bij Duitsland aansluiten, maar andere Europese landen houden dat tegen. Daarom wordt de Eerste Oostenrijkse Republiek uitgeroepen. Die is echter gedoemd te mislukken: Wenen is als een waterhoofd van een te klein land afgesneden van de economisch belangrijke industrie- en landbouwgebieden.
1934	Bloedige opstanden in Wenen en Linz. De nazi's plegen een mislukte staatsgreep en doden kanselier Dollfuss.

Tweede Wereldoorlog en Tweede Republiek

1938 Anschluss: Duitse troepen trekken Oostenrijk binnen en annexeren het land, dat weer Ostmark gaat heten. Veel Oostenrijkers ontvangen de nazi's met open armen.

1939-1945 Oostenrijk is actief betrokken bij de Tweede Wereldoorlog en brengt veel prominente nazi's voort. Onder hen zijn Adolf Hitler en Seyss-Inquart, die als rijkcommissaris het bezette Nederland bestuurt. Al in 1943 besluiten de geallieerden dat na het beëindigen van de oorlog Oostenrijk weer een onafhankelijk land moet worden.

1945-1955 Na de oorlog wordt Oostenrijk door de geallieerden bezet en in vier sectoren verdeeld. Pas in 1955 wordt Oostenrijk weer een soevereine staat. De nieuwe grondwet verplicht het land in de toekomst neutraal te blijven. Daarom is Oostenrijk geen lid van de NAVO.

1970-1983 De charismatische sociaaldemocraat Bruno Kreisky, zoon van een Joodse kleermaker, is bondskanselier van Oostenrijk.

1986 Bij presidentsverkiezingen wordt duidelijk dat Kurt Waldheim, van 1972 tot 1981 secretaris-generaal van de Verenigde Naties, een nazi-verleden heeft. Desondanks wordt hij gekozen tot bondspresident van Oostenrijk.

1995 Na een referendum wordt Oostenrijk lid van de Europese Unie.

2000 Bij verkiezingen is de FPÖ van de extreemrechtse politicus Jurg Haider de grote winnaar. Dat brengt Oostenrijk opnieuw in een internationaal isolement. Jurg Haider komt in 2008 om bij een auto-ongeluk, maar de rechts-populistische stroming blijft ook daarna een belangrijke factor in de Oostenrijkse politiek.

2002 Invoering van de euro als betaalmiddel.

2004-2016 De sociaaldemocraat Heinz Fischer is bondspresident.

2015 Honderdduizenden vluchtelingen en migranten komen Oostenrijk binnen via de zogenaamde Balkanroute. De regering besluit de stroom te stoppen door de Balkanroute af te sluiten.

2016 De presidentsverkiezingen moeten worden overgedaan wegens onregelmatigheden bij het tellen van de stemmen. In een tweede poging wint Alexander Van der Bellen (gesteund door de Groenen) nipt van Norbert Hofer (van de rechts-populistische FPÖ).

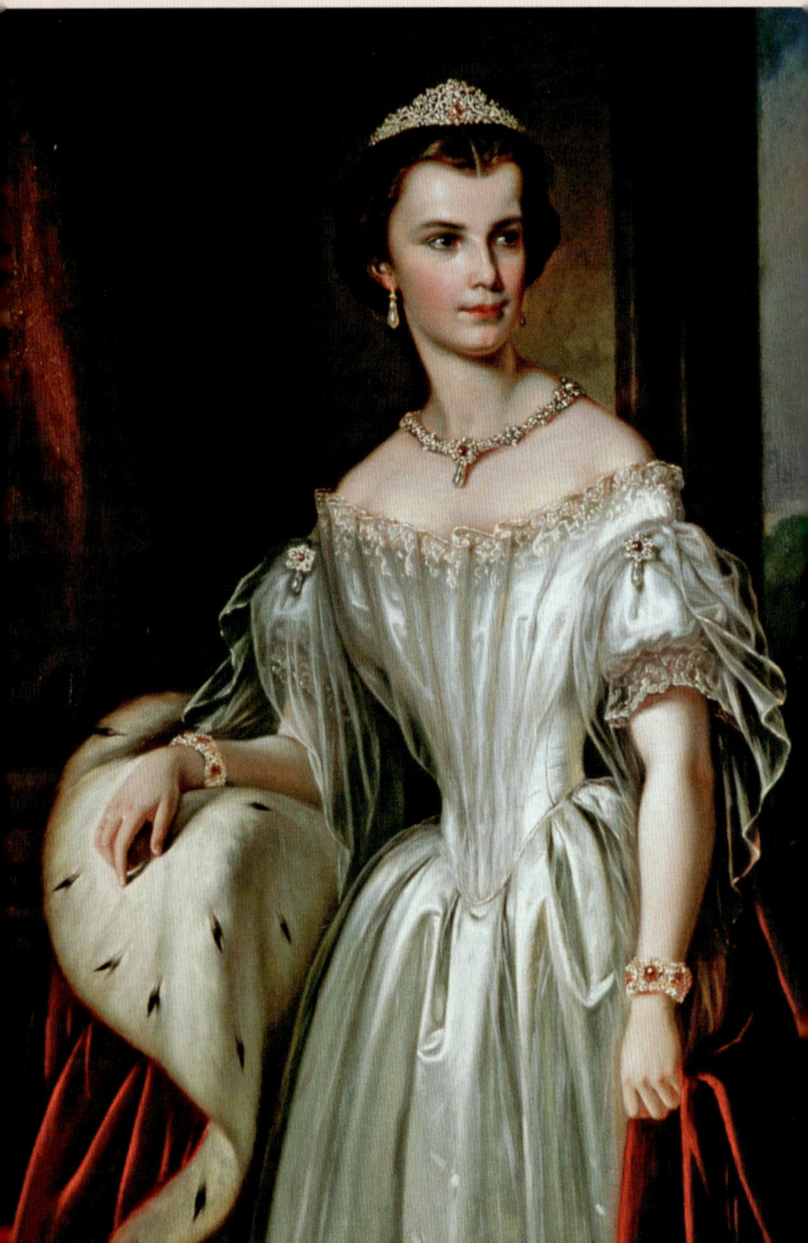

Elk jaar rond Kerstmis worden ze weer uitgezonden: de Sissi-films uit de jaren 50 met Romy Schneider in de hoofdrol. Het zijn suikerzoete vertellingen over een sprookjesprinses die verliefd wordt op een knappe keizer. De realiteit was echter een stuk minder rooskleurig. De echte Elisabeth van Beieren (1837-1898) trouwde inderdaad op jonge leeftijd met de keizer van Oostenrijk, maar kon nooit wennen aan het strakke protocol van het Weense hof. Gelukkig is ze er dan ook niet geworden.

ook haar brieven ondertekent (de benaming Sissi, met dubbel 's', is een vondst van de maker van de filmtrilogie, die dit beter vindt klinken).

Als Elisabeth vijftien is, gaat ze met haar moeder en oudere zus Helene op bezoek bij haar neef Frans Jozef, dan 22 jaar en keizer van Oostenrijk. Achter de schermen is bekokstoofd dat Helene aan de keizer moet worden gekoppeld, maar in plaats daarvan valt hij als een blok voor de mooie Elisabeth. Ze stemt toe in een huwelijk, dat een jaar later wordt voltrokken. Maar de dagen

Sissi – keizerin tegen wil en dank

'Nooit alleen, nooit vrij. De kroon, voor anderen zou het een vreugde betekenen, voor mij is het een zware last.' Deze verzuchting uit haar dagboek geeft aan hoe Elisabeth het leven aan het hof ervoer. Het strakke keurslijf paste dan ook niet bij haar vrijgevochten, melancholieke persoonlijkheid. Bovendien was het helemaal niet de bedoeling dat ze keizerin zou worden ...

Keizerlijk keurslijf

Elisabeth wordt in 1837 in München geboren als dochter van de hertog van Beieren. Samen met haar broers en zussen heeft ze een redelijk onbezorgde jeugd. Ze krijgt alle gelegenheid om te zwemmen, paard te rijden en de bergen in te trekken. Haar familie spreekt haar aan met haar koosnaam Sisi, waarmee ze

Portret van de jonge Elisabeth

voor het huwelijk twijfelt Elisabeth en na de plechtigheid vlucht ze in tranen weg uit de keizerlijke appartementen.

In het begin probeert ze zich aan te passen aan de etiquette van het hoofse leven, maar het inleveren van haar persoonlijke vrijheid valt haar zwaar. Wel voldoet ze aan haar belangrijkste taak als echtgenote van de keizer: het baren van kinderen. Binnen korte tijd worden Sophie, Gisela en troonopvolger Rudolf geboren. Sophie overlijdt echter als ze twee is en de andere kinderen worden, tegen de zin van Elisabeth, opgevoed door haar strenge schoonmoeder, aartshertogin Sophie.

Obsessies

Na de dood van haar dochtertje belandt Elisabeth in een zware en langdurige depressie. Ze gaat zich steeds merkwaardiger gedragen en wordt door haar arts op reis gestuurd, weg van het hof.

Sissi – de mythe verfilmd

Tijdens haar leven haalt Elisabeth nauwelijks de voorpagina's van de kranten. Ze leeft teruggetrokken; de sympathie ligt vooral bij de keizer. Pas na haar dood wordt het beeld gecreëerd van de mooie, jonge prinses die trouwt met de keizer en tragisch om het leven komt. Deze mythevorming leidt tot talrijke boeken, toneelstukken én de beroemde filmtrilogie. De geromantiseerde Sissi-films betekenen de doorbraak voor hoofdrolspeelster Romy Schneider, die daarna echter moeite heeft om van het mierzoete imago af te komen. Haar leven verloopt zelfs bijna nog tragischer dan dat van Sissi. Ook Romy is vaak ongelukkig en sterft een eenzame, mogelijk zelfgekozen dood.

In de familie van Elisabeth komen veel psychiatrische aandoeningen voor en ook Elisabeth lijkt erfelijk belast. Ze is prikkelbaar, kan zomaar in huilen uitbarsten en is obsessief met haar uiterlijk bezig. Ze is 1,72 m lang, maar weegt slechts 45-50 kg en heeft een wespentaille van 51 cm. Om dat slanke figuur te behouden, eet ze nauwelijks en weegt ze zichzelf drie keer per dag. Ook laat ze in haar vertrekken in de Weense Hofburg ringen en andere turntoestellen aanbrengen – voor vrouwen in die tijd zeer ongebruikelijk. Slapen doet ze, naar verluidt, met kalfsschnitzels op haar wangen om een mooie teint te houden, en haar kapster heeft elke dag twee uur nodig om haar bijna enkellange haar in model te brengen.

Als Elisabeth ouder wordt, kan ze niet accepteren dat haar schoonheid vergankelijk is. Ze wil zich niet meer laten fotograferen en verschuilt zich achter een waaier of een voile – hoewel kwade tongen beweren dat ze daarmee vooral haar slechte gebit wil bedekken; er zijn dan ook nauwelijks portretten waarop haar tanden te zien zijn.

Sissi in Nederland

Rusteloos als ze is, ontvlucht Elisabeth waar mogelijk de verplichtingen van het hofleven. Ze zet zich in voor goede doelen en reist veel. Zo komt ze ook twee keer in Nederland, in 1884 en 1885. Ze laat zich behandelen door de beroemde dr. Mezger en maakt uitstapjes naar Circus Carré, Artis en Paleis Het Loo. Ze reist incognito, stapt het liefst onaangekondigd ergens binnen, maar bij haar tweede bezoek heeft ze toch een officiële afspraak met koning Willem III op Paleis Noordeinde. Het duurt echter niet lang: een kort formeel gesprek, een handje voor de vierjarige prinses Wilhelmina, en weg is ze.

Toilet- en turnkamer van Elisabeth in de Hofburg in Wenen

Tragische dood

Elisabeth heeft in 1868 een vierde kind gekregen, Marie Valerie, die ze wel zelf opvoedt. Het wordt haar lievelingetje: in de toiletkamer in de Hofburg hangt alleen haar portret – andere familieleden ontbreken. Van een hecht gezinsleven is dan ook geen sprake. Ze ziet haar andere kinderen weinig en het huwelijk met Frans Jozef is slecht, mede door zijn openlijke buitenechtelijke escapades.

In 1889 slaat het noodlot toe: kroonprins Rudolf, dan dertig jaar, en zijn zeventienjarige geliefde worden dood aangetroffen in een jachthut. Met daarbij diverse afscheidsbrieven. Elisabeth voelt zich verantwoordelijk voor de zelfmoord van haar zoon en verzinkt weer in een diepe depressie. Ze is niet in staat de begrafenis te bezoeken en draagt vanaf nu alleen nog maar zwarte kleding, zonder sieraden. En ze gaat, voor zover dat mogelijk is, nog meer reizen.

Op 10 september 1898 is Elisabeth in Genève. Zoals gebruikelijk reist ze onder een valse naam, maar het is een publiek geheim dat de keizerin in de stad is. Dat trekt de aandacht van de Italiaanse anarchist Luigi Lucheni. Hij haat de aristocratie en heeft het plan opgevat de hertog van Orléans te vermoorden. Wanneer blijkt dat die niet in Genève is, richt Luigi zich op de keizerin. Als Elisabeth met een hofdame onderweg is naar een veerboot, duwt hij hard tegen haar borst. Elisabeth valt, maar staat weer op en wandelt verder. Pas op de veerboot stort ze in – Luigi blijkt een scherpgemaakte vijl recht in haar hart te hebben gestoken. Elisabeth overlijdt en wordt op 7 september 1898 bijgezet in de Kapuzinergruft in Wenen. Haar leven eindigt zoals ze wellicht gewenst heeft: voortijdig, zonder pijn en ver weg van het Weense hof.

En Luigi? Die wordt veroordeeld en tien jaar later dood gevonden in zijn cel, hangend aan een riem.

Op 14 juli 1683 gaat er een schok door Europa: de Turken staan voor de poorten van Wenen! De belegering duurt twee maanden, waarbij Wenen op het randje van de afgrond balanceert. Pas op 12 september weet een ontzettingsleger de Ottomaanse Turken te verdrijven. Dit Beleg van Wenen lijkt een voetnoot in de geschiedenis, maar een andere afloop zou desastreuze gevolgen hebben gehad voor Wenen én voor Europa.

Korte schets van de situatie: in 1683 is Wenen het kloppende hart van het Heilige Roomse Rijk, met Leopold I als keizer. Het Rijk is machtig, maar heeft ook veel vijanden. Zoals het Frankrijk van 'zonnekoning' Lodewijk XIV aan de westkant en het Ottomaanse Rijk aan de oostkant. De Ottomaanse Turken hebben vanaf de 14e eeuw al een flink deel van Zuidoost-Europa veroverd, maar ze willen meer: het hart van Europa lokt.

Het Beleg van Wenen (1683) – de Turken voor de poorten van Europa

Turken proberen via een gat in verdediging Wenen binnen te dringen (Leander Russ, 1837)

Belegering

Als de uit Centraal-Azië afkomstige Turken in 1453 Constantinopel innemen, markeert dat het begin van het Ottomaanse Rijk als wereldmacht. Ze rukken steeds verder op naar het westen en proberen in 1529 – tevergeefs – voor een eerste keer Wenen in te nemen.

Een tweede kans volgt als in de loop van de 17e eeuw Hongaarse edelen in opstand komen tegen keizer Leopold. De Ottomanen schieten hen 'te hulp' en hopen zo alsnog met de Habsburgers in Wenen af te rekenen. Ze verklaren de oorlog aan Leopold, maar hebben meer dan een jaar nodig om een leger op de been te brengen. Dit geeft Wenen de kans om de verdediging te organiseren.

Op 14 juli 1683 arriveert een Ottomaans leger van 138.000 man bij het zwaar gefortificeerde Wenen. In de stad wacht een garnizoen van 15.000 man, dat beschikt over 370 kanonnen. De Turken hebben slechts lichte veldkanonnen en kiezen ervoor de stad uit te hongeren. De strijd speelt zich daarna vooral onder de grond af: de Turken graven gangen tot onder de bolwerken en brengen hier mijnen tot ontploffingen. De verdedigers proberen op hun beurt nog diepere gangen te graven en de aanvalstunnels te ondermijnen.

In september is de situatie desastreus: in de stad is dysenterie uitgebroken en verschillende bolwerken zijn ingestort. Vooral de bloeddorstige Janitsaren dringen steeds verder op en zaaien dood en verderf onder de verdedigers. Alleen een wonder kan de stad nog redden ...

Bevrijding

Intussen heeft Karel van Lotharingen, een zwager van keizer Leopold, aan de andere kant van de Donau een leger bijeengebracht. Hulptroepen van verschillende Duitse staten sluiten zich hierbij aan, waarna het wachten is op de hoofdmacht van de Poolse koning Jan Sobieski, bestaande uit 20.000 ruiters en 16.000 voetknechten.

In de vroege ochtend van 12 september is het zover: het Poolse leger is gearriveerd en voegt zich bij de andere legers op de Kahlenberg, net buiten Wenen. Als eerste stort de infanterie zich naar beneden. De ingegraven Turken verweren zich fel en proberen tegelijk de stad alsnog in te nemen. Wat volgt is een chaotische strijd, die tot ver in de middag duurt. Dan besluit koning Sobieski zijn hoofdmacht van zwaar bewapende cavaleristen in te zetten. De ruiters overlopen de moegestreden Turken, die in verwarring vluchten. Wenen is ontzet, het wonder is geschied ...

Turkije en Europa

Na afloop van de strijd richten de Europese bondgenoten de Heilige Liga op, een verbond dat het christelijke Europa tegen de expansiedrift van de islamitische Ottomanen moet beschermen. En dat blijkt nodig: de oorlogen tegen de Turken gaan nog eeuwenlang door; pas na de Eerste Wereldoorlog (1914-1918) komt er definitief een einde aan het Ottomaanse Rijk.

Blijft de vraag: wat was er gebeurd als de Ottomanen de strijd wel hadden gewonnen? Dan was de Turkse invloed wellicht tot in het hart van Europa doorgedrongen. En werd er nu in veel meer landen Turks gesproken. Dat besef was er in de 17e eeuw en is er nu nog altijd. Zo wordt het Beleg van Wenen nog regelmatig door politici aangehaald als voorbeeld van de Ottomaanse expansiedrift, bijvoorbeeld als het eigenzinnige optreden van president Erdogan of de toetreding van Turkije tot de Europese Unie ter sprake komen.

Wandelen door de Oostenrijkse Alpen

Een korte dagwandeling met het hele gezin of toch een stevige meerdaagse huttentocht door het hooggebergte? In Oostenrijk is alles mogelijk. Vele duizenden kilometers aan wandelroutes zijn uitstekend gemarkeerd en berghutten staan klaar om de hongerigen te voeden en de vermoeiden een bed te bieden. Kies een geschikte bergwandelroute uit het enorme aanbod en ontdek een van de grootste troeven van Oostenrijk.

Bloeiende alpenweides, azuurblauwe bergmeertjes, watervallen en aan de horizon eindeloze rijen bergreuzen – dat is het decor dat wacht op wandelaars die de Oostenrijkse bergen in willen trekken. Maar welke route wordt het? Dat is inderdaad een lastige keuze, want het aanbod is overweldigend, voor elk niveau en voor elke smaak. Hulp is te vinden op internet, bij de toeristenbureaus en in de boekwinkel die vol staat met wandelgidsen over de Alpen. Maar wat de bestemming ook wordt, met enkele belangrijke zaken zult u altijd rekening moeten houden.

De eerste wandelaars

De Alpen waren nog 'woest en ledig' toen de eerste jagers enkele duizenden jaren geleden over de passen trokken. In de middeleeuwen waren er inmiddels

Bergwandelaars in het Zillertal in Tirol

vaste paden die regelmatig door herders en handelsreizigers werden gebruikt. Wandelen en klimmen puur voor je plezier, 'omdat het kan', kwam op tijdens de romantiek, een stroming in de kunsten én een levensvisie die rond 1800 begon. De bergen werden gezien als 'mooi' en als een ideale omgeving om bijzondere ervaringen op te doen. Ook wetenschappers trokken de bergen in om zich te verdiepen in de natuur en in het ontstaan van dit imposante landschap. In de loop van de 19e eeuw groeide de stroom bezoekers gestaag. Treinen maakten de Alpen goed bereikbaar en bij de gegoede burgerij werd het mode om de hellingen en gletsjers te beklimmen. Duitse en Oostenrijke bergsportverenigingen, die in deze periode nauw samenwerkten, begonnen met het bouwen van berghutten. Eerst waren dat eenvoudige bivaks, later ook luxe onderkomens voor de elite. Rond 1900 waren er al bijna 650 van deze hutten.

Een goede voorbereiding

Hoelang (of hoe kort) een bergwandeling ook is, een goede voorbereiding is essentieel. Dat begint met het bekijken van de weersverwachting, het bestuderen van de route en het bij elkaar zoeken van de spullen. Bij een zware tocht is het bovendien verstandig iemand te laten weten wat de plannen zijn.

Veel kilo's meeslepen op een korte dagtocht over eenvoudig terrein is niet nodig, maar denk ook dan aan enkele basisregels: zorg voor goede schoenen, genoeg eten en drinken, kleren voor alle soorten weersomstandigheden, bescherming tegen de zon, een goede wandelkaart en een mobiele telefoon met daarin voorgeprogrammeerd de noodnummers (zie blz. 36). Voor zware en meerdaagse tochten komen daar uiteraard nog spullen bij, zoals extra kleding, toilettas, handdoek enzovoort. In berghutten zijn verder lakenzakken verplicht en kunnen eigen sloffen/slippers en oordopjes handig zijn (zie ook de paklijst op blz. 55).

Dan wellicht het belangrijkste: overschat jezelf niet! Tochten blijken onderweg toch vaak zwaarder of langer dan verwacht en door een weersomslag kan een eenvoudige wandeling plotseling veranderen in een prestatietocht.

Gemarkeerde routes

Een geruststelling voor wandelaars zonder postduiveninstinct: zeker in populaire wandelgebieden staan op belangrijke kruispunten van paden voldoende wegwijzers. Daartussen wordt de route doorgaans aangegeven met geverfde strepen op rotsen of paaltjes.

In heel Oostenrijk staan dezelfde wegwijzers. Ze zijn geel en hebben altijd dezelfde indeling. Vermeld staat de naam van de wandelroute of de bestemming van het pad, gevolgd door de wandelduur en het routenummer. Maar let op: neem de wandelduur met een flinke korrel zout, want die is gebaseerd op een stevig Oostenrijks wandeltempo, zonder pauzes. Vóór de bestemming staat bovendien vaak een gekleurd bolletje dat de zwaarte aangeeft. Blauw staat voor een eenvoudige, vlakke wandelroute waar je ook zonder bergwandelervaring of bergwandelschoenen uit de voeten kunt. Rood is een gemiddeld zware route over bergpaden. Hier is enige tredzekerheid vereist, een goede wandelkaart en stevige bergwandelschoenen worden aangeraden. Soms zijn er lastige passages over beken of smalle paadjes. Zwart wil zeggen een zware bergwandelroute of *Alpinsteig*. Verwacht onderweg het nodige klauterwerk, bijvoorbeeld over een graat, en stukken die gezekerd zijn met staalkabels. Bergwandelervaring, goed materiaal en een degelijke conditie zijn onontbeerlijk. Laat bovendien eventuele hoogtevrees thuis achter. Goed om te weten: soms is alleen een deel van de route van dit zware niveau, terwijl de gehele tocht als zwart wordt aangegeven. Het loont dus de moeite om de wandelgids of de kaart goed te bekijken, want wellicht is een deel van de route wel degelijk voor een bredere doelgroep geschikt. U kunt dan altijd omkeren als het te zwaar wordt.

Langeafstandsroutes hebben vaak een eigen markering. Bij bekende meerdaagse wandelroutes staat de naam soms op de gele wegwijzers, soms ook hebben routes een eigen bordje. In totaal telt Oostenrijk meer dan honderd van zulke *Weitwanderwege*. Bekende namen zijn onder meer de Adlerweg (door Tirol), de Alpe Adria Trail (vanaf de Großglockner naar de Adriatische Zee in Slovenië) en de Donausteig (langs de Donau).

Berghutten

Een meerdaagse tocht is niet mogelijk zonder te overnachten in een berghut. Ze zijn er in allerlei soorten en maten, van eenvoudige onderkomens met bedompte slaapzalen (*Lager*) tot moderne berghotels met douches en aparte slaapkamers voor gezinnen. In alle gevallen is een overnachting een aparte belevenis, al is het maar vanwege de typische huttensfeer. De huisregels zijn doorgaans hetzelfde: bergschoenen en stokken blijven achter in een drooghok bij de ingang, gasten nemen zelf een lakenzak mee en vanaf een vast tijdstip, bijvoorbeeld 22 uur, heerst er *Hüttenruhe*.

In de meeste berghutten worden uitstekende, voedzame maaltijden geserveerd. Een berghut kan dan ook een ideale bestemming voor een dagtocht zijn: 's morgens omhoog, lunchen in de hut en dan weer naar beneden.

Veel berghutten zijn eigendom van een Duitse of Oostenrijkse alpenvereniging. Wandelaars die lid zijn van een bergvereniging, zoals de NKBV (Koninklijke Nederlandse Klim- en Bergsport Vereniging), krijgen hier korting bij een overnachting. Daarnaast zijn er particuliere hutten. Voor alle hutten geldt: reserveren voor een overnachting is aan te raden, zeker in drukke periodes en op populaire routes. Er is wat ruimte voor toevallige passanten, maar het aantal bedden is beperkt. Reserveren kan soms per e-mail, maar 's morgens even een telefoontje naar de volgende hut is wel zo verstandig. Vergeet ook niet netjes af te bellen mochten de plannen toch veranderen! Laatste tip: neem voldoende contant geld mee, want pinnen is lang niet overal mogelijk.

Bergwandelen met kinderen

'Kunnen de kinderen mee op deze route?' Het is en blijft een lastige vraag. Elk kind is anders, en elke ouder gaat daar weer anders mee om. Baby's kunnen meestal prima mee in een rugdrager. Daarna kunnen ze vanaf een jaar of vier meestal al zelf een stukje wandelen ... als ze daar zin in hebben. Het kan al misgaan bij dat eerste 'saaie stuk in het dal' – en dan komt het meestal ook niet meer goed. Dus waar het kan: met de kabelbaan omhoog! Daarna bepaalt het kind hoe ver en hoe hard er wordt gelopen. Stel dus geen doelen, maar maak een avontuur van de wandeling zelf. Laat ze spelen, naar dieren (alpenmarmotten!) of bergkristallen zoeken, of door een beekje banjeren. En: klauteren over rotsen is natuurlijk veel stoerder dan zo'n saai, vlak pad.

Wandel ook niet te lang. Lunch bijvoorbeeld op het hoogste punt en daal dan weer af. Spreek onderweg ook doelen af voor de korte termijn: een pauze op een markante rots of lekker eten in de berghut. En overnachten in zo'n hut is natuurlijk extra spannend, zeker als iedereen in een slaapzaal naast elkaar kruipt – en ook nog eens op dezelfde tijd als de kinderen vanwege de *Hüttenruhe*. Sommige berghutten hebben bovendien een speelplaats buiten en een kast met spelletjes om de kinderen bezig te houden. Wie weet slaat het virus over en groeit er zo een nieuwe generatie bergwandelaars op ...

Paklijst huttentocht

Rugzak: afhankelijk van de lengte van de tocht 30-60 liter.
Kleding: voor alle weersomstandigheden, van regenkleding en fleece tot muts, pet, t-shirt en zonnebril.
Bergschoenen: stevige schoenen met goede profielzool. Neem reserveveters mee en bespaar niet op sokken!
Wandelstokken: de meningen zijn verdeeld, maar ze helpen wel degelijk bij het klimmen en/of dalen.
Eten: in de hutten is eten verkrijgbaar, maar neem stevige snacks en voldoende water mee voor onderweg.
Persoonlijke verzorging: zonnebrandmiddel (hoge factor), lippenbalsem, toiletspullen, wc-papier, EHBO-set enzovoort.
In de hut: lakenzak, eventueel sloffen/slippers, oordopjes.
Oriëntatie: kaarten/wandelgids, kompas, eventueel gps (en extra batterijen).
Veiligheid: fluitje, spiegeltje, mobiele telefoon met noodnummers, aluminium reddingsdeken, paspoort.
Contant geld: in hutten is vaak geen pinautomaat.
Overig: zakmes, zitlap, hoofdlamp, boterhamzakjes, vuilniszak, drinkflessen, pen en papier.

Smeltende gletsjers

Elke zomer duiken ze weer op, de alarmerende nieuwsberichten over smeltende gletsjers in de Alpen. Ook uit Oostenrijk komen vergelijkbare verhalen. Zo trekt de langste gletsjer van het land, de Pasterze aan de voet van het Großglocknermassief, zich elk jaar enkele tientallen meters terug. Diezelfde trend is te zien bij het merendeel van de andere Oostenrijkse gletsjers.

Al sinds 1891 trekken vrijwilligers van de Oostenrijkse alpenvereniging elke zomer de bergen in om zo'n honderd gletsjers nauwkeurig op te meten. De conclusies van al dat noeste werk zijn eenduidig: de afgelopen eeuw hebben bijna alle Oostenrijkse gletsjers zich stukje bij beetje teruggetrokken. Moderne onderzoeken, bijvoorbeeld met behulp van satellieten, bevestigen dit beeld. In het hele Alpengebied is de ijsbedekking in deze periode zelfs meer dan gehalveerd. Ook voor toeristen is het afsmelten van de gletsjers onmiskenbaar: jaartallen op bordjes of stenen rond de ijsmassa geven vaak aan tot waar de gletsjertong in het verleden kwam. Dan wordt ineens overduidelijk waar al die krantenberichten over gaan.

Opwarming

Een gletsjer ontstaat als hoog in de bergen sneeuw onder het eigen gewicht tot ijs wordt verdicht. Dit ijspakket glijdt vervolgens heel langzaam langs de berghelling naar beneden, tot het onder aan de gletsjertong in de vorm van een kabbelend bergstroompje de afdaling versneld voorzet. Het kan vele honderden jaren duren voordat een sneeuwvlok het hele traject heeft afgelegd.

Als er onder aan de gletsjers meer ijs smelt dan dat er bovenaan wordt aangevuld, wordt de gletsjer korter en dunner. Dit proces van afsmelten is al aan de gang sinds het einde van de laatste ijstijd, zo'n 10.000 jaar geleden. Sindsdien is de temperatuur geleidelijk gestegen. Een laatste koudegolf was er tijdens de

Kleine IJstijd, globaal van de 15e tot in de 19e eeuw, met een piek rond 1700 (denk aan de schilderijen met winterlandschappen in de musea). Onderzoek toont aan dat het afsmelten in deze hele periode zeer onregelmatig verliep. Zo was een deel van de gletsjers enkele duizenden jaren geleden zelfs kleiner dan nu! Ofwel: het aangroeien en afsmelten van gletsjers is grotendeels een natuurlijk proces, met soms onverwachte schommelingen. Verontrustend is echter wel de snelheid waarmee de gletsjers de laatste decennia verdwijnen. Gemiddeld gaat het krimpen van de gletsjers nu twee tot drie keer zo snel als in de 20ste eeuw.

Gevolgen

In de Alpen zijn ook andere gevolgen van de opwarming van de aarde zichtbaar. Zo kruipt de boomgrens langzaam omhoog en verschijnt er meer groen op de hogere hellingen. Complexer zijn de gevolgen voor de waterhuishouding. Gletsjers fungeren als opslag van water, dat in de loop van de zomer geleidelijk wordt afgegeven aan de natuur. Dit smeltwater vult onder meer de stuwmeren, die in de winter hard nodig zijn voor de energievoorziening. Als de gletsjers in dit tempo blijven smelten, zullen de stuwmeren op termijn onvoldoende worden bijgevuld.

Nationalpark Hohe Tauern telt 342 gletsjers, waaronder de langste van Europa

Speuren naar steenbok en edelweiss

Niets spannender dan tijdens een bergwandeling ineens oog in oog te staan met een gems. Of een steenbok, een alpenmarmot of een steenarend. Je hebt wat geluk nodig, en een scherp oog, maar de kans op een ontmoeting met een van deze typische alpendieren is best groot, zeker in de nationale parken. Genieten van de alpenflora kost zelfs helemaal geen moeite. Zodra de sneeuw is gesmolten, kleurt een bonte mix van bloemen de hoge alpenweides.

Voor natuurliefhebbers is een vakantie naar Oostenrijk een waar feest. Dat begint al bij het ongekend gevarieerde landschap, waar hoge alpenweides en steile rotshellingen worden afgewisseld door diepe meren, glooiende akkers en eindeloze bossen. Met zo'n diversiteit aan ecosystemen is het niet verwonderlijk dat ook de flora en fauna zeer uitbundig zijn. Bijzonder is vooral wat er boven de boomgrens te zien is. Veel van de hier levende planten en dieren komen in onze contreien niet voor en zijn dan ook lastig te herkennen. Daarom zal een fanatieke natuurliefhebber bij voorkeur een vuistdikke natuurgids in zijn rugzak stoppen. Maar ook met wat handige tips en aanwijzingen kom je als 'gewone' bergwandelaar al een heel eind.

Dieren in de bossen ...

Maar liefst 38% van het Oostenrijkse grondgebied bestaat uit bos. In de lagere delen is dat doorgaans loofbos,

De behendige alpensteenbok leeft boven de boomgrens

op de hogere hellingen naaldbos. In het loofbos leven dieren die ook in de bossen bij ons voorkomen: ree, edelhert, vos, das, eekhoorn, wild zwijn en adder worden hier regelmatig gezien. Maar er zijn ook bewoners die een wandeling extra spannend kunnen maken. Zo dringt de wolf steeds verder de Alpen binnen en ook bij de Oostenrijkse grens zijn ze al gesignaleerd. Wolven zijn schuw, dus een ontmoeting zit er waarschijnlijk niet in, maar hoe zou het zijn om 's avonds, zittend voor de tent, het gehuil van een wolf te horen?

Ook de wilde kat (lijkt op een forse huiskat met strepen) en de lynx (wildkleurig met donkere vlekken en oorpluimen) zijn na een geslaagde herintroductie weer in de Oostenrijkse bossen terug te vinden. Een al even succesvol fokprogramma is dat van de bruine beer, die vanuit Noord-Italië langzaam de rest van de Alpen aan het heroveren is. Meldingen zijn schaars, maar zeker is dat in 2012 twee beren vanuit Zwitserland Oostenrijk binnentrokken. Lang duurde hun verblijf echter niet: de een werd doodgereden, de ander doodgeschoten. Ook in 2014 kwam er een Zwitserse beer buurten, maar die keerde al snel uit eigen beweging terug. Overigens is lang niet iedereen blij met het succes van dit fokprogramma: in Noord-Italië zijn sommige beren zo brutaal dat ze bij boerderijen op bezoek komen en huisdieren doden.

De alpenmarmot: favoriet bij velen

... en boven de boomgrens

Boven de 1800 m maken de bossen geleidelijk plaats voor struiken, bergweiden, kale rotsen en tot slot eeuwige sneeuw. Dit is het domein van iconische dieren als gems, steenbok en alpenmarmot. De gems (formaat geit, witte keelvlek, kleine hoorns die als een haak naar achter buigen) is in de zomer te zien op alpenweiden en de hoger gelegen hellingen, waar hij behendig van rots naar rots springt. In de winter dalen de gemzen af naar circa 1100 m. Net een etage hoger leeft de alpensteenbok (iets groter dan de gems, mannetje met enorme geribbelde hoorns, de hoorns van het vrouwtje zijn half zo groot). Het aantal steenbokken is behoorlijk gedaald, maar vooral in de nationale parken, zoals Hohe Tauern, zijn ze nog volop te zien. Als ze rustig in een groepje staan te grazen, kun je als wandelaar soms vrij dichtbij komen.

Ook de alpenmarmotten (*Murmeltiere*) in Nationalpark Hohe Tauern zijn zo aan mensen gewend geraakt dat ze zich soms zelfs laten voeren. Van dichtbij valt op dat ze niet alleen schattig zijn, maar ook fors: 45-55 cm groot. Elders in de Alpen zijn ze vaak een stuk schuwer en vluchten ze bij gevaar onder de grond. Daar is een uitgebreid holenstelsel, waarin ze ook overwinteren. Zeer kenmerkend is de hoge, schrille fluittoon waarmee ze elkaar bij gevaar waarschuwen. En dat gevaar komt vaak van boven: een roofvogel als de steenarend cirkelt constant boven de hellingen en spot een prooi vanaf een kilometer hoogte. De steenarend heeft een spanwijdte van meer dan twee meter en is herkenbaar aan het donkerbruine verenpak met wit-zwarte staart en vooral aan de diepgevingerde vleugeltoppen. Veel zeldzamer én groter – met een spanwijdte tot bijna drie meter – is de lammergier *(Bartgeier)*, die vanaf de jaren 70 in de Alpen is geherintroduceerd. Hij eet vooral kadavers en kan urenlang rondcirkelen zonder ook maar een enkele vleugelslag te maken. Een verrekijker is dus handig! Let dan op de witte kop en buik, en vooral op de relatief lange staart.

De lammergier van dichtbij bekijken – om dan te constateren dat het zeker niet moeders mooiste is – kan in verschillende dierentuinen, onder meer in Schönbrunn in Wenen en de Alpenzoo in Innsbruck. Andere alpendieren bekijken kan verder in dierentuinen in Salzburg, Linz, Stubenberg am See en Krenglbach.

Alpenflora

In de korte zomerperiode hullen de alpenweiden zich in een bonte kleurenpracht die zijn weerga niet kent. Welke plant waar groeit hangt onder meer af van de hoogte, de bodem (grondsoort, eventuele aanwezigheid van kalk en vocht) en het microklimaat (wind, zonnige zuidhelling of koude noordhelling). De verschillende plantensoorten hebben vaak specifieke kenmerken om zich tegen de barre omstandigheden te wapenen, zoals dichte beharing, een compacte groeiwijze of dikke, wasachtige bladeren.

Al tijdens het smelten van de sneeuw in het voorjaar melden zich de eerste bloeiers. Daarbij horen de alombekende krokus en de kerstroos, die hier heel toepasselijk *Schneerose* wordt genoemd. Ook de voorjaarsgentiaan bloeit al vroeg: hij wordt slechts enkele centimeters hoog en is te herkennen aan de azuurblauwe bloemetjes met vijf kroonbladen.

In de zomer komen daar nog tal van soorten bij, waaronder gentiaan, anjers, arnica en alpenrozen. Het spectrum aan vormen en kleuren is zo breed dat zelfs de meest uitgebreide natuurgids over

De witte kerstroos toont zich direct nadat de sneeuw is gesmolten

de alpenflora niet alle soorten kan bevatten. Zo'n gids zult u waarschijnlijk ook nodig hebben om (een plaatje van) de edelweiss – wellicht de beroemdste alpenbloem – te bekijken, want in het wild wordt hij steeds schaarser. Om toch een kans te maken: edelweiss groeit vaak op rostachtige ondergronden tussen 1800 en 3000 m, is zo'n 20 cm hoog en bloeit in juli en augustus met behaarde witte stervormige bloemetjes.

Let op: veel alpenbloemen zijn beschermd en mogen daarom niet worden geplukt! De beste manier om zo veel mogelijk verschillende planten te zien, is bij een van de alpentuinen (*Alpengärten*) die her en der zijn aangelegd. Tirol heeft er een flink aantal, maar er zijn bijvoorbeeld ook alpentuinen bij Kaltenbach (Zillertal), Villach, Rannach (bij Graz), Bad Aussee, Rax en het Oberes Belvedere (Wenen).

'Wow!' Dat is vaak de eerste reactie na het binnenstappen van een kerk in Oostenrijk. Bladgoud, marmer, sierlijk stucwerk, monumentale altaarstukken, schilderingen op muren en plafonds – alles is duidelijk bedoeld om de kerkganger te overweldigen. De uitbundige vormen en kleuren horen bij de barok, een stroming die een stevig stempel drukt op de Oostenrijkse bouwkunst. Daardoor zou je bijna vergeten dat er nog veel meer fraais te ontdekken valt in de Oostenrijkse dorpen en steden.

Veel romaanse kerken en kloosters zijn in de loop van de tijd aangepast, maar bouwsporen zijn nog altijd te herkennen in bijvoorbeeld de kathedralen van Seckau en Gurk. In deze laatste kerk zijn bovendien nog originele fresco's te zien. In Wenen is de Riesentor van de Stephansdom duidelijk romaans.

Het schip van de Stephansdom is dan weer een schoolvoorbeeld van de gotiek, die in de 14e en 15e eeuw zijn intrede doet: een hoog en elegant bouwwerk met een ranke toren, spitsbogen en hoge glas-in-loodramen. Deze bouwwijze is

Over bombastische barok en Weense jugendstil – bouwkunst in Oostenrijk

Een bonte stoet aan volken en beschavingen heeft in de loop van de geschiedenis het Oostenrijkse grondgebied aangedaan, maar vaak zijn hun sporen alleen nog in musea terug te vinden. Dat wordt anders vanaf de Romeinse tijd (ca. 15 v.Chr.-5e eeuw n.Chr.). Op verschillende plekken zijn fundamenten van Romeinse villa's, steden en forten weer zichtbaar gemaakt, en in sommige christelijke kerken zijn Romeinse grafstenen ingemetseld om boze geesten te verdrijven. Na de Romeinen duurt het tot de middeleeuwen voor er weer een eenduidige bouwstijl te herkennen valt.

De middeleeuwen: van romaans tot gotisch

Vanaf de 12e eeuw introduceren de kloosterorden de romaanse bouwstijl: sobere, robuuste bouwwerken met massieve muren, ronde bogen, kleine ramen en een crypte onder de vloer.

vooral mogelijk dankzij de uitvinding van het kruisribgewelf in het plafond: eerst worden de elkaar kruisende ribben gebouwd, daarna wordt de ruimte ertussen dichtgemetseld. Door de grote draagkracht van deze constructie wordt het mogelijk steeds hogere gewelven te maken, met steeds lichtere materialen. Typisch voor deze periode zijn verder de retabels of altaarstukken met kunstig houtsnijwerk of reliëfs. Prachtig voorbeeld is het vleugelaltaar in de kerk van Kefermarkt.

Renaissance

De renaissance (letterlijk 'wedergeboorte', verwijzend naar de klassieke cultuur van de Grieken en Romeinen) maakt een einde aan de middeleeuwen.

Barokker dan barok:
Basilika Wilten in Innsbruck

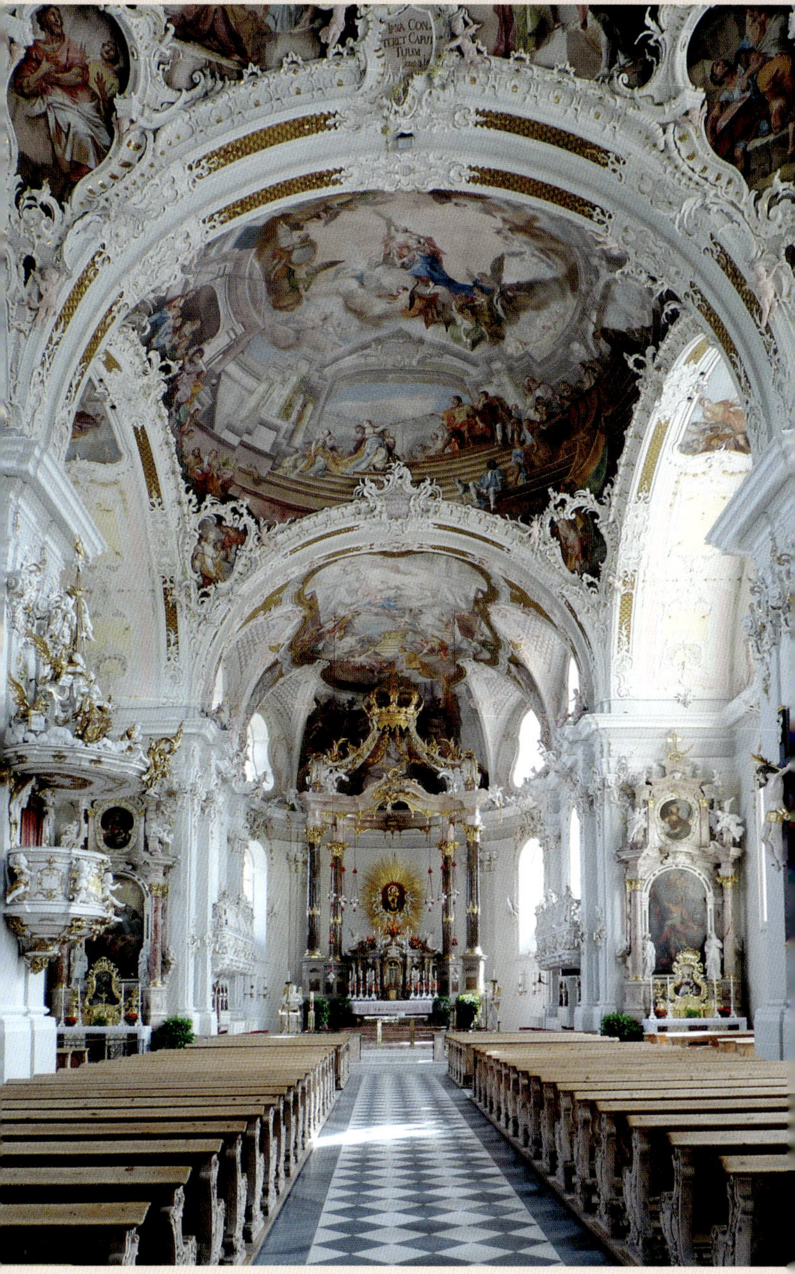

Vanuit Italië verspreiden zich talrijke vernieuwende ideeën over Europa, waar ze grote invloed hebben op de wetenschappen, de kunsten én de architectuur. Opvallend genoeg houden de bouwmeesters in buurland Oostenrijk lang vast aan de gotiek, met name bij de bouw van kerken en kloosters. Stijlkenmerken van de renaissance zijn vooral te vinden bij paleizen en huizen die rijke kooplieden en bestuurders in steden laten bouwen: harmonisch ingedeelde woonvleugels liggen rond een binnenplaats, die is versierd met boven elkaar liggende galerijen met arcaden (bogen). Salzburg bezit enkele renaissancistische huizen, maar prachtig zijn vooral Schloss Porcia in Spittal an der Drau en het Landhaus in Graz.

Barok en rococo

Waar de gestileerde renaissance in Oostenrijk weinig navolging vindt, wordt de eveneens uit Italië afkomstige opvolger – de uitbundige barok – juist omarmd. De Habsburgse keizers houden sowieso al van pracht en praal; als dan eind 17e eeuw ook nog eens de Turken worden verslagen, ontstaat er een soort euforische bouwgolf. Nieuwe barokke kerken en paleizen verrijzen, maar ook krijgen veel bestaande kerken een compleet nieuw interieur in de triomtantelijk vormen en kleuren van de barok. Zo ontstaat een typisch Oostenrijkse variant van de barok die nog bombastischer is dan het Italiaanse origineel.

Drie grote bouwmeester laten overal in het land hun barokke handtekening achter. Johann Bernhard Fischer von Erlach (1656-1723) werkt onder meer aan de Karlskirche en Schönbrunn in Wenen, maar ook aan verschillende kerken in Salzburg. Johann Lucas von Hildebrandt (1668-1745) studeert in Italië en werkt daarna mee aan de ontwerpen van onder andere de Peterskirche (met een prachtige koepel) en Schloss Belvedere

Eigenzinnige kleuren en vormen van Hundertwasser in Bad Blumau

in Wenen. De Tiroler Jakob Prandtauer (1660-1726) is vooral bekend van het barokke juweel Stift Melk. Bij de bouwwerkzaamheden worden de beste kunstenaars en ambachtslieden ingezet, waarbij vooral de frescoschilders Paul Troger, Johann Michael Rottmayr en Balthasar Permoser indruk maken.

Nog verfijnder worden de ontwerpen als aan het einde van de barokperiode invloeden van de theatrale rococo in de bouwkunst doordringen. Kerken worden een gesamtkunstwerk, een theatraal decor van gestapelde etages met trompe-l'oeils, schilderingen die overgaan in gedetailleerd stucwerk en een overdaad aan guirlandes, baldakijnen en verguldsels. Voorbeelden zijn onder meer te vinden in Schloss Schönbrunn en de kerk van Stift Wilhering in Opper-Oostenrijk.

Bouwen in de 19e eeuw

Het kan bijna niet anders: na zoveel pronkzucht volgt er aan het einde van de 18e en begin 19e eeuw een internationale stroming waarin soberheid en strakke vormen centraal staan. In het *Klassizismus* wordt teruggegrepen op Griekse en Romeinse bouwvormen, zoals zuilen en frontons. In Zuid-Duitsland is deze architectuur erg populair, maar voor de flamboyante Oostenrijkers blijkt het toch te sober. Veel zuiver classicistische voorbeelden zijn er dan ook niet, maar het is wel de aanzet tot andere historiserende of neo-stromingen. Zo wordt de al wat uitbundigere biedermeierstijl vooral populair als interieurstijl bij de welvarende Weense bevolking.

Als in de loop van de 19e eeuw de oude stadsmuren van Wenen plaatsmaken voor een brede boulevard, wordt tegelijk een hele serie monumentale gebouwen neergezet in een stijl die *Historismus* wordt genoemd. Dat wil zeggen dat allerlei bouwstijlen uit het verleden worden gecombineerd tot een historische mengelmoes. Zo lijkt het parlementsgebouw op een Griekse tempel en oogt het neogotische stadhuis daarnaast typisch Vlaams. Vanuit Wenen is deze stroming uitgewaaierd naar talrijke andere Oostenrijkse steden.

De moderne tijd

Eind 19e eeuw waait de jugendstil (of art nouveau) als een frisse wind door de Europese kunststromingen. De jugendstil wordt vooral bekend door de sierlijke vormen van bijvoorbeeld balkons en trapleuningen, maar ook door de kleurrijke mozaïektegels op de gevels en door posters met weelderige bloemmotieven. In Wenen ontstaat onder leiding van de schilder Gustav Klimt en de bouwmeester Otto Wagner een eigen variant met meer geometrische vormen en rechte lijnen: de Wiener Secession. In 1898 verrijst in Wenen een eigen tentoonstellingsgebouw, gevolgd door enkele paviljoens en de Kirche am Steinhof. De Wiener Secession is geen lang leven beschoren, maar speelt wel een belangrijke rol bij de ontwikkeling van moderne kunststromen.

Na de Tweede Wereldoorlog weten verschillende Oostenrijkse architecten internationaal door te breken. Zoals Wilhelm Holzbauer, die samen met Cees Dam werkt aan de Stopera (1986) in Amsterdam. In dat rijtje met namen neemt Friedensreich Hundertwasser (1928-2000) een geheel eigen plek in. Deze kunstenaar en architect valt op door zijn uitbundige kleurgebruik en door de golvende lijnen, waardoor zijn gebouwen bijna als een schilderij ogen. Verwijzingen naar de jugendstil en de architect Gaudí liggen voor de hand. Zijn bekendste creatie is het Hundertwasserhaus (1986) in Wenen.

Klederdracht – meer dan lederhose en dirndl

De Oostenrijkers halen ze graag uit de kast voor een feestje, de lederhose en de dirndl, maar het is een misverstand te denken dat vroeger iedereen er zo bijliep. Elke periode, elke sociale klasse en elke regio kende zijn eigen dracht. De combinatie van de lederen broek en het kleurrijke jurkje is zelfs een relatief jong fenomeen.

Even terug in de tijd. Aan het einde van de middeleeuwen droegen de boeren eenvoudige kleding van grove materialen, vaak in sombere kleuren. Sieraden waren taboe – dat was iets voor de rijke stedelingen. In de loop van de volgende eeuwen werd het verschil tussen de sociale klassen steeds groter. Dat was ook zichtbaar in de kleding: elke klasse

De lederhose is vaak versierd met decoratief stikwerk

kende zijn eigen strenge voorschriften. Op het platteland kon je vaak aan de details of aan de manier van dragen zien wat het beroep of de status (gehuwd, weduwe enz.) van die persoon was.

Klassiekers

Bergbewoners droegen de lederen kniebroek van oudsher bij het werk of de jacht. De broek was sterk en gemakkelijk schoon te maken. In de loop van de 19e eeuw verloor de lederhose aan populariteit, totdat de adel de broek ontdekte in hun hang naar romantiek. Zelfs de keizers vertoonden zich tijdens de jacht in lederhosen. Omstreeks 1930, in de periode van het opkomend nationalisme, werd de broek tot icoon van de nationale klederdracht gemaakt. Daarna ontstonden de steeds uitbundigere versieringen in borduurwerk en accessoires, die per regio kunnen verschillen.

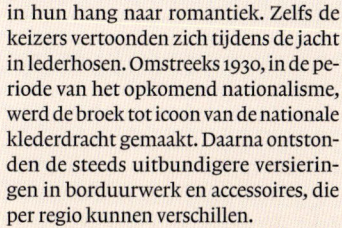

De geschiedenis van de dirndl – bekend van het Oktoberfest in München en de film *The Sound of Music* – is veel korter. De jurk ontstond rond 1870/1880 uit een mix van traditionele en dienstbodenkleding. De slank gesneden taille benadrukte de vrouwelijke vormen, terwijl details de huwelijkse staat van de draagster aangaven. Ook de dirndl kreeg in de jaren 30 status van nationaal symbool. Verrassend genoeg heeft de vrolijk gekleurde jurk de laatste decennia een comeback gemaakt en ligt hij nu weer volop in de kledingwinkels, zelfs in het mondaine Wenen.

Regionale verschillen

Maar klederdracht is meer dan deze twee klassiekers. Bezoek in een willekeurig dal een traditioneel feest en de verschillen blijken groter dan de overeenkomsten. Uit Stiermarken komt bijvoorbeeld de *Steireranzug*, een elegant mannenjasje dat oorspronkelijk door jagers werd gedragen en dat tot de standaarduitrusting van de wat chiquere man ging behoren. In het Bregenzerwald (Vorarlberg) brachten de mannen van hun zakenreizen decoraties mee voor de zondagse jurken van hun vrouwen, resulterend in de zogenaamde *Juppe*, een van de mooiste vrouwendrachten van Oostenrijk. Al deze varianten worden gekoesterd door de vele *Trachtengruppen*, groepen vrijwilligers die de traditionele klederdrachten in stand houden en deelnemen aan talrijke culturele activiteiten.

Oostenrijk en de klassieke muziek lijken onlosmakelijk met elkaar verbonden. Componisten als Haydn, Mozart, Schubert, Mahler en Johann Strauss kleuren de Europese muziekgeschiedenis en worden op tal van plaatsen geëerd met een standbeeld, of op zijn minst met een eigen straat of plein. En wie kent niet de Wiener Sängerknaben, de zwierige Weense wals en het traditionele nieuwjaarsconcert?

Oostenrijk is zichtbaar trots op de lange muziektraditie. Die begint in de 8e en 9e eeuw, als in de vele kloosters gregoriaanse gezangen klinken. In de eeuwen daarna maken buiten de kloosters de *Minnesänger* (minstrelen) en de *Meistersinger* (zangersgilden) furore.

Cruciaal is de rol van het keizerlijk hof in Wenen. Eind 15e eeuw reorganiseert keizer Maximiliaan de hofmuziekkapel en richt de Wiener Sängerknaben op. In de 17e en 18e eeuw groeit Wenen zelfs uit tot de Europese muziekhoofdstad dankzij namen als Haydn, Mozart, Beethoven en Schubert – hoewel niet al deze componisten tijdens hun leven op waarde worden geschat.

Van wonderkind tot Weense wals – muziektraditie in Oostenrijk

Origineel handschrift van Mozart in de Österreichischen Nationalbibliothek

Eerste Weense school

Het begrip 'klassieke muziek' is lastig te omschrijven. Soms valt hieronder alle gecomponeerde muziek vanaf de middeleeuwen tot nu. Strikt genomen begint de klassieke muziek echter pas tijdens het classicisme, een periode in de muziekgeschiedenis die loopt van circa 1730 tot 1820 – vandaar ook de benaming 'klassieke' muziek.

De dood van Johann Sebastian Bach in 1750 markeert de overgang van de barok naar het classicisme. De piano vervangt de klavecimbel en ook ontstaat de symfonie, een compositie uitgevoerd door een orkest met verschillende groepen instrumenten (strijkers, blazers, slagwerk enz.). Joseph Haydn, Wolfgang Amadeus Mozart en de Duitse componist Ludwig van Beethoven, die lang in Wenen verblijft, worden gezien als de belangrijkste representanten van het Weense classicisme. Samen worden ze ook wel de Eerste Weense School genoemd.

Postuum portret van Mozart (Barbara Krafft)

Muzikaal genie

Joseph Haydn (1732-1809), bekend als de 'vader van de symfonie', wordt geboren in Rohrau in Neder-Oostenrijk. Hij is afkomstig uit een eenvoudige familie en ontdekt zijn muzikaliteit als zanger van het knapenkoor van de Stephansdom in Wenen. Vanuit een zolderkamertje werkt hij zich op tot hofcomponist van de adellijke familie Esterházy. Hij schrijft veel symfonieën en werkt aan de ontwikkeling van het strijkkwartet en de sonate. Haydn is een rustige man, die tijdens zijn leven alom wordt gerespecteerd. Ook is hij bevriend met de veel jongere, druistige Mozart.

De muzikale start van Wolfgang Amadeus Mozart (1756-1791) verloopt een stuk vlotter. Hij wordt in Salzburg geboren als zoon van violist en componist Leopold Mozart en blijkt een waar wonderkind. Met zijn vader reist hij veel door Europa en geeft onder meer orgelconcerten in Nederland en België. Op zijn veertiende componeert hij zijn eerste opera, waarna nog veel meer muziekstukken volgen, van symfonieën en missen tot pianowerken en sonates. Zijn werken zijn licht, sierlijk en melodieus.

Na veel omzwervingen (en geldproblemen door zijn verkwistende levensstijl) gaat Mozart werken aan het hof van de aartsbisschoppen van Salzburg. Hier voelt hij zich echter niet gewaardeerd; hij rebelleert en wordt op staande voet ontslagen. In Wenen vindt hij vervolgens wel het geluk, zowel privé als muzikaal. Maar dat duurt niet lang: ziek, arm, eenzaam en uitgeput door het harde werken sterft hij op 5 december 1791, officieel aan 'acute gierstkoorts'. Hij is dan slechts 35 jaar oud. Mozart wordt begraven in een anoniem, algemeen graf op de St. Marxer Friedhof in Wenen.

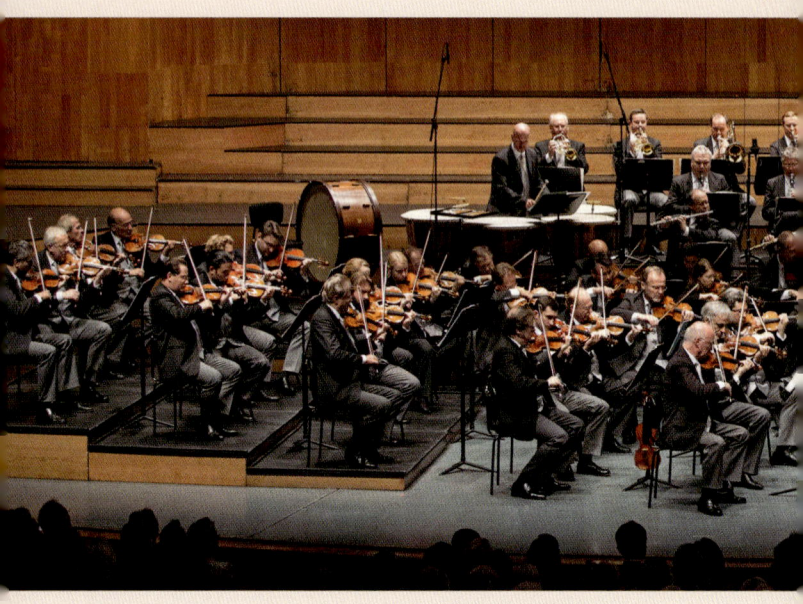

Concert van de Wiener Philharmoniker tijdens de Salzburger Festspiele

Romantiek

Omdat de Duitser Ludwig van Beethoven (1770-1827) lange tijd in Wenen verblijft, wordt ook hij tot de Weense klassieke componisten gerekend. Hij markeert de overgang naar de romantiek (1815-1910), de periode waarin de composities en de orkesten steeds groter en complexer worden. De invloed van Beethoven op de muziek van de 19e eeuw is enorm. Ook Franz Schubert (1797-1828), de enige klassieke componist die daadwerkelijk in Wenen wordt geboren, is schatplichtig aan Beethoven. Schubert wordt vooral bekend door zijn romantische liederen, maar hij componeert ook symfonieën.

Onder Anton Bruckner (1824-1896) en Gustav Mahler (1860-1911) worden de composities steeds grootser en complexer. Beide Oostenrijkse componisten krijgen tijdens hun leven echter ook met forse kritiek te maken. Bruckner raakt er zelfs door in een zware depressie, die hij niet meer te boven komt.

De laatste naam die zeker genoemd moet worden is die van componist en dirigent Johannes Brahms (1833-1897). Hij wordt in het Duitse Hamburg geboren en verhuist in 1862 naar Wenen, waar hij werkt in de traditie van zijn Weense voorgangers.

Weense wals en operette

De Weense wals ontstaat in de 18e eeuw uit een Oostenrijkse volksdans. Het is een dans voor paren in een snelle driekwartsmaat. In onze tijd is André Rieu de koning van de Weense wals, maar in de 19e eeuw zijn dat Johann Strauss sr. (1804-1849, *Radetzky-Marsch*) en vooral zijn zoon Johann Strauss jr. (1825-1899, *An der Schönen blauen Donau*). Hij zorgt ervoor dat de Weense wals niet alleen in danszalen, maar ook in concertzalen wordt gespeeld. Daarnaast componeert Strauss jr. veel voor de Weense operette. Dit lichtvoetige muziekgenre is door Franz von Suppé (1819-1895) vanuit Frankrijk naar Oostenrijk gehaald, maar het is Strauss jr. die het genre populair maakt, met als bekendste werk *Die Fledermaus* (1874).

Muziekstad Wenen

Aan het begin van de 20ste eeuw grijpt Arnold Schönberg (1874-1951) terug op de traditie van de Eerste Weense School. Samen met zijn studenten, onder wie Alban Berg (1885-1935) en Anton Webern (1883-1945), legt hij de basis voor de Tweede Weense School – bij het grote publiek slaat deze 'moderne' muziek echter nauwelijks aan.

Andere historische stromingen, zoals de operette, spelen daarentegen nog altijd een belangrijke rol in het Oostenrijkse muziekleven. Vooral in muziekstad Wenen kunnen liefhebbers bijna dagelijks kiezen uit een ruim aanbod aan klassieke concerten, opera's, operettes, musicals en optredens (of missen) van de Wiener Sängerknaben.

Ook Salzburg, de geboortestad van Mozart, heeft een levendige muziekscene. In januari wordt in de Mozartwoche alleen werk van de beroemde componist gespeeld, maar nog veel bekender zijn de Salzburger Festspiele, die elk jaar in juli en augustus met talrijke concerten en operavoorstellingen meer dan 250.000 bezoekers naar de stad trekken.

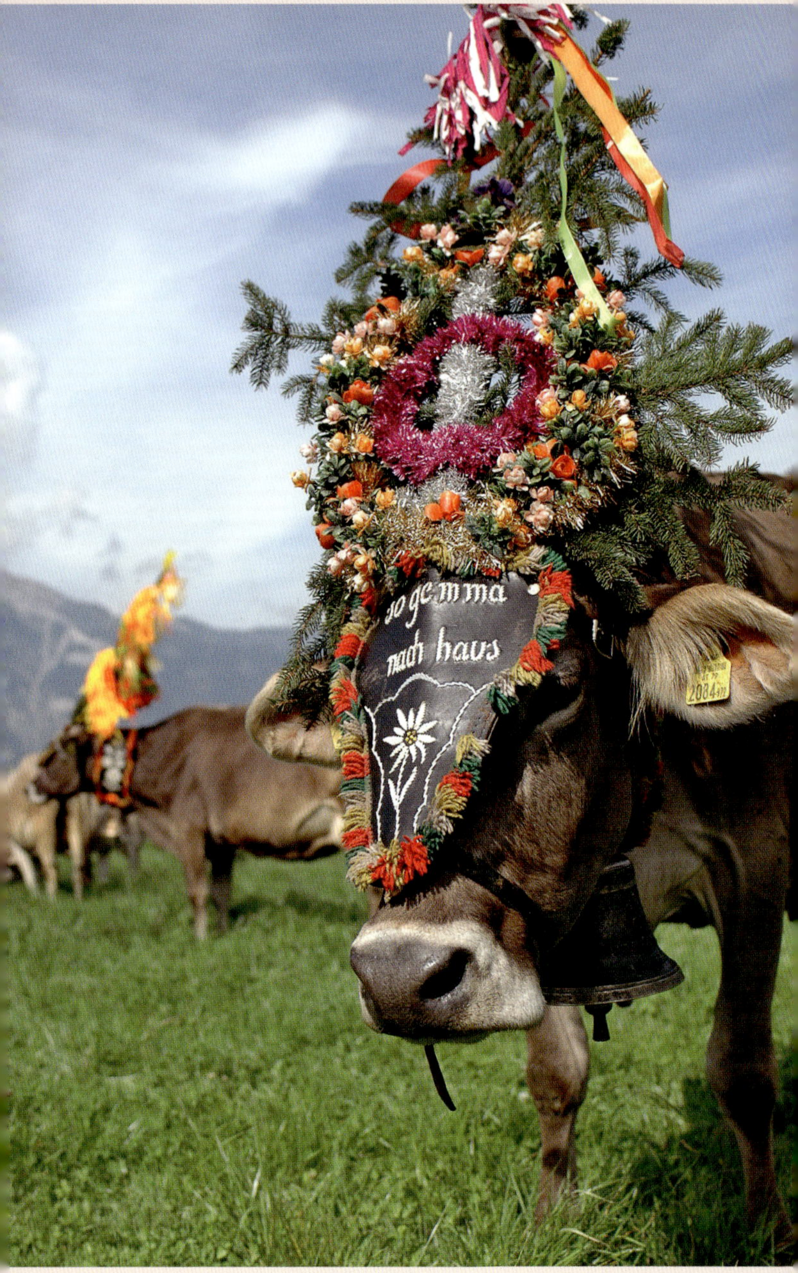

so gemma
nach haus

In Oostenrijk gaat ook het vee op zomervakantie: gedurende enkele maanden mogen ze zich te goed doen aan het sappige gras op de hooggelegen bergweiden (almen). Na de zomer keren ze – kleurrijk uitgedost met bloemen, bellen en takken – terug naar hun stallen in het dorp. Dat gaat gepaard met traditionele dorpsfeesten, waarbij ook toeristen van harte welkom zijn.

uitstekende kwaliteit, en daarmee voor een welkome aanvulling op het vaak schaarse inkomen van de boer. Ook het vlees van de koe levert na een weldadige zomer in de bergen bij verkoop meer op. Maar niet alleen de boer profiteert: het grazende vee zorgt er ook voor dat het unieke, open landschap van de hogere berghellingen behouden blijft. Zonder hun bijdrage zouden de weiden snel dichtgroeien met struiken en bomen.

Almabtrieb – de feestelijke terugkeer van het vee uit de bergen

Het blijft een fraai plaatje: koeien in verschillende tinten bruin die in alle rust genieten van het grasgroene tapijt op de almen, de hooggelegen bergweiden. Ook het geklingel van de bel om hun nek hoort onlosmakelijk bij het alpiene decor. Dit is het idyllische landschap zoals dat werd geschetst in de boeken, series en films over het weesmeisje Heidi, haar grootvader en haar vriendje Peter, de geitenhoeder.

De *Almwirtschaft* – het zomerse verblijf van het vee op de bergweiden onder leiding van een herder – vormt van oudsher een belangrijk onderdeel van het landbouwsysteem in de bergen. Het doel van deze jaarlijkse trek is meerledig. Ten eerste blijft het gras in de dalen zo gespaard als voer voor de winter en hebben de boeren meer tijd voor het werk op en rond de boerderij. Bovendien worden de koeien sterker en gezonder door het verblijf in de bergen en het eten van vers, kruidig gras. Dat zorgt weer voor melk, boter en kaas van

Voor de Almabtrieb worden
de koeien feestelijk versierd

Lange traditie

Al enkele duizenden jaren voor het begin van onze jaartelling graasde er vee op de groene hellingen boven de boomgrens. Soms staken de toenmalige boeren ook bomen en struiken in brand om meer weidegrond te krijgen. In de 7e eeuw n.Chr. werd de basis gelegd voor het landbouwsysteem zoals dat ook nu nog wordt gehanteerd. In de winter verbleven mens en dier in de boerderijen in het dal. In het voorjaar namen herders het vee van verschillende boeren mee naar de weiden halverwege de hellingen. Als de zomer aanbrak bleven de varkens hier achter, terwijl de koeien naar de hoger gelegen almen werden gebracht. De herders vonden hier onderdak in eenvoudige houten hutten. Intussen bewerkten de boeren in het dal hun akkers en verzamelden ze hooi om in de winter aan het vee te voeren.

De hoogtijdagen van dit systeem lagen in de late middeleeuwen, dat wil zeggen de 14e en 15e eeuw. Dat was ook de tijd dat landheren en kloosters de mogelijkheden van de almen ontdekten en eigen vee op soms nieuw aangelegde bergweiden lieten grazen. Het zal niet verbazen dat dit soms resulteerde in heftige conflicten met de plaatselijke boerenbevolking. In Zwitserland leidde dit zelfs tot oorlogen.

Regionale varianten

Elk Alpenland, elke regio en soms zelfs elk dal heeft in de loop van de tijd eigen gewoontes ontwikkeld. In sommige regio's werd oorspronkelijk alleen jongvee naar bergweides gebracht, waarna dat in de herfst werd verkocht. Pas later gingen hier ook melkkoeien naar de alpenweiden. Ook in de uitvoering van de *Almwirtschaft* zijn er duidelijke verschillen. In de meeste gevallen bleven de boerenfamilies in het dal en werd er een *Senner* aangesteld, een herder die meeging met het vee en in de almhut zorgde voor de productie van kaas en boter. In andere gevallen was het juist de boer zelf die met zijn gezin en het vee naar de almen ging en de boerderij onder de hoede van een zomerkracht achterliet. Daarbij kon het gebeuren dat het hele dorpsleven zich in de zomer naar de berghellingen verplaatste. Bij sommige van deze almdorpjes is zelfs een stenen kerk gebouwd.

Zelf een Almabtrieb meemaken?

Tal van bergdorpen vieren elk jaar de *Almabtrieb* met uitbundige feesten. De meeste vinden plaats vanaf half september, met een uitloop naar begin oktober. Voor de exacte locaties en data kunt u terecht op de websites van de regionale toeristenbureaus. Verwijzingen naar de verschillende feesten vindt u bovendien op www.austria.info/nl; zoek onder 'activiteiten' en dan onder 'cultuur'.

Bergkaas

De melk van de koeien krijgt door het kruidige almgras een zeer kenmerkende smaak. Al vanaf de middeleeuwen wordt van deze melk kaas gemaakt. Doorgaans zijn dit wat hardere kazen met een pittige smaak, soms met gaten of kleine scheuren. De kaasproductie in de almhutten gaat door tot op de dag van vandaag, zoals veel bergwandelaars dankbaar kunnen beamen. Soms ook wordt de melk naar de dalen gebracht, waar het in moderne fabrieken tot kaas wordt verwerkt.

Elke regio heeft zijn eigen *Bergkäse*. In Tirol kunnen kaasliefhebbers uitkijken naar de Tiroler Almkäse (uit het gebied ten oosten van Innsbruck) en de Tiroler Alpkäse (uit het gebied ten westen van Innsbruck). Beide kaassoorten worden gemaakt van rauwe melk, afkomstig van op de bergweiden grazende koeien. De avondmelk wordt een nacht bewaard en de volgende dag vermengd met de verse ochtendmelk. Daarna wordt er stremsel bijgedaan, waardoor de eiwitten in de melk gaan samenklonteren. Dit geheel wordt gesneden en verwarmd, waarna een rustperiode van 45 minuten volgt. De wrongel wordt vervolgens in vormen gedaan en geperst. De volgende dag gaan de kazen in een pekelbad, waarin ze twee dagen blijven liggen om een korst te vormen. Tot slot moeten de kazen vier tot zes maanden rijpen, waarbij ze regelmatig met een zoutoplossing worden ingesmeerd.

Feest!

In heel Oostenrijk verblijven er elke zomer circa 51.000 melkkoeien, 265.000 runderen, 9000 paarden, 114.000 schapen en 10.000 geiten op de bergweiden. Dat alles onder begeleiding van zo'n

Feestelijk uitgedoste koeien keren terug naar hun winterstallen in het Alpbachtal

7000 herders en herderinnen. Maar ook voor het vee komt er uiteindelijk een einde aan de lange zomervakantie, die meestal 90 tot 120 dagen duurt. De traditie wil dat als de zomer goed is geweest, het vee op feestelijke wijze naar het dal wordt teruggebracht. Van oudsher was dit bedoeld om de Schepper te bedanken voor het beschermen van het vee, nu is het einde van de almzomer vooral de aanleiding voor het vieren van een uitbundig volksfeest.

De tocht naar beneden kan meerdere dagen in beslag nemen. Eenmaal dicht bij het dorp worden de koeien prachtig uitgedost met bellen, alpenbloemen, linten, takken en lapjes leer toepasselijke spreuken. In sommige regio's wordt de beste of krachtigste koe nog eens extra versierd, bijvoorbeeld met een spiegel die de boze geesten moet verdrijven of een kruis als dank aan de hemelse machten. Dan legt de hele kudde, soms honderden dieren groot, onder luid geklingel van de koeienbellen het laatste traject naar het dorp en de winterstallen af. De koeien lopen voorop, gevolgd door de kalfjes, stieren, jonge ossen en eventueel kleinvee zoals schapen en geiten.

In het dorp wordt de kudde op passende wijze onthaald. Jodelaars en muziekgroepen zorgen voor een sfeervolle omlijsting, terwijl vrouwen de veedrijvers met schnaps en andere lekkernijen begroeten. Dit alles wordt gadegeslagen door een grote schare nieuwsgierigen, want de *Almabtriebe* zijn inmiddels uitgegroeid tot een toeristische attractie van formaat. De dorpelingen zijn blij met de toeloop en maken er een extra groot feest van. De traditionele klederdracht wordt uit de kast gehaald, kraampjes liggen vol met zelfgemaakte delicatessen en lange aanschuiftafels staan klaar om de toeristen van eten en drank te voorzien. Pas de volgende dag keert de rust terug en kan de lange winter beginnen. Tot het in de lente onvermijdelijk weer begint te kriebelen.

Onderweg in Oostenrijk

De rond 1850 aangelegde spoorlijn bij Semmering, Neder-Oostenrijk

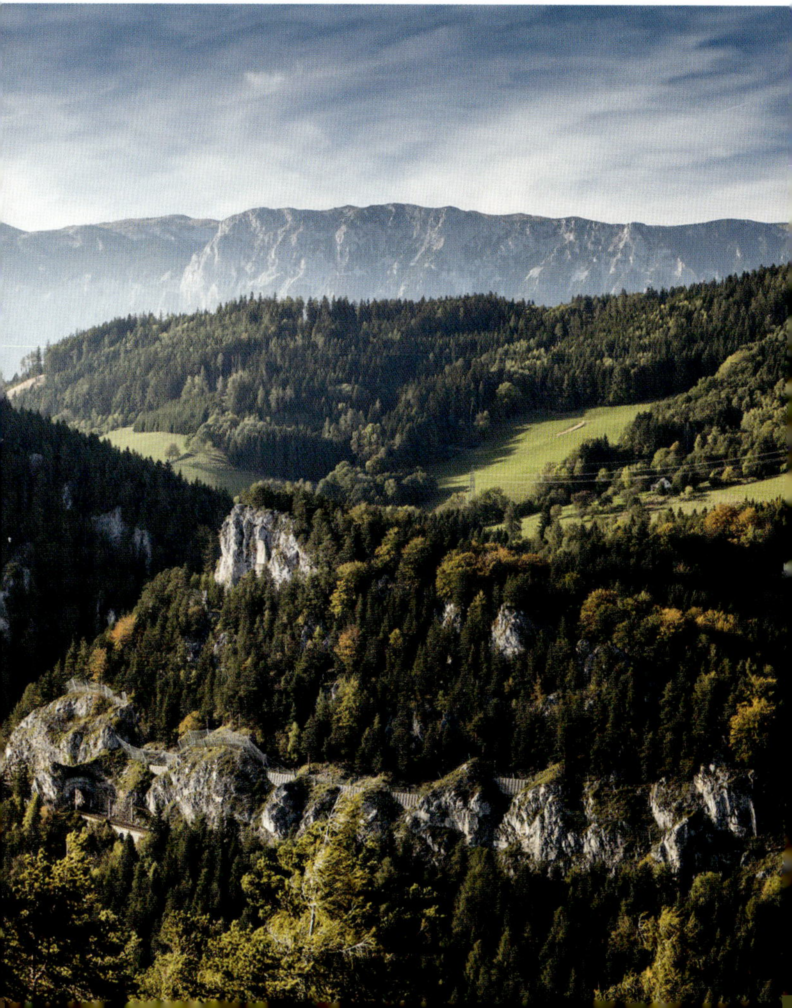

IN EEN OOGOPSLAG

Wenen en omgeving

Hoogtepunten ✶

Hofburg: tot 1918 woonden de Habsburgse keizers in de wintermaanden in dit enorme paleizencomplex aan de rand van het centrum. Zie blz. 88.

Schloss Schönbrunn: nog meer keizerlijke pracht en praal is te zien in de zomerresidentie, een paar kilometer buiten het centrum. Een paleis, een tuin en zelfs een dierentuin laten zien hoe de Habsburgers hun zomers doorbrachten. Zie blz. 95.

Op ontdekkingsreis

Keizerlijke pronkzucht – de Hofburg: de keizerlijke winterresidentie is deels opengesteld voor bezoekers. Dwaal door de woonvertrekken, de musea, de schatkamers, de Spaanse Rijschool – het decor waarin keizerin Sissi maar niet gelukkig kon worden. Zie blz. 88.

Bezienswaardigheden

Stephansdom: niet te missen in het hart van Wenen is de middeleeuwse domkerk met zijn mozaïekdak en uitzichttorens. Zie blz. 81.

Kunsthistorisches Museum: de topstukken van de kunstcollectie van de Habsburgers zijn ondergebracht in een bombastisch gebouw vlak bij de Hofburg. Zie blz. 92.

Schloss Belvedere: twee pronkkastelen met daartussen een barokke tuin – dit keer was de bouwheer echter niet de keizer, maar een Franse prins die Wenen had bevrijd van de gehate Turken. Zie blz. 95.

Actief

Donauinsel: bij mooi weer is dit smalle eiland tussen verschillende armen van de Donau dé plek om even te ontsnappen aan de stadse drukte. Weners en toeristen verzamelen zich rond de wandelpaden, picknickvelden, strandjes en uitgaansgelegenheden. Zie blz. 102.

Sfeervol genieten

Weense koffiehuizen: proef, ruik, ervaar de sfeer van de typisch Weense koffiehuizen waar de tijd ongemerkt verglijdt. Bestel een wienermelange met een apfelstrudel en laat het Weense leven enkele uurtjes in alle rust aan u voorbijgaan. Zie blz. 101.

Uitgaan

Wiener Staatsoper: in een stad die bekendstaat om de klassieke muziek mag een toonaangevend operahuis niet ontbreken. De enorme zaal heeft maar liefst 1709 zitplaatsen, plus 567 staanplaatsen waarvan de kaartjes soms verrassend betaalbaar zijn. Zie blz. 103.

Wenen en omgeving

De schatkamer van Oostenrijk

Stad van keizers en keizerinnen, van barokke kerken en statige boulevards, van koetsen en klassieke muziek – geen wonder dat Wenen hoog scoort als bestemming voor een stedentrip. De binnenstad, het gedeelte binnen de Ringstraße, is compact en daarom prima te voet te verkennen. Begin bij de Stephansdom en zigzag door de oude straten naar de keizerlijke Hofburg en de musea langs de Ringstraße, waar Egon Schiele en Gustav Klimt een prominente plek innemen. De metro brengt u vervolgens naar toppers die net wat verder weg liggen, zoals het Prater met zijn beroemde reuzenrad en Schloss Schönbrunn, de majestueuze zomerresidentie van de Habsburgers. Of ga winkelen in de Mariahilfer Straße en maak een tussenstop voor een kopje wienermelange in een van de typisch Weense koffiehuizen. De dagen in Wenen zijn zo gevuld!

Wenen ▶ W 4

Het waren de Romeinen die de basis legden voor Wenen. Zij bouwden rond 15 n.Chr. op de oever van de Donau een versterkte legerplaats met de naam

INFO

Internet
www.wien.info (Engels en Duits)

Toeristenbureaus
Wenen beschikt over drie toeristenbureaus: in de aankomsthal van de luchthaven, op het centraal station en in het stadscentrum (Albertinaplatz/Maysedergasse, dag. 9-19 uur). Voor informatie over hotels kunt u bellen met tel. 01 245 55 (ma.-za. 9-17 uur).

Vervoer
Luchthaven: de internationale luchthaven Wien-Schwechat ligt 18 km ten zuidoosten van het stadscentrum. Metro's (S-bahn) en shuttlebussen verbinden de luchthaven met het centrum. Het snelst en comfortabelst reist u echter met de City Airport Train (CAT). Een enkeltje kost € 11/12 (korting met de Wien-Karte, zie hierna). Een enkeltje met de S-bahn kost € 4,40. Let op: budgetmaatschappijen adverteren met goedkope vluchten naar Wenen, maar die vliegen op luchthavens bij Bratislava in Slowakije, op circa 90 km afstand van Wenen.
Auto: parkeren in het centrum van Wenen is lastig en duur. Gemakkelijker en goedkoper is het om te parkeren op een van de vele Park & Rides rond de stad. Verder reizen doet u met het openbaar vervoer.
Openbaar vervoer: Wenen heeft een efficiënt netwerk van metro, tram en bus. Kaartjes zijn bij talrijke verkooppunten verkrijgbaar. Vergeet niet om af te stempelen! Over de Ringstraße rijdt bovendien een toeristentram. Voor een langer verblijf is de Wien-Karte een ideale optie.
Wien-Karte (Vienna Card): met deze kaart reist u gedurende 24, 48 of 72 uur (€ 13,90/21,90/24,90) onbeperkt met het openbaar vervoer en krijgt u korting bij veel musea, restaurants en bezienswaardigheden. De kaart is onder meer verkrijgbaar bij de toeristenbureaus en via internet (www.wienkarte.at).

Vindobona. Dit fort groeide uit tot een bedrijvige stad met zo'n 30.000 inwoners. In de 5e eeuw werd Vindobona verwoest door vijandelijke stammen, maar de Romeinse erfenis is nog altijd in het huidige Wenen terug te vinden: het stratenpatroon is Romeins, net als de ruïnes van gebouwen en stadswallen die her en der weer zichtbaar zijn gemaakt.

Na het vertrek van de Romeinen volgde een donkere periode. Pas in de 10e eeuw krabbelde de stad dankzij de handel weer op. In 1221 kreeg Wenen stadsrechten en daarna ging het snel: in 1438 werd Wenen zelfs de hoofdstad van het Duitse keizerrijk onder de Habsburgers. Een pronkpaleis en een enorme gotische dom getuigen van de rijkdom uit deze periode. Twee keer probeerden de Turken de welvarende keizerstad te veroveren. Een eerste poging in 1529 mislukte. Daarna verving Wenen de middeleeuwse stadsmuren door een sterke verdedigingsgordel met grachten en bastions. Deze fortificaties hielden stand bij een tweede belegering in 1683 (zie blz. 50), maar de schade aan de stad en de voorsteden was groot. Bij de herbouw kreeg Wenen het nu zo kenmerkende barokke uiterlijk.

De stad bloeide onder de Habsburgers, ook op het gebied van de cultuur. Het was de glorietijd van Haydn, Mozart, Beethoven en Schubert (zie blz. 68). Wat de Turken niet konden, lukte Napoleon in 1805 en 1809 wel: hij marcheerde zonder veel tegenstand Wenen binnen. Na de nederlaag van Napoleon in 1815 bij Waterloo kwamen de overwinnaars in Wenen bij elkaar om onderling de macht over Europa te verdelen.

Frans Jozef I werd in 1848 keizer van Oostenrijk en luidde een nieuwe periode in: de verdedigingswerken rond de stad werden gesloopt en maakten plaats voor de Ringstraße, een brede boulevard à la Parijs, met daaraan een reeks belangrijke gebouwen. Tegelijk breidde de stad zich explosief uit; in 1910 telde Wenen meer dan twee miljoen inwoners.

In de Eerste Wereldoorlog (1914-1918) vocht Oostenrijk mee met de verliezende partij. De gevolgen waren groot: na de oorlog werd het Oostenrijks-Hongaarse Rijk opgeheven en moest de keizer het veld ruimen; Oostenrijk werd een republiek. De volgende oorlog begon met de Anschluss van 1938, de annexatie van Oostenrijk door Hitler-Duitsland. Ook deze Tweede Wereldoorlog (1939-1945) kende een dramatisch einde: zware bombardementen en de opmars van Russische troepen leidden tot grote verwoestingen in de stad. Een deel van de gebouwen werd na de oorlog in oude glorie hersteld.

Het oude centrum

Stephansdom [1]

Stephansplatz 3, www.stephanskirche.at, ma.-za. 6-22, zo. 7-22 uur; rondleiding met catacomben, schatkamer en/of torens ma.-za. 9-11.30 en 13-16.30, zo. 13-16.30 uur, entree vanaf € 5,50; beklimming zuid- of noordtoren dag. 9-17.30 uur, entree € 4,50/€ 5,50

Al vanaf de middeleeuwen wordt het silhouet van Wenen gedomineerd door de magistrale toren van de Stephansdom. Eenmaal dichterbij valt vooral het dak op: 230.000 geglazuurde tegels zorgen voor een kleurrijk zigzageffect.

Opvallend is zeker ook de bonte mengelmoes aan bouwstijlen. Het schip en de toren zijn onmiskenbaar gotisch, dat wil zeggen hoog en smal, reikend naar de hemel – zo bouwde men in de late middeleeuwen. De massieve westgevel is duidelijk ouder en hoorde bij de romaanse kerk die in 1258 ten prooi viel aan een stadsbrand. Alleen de **Riesentor** (Reuzenportaal) en de **Heidentürme**

(Heidentorens) wisten de vlammen te doorstaan. In 1304 startte de bouw van het nieuwe middenschip en de hoofdtoren, hetgeen twee eeuwen in beslag zou nemen. Overigens is wat u nu ziet het resultaat van een grondige restauratie na de Tweede Wereldoorlog, want de kerk raakte bij een bombardement in 1945 zwaar beschadigd.

Naar binnen kunt u via de Riesentor, die door middeleeuwse steenhouwers prachtig is versierd. Daarna wacht een schip met drie beuken, in totaal 107 m lang. Bijzonder: bij elke zuil staat een barok altaar. De gebeeldhouwde **kansel** schuin links is mogelijk het werk van de 15e-eeuwse Hollandse houtsnijder en beeldhouwer Nikolaus Gerhaert van Leyden. Hij heeft zichzelf onder de kansel vereeuwigd, door een raam naar buiten kijkend. Ook de vier kerkvaders kregen een plekje op de preekstoel.

Een volgend hoogtepunt is het **Wiener Neustädter Altar** in de linkerkapel achter het koor. Het altaarstuk dateert van 1447 en toont onder andere Maria met Kind, omringd door verschillende heiligen. Aan de andere kant van het koor is het **grafmonument van keizer Frederik III** weer een werk van Nikolaus Gerhaert van Leyden. Bij de dood van de keizer in 1493 was het graf nog niet klaar, dus werd het lijk twintig jaar lang in de kelder bewaard.

De **catacomben** onder de kerk zijn alleen tijdens een rondleiding te bezoeken, maar maak daar zeker tijd voor vrij! De gids neemt u mee langs grafkamers met sarcofagen, urnen en botten van duizenden mensen die vroeger op het kerkhof waren begraven. Velen van hen waren slachtoffer van de pestepidemie van 1713. Gevangenen hebben de botten later opgegraven en hier netjes opgestapeld.

Sluit een bezoek aan de kerk af met een beklimming van een van de twee torens. Wie genoeg energie heeft, beklimt de 343 traptreden van de 137 m hoge **zuidtoren**, ook wel *Steffl* (Kleine Stefan) genoemd. Minder inspannend is de lift naar de iets lagere **noordtoren**, met daarin de Pummerin, een reusachtige luidklok. Vanaf de platforms kunt u de volgende bestemming alvast uitzoeken.

Dom Museum Wien 2

Stephansplatz 6, tel. 01 515 52 33 00, www.dommuseum.at, kijk op de website voor de openingstijden na de renovatie

Completeer een religieus uitstapje met een bezoek aan het Dom Museum, letterlijk gelegen in de schaduw van de Stephansdom. Naast sacrale objecten uit de dom en een portret van hertog Rudolf IV (1339-1365), die veel stukken aan het museum schonk, zijn er ook avant-gardistische en moderne werken van Oostenrijkse kunstenaars te zien.

Mozarthaus Vienna 3

Domgasse 5, tel. 01 512 17 91, www.mozarthausvienna.at, dag. 10-19 uur, entree € 11

Mozart woonde van 1784 tot 1787, met zijn gezin, in een steeg aan de oostkant van de dom. Hier componeerde hij onder meer *Le nozze di Figaro*. Dit is het enige woonhuis van Mozart in Wenen dat bewaard is gebleven. Het fungeert nu als museum over leven en werk van de beroemde componist.

Jesuitenkirche 4

Dr.-Ignaz-Seipel-Platz 1, www.jesuitenwien1.at, ma.-za. 7-19, zo. 8-19 uur (behalve tijdens diensten)

De voorgevel van de Jezuïetenkerk (1623-1631) oogt statig, bijna streng zelfs. Verrassend is dan ook het uitbundige barokinterieur dat achter de gevel schuilgaat. Gemarmerde zuilen, plafondschilderingen, sierlijk stucwerk, heiligenbeelden en altaarstukken – er

Het oude centrum

De Stephansdom zoals Rudolf von Alt die in 1832 vastlegde

is nauwelijks een stukje kale muur te bekennen. Hoogtepunt is een trompe-l'œil (*Scheinkuppel*) op het plafond, een schildering waardoor het lijkt alsof zich daar een koepel bevindt.

Nog niet uitgekeken op religieuze pracht en praal? Wandel dan door naar de **Peterskiche** 5 (Petersplatz, www.peterskirche.at, ma.-vr. 7-20, za.-zo. 9-21 uur), die opvalt door de prachtige schilderingen en de vele vergulde beelden. Weer een heel andere uitstraling heeft de **Michaelerkirche** 6 (Michaelerplatz, www.michaelerkirche.at, ma.-za. 7-22, zo. 8-22 uur; rondleiding crypte ma.-za. 11 en 13 uur, entree € 7). In een hoog, gotisch schip pronken een bijna bombastisch hoofdaltaar en een al even overdadig barokorgel. De rondleiding door de **crypte** is wat luguber, maar eigenlijk een must. Hier zijn ooit duizenden mensen begraven, onder wie Weense aristocraten. Veel lijken zijn gemummificeerd en in hun oorspronkelijke doodskledij te bekijken. Een frisse neus halen – ook letterlijk – kan vervolgens op het plein voor de kerk. De Romeinse resten hoorden bij een voorstad van de Romeinse legerplaats Vindobona. Hier woonden de vrouwen en kinderen van de legionairs.

Römermuseum 7

Hoher Markt 3, tel. 01 535 56 06, www.wienmuseum.at, di.-zo. 9-18 uur, entree € 7

Het complete verhaal van de Romeinse stichters van Wenen wordt verteld in het Römermuseum. Wat nu de Hoher Markt is, was tweeduizend jaar geleden het hart van het legerkamp Vindobona, dat de noordgrens van het Romeinse

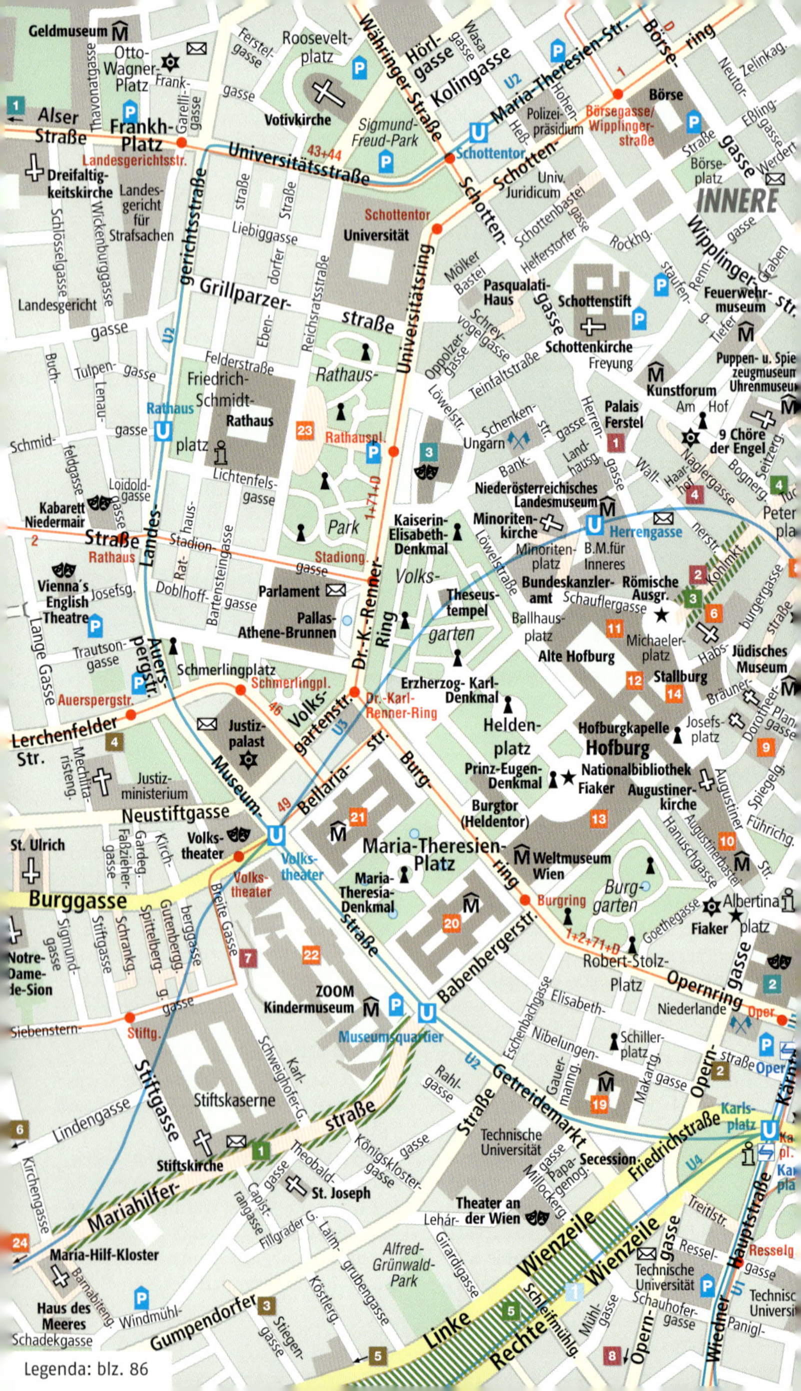

Legenda: blz. 86

Vienna City Map

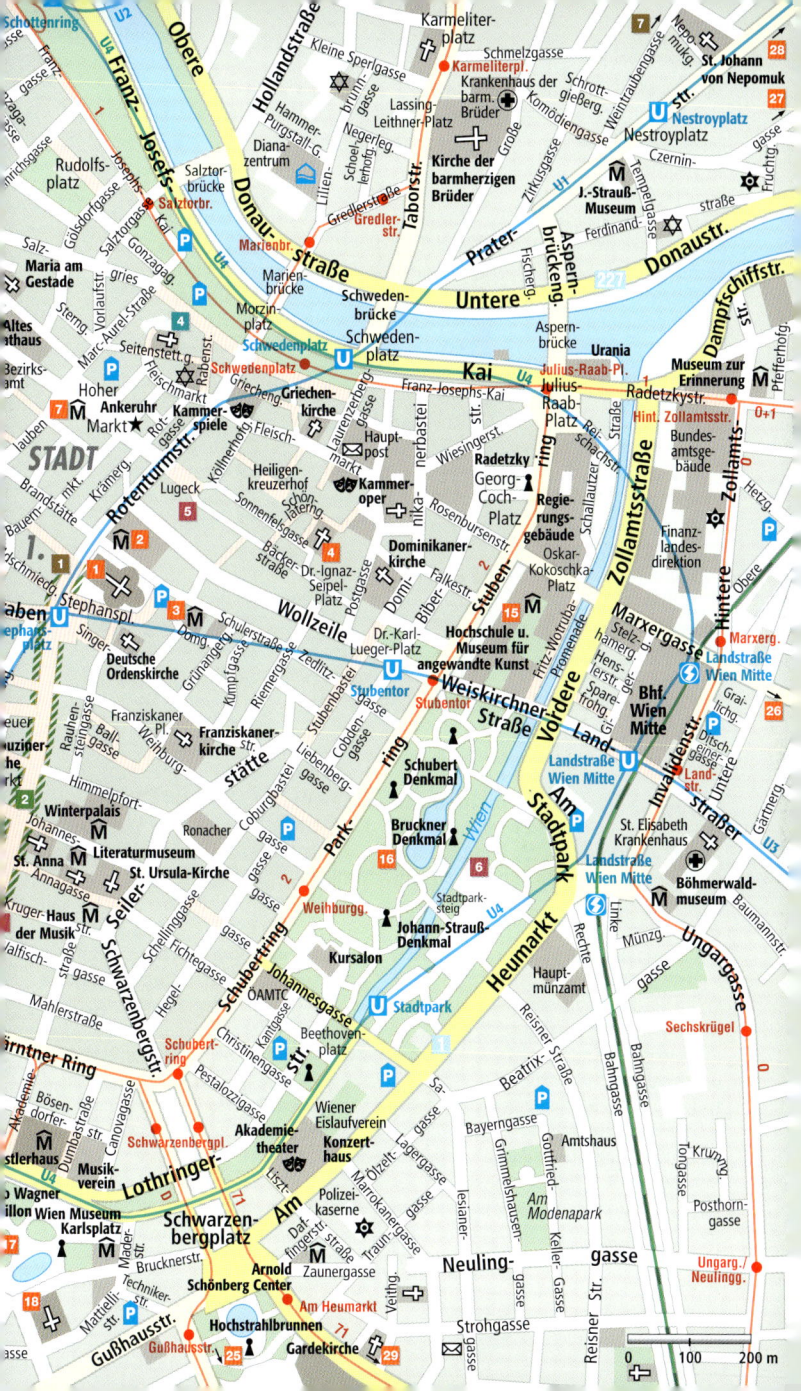

Streets and Squares

- Schottenring
- Obere Donaustraße
- Franz-Josefs-Kai
- Hollandstraße
- Karmeliterplatz
- Kleine Sperlgasse
- Schmelzgasse
- St. Johann von Nepomuk
- Rudolfsplatz
- Hammer-Purgstall-Gasse
- Negerlegasse
- Karmeliterg.
- Krankenhaus der barmh. Brüder
- Schrottgießerg.
- Komödiengasse
- Weintraubengasse
- Nestroyplatz
- Salzgries
- Gölsdorfgasse
- Salztorgasse
- Salztorbr.
- Dianazentrum
- Lassingleithner-Platz
- Lilieng.
- Schoellerhofg.
- Kirche der barmherzigen Brüder
- Zirkusgasse
- Große Pfarrgasse
- Czerningasse
- J.-Strauß-Museum
- Fruchtg.
- Maria am Gestade
- Marc-Aurel-Straße
- Gonzagag.
- Donau-straße
- Marienbr.
- Gredlerstr.
- Ferdinand-straße
- Donaustr.
- Altes Rathaus
- Bezirksamt
- Sterngasse
- Vorlaufstr.
- Seitenstetteng.
- Fleischmarkt
- Morzinplatz
- Marienbrücke
- Schwedenbrücke
- Schwedenplatz
- Aspernbrückeng.
- Fischerg.
- Untere Donaustraße
- Aspernbrücke
- Dampfschiffstr.
- Hoher Markt
- Ankeruhr
- Rabensteig
- Griechengasse
- Griechenkirche
- Laurenzerberg
- Franz-Josephs-Kai
- Hafnersteig
- Urania
- Julius-Raab-Pl.
- Radetzkystr.
- Pfefferhofg.
- Museum zur Erinnerung
- STADT
- Brandstätte
- Krämergasse
- Bauernmkt.
- Rotenturmstr.
- Lugeck
- Köllnerhofg.
- Kammerspiele
- Hauptpost
- Wiesingerstr.
- Reischachstr.
- Julius-Raab-Platz
- Stubenbastei
- Hint. Zollamtsstr.
- Bundesamtsgebäude
- Zollamtsbrücke
- Schmiedgasse
- Heiligenkreuzerhof
- Sonnenfelsgasse
- Schönlaterng.
- Fleischmarkt
- Postgasse
- Bäckerstraße
- Dr.-Ignaz-Seipel-Platz
- Dominikanerkirche
- Falkestr.
- Biberstr.
- Dominikanerbastei
- Radetzky
- Georg-Coch-Platz
- Rosenbursenstr.
- Regierungsgebäude
- Oskar-Kokoschka-Platz
- Stubenring
- Schallautzerstr.
- Zollamtsstraße
- Finanzlandesdirektion
- Zollamts-steg
- 1.
- Stephansplatz
- Singerstr.
- Deutsche Ordenskirche
- Dombgasse
- Wollzeile
- Schulerstraße
- Zedlitzg.
- Riemergasse
- Dr.-Karl-Lueger-Platz
- Hochschule u. Museum für angewandte Kunst
- Fritz-Wotruba-Promenade
- Hamerlingg.
- Henslerstr.
- Sparefrohg.
- Vordere Landstraße
- Marxergasse
- Bhf. Wien Mitte
- Stelzhamerg.
- Hintere Zollamtsstr.
- Marxerg.
- Landstraße Wien Mitte
- Franziskaner Pl.
- Franziskanerkirche
- Grünangerg.
- Kumpfgasse
- Stubenbastei
- Liebenberg-gasse
- Stubentor
- Coburg-bastei
- Weiskirchner Straße
- Stubentor
- Am Stadtpark
- Landstraße Wien Mitte
- Invalidenstr.
- Graillichg.
- Dtschmeisterg.
- Landstraßer Hauptstr.
- Rauhensteingasse
- Ballgasse
- Kapuzinerkirche
- Himmelpfortg.
- Johannesg.
- Wehburggasse
- Schubertgasse
- Schubert Denkmal
- Bruckner Denkmal
- Parkring
- Wien
- St. Elisabeth Krankenhaus
- Winterpalais
- Literaturmuseum
- Ronacher
- Coburggasse
- Böhmerwaldmuseum
- St. Anna
- St. Ursula-Kirche
- Annagasse
- Seilergasse
- Schellinggasse
- Fichtegasse
- Weihburgg.
- Johann-Strauß-Denkmal
- Rechte
- Linke
- Münzg.
- Hauptmünzamt
- Ungargasse
- Kruger-Haus der Musik
- Schubertring
- Hegelgasse
- Schellinggasse
- Christinengasse
- Kantgasse
- ÖAMTC
- Kursalon
- Stadtpark
- Stadtparksteig
- Sechskrügel
- Kärntner Ring
- Bösendorferstr.
- Akademietheater
- Konzerthaus
- Beethovenplatz
- Wiener Eislaufverein
- Sa.gasse
- Lagergasse
- Beatrixgasse
- Bahngasse
- Reisnerstr.
- Bayerngasse
- Gottfried Gr.gasse
- Amtshaus
- Posthorngasse
- Schwarzenbergstr.
- Akademie-theater
- Canovagasse
- Schwarzenbergpl.
- Lothringerstr.
- Künstlerhaus
- Musikverein
- Wagner Pavillon Wien Museum Karlsplatz
- Dumbastr.
- Lisztstr.
- Polizei-kaserne
- Marrokanergasse
- Daffingerstr.
- Traungasse
- Neulinggasse
- Am Modenapark
- Kellergasse
- Jesuiterngasse
- Krongasse
- Tongasse
- Bruckerstraße
- Mahlerstraße
- Arnold Schönberg Center
- Am Heumarkt
- Hochstrahlbrunnen
- Zaunergasse
- Veithg.
- Strohgasse
- Ungarg./Neulingg.
- Technikerstr.
- Martellistr.
- Gußhausstr.
- Gardekirche

Scale: 0 100 200 m

Wenen (plattegrond blz. 84-85)

Bezienswaardigheden
1. Stephansdom
2. Dom Museum Wien
3. Mozarthaus Vienna
4. Jesuitenkirche
5. Peterskiche
6. Michaelerkirche
7. Römermuseum
8. Graben en Pestsäule
9. Kapuzinerkirche
10. Albertina
11. Kaiserappartements
12. Kaiserliche Schatzkammer
13. Neue Burg
14. Spanische Hofreitschule
15. MAK – Österreichisches Museum für angewandte Kunst/Gegenwartskunst
16. Stadtpark
17. Karlsplatz
18. Karlskirche
19. Gemäldegalerie der Akademie der bildenden Künste
20. Kunsthistorisches Museum
21. Naturhistorisches Museum
22. MuseumsQuartier
23. Rathausplatz
24. Schloss Schönbrunn
25. Schloss Belvedere
26. Hundertwasserhaus
27. Prater
28. Donauturm
29. Wiener Zentralfriedhof

Overnachten
1. Hotel Am Stephansplatz
2. Motel One Wien-Staatsoper
3. Kolping Wien Zentral
4. 25hours Hotel Museums-Quartier
5. Altwienerhof
6. Boutiquehotel Stadthalle
7. Der Wilhelmshof

Eten en drinken
1. Café Central
2. Demel
3. Café Sacher
4. Esterhazykeller
5. Figlmüller
6. Steirereck
7. Glacis Beisl
8. Silberwirt

Winkelen
1. Mariahilfer Straße
2. Kärnter Straße
3. Kohlmarkt
4. Goldenes Quartier
5. Naschmarkt

Uitgaan
1. Gürtel
2. Wiener Staatsoper
3. Burgtheater
4. Jazzland

Rijk moest bewaken. Bij opgravingen zijn onder meer twee woningen van officieren gevonden, die nu in het museum onder het plein te bekijken zijn. Ook leert u alles over het dagelijks leven in het kamp.

Probeer uw bezoek zo te plannen dat u kort voor twaalf uur op het plein staat en ga op zoek naar de **Ankeruhr**, een jugendstiluurwerk tussen de huisnummers 10 en 11. Klokslag twaalf uur trekt een hele stoet historische personages voorbij, begeleid door een vrolijk deuntje. Een informatiebord vertelt wie wie is. Op de overige uren daarna gaat elke keer een andere figuur langs de schaalverdeling van het uurwerk, te beginnen met de Romeinse keizer Marcus Aurelius. De laatste voorbijganger is de componist Joseph Haydn.

Graben en Pestsäule 8

De **Graben** is een van de populairste winkelstraten (of is het een plein?) van Wenen. De naam betekent letterlijk 'gracht' of 'greppel'; op deze plek lag dan ook de omgrachting van de Romeinse versterking. Rondom staan statige panden in een keur aan uitbundige of juist sobere bouwstijlen. Pronkstuk is de **Pestsäule** (pestzuil) in het midden van de Graben. Tijdens een pestepidemie in 1679, waarbij meer dan 12.000 slachtoffers vielen, bad keizer Leopold I om hulp en beloofde een monument op te richten zodra de epidemie was beëindigd. De bouw van de zuil duurde tot 1693. Op de top staat de Heilige Drievuldigheid. Daaronder duwen engelen de pest richting de hel en nog een verdieping lager knielt nederig de keizer.

Kapuzinerkirche met Kaisergruft [9]

Tegetthoffstraße 2 (ingang aan Neuer Markt), www.kaisergruft.at, dag 10-18 uur (do. 9-18 uur), entree € 5,50

Een eenvoudige buitenkant en een al even sobere binnenkant – de **Kapuzinerkirche** heeft niets van de barokke overdaad van andere Weense kerken. Misschien juist daarom liet keizerin Anna in 1618 in haar testament vastleggen dat zij en haar echtenoot, keizer Matthias, hier begraven wilden worden. Daarna zijn (bijna) alle leden van de keizerlijke dynastie van de Habsburgers bijgezet in de catacomben van de kerk, de **Kaisergruft**. De lichamen zijn echter niet compleet: het hart ging traditiegetrouw naar een crypte in de Augustinerkirche en de ingewanden liggen in de catacomben van de Stephansdom (zie blz. 81).

Een rondgang door de grafkelders laat zien dat sommige keizers hun pronkzucht meenamen in de dood: veel sarcofagen zijn versierd met opzichtige afbeeldingen van de gestorvene en van rouwende nabestaanden. Bijzonder is de dubbele tombe waarin zowel keizerin Maria Theresia als haar man Franz Stephan een plekje kregen. Zij overleed in 1780, hij in 1765.

Albertina [10]

Albertinaplatz 1, tel. 01 53 48 30, www.albertina.at, dag. 10-18 (wo. tot 21) uur, entree € 12,90

De Habsburgers brachten de wintermaanden door in de Hofburg, een paleiscomplex aan de rand van de toenmalige stad (zie blz. 88). Het stadspaleis Albertina, dat staat op de fundamenten van de stadsommuring, sluit hier direct op aan. De naam komt van hertog Albert von Sachsen-Teschen. Hij liet in 1802 een eerste pronkvleugel toevoegen aan een bestaand gebouw, waarna meer vleugels volgden. De nog altijd volledig ingerichte zalen vormen nu het hart van museum Albertina, waar na een grondige renovatie ook de omliggende gebouwen bij zijn getrokken. Het museum toont een unieke collectie grafische kunst, waarvoor hertog Albert de basis legde. Er hangen tekeningen en prenten van onder meer Michelangelo, Leonardo da Vinci, Bruegel, Rubens, Dürer (zijn beroemde *Jonge haas*), Renoir en Degas. Vanwege de kwetsbaarheid en de omvang van de collectie zijn de originelen alleen tijdens wisseltentoonstellingen te zien. Daarnaast zijn er afdelingen fotografie en architectuur. Ook bezit het museum een deel van de Sammlung Batliner, een privécollectie met klassieke moderne werken van onder anderen Picasso, Monet, Toulouse-Lautrec en Kandinsky. ▷ blz. 91

Tip

Met de koets door Wenen

Een cliché? Misschien wel, maar een ritje met een koets door het oude Wenen is net zo vanzelfsprekend als een tochtje met een gondel door Venetië. Het open rijtuig wordt door één of twee paarden getrokken. De benaming **fiaker** wordt al vanaf de 18e eeuw gebruikt en komt van de eerste standplaats van zulke koetsen in de Parijse Rue de Saint-Fiacre. Voor 1900 waren er meer dan duizend fiakers in Wenen, bestuurd door een koetsier met bolhoed. Nu worden ze vooral gebruikt door toeristen, die zo in staptempo de stad leren kennen. Instappen kan op de Stephansplatz, Heldenplatz (soms Michaelerplatz), Albertinaplatz, Petersplatz en bij het Burgtheater. Prijzen variëren van € 55 voor een klein rondje (20 min.) tot € 80 voor een groter rondje (40 min.).

Op ontdekkingsreis

Keizerlijke pronkzucht – de Hofburg *

Meer dan zes eeuwen lang resideerden de Habsburgers in de Hofburg, een glorieus paleiscomplex aan de rand van het centrum. In 1918 moest de keizerlijke familie het paleis verlaten, maar hun voorkeur voor pracht en praal is nog overal terug te vinden. Dwaal door de vertrekken, de schatkamers en de Spaanse Rijschool – het decor waarin keizerin Sissi maar niet gelukkig kon worden.

Stadsplattegrond: blz. 84-85.
Duur: minimaal een dag.
Kaiserappartements 11, **Sisi Museum, Silberkammer:** www.hofburg-wien.at, tel. 01 533 75 70, dag. 9-17.30 (juli-aug. tot 18) uur, combikaartje € 12,90.
Kaiserliche Schatzkammer 12: www.kaiserliche-schatzkammer.at, wo.-ma. 9-17.30 uur, entree € 12.
Neue Burg 13: www.khm.at, wo.-zo. 10-18 uur, entree € 15 (met Kunsthistorisches Museum).
Schmetterlinghaus: Burggarten, www.schmetterlinghaus.at, apr.-okt. ma.-vr. 10-16.45, za.-zo. 10-18.15 uur, nov.-mrt. dag. 10-15.45 uur, entree € 5,50.
Spanische Hofreitschule 14: bezoekerscentrum: Michaelerplatz 1, www.srs.at, di.-zo. 9-16 (vr. bij voorstellingen tot 19) uur; ochtendtraining: doorgaans 10-12 uur, entree € 15.
Nationalbibliothek: www.onb.ac.at, di.-zo. 10-18 (do. tot 21) uur (juni-sept. ook ma.), entree € 7 (Prunksaal), € 4 (combikaartje musea).
Korting: de Wien-Karte (zie blz. 80) biedt vaak korting. Ook zijn er diverse combikaartjes, zoals het Sisi Ticket: toegang tot Hofburg, Schönbrunn en Hofmobiliendepot voor € 29,90.

Achttien vleugels met meer dan tweeduizend vertrekken, twintig binnenplaatsen, een kapel, een kerk, een bibliotheek, een manege – en dan was de Hofburg slechts de winterresidentie van de Habsburgers. De zomer brachten ze vanaf de 18e eeuw door in het al even pronkzuchtige Schloss Schönbrunn.

Het begon allemaal met keizer Rudolf I, die in 1279 een bestaande vesting liet uitbouwen tot een grote middeleeuwse burcht met stallen en bijgebouwen. Toen Ferdinand I, keizer van het Heilige Roomse Rijk, in 1533 besloot naar Wenen te verhuizen, liet hij deze Alte Burg grondig verbouwen en uitbreiden. Ook zijn opvolgers bleken enthousiaste bouwheren, waardoor het paleiscomplex steeds verder uitgroeide. De laatste toevoeging, de gigantische Neue Burg, was in 1913 klaar.

Keizerlijke vertrekken

Een deel van het Hofburgcomplex is toegankelijk voor publiek. De hoofdingang zit aan de Michaelerplatz. Daarachter wacht een barok koepelgebouw, met rechts de kassa en de toegang tot de woonvertrekken van Frans Jozef I en zijn jonge vrouw Elisabeth, beter bekend als Sisi of Sissi (de maker van de beroemde films introduceerde de extra 's', zie blz. 47). De **Silberkammer** toont het tafelzilver, de serviezen en allerhande kookgerei zoals die aan het keizerlijk hof werden gebruikt. De eerste verdieping herbergt het **Sisi Museum**. De expositie neemt u mee door het tragische leven van keizerin Elisabeth, van het jonge meisje dat aan het hof verscheen tot haar eindeloze reizen en de mythe die ontstond nadat ze door een Italiaanse anarchist was vermoord.

In de winter woonden keizer Frans Jozef I en Elisabeth in de **Kaiserappartements** 11. De woonvertrekken van de keizer zijn relatief sober ingericht. Daarachter ligt het luxueuze domein van Sissi, ingericht in 19e-eeuwse stijl met antiek meubilair. Bijzonder zijn de aparte turnkamer, waar ze aan haar conditie werkte, en de badkamer, waar ze een hele dag bezig was om haar legendarisch lange haar te wassen. Naar verluidt reikte haar 5 kg wegende haardos tot aan haar enkels.

Schatkamer en kapel

Wie vanaf de hoofdingang rechtdoor loopt, komt op de centrale binnenplaats, de **Hof in der Burg**. Het standbeeld stelt keizer Frans II (1768-1835) voor. Hij kijkt richting een rode poort die toegang geeft tot de **Schweizerhof**, genoemd naar de Zwitserse kasteelwachters. Vanuit deze kleine binnenplaats kunt u naar de **Hofburgkapelle**, de paleiskapel waar elke zondagochtend de Wiener Sängerknaben hun zangkunsten laten horen (zie Tip). Maar hét hoogtepunt van een bezoek aan de Hofburg is ongetwijfeld de **Schatzkammer** 12, de keizerlijke schatkamer. Zestien zalen, gevuld met kronen, juwelen, relieken (een spijker en een splinter van het kruis van Christus), wapens, gewaden en andere kostbaarheden tonen de ware rijkdom van de keizers.

Tip

Gouden keeltjes

Al in de 15e eeuw werden de missen in de Hofburgkapelle begeleid door een jongenskoor. Die traditie bestaat ook nu nog. De **Wiener Sängerknaben** – waar overigens ook meisjes tussen zitten – zijn van half september tot eind juni elke zondag te horen bij de mis van 9.15 uur. Kaartjes kosten € 10-36. Staanplaatsen zijn gratis, maar dan moet u vanaf 8.30 uur in de rij staan. Info: www.hofmusikkapelle.gv.at.

Neue Burg

Wandel vanaf de Schweizerhof terug door de rode poort en ga direct links door weer een poort. Na alle paleizen en binnenplaatsen is het gevoel van ruimte op de **Heldenplatz** overweldigend. De rechterkant van het plein is nu leeg, maar oorspronkelijk was hier een tegenhanger gepland van de **Neue Burg** 13, het halfronde gebouw links dat in 1913 werd voltooid. De Neue Burg biedt nu onderdak aan verschillende musea. Het **Ephesos Museum** toont archeologische vondsten die zijn gedaan bij de antiek stad Efeze in Turkije. De **Hofjagd- und Rüstkammer** staat vol met wapens en harnassen, waaronder staatsieharnassen van de keizers. Tot slot bevat de **Sammlung alter Musikinstrumente** een collectie oude muziekinstrumenten, met name uit de renaissance. Het achterste deel van de Neue Burg huisvest het **Weltmuseum Wien,** dat na een renovatie vanaf eind 2017 weer toegankelijk is.

Spanische Hofreitschule

Paarden, vlinders en boeken

De Neue Burg en de groene **Burggarten** erachter zijn aangelegd op de plek van de vroegere stadsommuring, die door Napoleon in 1809 was ontmanteld. De Burggarten, oorspronkelijk een paleistuin, werd na de val van het keizerrijk in 1918 opengesteld voor het publiek. Het is nu een heerlijk wandelpark met de mogelijkheid om wat te eten of te drinken in het glazen **Palmenhaus,** een grote kas gebouwd tussen 1901 en 1907. Het café-restaurant zit in het centrale deel van de serre. Links ziet u de ingang van het **Schmetterlinghaus,** een tropische tuin waarin honderden vlinders rondfladderen.

Het witte gebouw links achter het vlinderhuis bevat de **Prunksaal** van de **Nationalbibliothek** (ingang aan de andere kant via de Josefsplatz). Keizer Karel VI gaf in 1722 opdracht tot de bouw van dit barokke pronkstuk. De staatsiezaal beslaat een hele vleugel en wordt bekroond door een koepel met een symbolische schildering van de huldiging van de keizer. Geheime deuren bieden toegang tot werkkamers die achter de boekenkasten verstopt zitten.

Wandel vanaf de Josefsplatz linksaf door de boog, langs de gebouwen van de beroemde **Spanische Hofreitschule** 14. Ga dan via de hoofdingang van de Hofburg weer naar de koepel, waar links het bezoekerscentrum van de Spaanse Rijschool zit. Hier kunt u kaartjes kopen voor een voorstelling in de prachtige **Winterreitschule,** een barokke manegezaal uit 1729-1735. Als de voorstellingen zijn uitverkocht (zoals meestal), kunt u als alternatief gaan kijken bij de ochtendtraining *(Morgenarbeit)* of meegaan met een rondleiding (tijdig reserveren!). De ochtendtraining is ook te combineren met een bezoek aan de stallen aan de andere kant van de Reitschulgasse en het daarin gehuisveste **Lipizzaner Museum.**

Langs de Ringstraße

'De mooiste boulevard ter wereld!' – de Weners zijn trots op hun Ringstraße, een bijna 4,5 km lange ringweg die het oude stadshart omsluit. En misschien is hun claim wel terecht? De ringweg ligt op de plek van de 13e-eeuwse stadsmuur. Toen de fortificaties in de 19e eeuw geen nut meer hadden, besloot keizer Frans Jozef in 1857 de vestingwerken te slopen en in plaats daarvan een majestueuze boulevard aan te leggen, met daarlangs al even prachtvolle bouwwerken. De aanleg duurde een halve eeuw, maar het resultaat mag er zijn. Verken de pronkboulevard te voet, per fiets of per tram: neem (met de klok mee) eerst tram 1 en stap dan op de Schwedenplatz over op tram 2 voor het laatste stuk. Of neem de speciale toeristentram die de hele Ringstraße volgt – iets duurder, maar wel met deskundige uitleg.

MAK – Österreichisches Museum für angewandte Kunst/Gegenwartskunst 15

Stubenring 5, tel. 01 712 80 00, www.mak.at, di. 10-22, wo.-zo. 10-18 uur, entree € 9,90

Een rondje langs de ringweg begint aan de oostkant, waar direct al een massief gebouw van rode baksteen opdoemt. Hier draait alles om design en toegepaste kunst, maar dan in de breedste zin van het woord. De collectie varieert van altaarstukken uit de renaissance tot biedermeiersofa's, serviezen, wandtapijten en moderne kunstinstallaties. Ook Gustav Klimt en de Wiener Werkstätte, een kunstwerkplaats opgericht in 1903, zijn vertegenwoordigd.

Stadtpark 16

Aan de zuidkant sluit het MAK aan op het oudste openbare stadspark van Wenen. Het ging in 1862 open, nadat de fortificaties van de stad hadden plaatsgemaakt voor de ringweg. Het park is aangelegd in de Engelse landschapsstijl, dat wil zeggen met slingerende paden, boomgroepen, gazons en waterpartijen. Paviljoens, fonteinen en beelden van componisten kleden het park verder aan. Vooral het vergulde beeld van Johann Strauss is een geliefde fotolocatie voor toeristen. Al met al een heerlijke plek om de drukte van de stad even te ontlopen.

Karlsplatz 17

Na een knik in de ringweg kunt u links, achter de huizenblokken, naar de **Karlsplatz**. Hangbankjes, een vijver en plukken groen maken dit plein populair bij wijkbewoners en toeristen. Architectuurliefhebbers vinden hier bovendien enkele bijzondere bouwwerken, met als niet te missen blikvanger de Karlskirche (zie blz. 92).

Aan de noordkant van het plein is de **Musiekverein**, de thuisbasis van de Wiener Philharmoniker (bekend van de Nieuwjaarsconcerten), herkenbaar aan de rode kleur. Vlak daarnaast staat het **Künstlerhaus** (Karlsplatz 5, tel. 01 587 96 63, www.k-haus.at), een tentoonstellingsruimte die in 1868 voor het eerst zijn deuren opende. Aan de andere kant van de weg zijn de twee kleurrijke **Karlsplatzpaviljoenen** (1899) het werk van **Otto Wagner**, de architect die bekend werd van de Wiener Secession, de Weense variant van de jugendstil. Kenmerkend voor zijn stijl zijn de groen uitgeslagen koperen daken en de vergulde zonnebloemen op de muren.

Links achter de Karlskirche huisvest een laag en weinig inspirerend gebouw het **Wien Museum Karlsplatz** (Karlsplatz 8, tel. 01 505 87 47, www.wienmuseum.at, di.-zo. 10-18 uur, entree € 10). Hoofdonderwerp is de geschiedenis van de stad door de eeuwen heen, met daarbij veel aandacht voor de aanleg van de ringweg. Ook Gustav Klimt en

Egon Schiele zijn met werken vertegenwoordigd. Daarnaast is er ruimte voor thematische tentoonstellingen.

Wandel langs de kerk en steek aan het einde van het plein de dubbele straat over. De witte 'bunker' met de gouden bol aan de overkant is het **Secessiongebouw** (Friedrichstraße 12, tel. 01 587 53 07, www.secession.at, di.-zo. 10-18 uur, entree € 9,50). Het werd in 1898 gebouwd als hoofdkwartier van de Secessionstroming. Er worden exposities gehouden en bewonderaars van Gustav Klimt vinden hier de monumentale **Beethovenfries**, een 34 m lange fresco.

Overigens staan er ook in de buurt van de nabijgelegen **Naschmarkt** (zie blz. 102) verschillende interessante jugendstilgebouwen. Ga bijvoorbeeld kijken bij Linke Wienzeile 38 en 40, beide getooid met een rijkversierde gevel.

Karlskirche [18]

www.karlskirche.at, ma.-za. 9-18, zo. 12-19 uur, entree € 8 incl. lift

Twee Romeinse zuilen die aan minaretten doen denken en een Grieks portaal – ze vormen de opvallende entree van deze barokke koepelkerk. Neem vooral de tijd om de reliëfs op de zuilen en het fronton te bekijken. Ze zijn gewijd aan de pestepidemie van 1713 en aan Borromeus, de heilige die bij de pest wordt aangeroepen. De Karlskirche is dan ook het resultaat van een belofte die keizer Karel VI in 1713 deed: zodra de pest was verdwenen, zou hij als dank een pronkkerk laten bouwen. En de keizer hield woord! Binnen wacht een overdaad aan barokke versieringen, met vooral veel marmer en bladgoud, en als absoluut hoogtepunt de fresco's op de koepel waarin Borromeus een hoofdrol speelt. Een lift brengt u naar een platform op 32,5 m hoogte, waar u de schilderingen van Johann Rottmayr van dichtbij kunt bekijken.

Gemäldegalerie der Akademie der bildenden Künste [19]

Schillerplatz 3, tel. 01 588 16 22 22, www.akademiegalerie.at, di.-zo. 10-18 uur, entree € 8

Vlak achter het Secessiongebouw doemt de Academie voor Beeldende Kunst op. Hier worden van oudsher kunstenaars opgeleid, maar bezienswaardig is vooral de galerie met een unieke collectie oude meesters. Topstuk is wellicht *Het Laatste Oordeel* van Hieronymus Bosch, maar ook Rubens, Titiaan, Rembrandt en Van Dyk zijn aanwezig. Historisch detail: Hitler zakte hier in 1907 voor zijn toelatingsexamen wegens gebrek aan talent.

Kunsthistorisches Museum [20]

Maria-Theresien-Platz, tel. 01 52 52 40, www.khm.at, juni-aug. dag. 10-18 (do. tot 21) uur, sept.-mei di.-zo. 10-18 (do. tot 21) uur, entree € 15

De Habsburgers waren verwoede verzamelaars van kunst. Toen halverwege de 19e eeuw de stadsommuring plaatsmaakte voor een statige boulevard, besloten ze twee nieuwe musea te bouwen. De collectie kunst en antiek werd ondergebracht in het Kunsthistorisches Museum (KHM), een bombastisch gebouw van Gottfried Semper uit 1891. Het interieur is al even opzichtig met zijn monumentale trappen, marmeren zuilen en muurschilderingen van de broers Gustav en Ernst Klimt.

U kunt een poging wagen, maar het is bijna onmogelijk om de bijna honderd zalen, verspreid over drie verdiepingen, allemaal te gaan bekijken. De begane grond is gewijd aan de antieke en Egyptische-oriëntaalse wereld, inclusief een complete Egyptische grafkamer. In de zalen daaboven hangen honderden schilderijen, voornamelijk uit de 15e tot 18e eeuw, met daarbij meesterwerken van Hieronymus Bosch, Vermeer, Rembrandt en Jan Steen.

Langs de Ringstraße

Kunsthistorisches Museum: begonnen als kunstverzameling van de Habsburgers

Naturhistorisches Museum 21

Maria-Theresien-Platz, tel. 01 52 17 70, www.nhm-wien.ac.at, do.-ma. 9-18.30, wo. 9-21 uur, entree € 10

Tegelijk met het Kunsthistorisches Museum verrees aan de andere kant van de statige Maria-Theresien-Platz een identiek gebouw waarin de natuurhistorische collecties werden ondergebracht. Opgezette dieren, skeletten van dinosauriërs, mineralen, prehistorische beeldjes – precies wat je zou verwachten in een natuurhistorisch museum, maar het uitbundige keizerlijke decor maakt een bezoek extra bijzonder.

MuseumsQuartier 22

Info-Ticket-Shop (bij de hoofdingang), Museumsplatz 1, www.mqw.at, verschillende combikaartjes mogelijk

Nog veel meer kunst en cultuur is bijeengebracht in een complex aan de zuidkant van de Maria-Theresien-Platz. In 1725 verrees hier, buiten de toenmalige stadsmuur, een stalgebouw van het keizerlijk hof. Dat vormt nu de basis van een veelzijdig cultureel forum, dat in 2001 werd geopend en waar studenten voor een levendige sfeer zorgen. Via de hoofdingang komt u terecht op een grote binnenplaats, waar de keizerlijke architectuur uit de 18e eeuw sterk contrasteert met de twee hypermoderne gebouwen in de hoeken van het plein.

De witte kubus links biedt onderdak aan het **Leopold Museum** (tel. 01 52 57 00, www.leopoldmuseum.org, wo.-ma. 10-18 (do. tot 21) uur, entree € 13). Binnen ontdekt u de particuliere collectie van de verzamelaar Rudolf Leopold (1925-2010), die bestaat uit meer dan vijfduizend werken van Oostenrijkse kunstenaars uit de 19e en 20e eeuw. Denk daarbij aan namen als Klimt, Kokoschka en Schiele, van wie hier de grootste collectie werken ter wereld is bijeengebracht.

Het massieve gebouw in de rechterhoek van het plein, opgetrokken van basaltblokken, huisvest het **Museum moderner Kunst Stiftung Ludwig Wien**

Het majestueuze Schloss Schönbrunn, gezien vanaf de hoger gelegen Gloriette

of mumok (tel. 01 525 00-0, www.mumok.at, ma. 14-19, di.-zo. 10-19 (do. tot 21) uur, entree € 11). De naam zegt het al: hier draait alles om moderne kunst, van Picasso tot popart (Andy Warhol, Roy Liechtenstein) en Wiener Aktionismus. Er zijn vooral tijdelijke tentoonstellingen.

Hedendaagse en moderne kunst is ook het speerpunt van de tentoonstellingen in de **Kunsthalle Wien** (www.kunsthallewien.at, dag. 11-19 (do. tot 21) uur, entree € 8). Kinderen kunnen zich interactief uitleven in het **ZOOM Kindermuseum** (www.kindermuseum.at, di.-vr. 8.30-16, za.-zo. 9.45-16 uur, aparte entree per onderdeel).

De rest van het cultuurforum is gevuld met instellingen rond onder andere dans, film, theater, architectuur en design. Cafés en restaurants verzorgen de inwendige mens.

Rathausplatz 23

Vanuit de Maria-Theresien-Platz gaat de Ringstraße noordwaarts richting de Rathausplatz. Meteen doemt links een enorm 'Grieks' gebouw op, dat eerder in het klassieke Athene lijkt thuis te horen. In dit **Parlament** (www.parlament.gv.at, beperkt geopend) zetelt de Oostenrijkse volksvertegenwoordiging. De architect koos voor een Grieks thema omdat Griekenland als de bakermat van de moderne democratie wordt beschouwd. Het beeld op het plein stelt Pallas Athene voor (Griekse godin van de hemel). Tip: in dezelfde stijl staat in de serene **Volksgarten** aan de overkant van de weg een replica van een Griekse tempel, de **Theseustempel**.

Even verder pronkt rechts langs de ringweg het prachtige **Burgtheater** (zie blz. 103), terwijl links het **Wiener Rathaus** (www.wien.gv.at, rondleidingen ma., wo., vr. 13 uur) het plein domineert. Het ontwerp is van 1872 en de bouwstijl heet neogotiek; de vele torentjes en de hoge, smalle ramen van het stadhuis doen dan ook denken aan de gotiek van de middeleeuwse kerken.

Buiten het centrum

Schloss Schönbrunn 24 *

Schönbrunner Schlossstraße, www.schoenbrunn.at, dag. 8.30-17/18.30 uur, entree vanaf € 14,20 (aparte entreeprijzen voor attracties)
De metro of de tram brengt u naar een van de grootste toeristentrekkers van Wenen: Schloss Schönbrunn, bestaande uit een pastelgeel zomerpaleis en een park. Zelfs de Hofburg valt in het niet bij de keizerlijke pracht en praal die hier te zien is. De bouw startte in 1696, maar pas onder Maria Theresia in de 18e eeuw kreeg het paleis zijn huidige glorieuze uiterlijk. Bij de inrichting werd gekozen voor de toen populaire rococostijl: speels, luchtig en vooral overdadig, met overal schilderingen, bladgoud en krullen.

Het hoofdgebouw is 175 m breed en telt 1441 vertrekken. Daarvan zijn er 45 opengesteld voor het publiek – kies uit de Imperial Tour of de Grand Tour en ga met een audiogids op pad. Te zien zijn onder andere de woonvertrekken van Maria Theresia en in een ander deel de zomervertrekken van keizer Frans Jozef I en Elisabeth (Sissi).

Het **Schlosspark** achter het paleis heeft een strak, geometrisch ontwerp met waterbassins, fonteinen, een 'Romeinse' ruïne, bloemperken en beelden. De tuin eindigt bij de hoger gelegen **Gloriette** (1775), een soort triomfboog die een prachtig uitzicht biedt op het paleis en de stad daarachter.

Om een dagje Schönbrunn helemaal compleet te maken, kunt u naar de **Wagenburg** met daarin een koetsmuseum, het **Palmenhaus** (een tropische kas) en de **Tiergarten Schönbrunn** (www.zoovienna.at, dag. vanaf 9 uur, entree € 18,50), de oudste dierentuin ter wereld (1752), die desondanks volgens de modernste inzichten is ingericht. Trots zijn ze vooral op de pandaberen.

Schloss Belvedere 25

Tel. 01 79 55 71 34, www.belvedere.at; Oberes Belvedere: Prinz Eugen-Straße 27, dag. 10-18 uur; Unteres Belvedere/Orangerie: Rennweg 6, dag. 10-18 (wo. tot 21) uur en Prunkstall dag. 10-12 uur; combikaartje € 20
Twee pronkpaleizen en daartussen een tuin met terrassen en vijvers, dat is Schloss Belvedere. De bouwheer was dit keer niet een keizer of keizerin, maar de Franse prins Eugenio von Savoy (1663-1736, zie blz. 96). ▷ blz. 98

Favoriet

Monument voor een oorlogsheld

Prins Eugenio von Savoy, of Eugen von Savoyen, is een beroemde naam in de Oostenrijkse geschiedenis. Deze Franse prins, geboren in 1663, werd als jongeling beschreven als 'verwijfd, klein van stuk, met meer aandacht voor de jongens dan voor de meisjes'. Desondanks zou hij uitgroeien tot een zeer succesvolle veldheer. Hij meldde zich in 1683, tijdens het Beleg van Wenen (zie blz. 50), voor het eerst bij het leger van keizer Leopold. In de decennia daarna wist hij als opperbevelhebber van het Oostenrijke leger de Turken definitief uit Europa te verdrijven. Toen hij tussen 1714 en 1722 Schloss Belvedere (zie blz. 95) liet bouwen, kwam daarin ook een monument voor de prins zelf. Het toont hem als de mythologische held Hercules. De stralende zon verbeeldt zijn heldendaden, terwijl hij met zijn linkerhand, quasi bescheiden, de bazuin afdekt waarmee de godin Fama de loftrompet over hem wil steken. Aan zijn voeten kronkelt de verslagen Turkse vijand – mogelijk gebruikte de beeldhouwer Balthasar Permoser zichzelf hiervoor als model.

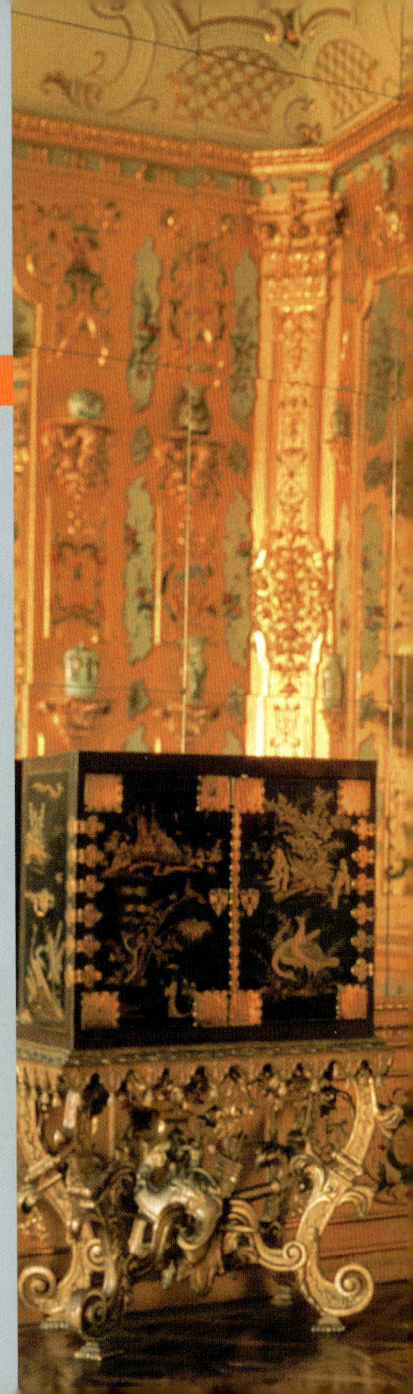

EVGENIVS
SABAVDIAE

Tip

De vrouwen van Gustav Klimt

Klimt (1862-1918) schilderde bij voorkeur vrouwen, die hij afbeeldde als sterke en ongenaakbare personages. Ook van de bijbelse *Judith* (1901), een Joodse weduwe die een generaal onthoofdde, maakte hij een femme fatale, een raadselachtige verleidster. Waarschijnlijk stond de bankiersvrouw Adèle Bloch-Bauer model voor dit schilderij. Klimt droeg zijn modellen op handen, en wellicht zelfs meer dan dat – naar verluidt had hij met Adèle een buitenechtelijke relatie.

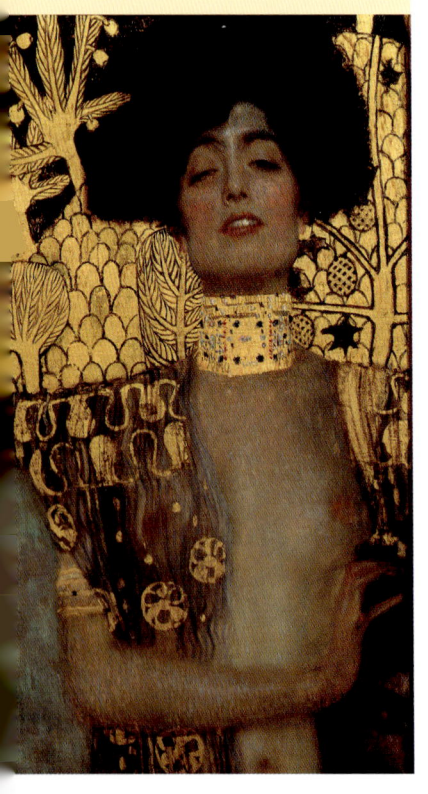

Als opperbevelhebber van het Oostenrijkse leger wist hij de Turken uit Oostenrijk te verdrijven. Het kapitaal dat hem dat opleverde, gebruikte hij voor de bouw van een barok paleizencomplex. Het Unteres Belvedere was klaar in 1716 en fungeerde als zomerpaleis. Het Oberes Belvedere volgde in 1722 en diende als feestlocatie en als onderkomen voor zijn bibliotheek en kunstcollectie.

Nu is het Belvedere het domein van toeristen en kunstliefhebbers. Het wat hoger gelegen **Oberes Belvedere** aan de zuidkant van het park bevat weelderige zalen vol met kunst uit de 19e en 20e eeuw (Van Gogh, Monet, Renoir, Schiele, Kokoschka). Absolute topper is een collectie werken van Gustav Klimt, waaronder zijn iconische *Judith* (1901, zie Tip) en *De kus* (1902). Wandel dan door de barokke, geometrische tuinen naar het wat bescheidener ogende **Unteres Belvedere**, waar de woonvertrekken desondanks keizerlijke allure hebben. In de Orangerie ernaast worden tijdelijke tentoonstellingen gehouden. In de **Prunkstall**, de voormalige stallen van het complex, is middeleeuwse kunst te zien.

Hundertwasserhaus 26

Kegelgasse 34-38

De kleurrijke kunstenaar en architect Friedensreich Hundertwasser (1928-2000) hield niet van functionele, 'saaie' gebouwen. In plaats daarvan ontwierp hij speelse gebouwen vol kleur, torentjes en golvende lijnen. Zijn bekendste creatie is het wooncomplex Hundertwasserhaus uit 1986, dat uitgroeide tot een toeristische attractie. De omgeving van het gebouw is later in dezelfde vrolijke stijl aangepast. Meer zien van zijn werk? Wandel dan naar het even verderop gelegen **Museum Hundertwasser** (Untere Weißgerberstraße 13, tel. 01 712 04 91, www.kunsthauswien.com, dag. 10-18 uur, entree € 11).

Prater 27

Reuzenrad: Riezenratplatz, tel. 01 729 54 30, www.wienerriesenrad.com, dag., entree € 10; Madame Tussauds: Riesenradplatz 1, tel. 01 890 33 66, www.madametussauds.com/wien, dag. 10-18 uur, entree € 19,50

Het **Donaukanal** begrenst het stadshart van Wenen aan de noordoostkant. Het is een zijtak van de rivier de **Donau**, waarvan de hoofdbedding in de loop van de tijd is opgeschoven. Tussen beide rivierarmen ligt het Prater, een parkachtig terrein dat al sinds 1897 wordt gedomineerd door het **Riesenrad**, een reuzenrad dat niet weg te denken is uit het stadssilhouet. Een nostalgisch rondje duurt vijftien tot twintig minuten en brengt u naar 64,5 m hoogte. Aan de voet van het reuzenrad ligt een amusementspark, **Wurstelprater** (of Volksprater) genoemd, met onder andere ouderwetse carrousels, achtbanen, botsauto's, een planetarium en een vestiging van **Madame Tussauds**.

Een 4,5 km lange en kaarsrechte weg, de Hauptallee, leidt naar het **Grüne Prater**, een parkachtig deel met bossen, vijvers, kreken en grasvelden. Wie niet wil wandelen neemt de **Liliputbahn**, een toeristentreintje langs de Hauptallee. Aan het einde wacht het **Lusthaus**, een 18e-eeuws jachthuis, nu café-restaurant.

Donauturm 28

Donauturmstraße 4, tel. 01 263 35 72, www.donauturm.at, uitzichtplatform dag. 10-24 uur, entree € 7,90

Nog wat verder weg van het centrum, voorbij de hoofdbedding van de Donau, reikt de Donauturm 252 m de hoogte in. De toren werd in 1964 gebouwd als onderdeel van een tuinbouwtentoonstelling, het huidige **Donaupark**. Een snelle lift brengt u naar een uitzichtplatform met restaurant op 165 m hoogte. Wie het aandurft, kan vanaf hier bungeejumpen.

Wiener Zentralfriedhof 29

Simmeringer Hauptstraße 234, www.friedhoefewien.at, dag.

De Weners zijn altijd eervol met de dood en de doden omgegaan. Dat blijkt ook uit het Zentralfriedhof, waar sinds 1874 zo'n drie miljoen mensen zijn begraven. Neem bij de ingang een plattegrond mee, anders zult u zeker verdwalen in het dodendoolhof. In het middelste deel liggen talrijke beroemde Weners begraven, onder wie presidenten en componisten. Andere hoogtepunten zijn de grote koepelkerk, de aparte delen voor de verschillende religies en het aan de dodencultus gewijde **Bestattungsmuseum** (www.bestattungsmuseum.at) bij de hoofdingang.

In de omgeving

Het **Wienerwald** is een bosrijk middelgebergte (300-900 m) dat zich uitstrekt ten zuidwesten van Wenen. Het gebied ligt grotendeels in de deelstaat Neder-Oostenrijk, maar het zijn vooral Weners die hier in het weekend ontspanning komen zoeken.

Ten westen van Wenen eindigen de heuvels van het Wienerwald bij de **Kahlenberg**, een 484 m hoge top die een prachtig uitzicht biedt op de wijnhellingen, de Donau en de stad. Aan de andere kant van de 'berg' doemen de barokke kloostergebouwen van Stift Klosterneuburg op.

Stift Klosterneuburg

Klosterneuburg, Stiftsplatz 1, www.stift-klosterneuburg.at, dag. 9-18 (winter 10-17) uur, verschillende rondleidingen, entree vanaf € 11

Al in de 12e eeuw lag hier, op een heuvel bij de Donau, een abdij van de cisterciënzers. De barokke bouwwerken die nu het complex domineren, werden in de 18e eeuw toegevoegd. Hoogtepunten

Uitzicht op de torens en koepels van Stift Klosterneuburg

bij de rondleidingen zijn de abdijkerk, de middeleeuwse kloostergang en het Verduner Altar, een altaarstuk uit 1181 bestaande uit 45 vergulde koperplaten.

Lainzer Tiergarten

Ingangen: Hermesstraße, Gütenbachstraße, Nikolausgasse in Wenen, Tiergartenstraße in Laab im Walde, www.lainzer-tiergarten.at, dag. vanaf 8 uur (zie website voor details), entree gratis

Aan de zuidwestrand van de stad begint een uitgestrekt bos- en natuurgebied dat de keizer in 1561 liet ommuren en inrichten als jachtterrein. Muren staan er nog altijd omheen, maar bezoekers mogen een groot deel van het jaar gratis naar binnen en op zoek gaan naar de wilde zwijnen, damherten, edelherten en moeflons. Voor kinderen zijn er bovendien diverse natuurspeelterreinen. Goed startpunt voor een verkenning is het **bezoekerscentrum** bij de Lainzer Tor aan de Hermesstraße. Vanuit diezelfde ingang is de **Hermesvilla** (entree € 7) bereikbaar, een jachtslot dat Frans Jozef voor zijn vrouw Elisabeth (Sissi) liet bouwen. Nu worden hier tentoonstellingen gehouden.

Schloss Laxenburg

Laxenburg, Schlossplatz 1, tel. 02236 71 22 60, www.schloss-laxenburg.at, park dag., entree € 2,30, Franzensburg begin apr.-okt. rondleidingen 11, 12, 14 en 15 uur, entree € 10

Keizerin Maria Theresia (1717-1780) liet circa 16 km ten zuiden van Wenen een nieuwe zomerresidentie inrichten. Het complex bestaat uit een groot landschapspark (met vijver en bootverhuur) en drie kastelen. Daarvan is de **Franzensburg** te bezoeken: een middeleeuws ogend kasteel op een kunstmatig eiland in de vijver. Het dateert van begin 19e eeuw en huisvest een museum met onder meer wapens, kunst en glas-in-loodramen. Ook de keizerlijke vertrekken zijn te bekijken.

Adressen

Overnachten

Met uitzicht op de dom – **Hotel Am Stephansplatz** 1: Stephansplatz 9, tel. 01 53 40 50, www.hotelamstephansplatz.at, 2 pk vanaf € 180. De wensen van de gasten staan centraal in dit onderkomen pal tegenover de Stephansdom. Geluiddichte kamers.

Designhotel – **Motel One Wien-Staatsoper** 2: Elisabethstraße 5, tel. 01 585 05 05, www.motel-one.com, 2 pk vanaf € 75. Motel One is een groeiende keten van designhotels met functionele kamers tegen een redelijke prijs. Ondanks centrale ligging toch een rustige locatie.

Kleurrijk en budgetvriendelijk – **Kolping Wien Zentral** 3: Gumpendorfer Straße 39 , tel. 01 587 56 31-0, www.kolping-wien-zentral.at, 2 pk vanaf € 50. Een bontgekleurde gevel markeert een groot tweesterrenhotel met een al even kleurrijke mix van gasten, waaronder studenten. Op 500 m van het MuseumsQuartier. Ook voor rolstoelgebruikers en alleenreizenden.

Uitzicht vanaf het dak – **25hours Hotel MuseumsQuartier** 4: Lerchenfelder Straße 1-3 , tel. 01 52 15 10, www.25hours-hotels.com, 2 pk vanaf € 111. Opvallend en verrassend hotel met een mix van vintage, modern en circusattributen. Heerlijk dakterras!

Klassiek – **Altwienerhof** 5: Herklotzgasse 6, tel. 01 892 60 00, www.altwienerhof.at, 2 pk vanaf € 99. Charmant, bijna nostalgisch ingericht hotel met een heerlijke tuin. Gelegen tussen het centrum en Schönbrunn, op 50 m van metrostation Gumpendorfer Straße.

Milieubewust – **Boutiquehotel Stadthalle** 6: Hackengasse 20, tel. 01 982 42 72, www.hotelstadthalle.at, 2 pk vanaf € 88. Milieuvriendelijk onderkomen: zonnepanelen, hergebruik van water en biologische producten bij het ontbijt. Heerlijke tuin, lavendel op het dak. Nabij metrostation Westbahnhof.

Kunstzinnig tintje – **Der Wilhelmshof** 7: Kleine Stadtgutgasse 4, tel. 01 21 45 52 10, www.derwilhelmshof.com, 2 pk vanaf € 99. Viersterrenhotel in een rustige zijstraat op loopafstand van het Prater, dus ideaal voor een citytrip. Kunst siert het hele hotel, het dak ligt vol zonnepanelen.

Eten en drinken

Weense koffiehuizen – 1 - 3 : zie Tip.

Heuriger – **Esterhazykeller** 4: Haarhof 1, tel. 01 533 34 82, www.esterhazykeller.at, hoofdgerecht vanaf € 12. Druk, klein en sfeervol: de Esterhazykeller is een klassieke *Heuriger*, een wijnhuis van twee verdiepingen waar ook kan worden gegeten. De locatie: een diepe kelder in hartje Wenen, met in de zomer een buitenterras.

De echte wienerschnitzel – **Figlmüller** 5: Wollzeile 5, tel. 01 512 61 77, www.figlmueller.at, hoofdgerecht vanaf € 12. Vlak achter de Stephansdom bakken ze al sinds 1905 de echte wienerschnitzel in een authentiek decor. Vanwege de grote aanloop is er vlakbij een tweede vestiging (Bäckerstraße 6).

Tip

Weense koffiehuizen

Kroonluchters, obers met vlinderdas, kranten op een stok – in de Weense koffiehuizen lijkt al honderd jaar niets veranderd. Geniet in alle rust van een wienermelange of een *Verlängerter* (zie blz. 27), met daarbij de onvermijdelijke apfelstrudel. Klassieke adressen zijn **Café Central** 1 (op de hoek van de Herrengasse en de Strauchgasse), **Demel** 2 (Kohlmarkt 14) en **Café Sacher** 3 (van de sachertorte, Philharmoniker Straße 4).

Bekroonde klasse – Steirereck 6 : Am Heumarkt 2a, tel. 01 713 31 68, www.steirereck.at, hoofdgerecht vanaf € 32. Midden in het groen van het Stadtpark serveert de ploeg van Heinz Reitbauer moderne Oostenrijke gerechten van topkwaliteit – terecht dat Michelin hier twee sterren voor over heeft. Enige nadeel: tijdig reserveren is een must.

Gezellig terras – Glacis Beisl 7 : Museumsplatz 1, tel. 01 526 56 60, www.glacisbeisl.at, hoofdgerecht vanaf € 10. Goed en goedkoop eten in het MuseumsQuartier. Bij mooi weer is het gezellig druk op het terrras, waar ook de (jonge) lokale bevolking zich verzamelt.

Echt Weens – Silberwirt 8 : Schloßgasse 21, tel. 01 544 49 07, www.silberwirt.at, hoofdgerecht vanaf € 10. Net buiten de toeristische routes, maar juist daarom een aanrader: hier komen de Weners om ongedwongen en smakelijk te eten (veelal regionale producten). Tip: rond de binnenplaats liggen nog meer restaurants, dus keuze genoeg.

Winkelen

De langste en bekendste winkelstraat van Wenen is de **Mariahilfer Straße** 1 , door de locals ook wel Mahü genoemd. In deze straat, die begint bij het MuseumsQuartier en naar het Westbahnhof loopt, vindt u de grote warenhuizen en alle bekende internationale modeketens, plus enkele typisch Weense winkelnamen. Duik voor meer verrassende adresjes de zijstraten in.

Binnen de ringweg is de **Kärntner Straße** 2 de belangrijkste winkelstraat, met een iets duurder aanbod (Swarovski, juwelen) en leuke antiekzaken in de zijstraten. Liefhebbers van luxeartikelen (haute couture) lopen daarna door naar de **Kohlmarkt** 3 , plus de nabijgelegen Graben en Tuchlauben. Het **Goldenes Quartier** 4 zit ook weer vol met designlabels en luxe merken. Een stuk betaalbaarder zijn de meer dan 120 kramen gevuld met multiculturele etenswaar in de **Naschmarkt** 5 ; kom hier op zaterdag voor de beroemde vlooienmarkt.

Actief

Fietsen – Met 130 km aan fietspaden leent Wenen zich prima voor een verkenning per fiets. Vanaf de Donauradweg (zie blz. 112) fietst u zo de binnenstad in. Ook langs de hele Ringstraße is een strook gereserveerd voor fietsers. Wenen heeft een systeem van Citybikes die u bij 121 stations kunt oppikken (www.citybikewien.at).

Wienerwald – De beschermde natuur nodigt uit tot een stevige wandeling of een van de andere activiteiten, waaronder mountainbiken (www.bpww.at).

Donauinsel – Tussen de verschillende armen van de Donau ligt een 21 km lang eiland dat zich uitstekend leent voor picknicken, beachvolleybal, skaten, vaartochten, feesten en evenementen. Ook is er een 250 m lang familiestrand (www.donauinsel.at).

Schaatsen – Elke winter, van half januari tot begin maart, kan er onder de naam **Wiener Eistraum** geschaatst worden op de Rathausplatz.

Uitgaan

Fervente stappers kunnen terecht in de Bermuda Dreieck (rond de Ruprechtsplatz), aan het Donaukanaal en in het MuseumsQuartier (veel studenten). Daarnaast worden de bogen onder de metrorails van de **Gürtel** 1 steeds populairder dankzij clubs als Chelsea, B72, Q[kju:] en rhiz. Verder is Wenen rijk aan podia voor de 'grote' kunsten.

Toonaangevend – **Wiener Staatsoper** 2 : Opernring 2, tel. 01 514 44 22 50, www.wiener-staatsoper.at. Een van de belangrijkste opera- en ballethuizen ter wereld. Enorme zaal met 1709 zitplaatsen en 567 staanplaatsen, die soms verrassend goedkoop zijn.

Toneelmekka – **Burgtheater** 3 : Universitätsring 2, tel. 01 514 44 41 40, www.burgtheater.at. Voor een kennismaking met Duitstalig theater, maar zeker ook voor de regelmatig plaatsvindende rondleidingen.

Jazz – **Jazzland** 4 : Frans-Josefs-Kai 29, tel. 01 533 25 75, www.jazzland.at. De bekendste en oudste jazzclub van Wenen op een unieke locatie: een kelder onder een kerk. Jazz in alle stijlen. Goed alternatief: jazzclub Porgy & Bess (Riemergasse 11, www.porgy.at).

Informatie en festiviteiten

Toeristenbureaus: zie Info blz. 80.
Wiener Festwochen: half mei-juni, diverse locaties, www.festwochen.at. Het grootste culturele evenement in Wenen, met een flink aantal concerten en uitvoeringen. Spectaculaire opening in de openlucht op de Rathausplatz.
Donauinselfest: laatste weekend van juni, Donauinsel, www.donauinselfest.at. Muziek, cabaret, sport en fun in de openlucht op het Donauinsel. Gratis!
Jazz Fest Wien: eind juni-begin juli, diverse locaties, www.viennajazz.org. Optredens buiten en binnen van jazz, soul, funk, pop en wereldmuziek.
Kerstmarkten: december, diverse locaties, onder andere Rathausplatz, Karlsplatz, Spittelberg en bij Schloss Schönbrunn.

Wiener Eistraum: schaatsen op het plein voor het Rathaus

IN EEN OOGOPSLAG

Neder-Oostenrijk en Burgenland

Hoogtepunt ✸

Stift Melk: pal aan de Donau staat een van de mooiste abdijen in Oostenrijk, een waar meesterwerk van de barok. Dwaal zelf rond of ga mee met een rondleiding en zie hoe triomfantelijk de barok kan zijn. Zie blz. 110.

Op ontdekkingsreis

Een klassieker onder de fietsroutes – de Donauradweg: de internationale fietsroute langs de Donau is een klassieker bij vakantiefietsers. Het traject door Neder-Oostenrijk behoort tot de mooiste stukken dankzij het rivierenlandschap, de talrijke kloosters en de sfeervolle stadjes. Zie blz. 112.

Graven naar een verdwenen Romeinse stad – Carnuntum: op de plek van het Donaudorp Petronell-Carnuntum lag ooit een Romeinse stad met 50.000 inwoners. Resten uit deze tijd zijn te zien in Petronell en in het nabijgelegen Bad Deutsch-Altenburg. Zie blz. 126.

Bezienswaardigheden

Stift Altenburg: Neder-Oostenrijk telt talrijke barokke abdijen, vaak versierd met prachtige fresco's. Uniek zijn de schilderingen in de crypte van de abdij van Altenburg, waar leven en dood dicht bij elkaar liggen. Zie blz. 119.

Burg Forchtenstein: in deze machtige vesting bewaarde de Hongaarse adellijke familie Esterházy hun wapens, kunst en curiosa. Nu mogen bezoekers het opmerkelijke resultaat van hun verzamelwoede bekijken. Zie blz. 132.

Actief

Wiener Alpen: van parapenten tot rotsklimmen en sneeuwschoenwandelen, het is allemaal mogelijk rond de bergtoppen in de zuidoosthoek van Neder-Oostenrijk. Zie blz. 129.

Watersport: de Neusiedler See is een groot, ondiep meer op de grens met Hongarije, dat uitnodigt tot zeilen, windsurfen, kitesurfen en stand up paddling. Zie blz. 132.

Sfeervol genieten

Baden bei Wien: de Romeinen wisten het al: de zwavelhoudende bronnen van Baden zijn een weldaad voor lijf en leden. Klassieke badhuizen en moderne wellnesscentra zetten de traditie voort. Zie blz. 128.

'An der schönen blauen Donau'

De benaming Neder-Oostenrijk (Niederösterreich) verwijst niet naar een eventuele lage ligging, zoals bij 'Nederland', maar naar de ligging 'onder' de rivier de Enns. Neder-Oostenrijk is de grootste van alle deelstaten en beslaat een flink deel van het oostelijk deel van Oostenrijk. Het landschap varieert van bossen en akkerlanden tot glooiende wijnvelden en steeds hoger wordende bergen. Talrijke middeleeuwse stadjes, kastelen en barokke kloosters kleden het landschap verder aan. Dit alles wordt aan elkaar geregen door de Donau, de rivier waar Johann Strauss jr. zijn beroemde wals 'An der schönen blauen Donau' aan wijdde.

Wenen ligt als een enclave midden in Neder-Oostenrijk, maar is een zelfstandige deelstaat. De hoofdstad is daarom het bescheiden ogende St. Pölten, dat deze status na een referendum in 1986 kreeg. Aan de zuidoostkant gaat Neder-Oostenrijk over in de veel kleinere deelstaat Burgenland. De merkwaardige vorm – er lijkt een hap uit het grondgebied genomen – is een erfenis van de woelige geschiedenis van deze grensregio. Burgenland hoorde tot 1920/1921 bij Hongarije, zoals aan de aanblik en de sfeer nog altijd te merken is. Alle reden dus om ook dit bijzondere deel van Oostenrijk met een bezoek te vereren. En de heerlijke rode wijn te proeven!

INFO

Internet
www.niederoesterreich.at
www.burgenland.info

Vervoer
Wenen ligt midden in Neder-Oostenrijk, dus wie met het vliegtuig op Wien-Schwechat landt, kan hiervandaan snel de rest van de deelstaat bereiken. Een efficiënt netwerk van spoorlijnen en autowegen brengt u verder.

Kortingskaarten
Wie een langer verblijf in deze regio plant, kan gebruikmaken van een tweetal kortingskaarten. Met de Niederösterreich-CARD krijgt u gedurende een heel jaar bij meer dan driehonderd bezienswaardigheden vrij toegang. De Burgenland Card biedt datzelfde bij circa tweehonderd bezienswaardigheden. Beide kaarten kosten € 61 voor een volwassene. Zie ook www.niederoesterreich-card.at en www.burgenland.info.

St. Pölten ▶ U 4

De hoofdstad van Neder-Oostenrijk ligt op een historische plek: van de 2e tot de 4e eeuw n.Chr. lag hier een Romeinse stad en eind 8e eeuw werd hier een belangrijke benedictijnenabdij gebouwd. Dit klooster werd genoemd naar de heilige Pölten (Sint-Hippolytus), die hier ook werd herbegraven. Dat verklaart meteen de naam van de stad.

Het prachtige centrum is grotendeels autovrij en dus het best te voet te verkennen. Al wandelend vallen vooral de barokgevels in pasteltinten op. De meeste dateren van de 18e eeuw, toen St. Pölten flink uitdijde.

Start de stadswandeling op de **Rathausplatz** in het centrum. In het midden van dit plein staat de enorme **Dreifaltigkeitssäule** [1] uit 1782, een marmeren zuil die wordt bewaakt door vier heiligen, onder wie de naamgever van de stad. Het zalmroze gebouw op

St. Pölten

Rathausplatz met de zuil van de Heilige Drievuldigheid en de Franziskanerkirche

de kop van het plein is het **Rathaus** 2. De opvallende gevel werd in de 18e eeuw als een soort decorstuk tegen een veel ouder gebouw geplaatst, waardoor het geheel toch harmonieus overkomt. Rechts van het stadhuis staat de gele **Prandtauerkirche** 3 uit 1712. Bouwer en naamgever is de beroemde barokarchitect Jakob Prandtauer, die lange tijd in St. Pölten woonde en werkte. De lichtroze **Franziskanerkirche** aan de andere kant van het plein heeft globaal dezelfde bouwstijl, maar is net wat uitbundiger versierd. Deze stijl, de rococo, was populair toen de kerk tussen 1757 en 1768 werd gebouwd. Ook het interieur is in de theatrale rococostijl. Let vooral op het prachtige altaarstuk.

Wandel vanaf het plein rechts langs het stadhuis. Op de splitsing verderop staat links een ook al roze bouwwerk dat fascineert door de weelderige gevelversieringen én door de naam: **Institut der Englischen Fräulein** 4 (Linzer Straße 11). Het internationale instituut, opgericht door de Engelse non Mary Ward (1585-1645), was bedoeld voor de opvoeding van adellijke meisjes. Het gebouw in St. Pölten dateert van 1714 en werd later die eeuw uitgebreid. Er wordt nog steeds les gegeven, dus een kijkje nemen in de kerk van het instituut is niet altijd mogelijk, maar zeker de moeite waard: de schildering op het plafond van het grootste schip is van Bartolomeo Altomonte, destijds een grote naam in de barokke schilderkunst.

Volg de Linzer Straße linksaf en wandel naar de sfeervolle **Riemerplatz** 5, een plein dat ook weer door de prachtigste barokgevels wordt omkaderd. Volg dan rechts de Wiener Straße naar de al even fraaie **Herrenplatz** 6. Een zuil met daarop de Heilige Maagd, marktkraampjes en terrasjes zorgen hier voor een bijna mediterrane sfeer.

De toren die links achter het plein opdoemt, hoort bij de **Dom Mariä Himmelfahrt** 7. De buitenkant van de kerk oogt sober, maar eenmaal

St. Pölten

Bezienswaardigheden
1. Dreifaltigkeitssäule
2. Rathaus
3. Prandtauerkirche
4. Institut der Englischen Fräulein
5. Riemerplatz
6. Herrenplatz
7. Dom Mariä Himmelfahrt
8. Klangturm
9. Landesmuseum Niederösterreich

Overnachten
1. Cityhotel D&C
2. Stadthotel Hauser Eck

Eten en drinken
1. Galerie
2. Café Schubert

---

binnen wacht ook hier een overdaad aan barokke weelde: alle muren en plafonds zijn bedekt met kleurrijk marmer, bonte plafondschilderingen, beelden en verguld stucwerk. De kerk maakte oorspronkelijk deel uit van het middeleeuwse klooster dat aan Sint-Hippolytus (St. Pölten) was gewijd. Een deur in de noordelijke zijbeuk geeft toegang tot de bewaard gebleven kloostergang. Vanaf de binnenplaats leidt vervolgens een trap naar het **Diözesanmuseum**, dat is gevuld met sacrale kunst en een fraaie bibliotheek (www.dz-museum.at, ma. gesloten, overige openingstijden en rondleidingen: zie website, entree € 4).

Aan de oostkant van het oude centrum, langs de rivier de Traisen, is voor de bestuurders van de deelstaat een geheel nieuwe wijk verrezen. Door de gedurfde moderne architectuur is het contrast met het oude stadshart groot. Blikvanger van de wijk is de **Klangturm** 8, een zendtoren van 77 m hoog (met antenne). Het uitzichtplatform op 47 m is met de trap of de lift te bereiken (www.klangturm.at, entree gratis). Aan de voet van de toren illustreert het **Landesmuseum Niederösterreich** 9 de geschiedenis, de cultuur en de natuur van de deelstaat (Kulturbezirk 5, tel. 02742 90 80 90, www.landesmuseum.net, di.-zo. 9-17 uur, entree € 5,50).

In de omgeving

Neder-Oostenrijk telt talrijke abdijen en kloosters. Sommige zijn helemaal ingesteld op toeristen, bij andere krijgt het religieuze leven voorrang maar zijn bezoekers desondanks welkom. Dat laatste is ook het geval in de **Stift Herzogenburg**, circa 10 km ten noorden van St. Pölten (Prandtauerring 2, www.stiftherzogenburg.at, rondleidingen apr.-okt. dag. 9.15-12.30 en 13.15-16.30 uur, entree € 9). Het klooster werd al in de 12e eeuw gesticht, maar het huidige complex dateert van begin 18e eeuw en is een prachtig voorbeeld van de rijke vormen en kleuren van de barok. In de zomermaanden kunt u elke dag mee met een 75 minuten durende rondleiding. Hoogtepunten daarbij zijn de abdijkerk en de rijke kunstverzameling.

Stift Lilienfeld ligt 25 km ten zuiden van St. Pölten en is eveneens via een rondleiding te bezoeken (Klosterrotte 1, tel. 02762 524 20, www.cisto.at, rondleidingen zo. 14 uur, ma.-vr. 14 uur, apr.-sept. ook 10 uur, entree € 3). Het klooster werd in 1202 gesticht en is nog altijd een van de grootste cisterciënzerkloostercomplexen in Europa. De broeders geven pastorale zorg en werken in het onderwijs. Het complex toont een mix van middeleeuwse gotiek en barokke toevoegingen uit de 17e en 18e eeuw.

Overnachten

Goede uitvalsbasis – **Cityhotel D&C** 1: Völklplatz 1, tel. 02742 755 77, www.cityhotel-dc.at, 2 pk vanaf € 95. Modern viersterrenhotel aan de rand van het historische centrum. Alle gewenste luxe is aanwezig: spa, fitness, restaurant, bar enzovoort. Ideaal voor een verkenning van stad en omgeving.
Hartje centrum – **Stadthotel Hauser Eck** 2: Schulgasse 2, tel. 02742 733 36, www.hausereck.at, 2 pk vanaf € 60. Een statig pand met daarin een traditioneel hotel in het hart van St. Pölten. Comfortabele, kleurrijke kamers. Kies bij voorkeur een kamer aan de achterkant. Eigen restaurant, met lunchgerechten.

Eten en drinken

Klassiek restaurant – **Galerie** 1: Fuhrmannsgasse 1, tel. 02742 35 13 05, www.restaurantgalerie.at, ma.-vr. lunch en diner, hoofdgerecht vanaf € 19. Uitstekend

Tip

Bruggenheilige Nepomuk

Bij veel bruggen in Oostenrijk staat een beeld van de heilige Nepomuk. Als pastoor kreeg Nepomuk in de 14e eeuw een meningsverschil over het biechtgeheim met de tirannieke koning Wenceslaus. Nepomuk werd gemarteld en in Praag van een brug gegooid. Ook **Lilienfeld** bezit een beeld (1712) van de heilige. Omdat de brug is verplaatst, staat het nu bij het gemeentehuis.

restaurant aan de rand van het centrum. Klassieke Oostenrijkse gerechten met een moderne twist, ruime keuze uit regionale wijnen.
Trefpunt in het centrum – **Café Schubert** 2: Herrenplatz 1, tel. 0650 808 94 80, www.cafeschubert.at, dag. 8/9.30-24 uur, hoofdgerecht vanaf € 8. In het centrum, met bij mooi weer terras op de Herrenplatz. Voor prima koffie met wat lekkers of een betaalbaar dagmenu. Heerlijke plek om even bij te komen en om mensen te kijken.

Informatie

Tourist-Information: Rathausplatz 1, tel. 02742 35 33 54, www.stpoeltentourismus.at.

Stift Melk ✻ ▷ T 4

Melk, Abt-Berthold-Dietmayr-Straße 1, tel. 02752 55 50, www.stiftmelk.at, apr.-okt. dag. 9-17 uur (met of zonder rondleiding), nov.-mrt. rondleidingen dag. 11 en 14 uur, entree € 11/13

De abdij van Melk – een waar meesterwerk van de barok – is met recht een van de grootste toeristentrekkers van Oostenrijk. De abdij kreeg zelfs ooit een plekje op de Werelderfgoedlijst van UNESCO, samen met het omliggende landschap van de Wachau (zie blz. 113).

Het okergele klooster domineert de horizon vanaf een rots hoog boven de Donau. Die strategische ligging is niet toevallig. Al in de Romeinse tijd stond op deze plek een klein fort, later bouwde de machtige dynastie van de Babenbergers hier een kasteel. In 1089 gaf markgraaf Leopold III het kasteel plus het omliggende land aan de benedictijnen. De monniken verbouwden het vervolgens tot een versterkte abdij, die vervolgens zou uitgroeien tot het geestelijke en culturele centrum van Neder-Oostenrijk. In de 18e eeuw werd de abdij, net als veel andere paleizen en kloosters, bijna geheel herbouwd in de toen populaire barokstijl.

Een rondgang laat zien hoe triomfantelijk de barok kan zijn (in de zomermaanden mag u zelf ronddwalen, daarbuiten zijn er rondleidingen). Dat begint al bij de statige ingang aan de oostzijde: het beeld links is van markgraaf Leopold III, rechts staat Coloman, de beschermheilige van Melk, van wie het gebeente in 1014 in de kerk is bijgezet. Loop dan via een kleine binnenplaats door naar de eigenlijke toegang van het complex. In het portaal tonen schilderingen de heilige Benedictus, de stichter van de orde. Daarna kunt u verder naar het **Prälatenhof**, een grote binnenplaats die werd versierd met beelden en fresco's van de christelijke deugden geloof, hoop en liefde. Links leiden een deur en een trap naar het **Kaisertrakt**, de vertrekken waar de keizerlijke familie regelmatig verbleef. In de eindeloos lange gang herinneren portretten aan de vroegere heersers. Elf vertrekken in deze vleugel zijn in gebruik als museum. In een soms onverwacht moderne setting wordt hier de geschiedenis van het klooster geïllustreerd. De volgende stop is de **Marmorsaal**, een glorieuze eet- en feestzaal met als onbetwiste blikvanger een plafondschildering van Paul Troger uit 1731. Wat betreft de naam: de deurposten zijn inderdaad van echt marmer, de muren bestaan uit imitatiemarmer.

Het eerste deel van de rondleiding eindigt dan bij een halfrond terras, dat van een verheven hoogte uitkijkt over de rivier en het stadje. ▷ blz. 115

De okergele abdij van Melk: pronkstuk van de barok

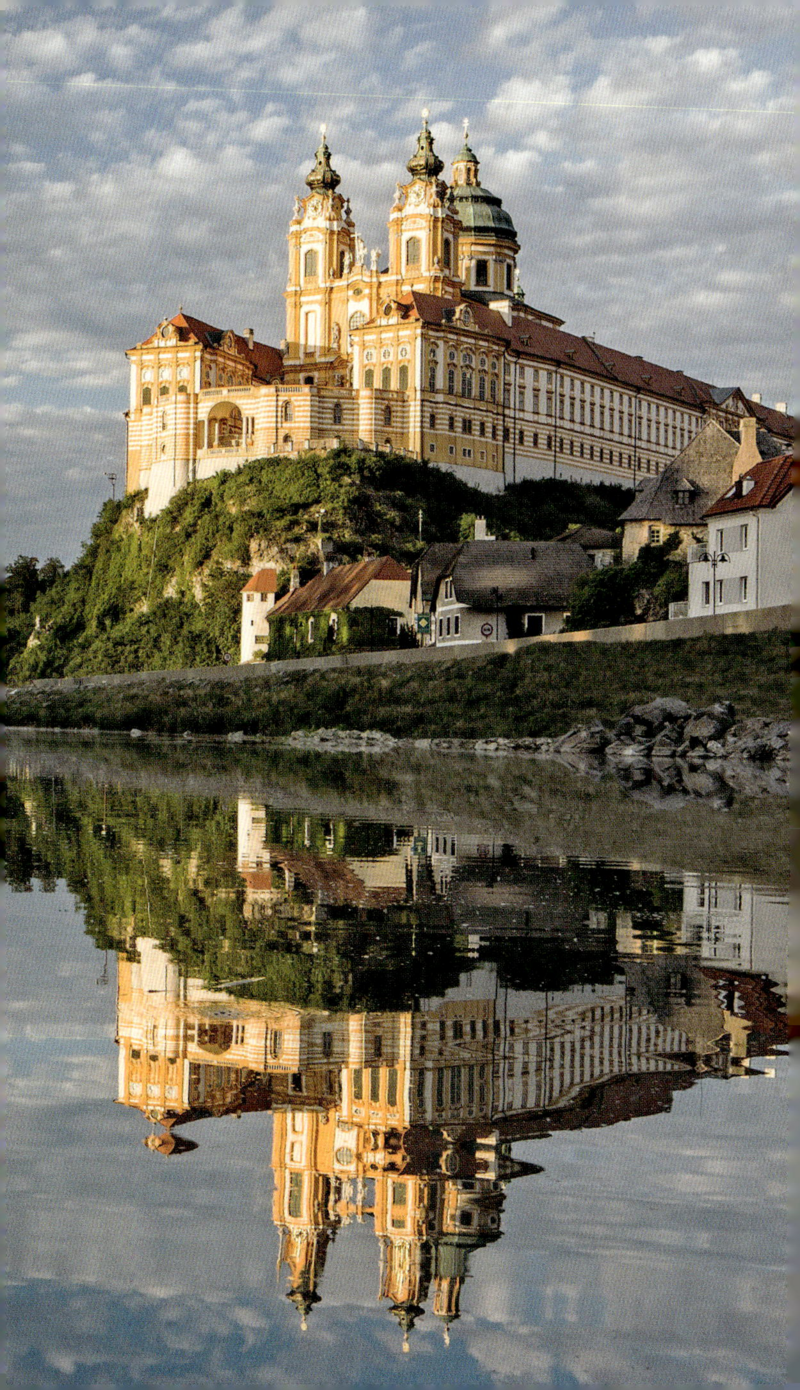

Op ontdekkingsreis

Een klassieker onder de fietsroutes – de Donauradweg

Vakantiefietsers zullen de naam ongetwijfeld kennen: de Donauradweg, de meer dan 2500 km lange fietsroute die de Donau volgt door onder meer Duitsland, Oostenrijk, Slowakije en Hongarije. Het traject door Neder-Oostenrijk behoort tot de mooiste gedeelten dankzij het rivierenlandschap, de talrijke kloosters en de sfeervolle stadjes. In drie of vier dagen fietst u van Mauthausen naar Wenen.

Kaart: ▶ Q 4-W 4
Afstand Mauthausen-Wenen: 205 km.
Duur: drie of vier dagen.
Markering: eerst Donauradweg R1, daarna Donauradweg EV6.

De **Donau**, na de Wolga de langste rivier in Europa, ontspringt in het Zwarte Woud in Duitsland en slingert dan door verschillende landen naar de Zwarte Zee. Al ver voor het begin van onze jaartelling bevoeren de Grieken delen van de rivier, in de Romeinse tijd vormde de Donau de natuurlijke noordgrens van hun rijk. Het fietstoerisme is van veel recentere datum: pas vanaf de jaren tachtig van de vorige eeuw mogen fietsers gebruik maken van de jaagpaden en onderhoudswegen langs de rivier. Zo ontstond de beroemde langeafstandsroute. Onderweg wijzen bordjes de weg en zorgen cafés, campings, B&B's en speciale fietshotels ervoor dat het de fietsers aan niets ontbreekt.

Strudengau en Nibelungengau

Kort na **Mauthausen** (zie blz. 146) passeert de route de grens van Neder-Oostenrijk. U fietst eerst over paden die soms wat verder van de rivier liggen, daarna kruipen de heuvels steeds dichter naar de Donau. Onder het marktplein van **Wallsee** zijn resten gevonden van een Romeins legerkamp, dat de noordgrens van het Romeinse rijk moest bewaken. Later werd hier een kasteel gebouwd, dat ook nu nog de Donau overziet. Ook het gezellige vakantiestadje **Grein** heeft een kasteel, met daarin een scheepvaartmuseum dat is gewijd aan de geschiedenis van de riviervaart (www.schloss-greinburg.at).

Na een lange of korte stop in Grein neemt u het pontje naar het rustige pad op de zuidoever. Kort daarna versmalt de Donauvallei zich tot wat de **Strudengau** wordt genoemd. Steile rotsen, soms bekroond door een romantische kasteelruïne, bepalen het beeld. Een kanaal en dammen houden de rivier nu in toom, maar er is weinig fantasie voor nodig om te beseffen dat dit vroeger voor de scheepvaart een zeer gevaarlijk punt was.

Ybbs is de volgende grote plaats die uitnodigt tot een pauze. Pal aan de rivier ligt een middeleeuws centrum en er is – heel toepasselijk – een fietsmuseum (Herrengasse 12). Voorbij Ybbs begint de **Nibelungengau**, een gebied dat is vernoemd naar het *Nibelungenlied*, een 13e-eeuws heldenepos dat zich deels hier afspeelt. Een monument in **Pöchlarn** toont de wapens van de zestien in het epos genoemde stadjes. Ook het geboortehuis van de kunstenaar Oskar Kokoschka (www.oskarkokoschka.at) is hier te bezoeken.

Al kilometers voor het stadje **Melk** wordt de horizon gedomineerd door het silhouet van de prachtige **abdij van Melk** (zie blz. 110). Een bezoek is eigenlijk een must, hoewel sommige fietsers vanwege de drukte en de tijd misschien liever doorfietsen – of genoegen nemen met een korte stop in het aangename maar ook erg toeristische stadje aan de voet van de rots.

De Wachau

Voorbij Melk steekt de route over naar de linkeroever van de Donau. Dit gebied heet de **Wachau** en beloont fietsers met het uitzicht op wijngaarden, steile hellingen, abrikozenboomgaarden, kastelen, ruïnes en wijnbouwdorpjes; het is niet voor niets dat de Wachau op de Werelderfgoedlijst van UNESCO staat.

Vlak voor Willendorf bekroont de **kasteelruïne van Aggstein** (zie blz. 115) een heuvel aan de andere kant van de rivier. In **Willendorf** zelf staat een uitvergrote kopie van de hier gevonden *Venus van Willendorf*, een 25.000 jaar oud vruchtbaarheidsbeeldje van een vrouw met wulpse vormen.

De witte kerktoren van **Spitz** doemt op in een decor van fruitbomen, wijngaardterrassen en een burchtruïne.

Tip

Wijnen uit de Wachau

Fietsers weten het: alcohol stroomt direct naar je benen. Bewaar daarom de heerlijke wijnen van de Wachau voor 's avonds op het terras of in het restaurant. De steile hellingen, het klimaat en het mineraalrijke gesteente, blootgelegd door de Donau, geven de droge witte wijnen een unieke smaak. Kenners onderscheiden drie soorten, gebaseerd op het alcoholpercentage: *Steinfeder* (11,5%, lichte wijnen met veel fruit), *Federspiel* (tot 12,5%, fruitig, met een duidelijk herkenbare mineraalsmaak) en *Smaragd* (vanaf 12,5%, krachtig en kruidig, goede bewaarwijn).

De helling achter het dorp heet Tausendeimerberg: in een goed jaar werden hier duizend emmers wijn geproduceerd. Wijn speelt ook een belangrijke rol in het kleine **Weißenkirchen**. In de Teisenhoferhof, een statig huis uit 1542, vertelt het **Wachaumuseum** (Weißenkirchen 177) meer over de regio en de wijnbouw. De machtige, hooggelegen dorpskerk dateert van de 14e eeuw en werd versterkt om aanvallen van de Turken te weerstaan.

Na een bocht komt **Dürnstein** (zie blz. 115) in beeld, herkenbaar aan de blauwe toren van de abdijkerk. Ver daarboven pronkt de ruïne van het kasteel waar in de 12e eeuw Richard Leeuwenhart gevangen heeft gezeten. In 45 minuten loopt u naar boven (en terug), met als beloning een prachtig uitzicht. Verlaat Dürnstein door de stadspoort en fiets richting **Krems** (zie blz. 117), een stad die ooit Wenen overvleugelde. Neem genoeg tijd om rond te dwalen door het historische centrum dat bijna Italiaans aandoet.

Via Tulln naar Wenen

Bij het buitenrijden van Krems steekt u via een brug de Donau over en volgt dan de rivieroever via een goed pad. Het landschap wordt hier wat vlakker, met bossen rondom en verschillende soorten elektriciteitscentrales. De dam bij **Altenwörth** maakt elektriciteit met behulp van de stroomkracht van de rivier. Even verder, bij **Zwentendorf**, staat een kerncentrale, maar die is nooit in gebruik genomen nadat bij een referendum in 1978 de bevolking tegen de afbouw stemde.

De stad **Tulln** kondigt zich aan met een fraaie moderne tuibrug, de Rosenbrücke. Vlak bij het centrum, direct aan de rivier, staat weer een monument ter ere van het *Nibelungenlied*. Trots zijn ze verder op de Romeinse geschiedenis – inclusief Romeinse toren en Romeinenmuseum – en op de beroemde schilder Egon Schiele, die hier werd geboren.

Op het laatste traject naar Wenen wisselen dorpen, akkers en de beboste heuvels van het Wienerwald elkaar af. Bij **Greifenstein** staat weer een burcht op een rots hoog boven de Donau, terwijl op rivierniveau elektriciteit wordt opgewekt. Daarna maakt de Donau een bocht naar het zuiden en passeert het imposante **Stift Klosterneuburg** (zie blz. 99). Mocht het zomers warm zijn: vlakbij vindt u een zwembad en een strandbad. Het jaagpad langs het Donaukanaal brengt u vervolgens tot in het hart van Wenen.

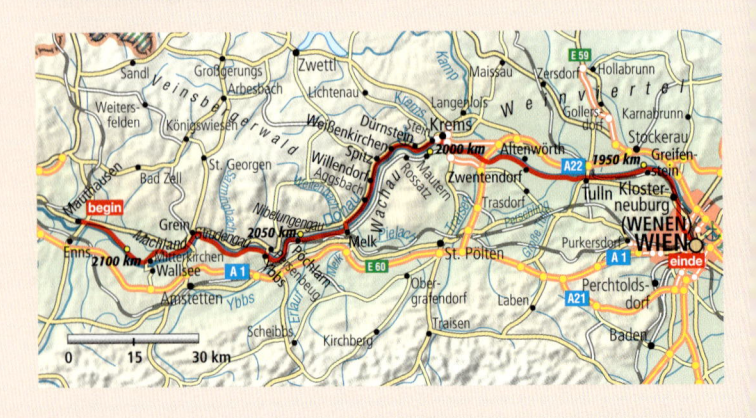

In de volgende vleugel van de abdij wacht de **bibliotheek**. Door al het houtwerk is het een vrij donkere ruimte, gevuld met meer das 85.000 boeken en manuscripten; de oudste daarvan dateren van de 9e eeuw. Ook hier is de bekende barokschilder Paul Troger verantwoordelijk voor de plafondschilderingen. Let verder op de wereldbol: die is van 1607, toen duidelijk nog niet de hele aarde in kaart was gebracht.

Daarna volgt het onbetwiste hoogtepunt van de abdij: de **Stiftskirche**. Dit is barok op zijn uitbundigst. Bladgoud, stucwerk en kleurrijk marmer zorgen voor een bijna bombastisch effect, dat nog wordt benadrukt door een veelheid aan schilderingen op de plafonds en de muren. Neem zeker ook de zijbeuken van de kerk mee, waar eeuwenoude skeletten in sarcofagen te kijk liggen.

Na deze waterval aan indrukken is de tuin een heerlijke plek om even bij te komen. Wandel door het barokke decor met oeroude lindebomen, waterreservoirs en grasperkjes, of stap het paviljoen binnen voor een hapje of een drankje.

In de omgeving

Schloss Schallaburg

Schallaburg, Schallaburg 1, tel. 02754 63 17-0, www.schallaburg.at, half mrt.-begin nov. ma.-vr. 9-17, za.-zo. 9-18 uur, entree € 11

Zo'n 6 km ten zuiden van Melk bekroont Schloss Schallaburg een rots bij het plaatsje **Schallaburg**. Opvallend is vooral de prachtige binnenplaats met Italiaans aandoende bogen – een schoolvoorbeeld van de uit dat land afkomstige renaissancebouwstijl. Ook bijzonder: de stenen op de toren zijn niet echt, maar geschilderd om het geheel extra status te geven. Het kasteel wordt nu gebruikt voor tentoonstellingen.

Burgruine Aggstein

Aggsbach Dorf, tel. 02753 82 28-1, www.ruineaggstein.at, half mrt.-okt. dag. 9-17/18/19 uur, entree € 7

De aanblik is zonder meer imposant: een uitgestrekte burchtruïne, gelegen op 330 m hoogte op een langgerekte rotsrug boven de Donau. Waarschijnlijk werd de eerste burcht op deze ontoegankelijke plek omstreeks 1200 gebouwd door de Künringers, een geslacht van roofridders. Door oorlogen en beschietingen was daarna verschillende keren herbouw noodzakelijk. In de 18e eeuw raakte de burcht in verval; wat u nu ziet is een in 2003/2004 gedeeltelijk herstelde ruïne. De kapel en de ridderzaal zijn gerestaureerd en in de kasteelkeukens zit nu een restaurant. De klim te voet is een hele onderneming, maar gelukkig kunt u ook met de auto naar boven. En dat doen veel bezoekers: Aggstein is een van de bekendste bezienswaardigheden van Neder-Oostenrijk. Het uitzicht over de Donau en de omgeving is magnifiek.

Dürnstein ▶ T 3

Een idyllisch ministadje aan de Donau, gesierd met een opmerkelijke blauwe kerktoren en een kasteelruïne die de geschiedenisboekjes haalde: niet verwonderlijk dat toeristen de weg naar Dürnstein weten te vinden. Druk kan het vooral worden in de Hauptstraße, waar sommige van de in pasteltinten geverfde huizen uit de 16e eeuw stammen. Het Rathaus met de sfeervolle binnenplaats is van 1547.

Nog ouder is **Stift Dürnstein**, de abdij die de ruimte tussen de Hauptstraße en de Donau vult (www.stiftduernstein.at, apr.-okt. ma.-za. 9-18, zo. 10-18 uur, entree € 3,50, rondleiding zo. 12 uur, € 6). De abdij werd in 1410 gesticht en kreeg in de 18e eeuw de gebruikelijke update in barokstijl. Te bezoeken zijn de binnenhof met een rijkelijk versierd portaal, een expositie over Augustinus, de glorieuze adbijkerk (let op het sierlijke stucwerk op de plafonds en het altaarstuk) en het Donauterras onder aan de klokkentoren. Bij een rondleiding ziet u bovendien de barokke kloostergang en de crypte, beide voorzien van kleurrijke wand- en plafondschilderingen. Wat betreft de opmerkelijke blauwe kleur van de toren: bij restauratiewerkzaamheden in de jaren 80 van de vorige eeuw werden sporen van blauwe verf gevonden. Daarop werd besloten deze kleur terug te brengen, hetgeen destijds tot flink wat weerstand leidde. Nu echter zijn de Dürnsteiners vooral trots op de felgekleurde blikvanger van het stadje.

Tip

Richard Leeuwenhart

Overal in Dürnstein duiken de namen op van Richard Leeuwenhart (Richard Löwenherz) en zijn trouwe minstreel Blondel. Richard nam als koning van Engeland deel aan de Derde Kruistocht (1189-1192). Ook de Oostenrijkse hertog Leopold V trok mee ter oorlog. Volgens de legende kregen beide vorsten in het Heilige Land een conflict, waarna Leopold direct terugreisde. Toen Richard later ook terugkeerde, leed hij schipbreuk en moest daarom door het land van zijn rivaal reizen. Hij verkleedde zich als bedelaar, maar werd toch herkend en door Leopold gevangengezet in de burcht van Dürnstein. Blondel ging op zoek naar zijn koning en zong bij elke burcht waar hij langskwam het favoriete lied van Richard, tot hij in Dürnstein vanuit de kerkers antwoord kreeg. Uiteindelijk werd Richard na betaling van een enorm losgeld vrijgelaten.

Bij de stadsmuur aan de oostkant van Dürnstein begint een wandelpad dat leidt naar de **Burgruine**, de resten van een middeleeuwse burcht (45 min. wandelen heen en terug, vrij toegankelijk). De bouw startte halverwege de 12e eeuw; in de loop van de 17e eeuw was de burcht niet meer bewoonbaar en sloeg het verval toe. De bekendste 'bewoner' was de Engelse koning Richard Leeuwenhart, die hier een jaar gevangenzat (zie Tip). Nog hoger staat de **Starhembergwarte**, een stenen wachttoren die dit keer niet door roofridders werd gebouwd, maar door de Oostenrijkse Alpenvereniging. In 1882 stond er een houten uitkijktoren, deze stenen versie is van 1895.

Terug in het dorp kunt u de heerlijke wijnen proeven die de omliggende wijnhellingen opleveren. In sommige taveernes wordt in bepaalde perioden bovendien de *Heuriger*, de jonge wijn van dat jaar, geschonken. Lastig: ook deze wijnbars worden *Heuriger* genoemd.

Overnachten en eten

Dürnstein is populair bij toeristen. Dat betekent dat veel hotels, *Privatzimmer* en restaurants relatief duur en onpersoonlijk zijn. Kijk daarom ook bij kamers en herbergen langs de weg naar Krems, bijvoorbeeld in Oberloiben en Unterloiben.

In het romantische centrum – **Hotel-Restaurant Sänger Blondel:** Dürnstein 64, tel. 02711 253, www.saengerblondel.at, 2 pk vanaf € 119. Aangenaam hotel met goed onderhouden kamers en vooral een heerlijke binnenplaats vol bloemen en schaduwbrengende kastanjebomen. Prima restaurant, zij het wat prijzig.

Voormalig klooster – **Hotel Richard Löwenherz:** Dürnstein 8, tel. 02711 222, www.richardloewenherz.at, 2 pk

Het ministadje Dürnstein ligt idyllisch aan een bocht van de Donau

vanaf € 145. Ook dit hotel, gevestigd in een voormalig klooster aan de Donau, is vernoemd naar de legende van de Britse koning en zijn trouwe minstreel. Redelijk ruime kamers, deels met uitzicht op de rivier. Dé trekker is echter de prachtige setting, met onder meer een ommuurde binnentuin en een zwembad. Uitstekend restaurant.

Actief

Wandelen – Via www.duernstein.at kunt u een wandel- en fietskaart van de Wachau downloaden. Voor langeafstandswandelaars is er de *Welterbesteig Wachau* (Werelderfgoedpad), een 180 km lange route die in veertien etappes via bergruggen de Wachau doorkruist, onder andere langs de ruïne van Dürnstein (www.welterbesteig.at).
Zwemmen – Bij mooi weer is het **Kuenringerbad** geopend, een natuurlijk zwemmeertje.

Krems ▶ T 3

Tussen de kleine wijndorpjes oogt Krems met zijn 24.000 inwoners bijna als een grote stad. De bloeitijd begon in de 12e eeuw, toen de wijnbouw en de handel via de Donau voor welvaart zorgden. Door invallen, oorlogen en het wegvallen van de riviervaart werd Krems echter geleidelijk overvleugeld door de grote rivaal Wenen.

Een wandeling door Krems is dankzij de vroegere welvaart nog altijd een aangename bezigheid. Kinderkopjes, kerken, statige huizen en binnenplaatsen zorgen voor een bijna mediterraan decor – kom 's avonds om van de sprookjesachtige verlichting te genieten!

Goed om te weten: feitelijk zijn er twee oude kernen, Krems en Stein, met daartussenin de wijk Und. Ze liggen op loopafstand van elkaar, een complete verkenning is zeker mogelijk. Toegang tot het historische hart van Krems krijgt u via de **Steinertor**, een stadspoort die herinnert aan de middeleeuwse ommuring die in de 19e eeuw werd opgeruimd. Achter de poort begint de hoofdstraat, de Obere en Untere Landstraße, waar veel van de voorname panden nu winkels huisvesten.

Zijstraten aan de linkerkant leiden naar de belangrijkste pleinen en bezienswaardigheden. Aan de Körnermarkt is een 13e-eeuws klooster ingericht als **museumkrems** (Körnermarkt 14, tel. 02732 80 15 67, www.museumkrems.at, half apr.-begin juni wo.-zo. 11-18, begin juni-eind okt. dag. 11-18 uur, entree € 5). Hoofdthema's zijn de stadsgeschiedenis, wijnbouw en religieuze en moderne kunst.

De Schlüsselamtgasse leidt naar de Pfarrplatz, een pleintje met daarop de **Pfarrkirche St. Veit**. De parochiekerk dateert van de 16e eeuw, het interieur van de 18e eeuw. Wie al langer in Oostenrijk rondreist, weet wat dat betekent: overdadige barok, compleet met plafond- en muurschilderingen, rood marmer en dikke lagen bladgoud die bijvoorbeeld de preekstoek doen glanzen. Bezoek daarna de hoog oprijzende **Piaristenkirche** op het plein erachter. Ook hier is de aankleding barok, maar het kerkgebouw is duidelijk ouder (15e-16e eeuw). Het schip en het koor zijn hoog en smal, bekroond door sierlijke gewelven; het zijn de typische kenmerken van de gotiek, naar voorbeeld van de Stephansdom in Wenen (zie blz. 81).

Wandel vanaf de Steinertor de andere kant op en u komt in de wat minder toeristische, maar net zo aantrekkelijke zusterstad **Stein**. Aan de

Geschilderde hemel op het plafond van de Kaiserstiege van Stift Göttweig

rechterkant van de hoofdstraat, de Steiner Landstraße, verbergt een okergele gevel de **Kunsthalle**, waar tijdelijke tentoonstellingen van hoge kwaliteit te zien zijn (Frans-Zeller-Platz 3, tel. 02732 90 80 10, www.kunsthalle.at, di.-zo. 10-18 uur, entree € 10). Aan de andere kant van de straat hangt het **Karikaturmuseum** vol humoristische tekeningen, waarbij enige kennis van de Oostenrijkse cultuur overigens wel van pas komt (Steiner Landstraße 3a, tel. 02732 90 80 20, www.karikaturmuseum.at, dag. 10-17 uur, entree € 10).

In de omgeving

Stift Göttweig

Benedictinerabtei, tel. 02732 855 81-0, www.stiftgoettweig.at, half mrt.-okt. dag. 10-18 uur (juni-sept. vanaf 9 uur), entree € 8 incl. museum

Al van verre is op een 450 m hoge heuvel het silhouet van deze abdij te zien. Het is een imposant bouwwerk, compleet met hoektorens met uivormige spitsen. Al in 1083 stond er op deze verheven plek een klooster, maar het huidige abdijcomplex is gebouwd na een verwoestende brand in 1718.

Een deel van de abdij is toegankelijk voor bezoekers, zoals al blijkt uit de aanwezigheid van een restaurant (met prachtig panoramaterras). In dezelfde vleugel zit de **Kaiserstiege**, een trap van keizerlijke allure met een plafondfresco. De keizerlijke vertrekken daarachter fungeren als museum en zijn gevuld met kunst en tijdelijke tentoonstellingen. In het hart van het complex pronkt de **kerk**, gedecoreerd met gedekte tinten roze en crème. Binnen komen daar lichtblauw en bladgoud bij, plus uitbundige kunst, sierlijk stucwerk en marmereffect op de muren – het doet denken aan een uitbundig versierd theater, of toch een snoepwinkel?

Actief

Rondvaart – Verken in het seizoen de Donau tussen Krems en Melk per boot. Vertrek drie maal daags vanuit Krems-Stein. Prijzen vanaf € 13 (www.ddsg-blue-danube.at).

Informatie

Krems Tourismus: Utzstraße 1, tel. 02732 826 76, www.krems.info.

Stift Altenburg ▶ T 2

Altenburg, Abt Placidus Much-Straße 1, tel. 02982 34 51, www.stift-altenburg.at, mei-eind okt. dag. 10-17 uur, entree € 12

Ook deze abdij is weer een juweel van de barokkunst, met een geschiedenis die parallel loopt met veel andere kloosters in de regio: gesticht in de 12e eeuw, verwoest in de 17e eeuw en herbouwd in de 18e eeuw, toen de barok op zijn hoogtepunt was.

Een ranke kerk vormt het hart van het complex. Prachtig zijn de schilderingen die Paul Troger maakte in de negen koepels van de kerk – misschien wel zijn beste werk. Het kader daaromheen bestaat uit verguld houtsnijwerk, gedetailleerd stucwerk en namaakmarmer in roze, wit en blauw. Bijzonder zijn de resten van het middeleeuwse klooster die bij archeologische opgravingen onder het barokke bouwwerk zijn gevonden. Tijdens de rondgang passeert u onder meer resten van de kloostergang, de kapittelzaal en het scriptorium.

Een ander hoogtepunt is de bibliotheek, met daaronder een crypte die op een verbluffende manier is beschilderd (zie blz. 121). Verder heeft ook deze abdij een Kaiserstiege (keizerlijk trappenhuis), een tuin rond ▷ blz. 122

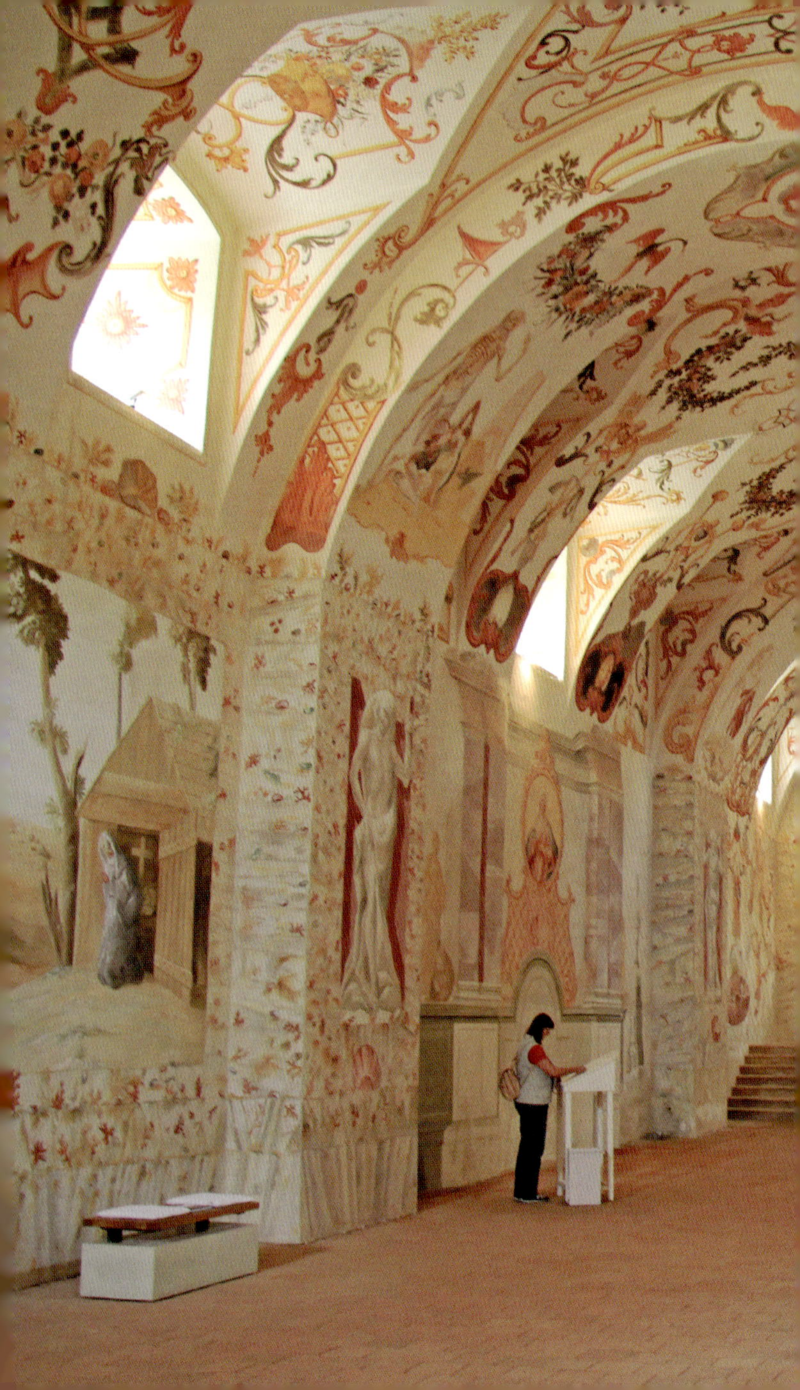

Favoriet

Leven en dood in de crypte van Stift Altenburg ▶ T 2

Veel middeleeuwse kerken en kloosters hadden een crypte, een ondergrondse ruimte waarin grafkisten of resten van heiligen werden bewaard. Dat gebeurde niet in de crypte onder de bibliotheek van Stift Altenburg (zie blz. 119): de serene ruimte was vooral bedoeld om monniken te herinneren aan het motto van de heilige Benedictus: *memento mori*, besef dat u sterfelijk bent. Bij de herbouw van de abdij in de 18e eeuw illustreerde de beroemde barokschilder Paul Troger deze stelregel op zijn eigen wijze: feeërieke nimfen, sirenen en mythologische figuren vieren het leven, maar de dood blijkt nooit ver weg! In navolging van de monniken zal het ook de huidige bezoekers tot nadenken stemmen.

De papavervelden in het Waldviertel leveren het maanzaad voor regionale delicatessen

religieuze thema's, een winkel en een restaurant – toerisme vormt ook hier een welkome bron van inkomsten.

Door het Waldviertel ▶ R 3-T 2

Het noordwestelijk deel van Neder-Oostenrijk (globaal het gedeelte ten noorden van de Donau) wordt het **Waldviertel** genoemd. Zoals de naam al aangeeft (*Wald* = bos) is het een glooiende, bosrijke regio, getekend door akkers, koolzaad- en papavervelden, burchten, boerendorpen en de onvermijdelijke abdijen.

Stift Zwettl ▶ S 2

Zwettl, Stift Zwettl 1, tel. 02822 20 20 20, www.stift-zwettl.at, begin apr.-eind okt. dag., bezoek met audiotour € 10,50

Een granietgrijze kerktoren, enkele kilometers ten noordoosten van het markstadje Zwettl, is het eerste wat zichtbaar wordt van **Stift Zwettl**. De basis van deze cisterciënzerabdij werd in de 12e eeuw gelegd, waarna de abdij in de 18e eeuw een nieuwe aankleding kreeg in de decoratieve barokstijl. Het contrast is groot met de soberheid van het middeleeuwse klooster, dat nog herkenbaar is in de slaapzaal, de kapittelzaal en de latrine. Ook de kerk heeft nog de hoge, smalle vormen van de middeleeuwse gotiek, waardoor binnen de uitbundige barokke decoraties des te meer opvallen. In de winkel worden lekkernijen uit de regio verkocht. Wandelpaden leiden vanaf de abdij naar een stuwmeer verderop in het dal.

Middeleeuws is ook **Burg Rappottenstein**, een burcht die 12 km ten zuiden van Zwettl een bergtop bekroont (Rappottenstein 85, tel. 02828 82 50, www.burg-rappottenstein.at, rondl. 15-30 apr. en okt. za.-zo., mei-sept. di.-zo., entree € 9). De gids neemt u tijdens een rondleiding onder andere mee naar de oude keuken, de kapel en de waterput van deze stoere burcht waarin het verleden nog voelbaar is.

Door het Waldviertel

Schloss Riegersburg ▶ U 1

Riegersburg, Riegersburg 1, tel. 0664 214 58 55, www.schlossruegers.at, eind apr.-okt. za.-zo. 10-17 uur (juli-aug. dag. 10-18 uur), rondleidingen € 4,50 en € 7

In het kleinschalige platteland langs de Oostenrijkse noordgrens doemt plotseling een voornaam barok landhuis op: **Schloss Riegersburg**, ook bekend als **Schloss Ruegers**. Al in de middeleeuwen stond hier een burcht; het huidige slot is het resultaat van een grondige verbouwing in de 18e eeuw. Sindsdien is er aan de inrichting weinig veranderd. Binnen ziet u hoe de welgestelde adel in de 18e en 19e eeuw leefde. Zelf rondwalen kan onder meer door de keuken, de kapel, de salon en de tuin (met hondengraf). Bij een rondleiding ziet u ook de met oude meubels ingerichte woonvertrekken en de pronkzalen – en misschien maakt u wel kennis met een van de dolende geesten die het kasteel delen met de huidige graaf en gravin (zie Tip).

Gmünd ▶ R 2

Dit pal aan de grens met Tsjechië gelegen stadje is het culturele en toeristische centrum van het westelijk deel van het Waldviertel. Let aan de Stadtplatz op de huisnummers 31 en 35: ze zijn gebouwd in 1565 en 1570 en kregen een opmerkelijke beschildering in *sgraffito*, een uit Italië afkomstige techniek waarbij de kleuren in de natte pleisterlaag werden aangebracht.

Aan de noordwestkant van het stadje begint **Naturpark Blockheide** (www.blockheide.at), bekend vanwege de gigantische granietblokken. Wandelpaden, een uitzichttoren, een stenentuin en een speelterrein maken het natuurpark tot een uitstapje voor het hele gezin.

Treinliefhebbers kunnen in Gmünd opstappen in de historische **Waldviertelbahn** (Bahnhofsplatz 2, www.waldviertlerbahn.at, mei-okt.). Stoomlocomotieven trekken oude wagons over een smalspoornetwerk door de omgeving. Tip: de fiets mag mee, dus een complete dagtocht is mogelijk.

Tip

Het spookt in het slot!

Het geratel van een koets, een geest zonder hoofd, een verschijning van een ziek blond meisje – al eeuwenlang spookt het op Schloss Riegersburg. Ook de huidige graaf krijgt nog altijd koude rillingen als 's morgens blijkt dat de lakens van een bed in een lege slaapkamer weer zijn omgewoeld. Het zou gaan om een van zijn voorvaderen, die in dit bed overleed en daarna geen rust kon vinden. Een mooi verhaal om toeristen te lokken? Toen in 2015 een groep spokenjagers en een camerateam een nacht in het slot verbleven, werden er wel degelijk onverklaarbare zaken vastgelegd …

8 km verder naar het oosten ligt een burcht die wel zijn middeleeuwse uitstraling heeft behouden: **Burg Hardegg** (Hardegg Stadt 38, tel. 0664 214 58 55, www.burghardegg.at, apr. en okt. za.-zo. 10-17, mei-sept. dag. 10-17/18 uur, entree € 7,50). Deze massieve burcht met vestingmuren en torens waakt al sinds de middeleeuwen over het kleinste stadje van Oostenrijk. Te bekijken zijn onder meer de ridderzaal, de keuken, de kapel en een tentoonstelling van keizer Maximiliaan van Mexico (1832-1867), een broer van keizer Frans Jozef I.

Nationalpark Thayatal ▶ U 1

Burg Hardegg ligt midden in Nationalpark Thayatal (www.np-thayatal.at), een prachtig stukje Neder-Oostenrijk dat door de nabijheid van het IJzeren Gordijn lange tijd ongeschonden bleef. De rivier de Thaya slingert zich door een bosrijk gebied, waarin de helft van alle Oostenrijkse plantensoorten voorkomt. Ten noorden van Hardegg is een bezoekerscentrum (dag.), waar ook voor kinderen van alles te doen is, zoals klimmen, spelen en kennismaken met wilde katten. Via de website zijn routefolders beschikbaar.

Door het Weinviertel

Aan de oostkant gaat het Waldviertel over in het Weinviertel, globaal het gedeelte van Neder-Oostenrijk ten noorden van Wenen en de Donau. Rust, ruimte én wijn zijn hier de belangrijkste troeven. De wijngaarden profiteren van de zon en de eindeloos golvende heuvels met een droge bodem, die bijvoorbeeld de grüner veltliner voortbrengen, een frisdroge, lichtgroene kwaliteitswijn.

Poysdorf ▶ W 2

Het wijnstadje Poysdorf, gelegen op zo'n 10 km van de Tsjechische grens, is de hoofdstad van de sekt. Hier draait alles om deze mousserende wijn, die in talrijke wijnkelders wordt aangeboden. Wandel langs de wijngaarden en wijnkelders, of stap binnen bij **Vino Versum/WEIN+TRAUBEN Welt**, waar op een interactieve manier het verhaal over het stadje en de wijn wordt verteld (Brünner Straße 28, tel. 02552 203 71, www.weinundtraubenwelt.at, zo. voor Pasen-15 nov. dag. 10-18 uur, entree € 9,50 incl. consumptie).

Rijd voor een prachtig uitzicht naar het westelijker gelegen **Staatz** en beklim daar de Staatzer Berg (331 m), met op de top de schamele restanten van een middeleeuwse burcht. Het Weinviertel ligt vanaf hier aan uw voeten.

Museumsdorf Niedersulz

Niedersulz, tel. 02534 333, www.museumsdorf.at, 15 apr.-okt. dag. 9.30-18 uur, entree € 12

Terug naar het Weinviertel rond 1900, dat kan in het museumdorp Niedersulz, nabij **Sulz im Weinviertel**. Het dorp telt circa tachtig gebouwen die uit de hele regio afkomstig zijn, van boerderijen en kapellen tot werkplaatsen en een molen. De 'levende boerderij' is nog helemaal in gebruik, inclusief boeren en dieren. In het weekend worden hier demonstraties gegeven. De herberg (met groot terras) is dagelijks geopend.

Burg Kreuzenstein ▶ W 3

Leobendorf, tel. 0664 163 27 00, www.kreuzenstein.com, rondleiding apr.-okt. dag. 10-16/17 uur, entree € 10

Door het Weinviertel

Geschoren buxushagen sieren de barokke tuin van Schloss Hof

Tussen alle barokke pracht en praal is Burg Kreuzenstein een buitenbeentje. Met zijn talrijke torens, rode daken en kantelen oogt het als een middeleeuws sprookjeskasteel. In de 12e eeuw werd op deze plek aan de Donau, een stukje ten noorden van Wenen, een eerste burcht gebouwd. Maar net als veel andere kastelen en kloosters werd ook deze vesting in de Dertigjarige Oorlog (1618-1648) verwoest. Pas eind 19e eeuw besloot graaf Von Wilczek de ruïne te herbouwen. Het resultaat is een typisch product van die tijd: een fantasievol neogotisch kasteel, dat eerder op een filmdecor dan op een echte burcht lijkt. Tijdens een rondleiding ziet u onder meer de volledig ingerichte ridderzaal, wapenzaal, kapel en prinselijke slaapkamer.

Schloss Hof

Schloßhof, tel. 02285 200 00, www.schlosshof.at, half mrt.-eind nov. dag. 10-18 uur, jan.-half mrt. za.-zo. 10-16 uur, entree € 13

Een lichtgeel paleis in strakke architectuur, met daarvoor een al even strak ingerichte tuin, verdeeld over verschillende terrassen – Schloss Hof is het schoolvoorbeeld van een adellijk lustslot uit de 18e eeuw. In 1725 gaf prins Eugenio von Savoy (zie blz. 96) opdracht een bestaand kasteel uit te breiden tot een jachtslot. Later die eeuw liet keizerin Maria Theresia er een extra verdieping op zetten en de kamers opnieuw inrichten. Dwaal door de keizerlijke vertrekken en bewonder het plafondfresco in de kapel. Wandel dan door de uitgestrekte barokke tuin en bezoek de oranjerie en de kasteelhoeve (met kamelen, kinderboerderij en andere attracties). Een restaurant en patisserie maken een middagje uit compleet.

Nationalpark Donau-Auen ▶ X4

Sinds 1996 heeft het stroomgebied van de Donau tussen Wenen en de grens met Slowakije de status ▷ blz. 128

Op ontdekkingsreis

Graven naar een verdwenen Romeinse stad – Carnuntum

Het is nu nauwelijks meer voor te stellen, maar op de plek van het kleine Donaudorp Petronell-Carnuntum lag ooit een Romeinse stad met 50.000 inwoners. Wat begon als een tijdelijk legerkamp aan de rivier, groeide uit tot een complete militaire stad, met op een korte afstand daarvan een ommuurde civiele stad. Resten uit deze tijd zijn te zien in Petronell en het nabijgelegen Bad Deutsch-Altenburg.

Kaart: ▶ X 4
Bezoekerscentrum: Petronell-Carnuntum, Hauptstraße 1A, tel. 02163 337 70, www.carnuntum.at, half mrt.-eind nov. dag. 9-17 uur, combiticket € 11.

Kort na het begin van onze jaartelling stuurden de Romeinen het geduchte 15e legioen naar de Donau om vijandige stammen te beteugelen. Hun kampement groeide uit tot een mondaine Romeinse stad met twee amfitheaters en een moderne badcultuur. In de 5e eeuw werd de stad verlaten en raakte in vergetelheid. De ruïnes werden lange tijd als steengroeve gebruikt. Pas na 1850 werd begonnen met archeologische opgravingen, die tot op de dag van vandaag doorgaan. Ook zijn de laatste jaren enkele Romeinse bouwwerken gereconstrueerd.

De Romeinse bezienswaardigheden liggen verspreid over een gebied van 10 km². Sommige onderdelen zijn gratis te bezoeken, voor drie grote locaties koopt u een combiticket, bijvoorbeeld bij het bezoekerscentrum 1.

Civiele stad

Achter het bezoekerscentrum in **Petronell-Carnuntum** begint het **Römisches Stadtviertel** 2, een openluchtmuseum waar een stukje van de Romeinse civiele stad is nagebouwd. Enkele zo gedetailleerd mogelijk ingerichte huizen, een badhuiscomplex en een forum geven een beeld van het burgerleven in de Romeinse tijd.

Op tien minuten lopen van het museum (bij de uitgang rechtsaf, volg de bordjes) vindt u de resten van een **amfitheater** 3 waar ooit plaats was voor 13.000 bezoekers. Daar vlakbij staat een herbouwde houten **oefenarena**, destijds onderdeel van een school voor gladiatoren. Het gaat om de enige gladiatorenschool die buiten Rome is gevonden.

Op twintig minuten lopen van het museum (bij de uitgang rechtsaf, dan linksaf) doemt de **Heidentor** 4 (Poort van de Heidenen) op, een eenzaam restant van een 20 m hoge triomfboog uit de tweede helft van de 4e eeuw.

Militaire stad

Volg vanuit Petronell-Carnuntum te voet, per fiets of per auto de hoofdweg naar **Bad Deutsch-Altenburg**. In dit nu lege gebied stonden ooit het legerkamp van het garnizoen en het paleis van de gouverneur. Zichtbaar zijn alleen nog de fundamenten van het **amfitheater** 5 van de militaire stad (links van de weg, circa 2 km buiten Petronell).

Omdat ook de nederzetting rond het legerkamp – huizen, wapensmederijen, bakkerij, hospitaal, haven – is verdwenen, valt het niet mee om een totaalbeeld van Carnuntum te krijgen. De maquettes in het bezoekerscentrum helpen hierbij, net als filmpjes op www.carnuntum.at (kijk onder 'Wissenschaft'). Verder kunt u in Bad Deutsch-Altenburg in **Museum Carnuntinum** 6 (Badgasse 40-46) bekijken wat er bij de opgravingen zoal is gevonden.

Op de Pfaffenberg achter het dorp stond destijds een **tempelcomplex** 7 voor de Romeinse oppergod Jupiter. Ook deze bouwwerken zijn verdwenen, maar het uitzicht vanaf de berg is nog altijd schitterend!

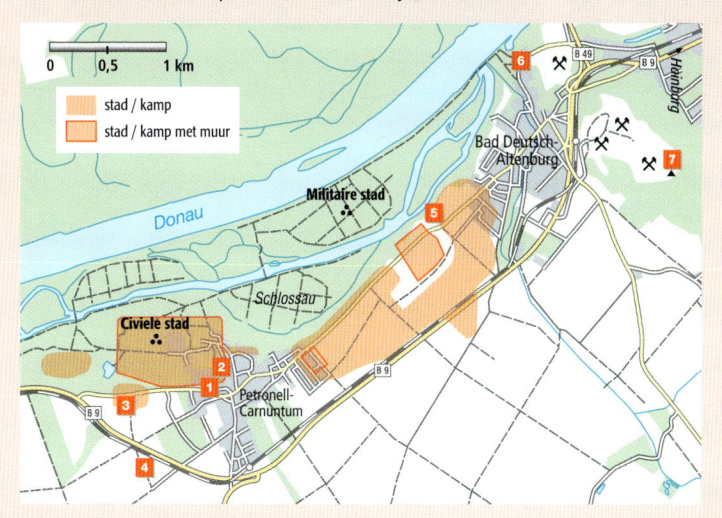

van nationaal park. Dit is de enige plek waar de Donau nog zijn eigen weg mag zoeken door een brede bedding. Dat resulteert in natte oernatuur waar ijsvogels, zeearenden, moerasschildpadden, bevers en orchideeën zich thuis voelen. Insecten ook overigens, dus neem een insectenwerend middel mee. De natuur verkennen kan te voet of per boot (kano's en grotere boten zijn te huur). Alle informatie vindt u in het **SchlossORTH Nationalpark-Zentrum**, een oud kasteel met tentoonstellingen en een uitzichttoren (Orth/Donau, tel. 02212 35 55, www.donauauen.at, eind mrt.-okt. dag. 9-17/18 uur, entree kasteel € 11).

Baden bei Wien ▶ W 5

De naam verraadt het al: Baden heeft een lange traditie als kuuroord. De Romeinen maakten al gebruik van de genezende werking van de zwavelhoudende waterbronnen. Vanaf de 19e eeuw werden zij gevolgd door talrijke beroemde gasten, van de keizers Frans I en Napoleon tot de componisten Schubert, Mozart, Johann Strauß en Beethoven, die hier – tevergeefs – van zijn doofheid probeerde af te komen. Nog altijd trekken de veertien natuurlijke bronnen (32-36 °C) oudere kuurgasten naar Baden, op zoek naar verlichting voor hun kwaaltjes. Maar ook jongeren komen hierheen om te zwemmen in de warme zwavelbaden of zich in de wellnesscentra uitgebreid te laten verwennen.

Een wandeling door Baden toont vooral een groene stad, met talrijke parken, badhuizen en villa's. Niet te missen is de typische zwavelgeur (rotte eieren) van het bronwater. Opmerkelijk is verder de eenheid in bouwstijl: na een stadsbrand in 1812 werd een groot deel van Baden herbouwd in de biedermeierstijl, herkenbaar aan de eenvoudige, functionele, maar toch elegante lijnen, met soms klassieke details.

Het **Kurpark** meet maar liefst 54 ha en is een oase van rust vol groen en bloemen, aangevuld met een Beethoventempel en beelden van componisten en

De Römertherme beschikken over verschillende binnen- en buitenbaden

keizers. Het **Doblhoffpark** is met 8 ha een stuk kleiner, maar heeft wel een aangenaam meer (met bootjes) en een prachtige rozentuin – kom in juni of oktober om maximaal van de bloemenpracht te genieten.

Van de vele sfeervolle badgebouwen uit de 19e eeuw zijn er nog enkele in gebruik, maar de meeste hebben inmiddels een andere functie. Ga voor modern thermaal baden naar de enorme **Römertherme** (Brusattiplatz 4, www.roemertherme.at), waar wellness, recreatie en gezondheid hand in hand gaan. Buiten zwemmen kan vanaf eind april tot eind september in het **Thermalstrandbad** (Helenenstraße 19-21), dat over een kunstmatig strand beschikt.

In de omgeving

Stift Heiligenkreuz

Heiligenkreuz im Wienerwald, tel. 02258 87 03, www.stift-heiligenkreuz.org, dag. rondleidingen ma.-za. 10, 11, 14, 15 en 16 uur, zo. 11, 14, 15 en 16 uur, entree € 9

Dit klooster, 13 km ten noordwesten van Baden, is al sinds 1133 onafgebroken in gebruik. Het werd gesticht door de dynastie van de Babenbergers, van wie er een flink aantal in het klooster begraven ligt. Tijdens de rondleiding ziet u hun graven in de kapittelzaal; muurschilderingen tonen hoe ze er tijdens hun leven uitzagen. Verder neemt de gids u mee naar de kloostergang en de kerk uit de middeleeuwen, plus naar de kloostervleugels die in de eeuwen daarna zijn gebouwd.

Overnachten

Geurige rozentuin – **Hotel Schloss Weikersdorf**: Schlossgasse 9-11, tel. 02252 483 01-0, www.gerstner-hotels.at, 2 pk vanaf € 100. Klassiek viersterrenhotel naast het Doblhoffpark, met uitzicht op een rozentuin. Ontspannen kan in de 100 m² grote sparuimte.

Genieten van de thermen – **Villa Gutenbrunn**: Rollettgasse 6, tel. 02252 48 17 10, www.thermenvilla-gutenbrunn.at, 2 pk vanaf € 100. Historisch pand met een mix van oude en nieuwe meubels. Uitstekend ontbijt en rechtstreekse toegang tot de Römertherme.

Eten en drinken

In het groen – **Café Restaurant Doblhoffpark**: Pelzgasse 1, tel. 02252 20 64 21, ww.cafe-doblhoffpark.at, zomer dag. 9/10-18 (di. tot 22) uur, 's zomers tot 21 uur. Café-restaurant met terras in het Doblhoffpark: ideaal om even bij te komen met een hapje of een drankje, terwijl de kinderen zich in de speeltuin vermaken.

Informatie

Tourist Information Baden: Brusattiplatz 3, tel. 02252 868 00-600, www.tourismus.baden.at.

Wiener Alpen

In de zuidoosthoek van Neder-Oostenrijk gaan de heuvels geleidelijk over in bergen. Deze Wiener Alpen (www.wieneralpen.at) zijn een paradijs voor het beoefenen van alle mogelijke zomer- en wintersporten, van mountainbiken tot parapenten, rotsklimmen en sneeuwschoenwandelen.

Bij de **Bucklige Welt**, een glooiend landschap op de grens met Burgenland en Stiermarken, zijn de eindeloos golvende heuvels 375-900 m hoog. Aan de westkant sluiten deze heuvels aan op

De Bucklige Welt: honderden heuvels die geleidelijk overgaan in bergen

de hogere toppen rond **Semmering**, een luchtkuuroord annex wintersportplaats. Skiën kan onder meer in de skigebieden Hirschenkogel en Stuhleck. In de zomer vinden mountainbikers hier een bikepark met downhillparcours. Spectaculair oogt ook de **Semmeringbahn**, een bergspoorbaan met talrijke viaducten en bruggen die al halverwege de 19e eeuw werd aangelegd. Vanaf het station in Semmering kunt u de spoorlijn ook te voet volgen, met als beloning prachtige vergezichten – een aanrader!

Het massief van de **Rax** (of **Raxalpe**) stijgt tot 2007 m hoogte. Onder meer vanuit **Reichenau an der Rax** en **Payerbach** kunt u prachtige wandeltochten maken. De cabines van de **Raxseilbahn** (www.raxalpe.com) brengen wandelaars omhoog naar een bergrestaurant waar verschillende gemarkeerde routes starten. Via berghutten is ook een meerdaagse tocht mogelijk. Klimmers vinden hier bovendien enkele prachtige kalkwanden.

Aan de noordoostkant van de Rax heeft de rivier de Schwarza een diep dal uitgesleten: het **Höllental**, het dal van de hel. Aan de andere kant doemt de **Schneeberg** op, een bergmassief met een hoogste top van 2076 m. Een geschikte uitvalsbasis is **Puchberg am Schneeberg**, waar ook de **Schneebergbahn** (www.schneebergbahn.at) start. Deze tandradspoorlijn wordt aangedreven door een stoom- of diesellocomotief en brengt bezoekers naar 1800 m hoogte. Hier wachten een schitterend uitzicht en een avontuurlijke kinderspeelplaats. Kinderen kunnen ook mee met de relatief eenvoudige wandeling naar de top (minimaal drie uur heen en terug).

Vanaf de Schneeberg is de **Hohe Wand** goed te zien: een tot 1132 m hoog plateau begrensd door een steile rotswand. Het is een waar paradijs voor klimmers en parapenters. Voor de meesten al spannend genoeg is de Skywalk, een boven een afgrond zwevend uitzichtplatform.

Eisenstadt ▶ X6

Vergeet de machtige bergen, pompeuze kloosters en keizerlijke paleizen – **Burgenland** toont een heel ander Oostenrijk. Hier, in de schaduw van de bergen, begint de laagvlakte van Centraal-Europa, een pastoraal landschap met een mild klimaat waar abrikozen, amandelen en vooral wijnranken het uitstekend doen.

Burgenland hoorde tot 1920/1921 bij Hongarije. Bij het hertekenen van de Europese grenzen na de Eerste Wereldoorlog (1914-1918) werd het gebied bij Oostenrijk gevoegd. Het bescheiden Eisenstadt (14.000 inwoners) werd in 1925 gekozen tot hoofdstad van de nieuwe deelstaat. In de stad duiken twee namen steeds weer op: die van de componist Joseph Haydn (1732-1809) en die van het aristocratische geslacht Esterházy. Van de 16e tot de 18e eeuw groeiden de Esterházy's uit tot de belangrijkste grootgrondbezitters van Hongarije. Bovendien hadden ze – een uitzondering in Hongarije – een goede band met de Oostenrijkse Habsburgers.

In de 17e eeuw lieten de Esterházy's een middeleeuwse burcht uitbouwen tot het barokke **Schloss Esterházy** (Esterházyplatz 1, tel. 02682 630 04-76 00, www.esterhazy.at, mei-okt. dag. 10-17/18, nov.-mrt. vr.-zo. 10-17 uur, entree € 11). Het slot heeft niet de keizerlijke allure van de paleizen van de Habsburgers, maar de historische zalen geven nog altijd een mooi inkijkje in hoe de Hongaarse adel leefde. Blikvanger is de Haydnsaal, drie verdiepingen hoog en genoemd naar de componist die dertig jaar aan dit hof werkte. In het slot vindt u verder enkele exposities (aparte entreeprijs), waaronder een **Weinmuseum** in de kelders. Wandel tot slot door de paleistuinen, ingericht in Engelse landschapsstijl.

Joseph Haydn woonde van 1766 tot 1778 op loopafstand van het paleis. Het **Haydn-Haus** (Jozef-Haydn-Gasse 21,

Tip

Het geroofde hoofd van Haydn

Kort na zijn begrafenis in 1809 werd het hoofd van Joseph Haydn op brute wijze van zijn romp gescheiden en meegenomen. De opdrachtgever: een vriend van Haydn, die wilde aantonen dat de muzikale genialiteit van de componist verklaard kon worden door de vorm van zijn schedel. Toen de Esterházy's in 1820 het lichaam in Eisenstadt wilden herbegraven, werd de roof ontdekt. Het hoofd bleef echter verstopt onder een matras: Esterházy werd afgescheept met een vervangende schedel. Pas in 1954 werd het echte hoofd met het lichaam herenigd in het mausoleum van de Bergkirche van Eisenstadt.

tel. 02682 719 60 00, www.haydn-haus.at, half mrt.-mei di.-za. 9-17, zo. 10-17 uur, juni-half nov. ma.-za. 9-17, zo. 10-17 uur, entree € 5). Het huis is ingericht zoals in de tijd van Haydn. Wat daarbij opvalt: de beroemde componist woonde verrassend eenvoudig. Bovendien blijkt dat ook hij alledaagse beslommeringen had, zoals ruzie met de buren. Zijn moestuin, die destijds buiten de stadsmuur lag, is nu een kruidentuin.

Niet ver van het paleis lieten de Esterházy's in de 18e eeuw de **Bergkirche** (of **Haydnkirche**) bouwen (Joseph Haydn-Platz 1, www.haydnkirche.at). De ingenieuze dakconstructie van de kerk overdekt een kruisweg waarin beelden de lijdensweg van Christus illustreren. Onder de noordtoren rust de huiscomponist Joseph Haydn in een marmeren sarcofaag (zie Tip blz. 131).

Het **Österreichische Jüdische Museum** (Unterbergstraße 6, tel. 02682 651 45, www.ojm.at, begin mei-eind okt. di.-zo. 10-17 uur, entree € 5) belicht de geschiedenis van de Joodse gemeenschap in Eisenstadt en is deels ingericht in een particuliere synagoge.

Tip

De wijnen van Burgenland

Het kleine Burgenland produceert bijna een derde van alle Oostenrijkse wijnen. De zon, de bodem en de invloed van de grote, ondiepe Neusiedler See zorgen voor ideale omstandigheden voor het rijpen van de druiven. Natuurlijk zijn er frisse witte wijnen, maar vooral de uitstekende zoete dessertwijnen en de krachtige rode wijnen zijn bij de kenners in trek. In **Rust**, de bekendste wijnstad van Burgenland, zijn volop mogelijkheden om het nobele nat te proeven en te kopen.

In de omgeving

Burg Forchtenstein

Forchtenstein, Melinda-Esterházy-Platz 1, tel. 02626 812 12, www.esterhazy.at, apr. okt. dag. 10-18 uur, winter: zie website, entree vanaf € 11

In 1622 kregen de Esterházy's de middeleeuwse burcht Forchtenstein, circa 20 km ten zuidoosten van Eisenstadt, in bezit. Vanwege de Turkse dreiging bouwden ze na 1635 de burcht uit tot een vesting. Toen de familie begin 18e eeuw naar Eisenstadt verhuisde, werd de burcht hun opslagplaats voor wapens, kunst en curiosa. En dat is het nog altijd, zij het dat het publiek nu in hun privédomein wordt toegelaten. Uniek is de goed verstopte schatkamer, die zelfs tijdens de bezetting na de Tweede Wereldoorlog niet werd ontdekt.

Info en festiviteiten

Eisenstadt Tourismus: Hauptstraße 35, tel. 02682 673 90, www.eisenstadt-tourismus.at.
Haydn Festival: elk jaar in september reizen liefhebbers van de muziek van Haydn naar Eisenstadt om te luisteren naar zijn complete oeuvre. Data en locaties op www.haydnfestival.at.

Neusiedler See ▶ X 5-6

Een 'steppemeer', zo wordt het grote, ondiepe meer op de grens met Hongarije genoemd. Achter het meer begint de Hongaarse poesta, een grazig steppelandschap waar runderen en schapen hun kostje bij elkaar scharrelen.

De Neusiedler See – met een oppervlakte van 315 km² en bijna nergens dieper dan 2 m – is de grootste bezienswaardigheid van Burgenland. Een deel wordt beschermd als natuurgebied, een ander deel is ingericht voor de recreatie en is populair bij Weners die er een dagje tussenuit willen. Sinds 1993 zijn grote stukken van de zuidelijke en oostelijke oever opgenomen in **Nationalpark Neusiedler See-Seewinkel**. De rietkragen en natte graslanden zijn rijk aan plantensoorten en zijn ideaal voor (trek)vogels. De Seewinkel is een bekken aan de oostkant van het meer, dat via een zandwal van de rest van het meer is afgesloten. De talrijke meertjes met zilt water kunnen in de zomer opdrogen, waardoor de aanblik van een woestijn ontstaat. Aan de noordrand van het dorp **Illmitz** leert u in een **bezoekerscentrum** veel meer over de natuur en de recreatiemogelijkheden (Hauswiese, tel. 02175 34 42, www.nationalparkneusiedlersee-seewinkel.at, dag.).

In de omgeving

Rond het meer liggen verschillende dorpen. De grootste plaats is **Neusiedl am See**, dat goed bereikbaar is vanuit Wenen. Hier is volop accommodatie, plus een 500 m breed badstrand met watersportmogelijkheden. **Podersdorf am See**, gelegen aan de oostkant, is populair bij recreanten omdat hier geen rietkraag is en omdat de wind meestal gunstig is voor watersport. Dit is ook een goed vertrekpunt voor het verkennen van de graslanden en wetlands van de Seewinkel, bijvoorbeeld per fiets. Nog wat verder oostelijk bezit **Frauenkirchen** een prachtige barokkerk.

Aan de westkant van het meer is **Mörbisch am See** een aangenaam en rustig dorp – behalve als in de zomer zo'n 200.000 operetteliefhebbers afkomen op de Seefestspiele (www.seefestspielemoerbisch.at). Fiets- en wandelroutes doorkruisen de omliggende wijngaarden. Ook het nabijgelegen **Rust** is een charmant dorp, dat bekend is van de wijn en de ooievaars die elk jaar terugkeren. Het centrum is uitgeroepen tot historisch monument.

Westelijk van Rust bezit **St. Margarethen** een van de grootste attractie- en sprookjesparken van Oostenrijk: **Familypark** (www.familypark.at, apr.-eind okt. dag., entree € 23).

Actief

Fietsen – Een bijna 75 km lange fietsroute maakt een rondje om het meer, met daarin opgenomen een veerboot die in dertig minuten van Mörbisch naar Illmitz vaart (eind mrt.-half okt.). Daarnaast zijn er tal van kortere fietsroutes.
Paardrijden – Draven over de steppe of met een boerenkar op pad? In de meeste dorpen zijn maneges en verhuurbedrijven. Kijk voor adressen op www.neusiedlersee.com.
Schaatsen – In de winter vriest de ondiepe Neusiedler See snel dicht en verandert het meer in een paradijs voor schaatsers en zelfs ijszeilers. Verschillende dorpen hebben in de winter een speciale infolijn, de Eistelefon (www.neusiedlersee.com).
Vogels kijken – Vanaf de vele uitzichtplatforms kunt u meer dan driehonderd vogelsoorten bespieden, waaronder de kraanvogel, de zeearend en de Europese bijeneter.
Watersport – Talrijke zeil-, windsurfen kitesurfscholen leren enthousiaste watersporters de fijne kneepjes van deze sporten. Ook verhuur van materiaal. Verder mogelijkheden voor kanovaren en stand up paddling.
Zwemmen – De meeste oevers hebben een brede rietkraag, dus zwemmers en zonners moeten hun stekje goed uitzoeken. Populair zijn **Podersdorf am See** op de oostoever en de oevers bij **Neusiedl am See**. Daarnaast is er een groot aantal openluchtzwembaden.

IN EEN OOGOPSLAG

Opper-Oostenrijk

Hoogtepunt ✺

Hallstatt: Salzkammergut is een bekende naam in toeristenland. Weidse valleien, scherpe bergtoppen en diepblauwe meren vullen het landschap, met daarin enkele typisch Oostenrijkse dorpjes. Topper is het kleine Hallstatt, dat met zijn nauwe steegjes en prehistorische zoutmijnen busladingen toeristen trekt. Zie blz. 160.

Op ontdekkingsreis

Krippenstein – grotten en bergpanorama's: de Krippenstein is een goed toegankelijke top in het Dachsteingebergte. In de zomer brengt een spectaculaire kabelbaan bezoekers omhoog naar twee sprookjesachtige grotten, adembenemende uitzichtpunten en hooggelegen bergrestaurants. Of kies voor de Heilbronner Rundwanderweg, een gezinsvriendelijke wandeling naar een berghut, en keer dan per kabelbaan terug. Zie blz. 162.

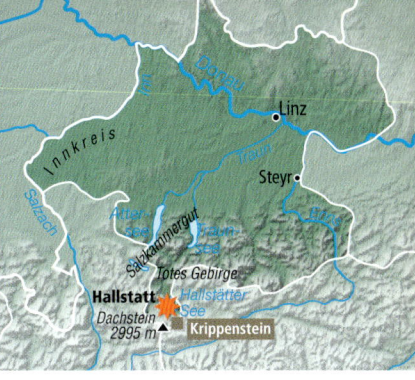

Bezienswaardigheden

Altaarstuk in de St. Wolfgangskirche van Kefermarkt: de St. Wolfgang bezit een van de mooiste religieuze kerkschatten van Oostenrijk: een altaarstuk met twee luiken uit 1490, gemaakt door een onbekende, maar zeer vaardige houtsnijwerker. Zie blz. 148.

Stift Kremsmünster: er wonen en werken nog altijd monniken in de abdij van Kremsmünster, maar bezoekers zijn meer dan welkom om mee te gaan met een rondleiding. Hoogtepunten zijn de barokke weelde, de schilderijencollectie met Hollandse meesters en de sterrenwacht in de tuin. Zie blz. 152.

Steyr: een compact centrum met vrolijk gekleurde gevels in een keur aan bouwstijlen – dit stadje aan de samenvloeiing van de Enns en de Steyr nodigt uit tot een aangename stadswandeling. Zie blz. 153.

Actief

Baumkronenweg in Kopfing im Innkreis: wie geen hoogtevrees heeft kan in het achterland van de Inn een wandelingetje maken over dit tot 40 m hoge boomkroonpad. Zie blz. 152.

Eten en drinken

Konditorei Zauner in Bad Ischl: proef de heerlijke lekkernijen van Zauner, in navolging van keizers en componisten die in het mondaine Bad Ischl kwamen kuren. Zie blz. 160.

Opper-Oostenrijk

Tussen Donau en Salzkammergut

Opper-Oostenrijk (Oberösterreich) – de naam verwijst naar de ligging aan de bovenloop van de Donau – lijkt ontsnapt aan het massatoerisme. Vooral in het noordelijk deel kunnen wandelaars en fietsers nog bijna onbetreden paden ontdekken. Hier, in het Mühlviertel en Innviertel, toont de deelstaat zich als een golvende lappendeken van houtwallen, weiden en akkers. Verrassend zijn de kunstschatten in de oude dorpskerken.

Al meer toeristen trekken de kasteelruïnes, barokke abdijen en rivierstadjes direct langs de Donau. Hier ligt ook Linz, de hoofdstad van Opper-Oostenrijk. Het is een moderne, dynamische stad met de nodige industrie, maar in het historische stadshart is het goed toeven, mede door de moderne vormen van cultuur.

Aan de zuidrand van Opper-Oostenrijk wordt het een heel ander verhaal. Hier gaan de lieflijk glooiende heuvels geleidelijk over in langgerekte meren, elk met zijn eigen kleur, die worden omkaderd door steil oprijzende bergwanden. Dit is het Salzkammergut, bij toeristen bekend vanwege de vele meren, maar ook vanwege de scherpe toppen van de Dachtsteingruppe en de bosrijke Kalkalpen, die zelfs zijn beloond met de status van nationaal park. Sportieve reizigers hebben het hier voor het uitkiezen: van wintersporten en zeilen tot parapenten, mountainbiken en rotsklimmen.

INFO

Internet
www.oberoesterreich.at
www.salzkammergut.at
www.muehlviertel.at
www.donauregion.at

Toeristenbureaus
Het toeristenbureau voor de deelstaat bevindt zich in Linz: Oberösterreich Tourismus Information, Freistädter Straße 119, tel. 0732 22 10 22. Het Salzgammergut heeft een eigen regionaal toeristenbureau: Salzkammergut Tourismus, Salinenplatz 1, Bad Ischl, tel. 06132 269 09.

Vervoer
Blue Danube Airport Linz is bereikbaar vanuit Düsseldorf en Frankfurt. Vanuit Wenen rijdt de trein in 1 uur en 16 minuten naar Linz. Vanuit Nederland/België reist u per trein via München en Salzburg naar Linz.

Linz ▶ P 4

Van industriestad tot Culturele Hoofdstad van Europa – Linz heeft hard gewerkt aan het opkrikken van haar imago. Van oudsher was de handel via de Donau een van de voornaamste economische pijlers. Na de aanleg van een spoorlijn halverwege de 19e eeuw kwam daar de industrie bij. Fabrieken zijn er nog steeds, maar in het historische stadshart is daar nauwelijks iets van te merken. Hier zijn ze vooral trots op het rijke culturele erfgoed. Bijvoorbeeld op de componist Anton Bruckner (1824-1896), wiens werk elk jaar centraal staat in de Linzer Klangwolke, een audiovisueel spektakel dat veel bezoekers trekt. Met twee moderne musea op de oever van de Donau doet Linz bovendien mee met de cultuur van de 21e eeuw.

Een andere naam waar je in Linz niet omheen kunt: Adolf Hitler. Hij bracht hier een groot deel van zijn jeugd door,

Linz wordt door de Donau in twee delen gesplitst

overigens net als Adolf Eichmann, de architect van de massamoord op de Joden. Na de Anschluss in 1938 (zie blz. 45) wilde Hitler van 'zijn' stad het belangrijkste culturele en industriële centrum van het land maken en zo het door hem gehate Wenen overtroeven. Ook het stadscentrum zou een gedaantewisseling ondergaan: de architect Albert Speer ontwierp plannen om er een *Führerstadt* van te maken, een modelstad in nazistijl. Maar zover kwam het nooit. Alleen de Nibelungenbrücke en de bruggenhoofdgebouwen tussen de Donau en de Hauptplatz werden in de oorlog (1943) gerealiseerd.

Wandelen door de Altstadt

Direct ten zuiden van de brug over de Donau begint het voetgangersgebied van Linz. Kloppend hart is de **Hauptplatz** 1, een rechthoekig plein (220 m lang en 60 m breed) met wanden van voorname gevels in barok- en renaissancekleuren. Terrasjes, straatartiesten en een rammelende tram zorgen voor extra bedrijvigheid. Het toeristenbureau is gevestigd in het **Altes Rathaus** op nr. 1, te herkennen aan het achthoekige torentje. Niet te missen is verder de **Dreifaltigkeitssäule** (1723), een 20 m hoge zuil die in marmer de Heilige Drie-eenheid (Vader, Zoon en Heilige Geest) verbeeldt. Veel steden in Oostenrijk hebben zo'n zuil, meestal geplaatst als herinnering aan een pestepidemie. De zuil van Linz memoreert zelfs drie rampen: een naderende oorlog, een brand en de pest. Sta ook even stil bij het **Feichtinger-Haus** op nr. 18 (nu een café): het klokkenspel boven in de gevel speelt klassieke deuntjes van onder anderen Mozart, Bruckner en Haydn.

De twee groene kerktorens in de hoek van het plein horen bij de **Alter Dom** 2 (dag. 7.30-18.30 uur). De barokke bouwstijl is kenmerkend voor de tweede helft van de 17e eeuw. Bewonder binnen het handwerk van de ambachtslieden: het sierlijke stucwerk op de muren en plafonds, het hoogaltaar met een schilderij van de opname van Maria in de hemel en de kunstig gesneden koorbanken en preekstoel. Anton Bruckner bespeelde twaalf jaar lang het orgel.

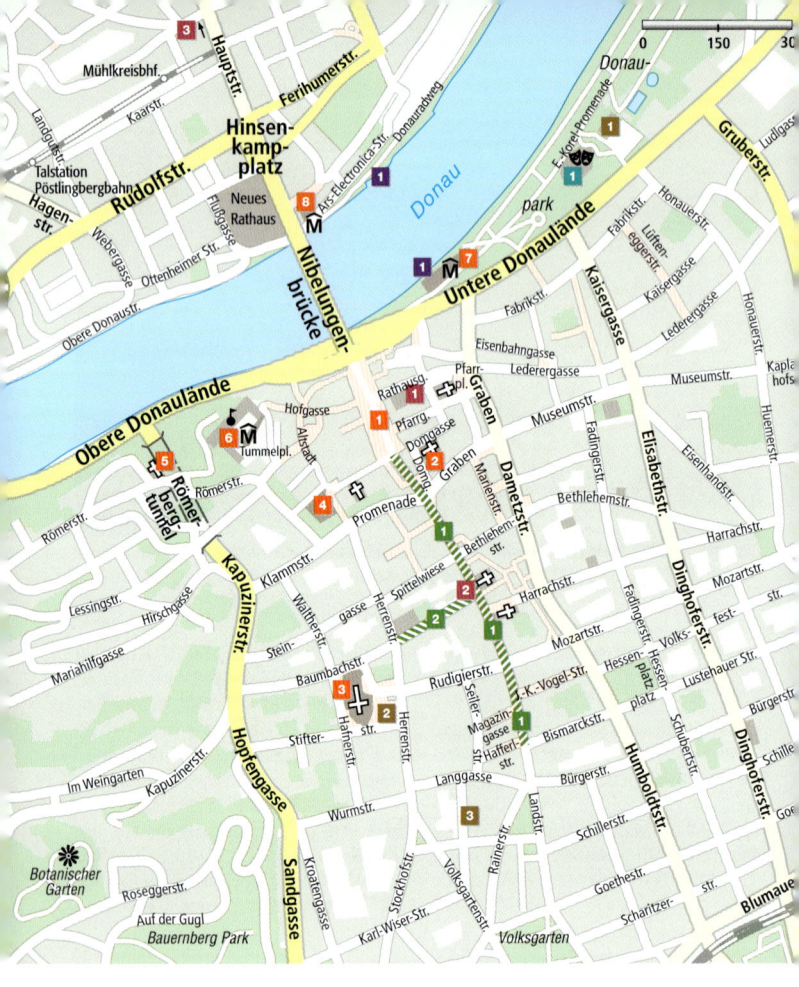

Wandel vanaf het plein zuidwaarts door de belangrijkste winkelstraat van Linz, de Linzer Landstraße. Barokke huizen en stadspaleizen van de abdijen uit de omgeving sieren de slagader van Linz. Aan de linkerkant passeert u bovendien twee bezienswaardige kerken: de **Ursulinenkirche** (twee torens) en daar vlak achter de **Karmelitenkirche**, beide okergeel en met een prachtig hoogaltaar en andere barokke details.

Ga kort daarna rechtsaf de Rudigierstraße in. Aan het einde doemt de spitse, 136 m hoge toren van de **Neuer Dom** 3 op, ook bekend als Mariendom (dag. 7.30/8-19 uur). Van een afstandje lijkt het een typisch middeleeuwse kathedraal: hoog en slank, oprijzend naar

Linz

Bezienswaardigheden	**Overnachten**	**Winkelen**
1 Hauptplatz	1 ARCOTEL Nike	1 Landstraße
2 Alter Dom	2 Hotel am Domplatz	2 Bischofstraße
3 Neuer Dom	3 Hotel Kolping	
4 Landhaus		**Actief**
5 Martinskirche	**Eten en drinken**	1 Riviertochten
6 Schlossmuseum	1 k.u.k. Hofbäckerei	
7 Lentos Kunstmuseum	2 Klosterhof	**Uitgaan**
8 Ars Electronica Center	3 Pöstlingberg Schlössl	1 Brucknerhaus

de hemel en aan de buitenzijde luchtbogen die het schip ondersteunen. Maar niets is minder waar: de bouw begon in 1862 en duurde tot 1924. Dat was een periode waarin, geheel volgens de romantisch-religieuze mode van die tijd, werd teruggegrepen op de gotische architectuur uit de middeleeuwen. Dat verklaart meteen de naam en deze bouwstijl: neogotiek. Ook binnen oogt de kerk in eerste instantie middeleeuws, maar de details verraden de echte leeftijd. Let bijvoorbeeld op de moderne gebrandschilderde ramen die scènes uit de stadsgeschiedenis tonen. Opvallend zijn verder de afmetingen: er is plaats voor maar liefst 20.000 gelovigen, waarmee dit de grootste kerk van Oostenrijk is. Wie nog meer wil zien, gaat mee met een rondleiding. Als extraatje mag u dan de toren beklimmen naar een platform op 65 m hoogte (do. 16, za. en zo. 14 uur, entree € 4).

Sla aan het einde van de Rudigierstraße rechts af en volg de Herrenstraße tot het einde. Het **Landhaus** 4 werd tussen 1568 en 1658 in fasen gebouwd en is nu de zetel van de regionale regering. Kijk direct voor de toegangspoort even naar beneden: vlak onder het straatniveau is de 18e-eeuwse toegangsbrug van het paleis weer deels vrijgelegd. Aangekomen op de binnenplaats vallen de drie rijen arcaden op – kenmerkend voor de renaissance. In de zomer worden hier klassieke concerten georganiseerd, waarbij de galerijen als tribune fungeren. De fontein is gewijd aan astronoom en wiskundige Johannes Kepler (1571-1630), die veertien jaar lang les gaf op de school die hier begin 17e eeuw was gevestigd. Op de zuil staan de zes planeten die op dat moment bekend waren. Verlaat de binnenplaats door de andere poort en kijk dan even om: het marmeren portaal uit 1570 is een van de mooiste in Oostenrijk.

Direct rechts van de poort staat de **Minoritenkirche**, die opvalt door zijn ovalen ramen. Het interieur is zo mogelijk nog uitbundiger dan in de andere kerken. Het is een schoolvoorbeeld van rococo, met nog sierlijker decoraties en de uitstraling van een theater.

Sla na de poort van het Landhaus links af de Theatergasse in, dan aan het einde rechts af. Ga op de kruising rechtdoor en volg de Römerstraße in de bocht naar links. Na nog enkele bochten komt rechts de **Martinskirche** 5 in beeld. Een groter contrast met de overdaad van de barokke godshuizen is bijna niet mogelijk. Dit is een van de oudste kerken van Oostenrijk – hij wordt al vermeld in een document uit 799 – en heeft een heel sober interieur met middeleeuwse fresco's op de muren, Romeinse grafstenen en zelfs een oven. Bekijk alles via de glazen deur of boek bij het toeristenbureau een stadsrondleiding.

Langs de Donau

Schlossmuseum [6]

Schlossberg 1, tel. 0732 772 05 23 00, www.landesmuseum.at, di.-wo. en vr. 9-18, do. 9-21, za.-zo. 10-17 uur, entree € 6,50

Op de heuvel direct achter de Martinskirche stond al in de Romeinse tijd een versterking. Nu pronkt hier het **Linzer Schloss**, dat in de huidige vorm dateert van een verbouwing die keizer Rudolf II tussen 1600 en 1607 liet uitvoeren. Het gebouw heeft alle kenmerken van de renaissance: vier strakke vleugels rond een serie binnenplaatsen. De zuidelijke vleugel brandde in 1800 af en werd pas in 2009 vervangen door een zeer modern ogende constructie. Dit voormalige onderkomen van de keizer huisvest nu een museum over kunst, cultuur en de geschiedenis van Opper-Oostenrijk. Een rondgang toont een mengelmoes van archeologische objecten, oude kunst, wapens, een reconstructie van een apotheek uit 1700 en werken van Gustav Klimt, Egon Schiele en Oskar Kokoschka. Neem de tijd, want dit is een van de belangrijkste musea van Oostenrijk!

Lentos Kunstmuseum [7]

Ernst-Koref-Promenade 1, tel. 0732 70 70 36 00, www.lentos.at, di.-zo. 10-18 (do. tot 21) uur, entree € 8

Langs de Donau toont Linz zich van zijn moderne kant. Kom bij voorkeur 's avonds om het spectaculaire gebouw van het Lentos Kunstmuseum te bekijken: de 130 m lange doos, voorzien van een glazen gevel, wordt dan met wisselende kleuren verlicht. Het is een toepasselijke setting voor de moderne kunst die binnen te zien is. De collectie loopt van de 19e eeuw via het expressionisme naar hedendaagse creaties, met natuurlijk aandacht voor de bekende namen Klimt, Schiele en Kokoschka.

Ars Electronica Center [8]

Ars-Electronica-Straße 1, tel. 0732 727 20, www.aec.at/center, di.-wo. en vr. 9-17, do. 9-19, za.-zo. 10-18 uur, entree € 9,50

Minstens zo spectaculair is het gebouw aan de overkant van de Donau; het nachtelijke lichtspel is hier al even kleurrijk als bij het Lentos Kunstmuseum. Het gebouw huisvest een mix van tentoonstellingsruimten, interactieve installaties, laboratoria en een museum, alles rond de thema's toekomst en technologie. Een bezoek is een ervaring op zich, voor jong en voor oud(er): doe proefjes in een laboratorium, vlieg mee met Ruimteschip Aarde of wordt overweldigd door de rondom geprojecteerde 3D-animaties van Deep Space 8K.

Buiten het centrum

Pöstlingberg

Uitzichtpunt, bedevaartskerk, dierentuin, kindertreintje – de 537 m hoge Pöstlingberg staat garant voor een geslaagd uitstapje voor het hele gezin. Bezoeken kan met eigen vervoer, maar leuker is een ritje met de **Pöstlingbergbahn** (dag., retour € 6,20). Startpunt van deze bergtram – de steilste van Europa – is de Hauptplatz van Linz. Ruim twintig minuten later stapt u uit aan de voet van de **Wallfahrtsbasilika Sieben Schmerzen Mariä** (dag. 8-18/20 uur). Deze bedevaartskerk werd tussen 1738 en 1747 gebouwd en bezit alle bekende barokdecoraties: bladgoud, sierlijk stucwerk, pasteltinten en schilderingen op muren en plafonds. De naamgeefster van de kerk kreeg een ereplekje in het hoofdaltaar: u ziet Maria die haar dode Zoon draagt, een van de spreekwoordelijke Zeven Smarten van Maria. In 1716 droeg een lekenbroeder dit beeldje de berg op en plaatste het bij een weerkruis. Toen dit steeds

Linz

Excursieschepen voor het 's avonds in bonte kleuren verlichte Lentos Kunstmuseum

meer bedevaartgangers trok, werd er een kerk omheen gebouwd.

Vanaf het platform voor de kerk hebt u prachtig uitzicht op Linz en de kronkelende Donau. Voor (kleine) kinderen staat daarna een ritje met de **Grottenbahn** op het programma (www.grottenbahn.at, dag. 10-17/18 uur, entree € 5,50). Een als draak vermomd treintje rijdt door de berg langs dwergen en andere sprookjesfiguren. Nog een verdieping lager is de Hauptplatz van Linz anno 1900 nagebouwd.

Halverwege de tramrit van Linz naar de Pöstlingberg kunt u uitstappen bij de **Linzer Tiergarten** (www.zoo-linz.at, zomer dag. 9-18, winter 9-16 uur, entree € 5,50). In deze kleine dierentuin is plek voor meer dan zeshonderd, voornamelijk kleinere dieren.

voestalpine Stahlwelt

voestalpine-Straße 4, tel. 050 304 15 89 00, www.voestalpine.com/stahlwelt, ma.-za. 9-17 uur, entree € 8

Een bezienswaardigheid van een heel andere orde: het grote staal- en technologiebedrijf voestalpine heeft in de hoofdvestiging ten zuiden van Linz een belevingscentrum annex museum ingericht. Een multimediale en interactieve tentoonstelling illustreert hoe staal wordt gemaakt en gebruikt. Blikvanger van de tentoonstelling is een aantal enorme chromen bollen. Een andere, meer ingetogen expositie toont hoe in de Tweede Wereldoorlog dwangarbeiders werden ingezet. Beëindig een bezoek met een anderhalf uur durende rondleiding door de fabriek en langs de hoogovens.

Overnachten

Met Donauzicht – **ARCOTEL Nike** 1: Untere Donaulände 9, tel. 0732 762 60, www.arcotelhotels.com, 2 pk vanaf € 70. Hoog gebouw, pal aan de rivier, met moderne betaalbare kamers. Ontbijt op een terras aan de Donau.

Design in het centrum – **Hotel am Domplatz** 2: Stifterstraße 4, tel. 0732 77 30 00, www.hotelamdomplatz.at, 2 pk vanaf € 100. Ideale ligging, vlak bij de Neuer Dom. Vanbuiten beton en glas, vanbinnen lichte, ruime kamers met een sobere maar smaakvolle inrichting en af en toe een designgrapje.

Tip

Linzer Torte

Het zou de eerste taart zijn die naar een stad is genoemd: de Linzer Torte wordt al vermeld in een kookboek uit 1653. In dat boek staan vier varianten en dat aantal is sindsdien alleen maar toegenomen. De basis is echter altijd hetzelfde: kruimeldeeg, jam (van rode bessen, pruimen, frambozen of abrikozen) en bovenop reepjes deeg met amandelschilfers of hazelnoten. Heerlijk bij de koffie op een terras. Of neem de taart mee als souvenir, want hij blijft verrassend lang goed. Zelf bakken? Op YouTube staat een instructiefilmpje met uitleg in sappig Oostenrijks.

Uitstekend ontbijt – **Hotel Kolping** 3: Gesellenhausstraße 5, tel. 0732 66 16 90, www.hotel-kolping.at, 2 pk vanaf € 95. Gelegen in een rustige straat van een sfeervolle buurt, net ten zuiden van de Neuer Dom. Een strakke gevel verbergt frisse, nette kamers; heerlijk ontbijt met biologische producten. Op doordeweekse dagen zelfbedieningsrestaurant.

Eten en drinken

De echte Linzer Torte – **k.u.k. Hofbäckerei** 2: Pfarrgasse 17, tel. 0732 78 41 10, www.kuk-hofbaeckerei.at, ma.-vr. 6.30-18.30, za. 7-12.30 uur. In een nauwelijks opvallend hoekpandje zit een eeuwenoud en gezellig café annex banketbakkerij. Het is snel vol, maar dat heeft een reden: de broodjes, het gebak én de Linzer Torte (zie Tip) zijn heerlijk!

Typisch Oostenrijks – **Klosterhof** 1: Landstraße 30, tel. 0732 77 33 73, www.klosterhof-linz.at, dag. 9-24 uur, hoofdgerecht vanaf € 9. Degelijk en betaalbaar eten in een groot café-restaurant aan de drukke Landstraße; verrassend is de grote binnentuin.

Prachtige locatie – **Pöstlingberg Schlössl** 3: Am Pöstlingberg 14, tel. 0732 71 66 33, www.poestlingberg.at, dag. 10-1 uur, hoofdgerecht vanaf € 21. Besluit een uitstapje naar de Pöstlingberg met een diner bij het restaurant aan de voet van de bedevaartskerk. Of schuif in de zomer aan bij de iets minder chique biergarten. Proef zeker het eigen biermerk!

Winkelen

De **Landstraße** 1 is de belangrijkste winkelstraat van Linz. Hier vindt u de bekende ketens en winkelcentra. Ga voor de echte snuffelwinkels de zijstraten in, zoals de **Bischofstraße** 2.

Actief

Riviertochten – Aan beide zijden van de rivier vertrekken rondvaartboten voor een tocht over de Donau 1.

Uitgaan

Concerten – **Brucknerhaus** 1: Untere Donaulände 7, tel. 0732 761 20, www.brucknerhaus.at. De componist Anton Bruckner werd in 1824 vlak bij Linz geboren. Hij ging in Linz naar school en werkte hier als organist – genoeg reden om het belangrijkste concertgebouw naar hem te noemen.

Info en festiviteiten

Tourist Information: Altes Rathaus, Hauptplatz 1, tel. 0732 70 70 20 09, www.linztourismus.at.
Urfahraner Markt: al sinds 1817 wordt in het voor- en najaar een grote jaarmarkt gehouden, met kermis en vuurwerk (www.urfahranermarkt.at).
Ars Electronica Festival: begin september komen kunst, technologie en computers samen in dit vernieuwende festival (www.aec.at).
Klangwolke: in september worden langs de Donau grote openluchtconcerten gehouden, deels met spectaculaire visuele effecten (www.klangwolke.at).
Brucknerfest: van half september tot begin oktober eert Linz Anton Bruckner met een festival vol klassieke muziek (www.brucknerhaus.at).

Door het dal van de Donau ▶ O 3-P 4

De *schöne blaue Donau* stroomt slechts voor een klein deel door Opper-Oostenrijk, maar zorgt ook hier voor fraaie plaatjes. De machtige rivier komt bij **Achleiten** Oostenrijk binnen. Wat hier als eerste opvalt: de rivier is helemaal niet blauw, maar eerder grijsbruin doordat regen en smeltwater veel modder meenemen. Tweede constatering: de Donau heeft zich diep ingesneden in het landschap, resulterend in zeer steile oevers, bekroond met oude burchten, rivierstadjes en kloosters.

Met de auto kunt u op enkele trajecten dicht bij de rivier komen, maar mooier is het om per fiets of te voet het rivierdal te verkennen. De bij fietsers bekende Donauradweg (zie blz. 112) is met bordjes bewegwijzerd en volgt de rivier van heel dichtbij. Voor wandelaars is er de Donausteig, een gemarkeerde langeafstandsroute die soms het dal volgt en soms het heuvelachtige plateau daarboven. Het mooiste traject ligt tussen Achleiten en Linz. Daarnaast zijn er kortere rondgaande trajecten, die zich prima lenen voor een dagtocht. Een digitale kaart met alle wandelopties vindt u via www.donauregion.at.

Hoogtepunt in het westelijk deel van het dal is de **Schlögener Schlinge** (of Donauschlinge) nabij **Haibach ob der Donau**. Hier wringt de rivier zich door een smal dal en maakt een bocht van meer dan 180°, met in het midden daarvan een smalle, beboste landtong. In de buitenbocht kunt u vanaf verschillende uitzichtpunten het bekendste *Naturwunder Oberösterreichs* bekijken.

Verder stroomafwaarts – de Donau is de enige grote rivier in Europa die van west naar oost stroomt – bezit **Stift Wilhering** een van de belangrijkste rococokerken van Oostenrijk. De abdij is nog altijd in gebruik, maar buiten de mistijden zijn bezoekers welkom in de kerk en de kruisgang (Wilhering, Linzer Straße 4, www.stiftwilhering.at). Nadat een brand in 1733 de middeleeuwse kloostergebouwen had verwoest, werd begonnen met de herbouw. Daarvoor

Bij de Schlögener Schlinge keert de Donau terug op zijn schreden

werden de beste bouwmeesters en ambachtslieden uitgenodigd, die zich met name in de abdijkerk helemaal mochten uitleven. Het was de glorietijd van de rococo, de zeer decoratieve opvolger van de barok, en in de kerk is dan ook geen enkel stukje onversierd gebleven. Bladgoud, gracieus stucwerk, rood marmer, plafond- en wandschilderingen – het is één grote bejubeling van de Heilige Maagd.

Enns ▶ Q4

Ten oosten van de hoofdstad Linz komen de rivieren Enns en Donau samen. Een strategische plek dus, waar de Romeinen al een versterking bouwden. Ook het huidige stadje Enns wordt nog altijd door stadsmuren en vijf wachttorens beschermd. Voor de bouw van de vestingwerken (1193-1194) kreeg Enns de beschikking over een deel van het losgeld dat Engeland betaalde voor de vrijlating van Richard Leeuwenhart (zie Tip blz. 116).

Beklim voor een goed overzicht over stad en omgeving de **Stadtturm** aan de Hauptplatz. Deze vrijstaande wachttoren annex klokkentoren dateert van 1568 en is 60 m hoog. Hier woonde de torenwachter, die als belangrijkste taak had bij brand de burgers met hoornsignalen te waarschuwen. Onderweg naar boven passeert u het oorspronkelijke uurwerk.

Het plein onder aan de toren wordt omzoomd door statige, strakke gevels. Het pand op nr. 19 heeft een barokke gevel met zachtroze tinten, maar is daarachter middeleeuws. Binnen illustreert **Museum Lauriacum** (www.museumlauriacum.at, apr.-okt. di.-vr. 10-15, za. en zo. 10-12 en 14-16 uur, nov.-mrt. zo. 10-12 en 14-16 uur, entree € 5) de stadsgeschiedenis, met veel aandacht voor de Romeinse tijd en de middeleeuwen.

Wandel voor nog meer geschiedenis naar de **Basilika St. Laurenz** (Lauriacumstraße 4, www.stlaurenz.com, rondleiding apr.-15 okt. dag. 16 uur, entree € 5). Deze gotische kerk werd in de 13e eeuw gebouwd op fundamenten van de Romeinse stad Lauriacum. Bij archeologische opgravingen zijn resten gevonden van een Romeins huis uit de 2e eeuw en van een vroegchristelijke kerk uit de 4e/5e eeuw. De unieke vondsten zijn tijdens een rondleiding te bekijken. In het hoofdaltaar zijn verder relieken te zien van de heilige Florianus van Lorch (zie Tip). Ga buiten op zoek naar het knekelhuis, met op de gevel een levensgrote beeldengroep uit 1690. Het is een voorstelling van ecce homo ('zie de mens'): Pontius Pilatus – merkwaardigerwijs gekleed in een Turks uniform – toont de gegeselde Jezus aan het Joodse volk.

Informatie

TSE GmbH: Hauptplatz 19, tel. 07223 827 77, www.tse-enns.at.

Stift St. Florian

St. Florian, Stiftstraße 1, tel. 07224 89 02-0, www.stift-st-florian.at, alleen rondleidingen: mei -sept. dag. 11, 13 en 15 uur, entree € 8,50

Enns is sterk verbonden met de abdij van St. Florian, die 8 km verder naar het westen ligt. Op deze plek werd naar verluidt Florianus, de patroonheilige van Opper-Oostenrijk (zie Tip), begraven. Begin 9e eeuw stond er al een klooster boven zijn graf; wat u nu ziet is het resultaat van een grondige verbouwing in de 17e eeuw, toen de decoratieve barokstijl populair was. Bezoeken kan alleen met een rondleiding, maar het is meer dan de moeite waard om uw bezoek op deze tijden af te stemmen. Een gids neemt u mee langs onder meer de bibliotheek, de Marmorsaal, de keizerlijke vertrekken, de kostbare kunstwerken en natuurlijk de prachtvolle basiliek. Anton Bruckner ging in de abdij naar school, zong hier als *Sängerknabe*

Tip

De legende van Florianus

Een fresco in Stift St. Florian toont hoe Florianus (of Florian) om het leven kwam: hij werd met een steen om zijn hals in de Enns gegooid. Florianus was een gepensioneerde Romeinse officier en bestuurder. Hij was ook christen, maar hield dat verborgen. Toen de Romeinen de christenen gingen vervolgen, reisde hij in het jaar 304 naar lotgenoten in Lauriacum (nu Lorch, een stadsdeel van Enns). Hier werd hij opgepakt en gemarteld, maar hij weigerde zijn geloof af te zweren. Daarop werd hij ter dood veroordeeld. Zijn aangespoelde lijk werd door een vrouw gevonden en begraven. Op deze plek werd later de abdij gebouwd. Florianus groeide uit tot de patroonheilige van Opper-Oostenrijk, maar ook van de brandbestrijders en schoorsteenvegers. In bijna elke kerk staat een beeld van hem, gekleed in Romeins uniform, terwijl hij met een emmer een huis blust.

en werd op 27-jarige leeftijd vaste organist. Daarna pas ontwikkelde hij zich tot componist van met name religieuze muziekstukken. Na zijn dood is Bruckner teruggebracht naar de abdij en kreeg een ereplek onder zijn geliefde orgel.

Mauthausen ▶ Q4

De reis langs de Donau gaat verder naar een door de geschiedenis helaas besmette naam: Mauthausen. Het dorp oogt vredig, met een boulevard bestaande uit vrolijk gekleurde huizen en een pontje dat fietsers en voetgangers naar de overkant brengt. Verwijzingen naar het concentratiekamp dat al in 1938 in de heuvels achter het dorp werd gebouwd, zijn er nauwelijks – Oostenrijk heeft nog altijd een moeizame relatie met zijn oorlogsverleden. Toch werden hier, en in tientallen bijkampen in de omgeving, circa 200.000 mensen gevangengezet. Daarvan kwam bijna de helft op gruwelijke wijze om het leven.

Het is dus even zoeken naar de herinneringsplekken, maar ze zijn er wel. Op de locatie van het kamp staat nu **KZ Gedenkstätte Mauthausen** (Erinnerungsstraße 1, www.mauthausen-memorial.org, mrt.-okt. dag. 9-17.30, laatste toegang 16.45 uur; nov.-feb. di.-zo. 9-15.45, laatste toegang 15 uur; in de winter zijn sommige onderdelen gesloten, entree gratis). Een deel van de barakken, wachttorens en ommuring is bewaard gebleven. In de voormalige ziekenboeg vertelt een permanente tentoonstelling het verhaal van het kamp en de slachtoffers. Berucht zijn de granietgroeven waar de gevangenen moesten werken; een trap met 186 treden toont waar zij de stenen omhoog moesten sjouwen – de benaming 'dodentrap' zegt genoeg. Op het terrein staan verder talrijke monumenten, opgericht door de landen waar de gevangenen vandaan kwamen.

Informatie

Tourismusverband Mauthausen: Marktstraße 2, tel. 0677 61 23 46 29, www.mauthausen.info.

Grein ▶ R4

Een hooggelegen burcht en een witte kerktoren kondigen Grein aan, gelegen in een bocht van de rivier. Sfeervol is de Stadtplatz, een klein marktplein met als blikvanger het Rathaus. Een tekst boven de ingang verraadt dat zich op de eerste verdieping het **Stadttheater** bevindt (Stadtplatz 7, www.stadttheater-grein.at, mei-eind okt. ma.-za. 9-12 en 14-18, zo. 14-16 uur, entree € 4,50, incl. Stadtmuseum). Dit kleine rococotheater is een waar juweeltje: in 1791 gebouwd door de inwoners zelf, met nog altijd veel authentieke details.

Op een rots boven het stadje, aan de oever van de Donau, pronkt **Schloss Greinburg** (Greinburg 1, tel. 07268 70 07 18, www.schloss-greinburg.at, mei-eind okt. dag. 9-17 uur, entree € 6, incl. Schiffahrtsmuseum). De basis van het kasteel is laatmiddeleeuws, maar wat u nu ziet is vooral het resultaat van verbouwingen in de 16e en 17e eeuw. Het **Schiffahrtsmuseum** in het slot is gewijd aan de scheepvaart op de Donau.

Een uitstapje brengt u vanuit Grein naar de 7 km westelijker gelegen **Burg Clam** (Klam, Sperken 1, tel. 0 7269 72 17, www.burgclam.com, rondleidingen mei-okt. dag. 10-16.30 uur, entree € 9). Halverwege de 12e eeuw stond er al een burcht op deze hoge rots; veel daarvan is in het huidige kasteel terug te vinden. Een gids wijst u de weg – het kasteel wordt nog altijd bewoond en het is niet de bedoeling dat u zelf gaat ronddwalen. U komt onder andere in de oude ontbijtzaal, de apotheek, de wapenkamer, de kapel en de prachtige binnenhof.

Informatie

Tourismusverband Grein: Stadtplatz 5, tel. 07268 70 55, www.grein.info.

Door het Mühlviertel ▶ O 3-Q 4

Het Mühlviertel, genoemd naar de rivier de Mühl, strekt zich uit tussen de Donau en de Tsjechische grens. Steden én toeristen zijn hier nauwelijks. Bossen, akkers en boerendorpen vullen de hellingen van het eindeloos golvende landschap, dat vooral liefhebbers van lange fiets-, wandel- of paardrijtochten zal aanspreken. De granietheuvels zijn tussen de 600 en 1000 m hoog en leverden de bouwmaterialen voor de massieve boerderijen, vaak gebouwd als burchten met grote binnenplaatsen. De muren lijken bedekt met camouflagetinten: granieten stenen vormen donkere vlekken in de witgepleisterde muren.

Freistadt ▶ Q 3

Vanuit Linz gaat de enige grote weg in het Mühlviertel richting Freistadt. Nergens anders in Oostenrijk bleven de middeleeuwse vestingwerken zo intact als hier. Van buiten naar binnen herkent u een grachtmuur, een droge gracht (soms beplant met boomgaarden), een buitenmuur en een binnenmuur. Twee poorten bewaken de toegang tot de stad: de hoge **Linzertor** en de vierkante **Böhmertor**, waarin de sleuven van de kettingen van de ophaalbrug nog te zien zijn. Hiervandaan leiden de straten naar de rechthoekige Hauptplatz, met daaromheen bontgekleurde huizen. De toren van de **Stadtpfarrkirche** aan de zuidkant van het plein is typisch barok, dat wil zeggen sierlijk en decoratief. Binnen is het een heel ander verhaal; hier is bij een renovatie in 1967 de oorspronkelijke, sobere stijl teruggebracht.

Vanaf het plein is in een hoek de 50 m hoge donjon van **Schloss Freistadt** te zien. De burcht werd in de 14e eeuw

Het landschap van het Mühlviertel is ideaal voor lange wandel-, fiets- en ruitertochten

gebouwd om het stadje te versterken en is daarna diverse keren gemoderniseerd. Een deel is ingericht als **Mühlviertler Schlossmuseum** (Schlosshof 2, tel. 07942 722 74, www.museum-freistadt.at, ma.-vr. 9-12 en 14-17 (juni-sept. 9-17) uur, za. en zo. 14-17 uur, entree € 6). Het is gewijd aan de stadsgeschiedenis en regionale kunstnijverheid, met als specialiteit *Hinterglasmalerei*: op de achterkant van glas geschilderde voorstellingen.

Eten en drinken

Bier en meer – **Braugasthof**: Brauhausstraße 2, tel. 07942 727 72, www.freistaedter-bier.at. In de historische brouwerij van Freistadt worden acht soorten bier gebrouwen. Kopen en proeven kan in de bijbehorende winkel annex café annex restaurant.

Actief

Wandelen – Het **Thurytal** ten noordwesten van Freistadt is genoemd naar de familie Thury, die hier in de 18e eeuw een twintigtal watermolens beheerde. Het water dreef hamers aan, waarmee voornamelijk sikkels en zeisen werden gemaakt. Het idyllische dal is alleen te voet toegankelijk en bezit nog vele herinneringen aan het smederijverleden.
Paardrijden – Het glooiende landschap van het Mühlviertel is het perfecte decor voor een tocht te paard. Het gebied ten oosten van Freistadt, ook bekend als de **Mühlviertler Alm**, beschikt over 700 km aan gemarkeerde ruiterpaden en circa vijftig maneges en ruiterherbergen. Zie ook www.muehlviertleralm.at.
Paardentram – In **Kerschbaum**, circa 7 km ten noorden van Freistadt, kunt u kennismaken met de **Pferdeeisenbahn**, een paardentram op rails waarmee in de 19e eeuw eerst zout en later ook personen werden vervoerd. Deze traditie herleeft bij het paardentrammuseum, waar u kunt instappen voor een nostalgisch ritje (mei-okt. zo. 13-16 uur, aug. ook ma.-vr. 14-16 uur, entree € 9,50).

Kefermarkt ▶ Q3

Liefhebbers van religieuze kunst opgelet: in de **St. Wolfgangskirche** van Kefermarkt, 9 km ten zuiden van Freistadt, staat een van de mooiste gotische vleugelaltaren van Oostenrijk. Het altaarstuk met twee luiken werd in 1490 gemaakt door een onbekende, maar zeer vaardige houtsnijwerker. In het midden staan de heiligen Petrus, Wolfgang en Christoffel, de vleugels tonen scènes uit het leven van Maria.

Böhmerwald

In de noordwesthoek van het Mühlviertel worden de heuvels steeds hoger. Hier ligt het Böhmerwald (Boheemse Woud), een middelgebergte dat over de landsgrenzen verder gaat in Duitsland en Tsjechië (onder de naam Šumava). De hoogste top in het Oostenrijkse deel is de **Plöckenstein** (1329 m), direct op de grens met Tsjechië. Het drielandenpunt vindt u 1,3 km ten westen van de Plöckenstein, maar verwacht hier geen toeristische attractie: een monumentale steen, een bankje en wat informatieborden, meer is het niet.

Aan de rand van het Böhmerwald, in **Aigen-Schlägl**, vestigden zich in 1218 premonstratenzers uit Bohemen. Hun klooster, **Stift Schlägl**, zou uitgroeien tot het religieuze en culturele centrum van het Mühlviertel. Gasten zijn welkom voor een rustgevende retraite, maar ook om een deel van de gebouwen te bekijken. Rondleidingen gaan onder meer langs de crypte, de bibliotheek, de schilderijencollectie en de expositiezaal (Schlägl 1, tel. 07281 880 10, www.stift-schlaegl.at, poort: ma.-vr. 7.30-12 en 13-17.30, za. en zo. 8/9-12 en 14-17 uur, rondleiding € 5). Voor bierliefhebbers is er een eigen brouwerij en de mogelijkheid om te proeven in het bijbehorende restaurant.

Actief

Wintersport – Het skigebied **Hochficht** bezit 20 km aan pistes, skiliften, sneeuwmachines en vooral glooiende, bosrijke hellingen. Ook aan kinderen en freestylers is gedacht.

Langs de Inn ▶ L 5-N 4

De rivier de **Inn** volgt vele kilometers lang de grens tussen (Opper-)Oostenrijk en Duitsland. Het gebied rond de rivier is beschermd als natuurgebied onder de naam **Umweltschutzgebiet Unterer Inn** (www.europareservat.de). Dat betekent dat de natuur hier voorrang krijgt. Net als fietsers trouwens: zij kunnen over 517 km de bewegwijzerde Innradweg langs de rivier volgen.

De streek ten oosten van de Inn heet het **Innviertel**. Ook hier bepalen beboste heuvels en glooiende akkers en weiden het beeld, maar het landschap oogt net wat minder aantrekkelijk dan in het aangrenzende Mühlviertel. Charmant zijn zeker wel de barokke stadjes langs de Inn, die bijna Duits aandoen – niet verwonderlijk, want het gebied viel eeuwenlang onder Beieren.

Braunau am Inn ligt aan de samenvloeiing van de rivieren Inn en Salzach. Het stadje hoorde tot 1779 bij Beieren, waar het via een brug nog altijd mee is verbonden. De welvaart die de zouthandel opleverde, is nog zichtbaar aan het centrale marktplein. Wat hier opvalt: de kleur van de voorname gevels – roze, oranje, okergeel, groen – is net wat feller dan elders in Oostenrijk. De stadspoort aan de zuidkant van de Stadtplatz is een restant van de vestingwerken die ooit Braunau beschermden. Wandel voor een uniek middeleeuws relict halverwege het plein westwaarts de Johann-Fischer-Gasse in: op nr. 18 vindt u de **Glockengießerei**, een middeleeuwse werkplaats van een klokkengieter (rondleidingen di.-za. 13.30, zo. 10 en 13.30 uur, entree € 4,30).

Verder noordwaarts, op enkele kilometers van de rivier, is **Geinberg** bekend vanwege de **Therme Geinberg** (www.therme-geinberg.at), een van de grootste wellnessresorts van Oostenrijk. Verderop wacht **Obernberg am Inn**, dat ook weer een bontgekleurd marktplein heeft, afgesloten door twee poorten. Sommige gevels zijn bovendien versierd met sierlijke stucdecoraties. ▷ blz. 152

Tip

Hitler in Braunau

Braunau is de geboorteplaats van een van de belangrijkste Oostenrijkers uit de wereldgeschiedenis. Toch wilde het stadje daar lange tijd liever niet aan herinnerd worden ... Het was 1889 toen de douanebeambte Alois Hitler een derde zoon kreeg en hem Adolf noemde. Het gezin woonde in een huurhuis aan de Salzburger Vorstadt 15. Ze verhuisden al snel, maar in de Tweede Wereldoorlog gebruikten de nazi's het geboortehuis van hun Führer maar al te graag voor propagandadoeleinden. Dat werd na de oorlog anders: waar mogelijk werden alle verwijzingen naar Hitler verwijderd. Pas in 1989, honderd jaar na zijn geboorte, werd voor het huis een herinneringssteen met een tekst tegen de oorlog en het fascisme geplaatst.

Favoriet

Gildekleuren in Schärding ▶ N 4

De handel over de rivier de Inn leverde veel geld op, zoals te zien is in welvarende stadjes als Braunau, Obernberg en Schärding. Allemaal hebben ze een statig plein met voorname huizen uit de 16e-19e eeuw, geverfd in bonte kleuren en veelal bekroond met een klokgevel – kenmerken van de laatbarok. Pronkstuk is een serie huizen aan de Oberen Stadtplatz in **Schärding**, ook wel *Silberzeile* genoemd (een *Zeile* is een rij, *Silber* verwijst waarschijnlijk naar het zilver dat de rijke kooplieden in hun beurs hadden). De felgekleurde gevels zijn herinneringen aan de middeleeuwse gilden, die allemaal een eigen kleur hadden: blauw voor de bakkers, rood voor de slagers, geel of groen voor een herberg. In de wintermaanden fungeren deze gevels als decor voor de Lichtspiele: zodra het donker is, worden fantasievolle lichtbeelden op de huizen geprojecteerd.

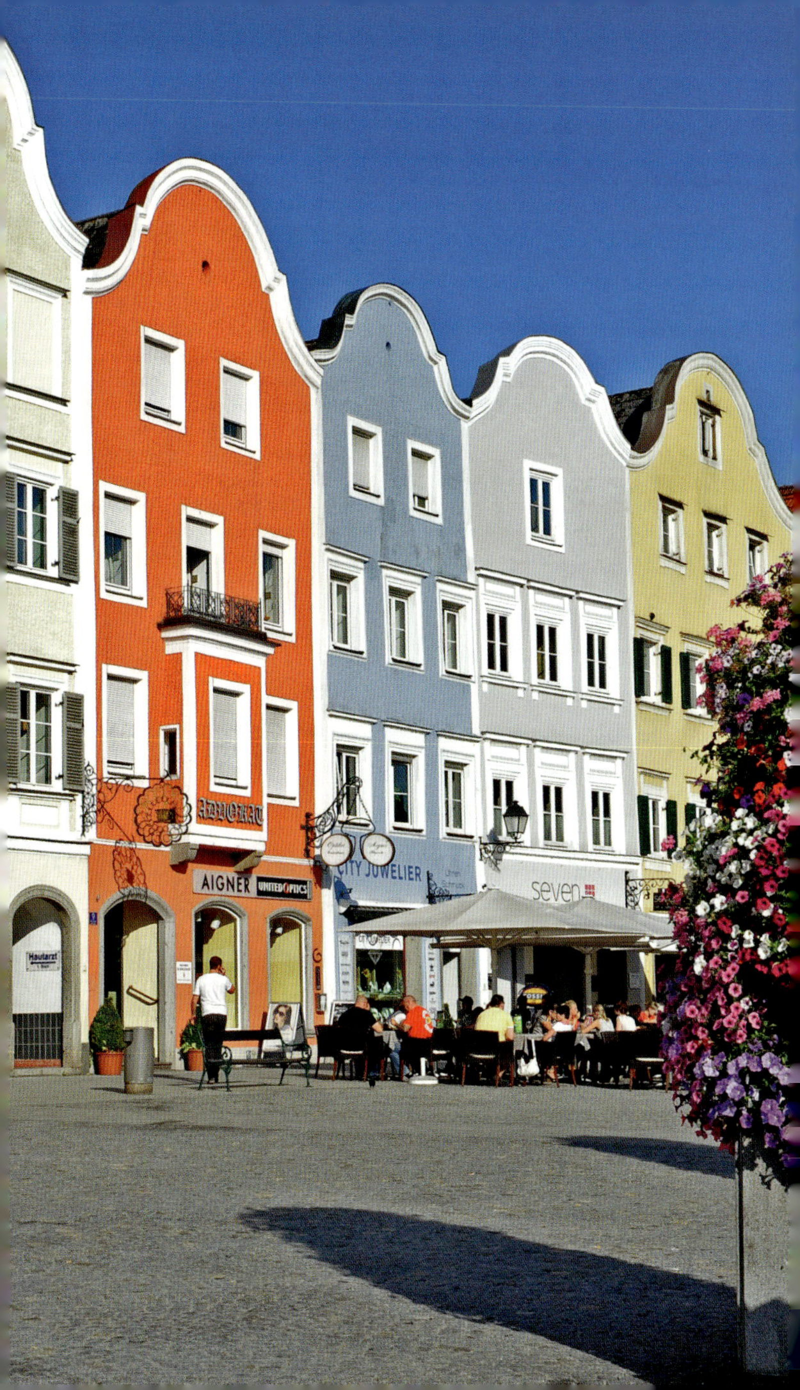
AIGNER
UNITED OPTICS
CITY JUWELIER
seven
Hautarzt

Schärding heeft zelfs twee pleinen met kleurrijke barokke huizen: de Obere en de Untere Stadtplatz (zie blz. 150). Vanaf het onderste plein wandelt u via een olijfgroene waterpoort naar de rivieroever, waar u verder kunt lopen over de Innkade en langs de stadsmuur. Aan de zuidkant van het bovenste plein ligt de Hinterstadt, waar vroeger de ambachtslieden en winkeliers woonden.

Tip voor gezinnen: in het achterland van Schärding, in het kleine **Kopfing im Innkreis**, is een spannende **Baumkronenweg** aangelegd, een 40 m hoog pad tussen de boomtoppen (Knechtelsdorf 1, tel. 07763 228 90, www.baumkronenweg.at, apr.-begin nov. dag. 10-18 uur, entree € 9,50). Overnachten kan in een al even spectaculair Baumhotel.

Ten zuiden van de Donau

Velden vol koolzaad, maïs en granen, boerderijen als burchten, appelboomgaarden voor de productie van most – ten zuiden van de Donau gaat het golvende landschap gewoon verder. Met daarin enkele middelgrote steden.

Wels ▶ P 5

Met zijn ruim 60.000 inwoners is Wels de tweede stad van Opper-Oostenrijk. Het is vooral goed toeven in de kleine kern rond de **Stadtplatz**, waar de straten zijn gevuld met winkels en – voor de dorstigen – *Heurigenlokale* en *Bier-* en *Weinstuben*. Het langgerekte plein is bereikbaar via een poort genaamd **Ledererturm**, een van de schaarse restanten van de middeleeuwse stadsverdediging. Achter de geparkeerde auto's ziet u een lange rij herenhuizen in een keur aan bouwstijlen. Soms kunt u via een poortje een blik werpen op een binnenplaats met arcaden (nrs. 18, 34, 44, 55; bij nr. 46 staat zelfs een graanpakhuis in de achtertuin). Ook huisnr. 62-63, nu een hotel, heeft achter de gele pronkgevel een arcadenhof uit de 16e eeuw. Deze **Kremsmünstererhof** was vroeger eigendom van de abdij van Kremsmünster (zie hierna). In **Burg Wels**, een eeuwenoud gebouw aan de rand van het oude centrum, zijn verschillende musea over stad en omgeving ondergebracht (Burggasse 13, tel. 07242 235 73 50, www.wels-info.at, di.-vr. 10-17, za. 14-17, zo. 10-16 uur, entree € 4,50).

Liefhebbers van dierentuinen rijden naar de 10 km ten noorden van Wels gelegen **Zoo Schmiding** (Krenglbach, Schmidingerstrasse 5, tel. 07249 462 72, www.zooschmiding.at, zomerperiode dag., zie website, entree € 13,50), een modern dierenpark met onder meer vogels, giraffen, tijgers en gorilla's.

Informatie

Wels Info: Stadtplatz 44, tel. 07242 677 22 22, www.wels-info.at.

Stift Kremsmünster ▶ P 5

Kremsmünster, tel. 07583 527 50, www.stift-kremsmuenster.net, rondleidingen apr.-okt. dag. 10, 11.30, 14, 16 uur, nov., dec. en mrt. 11, 14, 15.30 uur; Sternwarte mei-aug. 10, 14, 16 uur, sept.-okt. 14 uur, entree vanaf € 1

Het mooie stadje **Kremsmünster** wordt geheel gedomineerd door een van de grootste kloosters in Centraal-Europa. De bouw startte al in 777, maar wat u nu ziet dateert van de 17e en 18e eeuw. Bekende namen als Jakob Prandtauer en Carlo Carlone leverden hun bijdrage aan het indrukwekkende complex. Omdat de abdij nog in gebruik is – de paters werken in omliggende parochies en er is een gymnasium – worden bezoekers door een gids rondgeleid. Vrij toegankelijk zijn wel de visvijvers: vijf bassins met zuilengangen en beelden. In de abdijkerk is de middeleeuwse oorsprong nog te herkennen, maar de decoraties zijn duidelijk van latere datum. Let op het zeer verfijnde stucwerk en de talrijke schilderingen op plafonds en muren. De schilders namen zelfs de zuilen onder handen. Verder ziet u de schatkamer, met daarin kostbare stukken uit de tijd van de stichting van het klooster, en de schilderijencollectie, met werken van Hollandse en Vlaamse meesters. Een aparte rondleiding gaat naar de **Sternwarte**, de rond 1750 gebouwde sterrenwacht in de abdijtuin, met daarin voorwerpen uit de wetenschap.

Stift Lambach ▶ O 5

Lambach, Klosterplatz 1, tel. 07245 217 10, www.stift-lambach.at, Pasen-okt. ma.-vr. 9-12 en 13-16 uur, rondleiding 14 uur, entree € 6

Het verhaal van de abdij van Lambach begon halverwege de 11e eeuw, toen een burcht werd verbouwd tot klooster. De huidige aanblik is het resultaat van de gebruikelijke verbouwing in de 17e eeuw, de hoogtijdagen van de barok. Ook de kloosterkerk ontkwam niet aan een grondige restyling, maar gelukkig lieten de schilders de 11de-eeuwse fresco's in het westkoor ongemoeid. Waarschijnlijk was destijds de hele kerk versierd met zulke schilderingen, die als een stripverhaal leven en lijden van Christus illustreerden. Een curiosum is het rococotheater.

Aan de andere kant van de rivier de Taun, 2 km zuidelijker in **Stadl-Paura**, staat op een heuvel de **Dreifaltigkeitskirche** (Pasen-okt. dag. 7-19 uur). De abt van Stift Lambach liet de kerk bouwen na de pestepidemie van 1713; zo hoopte hij dat een volgende epidemie aan het stadje voorbij zou gaan. Bij het ontwerp draaide alles om het heilige getal drie: drie portalen, drie torens, drie orgels enzovoort.

Steyr ▶ Q 5

Ondanks de aanwezige industrie – staal, tractoren, wapens – is Steyr een van de mooiste stadjes van Oostenrijk. Het centrum is compact en goed bewaard gebleven.

Begin een verkenning op de langgerekte **Stadtplatz**. Wie ook andere plaatsen in Opper-Oostenrijk heeft bezocht, zal het meteen opvallen: de bekende barokke huizen (pasteltinten, klokgevels) zijn er wel, maar staan hier naast middeleeuwse gotische panden (Brummerlhaus op nr. 32, uit 1497), sierlijke rococo (Rathaus op nr. 27, uit 1778) en neogotiek (Sparkasse op nr. 20-22, uit 1900). Een bijzonder geval is het blauwe Sternhaus op nr. 12: dit middeleeuwse huis kreeg na een grote stadsbrand in 1727 een nieuwe gevel in uitbundige laatbarok. Zo verandert een stadswandeling in een aanschouwelijk lesje architectuurgeschiedenis (zie blz. 62).

Aan de noordkant van de Stadtplatz doemt links **Schloss Lamberg** op, een middeleeuwse burcht die na een brand in 1727 werd herbouwd. Het slot wordt nu voor culturele doeleinden gebruikt, maar u kunt wel een rondje maken om het kasteel en door het park.

Steek vervolgens rechts via de Bahnhofstraße de rivier de Enns over voor een prachtig stadspanorama, dat vooral in het avondlicht feeëriek is (zie foto blz. 154-155). Wandel terug over de brug en steek dan rechts via een andere brug de Steyr over. Hier, in de nauwe, steile straten van het stadsdeel **Steyrdorf**, woonden vroeger de ambachtslieden.

Steyr ligt op de plek waar de rivier de Steyr uitmondt in de Enns

Stap direct na de brug binnen in de **Michaelerkirche**, vanbuiten voorzien van een kleurrijke fresco, vanbinnen aangekleed in theatrale rococo.

Op een 'eiland' in de Steyr, ten westen van de brug, is in een oude fabriek **Museum Arbeitswelt** ondergebracht (Wehrgrabengasse 7, tel. 7252 77 35 10, www.museum-steyr.at, half mei-half dec. di.-zo. 9-17 uur, entree € 7). Er zijn vooral tijdelijke tentoonstellingen te zien, vaak met gebruik van de modernste technieken.

Voor treinfanaten: bij het station van Steyr stoppen de museumtreinen van de **Steyrtalbahn** (www.steyrtalbahn.at), een smalpoorbaan met stoomlocomotieven. Het eerste station na Steyr is **Christkindl** (letterlijk: Jezuskind), een dorpje waar een bekende bedevaartskerk staat. Object van verering is een klein, eenvoudig wassenbeeldje van het Jezuskind. Overigens is Christkindl ook de naam van degene die in Oostenrijk de kerstcadeautjes uitdeelt. Daarom is er in dit dorp een speciaal postkantoor waar vanaf de eerste adventzondag alle post van kinderen wordt beantwoord.

De trein doet vervolgens ook **Bad Hall** aan, gelegen in een idyllisch landschap, maar vooral bekend vanwege de jodiumhoudende bronnen waar een heel Kurpark omheen is gebouwd.

Informatie

Tourismusverband Steyr: Stadtplatz 27, tel. 07252 53 22 90, www.steyr.info.

Nationalpark Kalkalpen ▶ Q7

In de zuidoosthoek van Opper-Oostenrijk ligt het grootste aaneengesloten bosgebied van het land. Sparren, dennen en beuken bedekken hier de hellingen van het Sengsengebirge en van het Reichraminger Hintergebirge. De **Hohe Nock** is met 1963 m de hoogste top van het natuurgebied, dat in 1997 de status van nationaal park kreeg. Moerassen, beken, kloven en steile rotswanden vormen het decor. Bijzondere fauna is er in de vorm van visotters, bevers en lynxen, plantenliefhebbers ontdekken vele soorten mossen en varens.

Actief

Wandelen – Leerpaden, themawandelingen, kampeerplekken: wandelaars worden verwend in het nationale park. In het zomerseizoen rijdt er een speciale *Wanderbus* vanuit Steyr door het natuurgebied. Voor ervaren wandelaars zijn de kale hoogvlakten van de Ebenforstalm een geschikt startpunt voor het beklimmen van de omliggende bergen. In twee dagen kunt u de Hohe Nock (1963 m) oversteken.
Fietsen en mountainbiken – De fiets is de beste manier om dieper in de stille dalen door te dringen. In totaal is er 500 km aan fiets- en mountainbikepaden beschikbaar. Fietsen huren – ook e-bikes – kan op verschillende plaatsen.
Paardrijden – Ruiters hebben de keuze uit 300 km aan ruiterpaden en vele overnachtingsadressen voor een meerdaagse tocht. Leuk voor kinderen zijn tochten met paard-en-wagen.

Wintersport – In de uiterste zuidpunt van Opper-Oostenrijk liggen de skigebieden Wurzeralm (22 km aan pistes) en Hinterstoder-Höss (40 km aan pistes).

Informatie

Nationalpark Zentrum Molln: Molln Nationalpark Allee 1, tel. 07584 36 51, www.kalkalpen.at.
Nationalpark Besucherzentrum Ennstal: Reichraming, Eisenstraße 75, tel. 072 54 84 14-0, www.kalkalpen.at.

Salzkammergut ▶ M 6-O 7

Het Salzkammergut is een bekende naam in toeristenland. Niet verwonderlijk, want het landschap – glooiende weiden, donkere wouden en steile bergwanden die oprijzen uit tientallen zeegroene of juist diepblauwe meren – is vooral voor sportief aangelegde toeristen een waar paradijs. Van wandelen en fietsen tot duiken, zeilen, zwemmen,

Opper-Oostenrijk

klimmen, parapenten en skiën, het aanbod is zeer breed.

Het Salzkammergut kent geen vaste begrenzing. De benaming – die verwijst naar de zoutwinning die vroeger in deze regio voor welvaart zorgde – werd oorspronkelijk gebruikt voor een beperkt gebied rond de Traunsee en Hallstätter See, maar inmiddels omvat het Salzkammergut het hele merengebied ten oosten van Salzburg. Driekwart hiervan valt onder de deelstaat Opper-Oostenrijk, de rest onder Stiermarken (zie blz. 190) en Salzburg.

Gmunden ▶ O 6

Gmunden is een elegant stadje aan de noordoever van de **Traunsee**, op de plek waar de rivier de Traun in het meer uitmondt. De zouthandel zorgde hier lange tijd voor welvaart. Zoutschepen, op lastige trajecten door paarden voortgetrokken, brachten hun lading via de rivieren en meren naar Wenen. Begin 19e eeuw kwam daar een alternatieve route bij: de vader van schrijver Émile Zola legde in 1828-1835 een ijzeren spoorlijn aan tussen Gmunden en Linz, waarover paarden met zout volgeladen wagons voorttrokken.

Nu is Gmunden vooral een chic kuuroord dat profiteert van de zuivere lucht. Met zijn jachthaven, strand en promenades heeft het zelfs iets van een rivièrastadje. Startplaats van een aangename flaneertocht is de Rathausplatz, een plein dat aan één kant open is en uitkijkt over het meer. Aan de landzijde leidt de Kirchengasse omhoog naar enkele sfeervolle straten en pleinen, gevuld met terrasjes en winkels. Aan het einde van de steeg markeert een gele toren met uivormige spits de **Stadtpfarrkirche**, beroemd vanwege het magnifieke altaarstuk: de Drie Koningen, in de vorm van bijna levensgrote beelden, betonen eer aan de pasgeboren Christus.

In een statig pand even ten noordoosten van de Rathausplatz zijn de **Kammerhofmuseen Gmunden** gewijd aan de geschiedenis van de stad, met veel aandacht voor de keramiekproductie en voor de ontwikkeling van wc's en ander sanitair (Kammerhofgasse 8, tel. 07612 79 44 23, www.k-hof.at, wo.-vr. 13-17, za. en zo. 10-17 uur, entree € 6).

Ga dan terug naar de Rathausplatz en wandel rechts langs het water via een door kastanjebomen overschaduwde esplanade naar het **Toscanapark**, een groen schiereiland met een villa in Toscaanse stijl. Opvallend is de combinatie van een kasteel op het land en een kasteel in het water. Een lange brug leidt naar **Seeschloss Ort**, een waterburcht uit de 17e eeuw waarvan de wortels teruggaan tot de 10e eeuw. Het wordt nu gebruikt voor feesten en partijen, maar passanten zijn welkom voor een kijkje (begin apr.-eind okt. dag. 9.30-17 uur, entree € 3).

Tip

De belangrijkste meren

Het Salzkammergut telt 26 meren. De belangrijkste in Opper-Oostenrijk zijn:
Attersee: met 20 km lengte het grootste meer, ideaal voor vaarvakanties.
Fuschlsee: klein, idyllisch meer met smaragdgroen water en beboste oevers. Aan de oostoever ruimte voor recreatie.
Hallstätter See: 6 km lang, 2,3 km breed. Visserij en vaartochten.
Irrsee: klein meer met het warmste zwemwater, maar weinig infrastructuur voor toeristen.
Mondsee: 11 km lang, 2 km breed, met lekker warm, lichtgroen zwemwater. Rondom steile bergen.
Traunsee: 12 km lang en zeer diep (191 m). Koud, helder water.

Actief

Boottocht – **Traunseeschifffahrt:** Sparkassegasse 3, tel. 07612 667 00, www.traunseeschifffahrt.at. Verschillende schepen, waaronder de raderboot Gisela (1871), liggen klaar voor een tocht over het meer.

Watersport – De **Traunsee** leent zich voor allerlei watersporten, van zwemmen tot zeilen en stand up paddling. Bij het Toscanapark is een watersportcentrum (www.wassersportarena.at).

Wandelen – Aan de zuidoostkant van Gmunden gaat er een kabelbaan naar de **Grünberg** (www.gruenberg.info). Hier starten diverse wandelroutes met uitzicht op de Traunsee.

Informatie

Gästezentrum der Ferienregion Traunsee: Toscanapark 1, tel. 07612 643 05, traunsee.salzkammergut.at.

Ebensee ▶ O7

Een prachtig plekje, dit kleine dorp aan de zuidpunt van de Traunsee. In de zomer nodigt het kabbelende water uit tot een zeiltocht, terwijl een kabelbaan wandelaars naar de omliggende bergen brengt. In de winter, als de witte bergen scherp afsteken tegen het diepblauw van het meer, volgen skiërs diezelfde route omhoog. De kabelbaan vertrekt aan de westkant van Ebensee naar de **Feuerkogel** (www.feuerkogel.net), de zonnigste berg van Oostenrijk. Boven wachten een prachtig uitzicht naar alle kanten, verschillende berghutten, wandelpaden en in de winter 12 km aan pistes, die ook zeer geschikt zijn voor gezinnen met kinderen. Mountainbikers kunnen een 5,6 km lang downhillparcours volgen.

In Ebensee zijn er verschillende plekken die herinneren aan het concentratiekamp dat hier van 1943 tot 1945 stond. De gevangenen moesten in een berg tunnels uithakken voor een fabriek voor V2-raketten – velen van hen overleefden het niet. Exposities hierover vindt u in het **Zeitgeschichte Museum Ebensee** (Kirchengasse 5, tel. 06133 56 01, www.memorial-ebensee.at, okt.-feb. di.-vr. 10-17 uur, mrt.-15 juni di.-za. 10-17 uur, 16 juni-sept. di.-zo. 10-17 uur, entree € 6). Daarnaast is aan de zuidkant van het dorp, op de locatie van het kamp, een **KZ-Gedenkstätte** ingericht (B145, afslag Rinbach, borden volgen). De ingangspoort is bewaard gebleven, er is een begraafplaats met monumenten en op enkele minuten wandelen is een tunnelgang te bezichtigen onder de naam **KZ-Gedenkstollen**.

Traunkirchen ▶ O6

Op een schiereiland aan de ruige westoever van de Traunsee pronkt het sfeervolle dorp Traunkirchen, dat eenvoudig te herkennen is aan het kerkje op een hoge rots. Een andere kerk, de **Pfarrkirche Mariä Krönung**, heeft een barok interieur met bijna kitscherige altaarstukken en een al even overdadig versierde preekstoel met de naam **Fischerkansel**.

Attersee ▶ N 6-7

Een meer zonder grote plaatsen of burchten, maar toch is de blauwgroene Attersee een van de mooiste meren van het Salzkammergut. Watersportliefhebbers vinden hier volop mogelijkheden om te zwemmen, duiken en zeilen. Er zijn verschillende soorten boten te huur, maar let op: in juli en augustus geldt er een vaarverbod voor motorboten.

Mondsee ▶ N 6-7

Zwemmers roemen de Mondsee vanwege het relatief warme water, dat wordt omringd door grazige weiden en aan de oostkant scherp afgetekende bergen. Mondsee is bovendien de naam van een stadje dat met zijn combinatie van watersport en kleurrijke gevels in het weekend veel Salzburgers trekt. De twee gehelmde torens horen bij een vroegere kloosterkerk, die ook weer is aangekleed met exuberante altaarstukken en veel bladgoud. Het naastgelegen kloostergebouw herbergt een hotel en een klein lokaal museum, het **Pfahlbau- und Klostermuseum** (Marschall-Wrede-Platz 1, tel. 06232 28 95, www.museummondsee.at, di.-zo. 10-17/18 uur, entree € 3,50).

St. Wolfgang ▶ N 7

Een autovrij centrum met steile steegjes, volle bloembakken en een keur aan snuffelwinkeltjes – het is niet verwonderlijk dat St. Wolfgang bus- én bootladingen toeristen trekt. Tip: de mooiste entree maakt u met de veerboot (drie kwartier) vanuit St. Gilgen over de **Wolfgangsee**.

Vanaf de 15e eeuw zijn talrijke bedevaartgangers de huidige toeristen voorgegaan. Doel van hun tocht: de **Pfarrkirche St. Wolfgang**, gebouwd op de plek waar ooit de kapel van de heilige Wolfgang (ca. 924-994) stond. De middeleeuwse bouwstijl en het 17e-eeuwse schilderwerk zorgen voor een prachtig kader voor de verschillende kunstschatten. Het altaartsuk in het koor is een meesterwerk van schilder en houtsnijder Michael Pacher (ca. 1435-1498). Op werkdagen zijn de panelen gesloten en ziet u vier scènes uit het leven van de heilige, op zondag zijn acht schilderingen uit de evangeliën zichtbaar en op hoogtijdagen wordt de beeldengroep achter de luiken getoond. Merkwaardig genoeg was men in de 17e eeuw uitgekeken op dit prachtstuk en werd een nieuw retabel in barokstijl besteld. De maker van dit enorme werk, Thomas Schwanthaler, wist het kerkbestuur echter te overtuigen dat ook het oude altaar moest blijven staan. Daarom staan er nu twee pronkstukken, omringd door nog veel meer barokke uitbundigheid.

Leuk voor het hele gezin is een tocht met een tandradtrein (www.schafbergbahn.at) naar de top van de **Schafberg**, met als beloning een magnifiek uitzicht.

Informatie

Wolfgangsee Tourismus Büro St. Wolfgang: Au 140, tel. 06138 80 03, www.wolfgangsee.at.

Bad Ischl ▶ N 7

De belangrijkste plaats van het waterrijke Salzkammergut ligt niet aan een meer, maar aan de samenvloeiing van de rivieren Traun en Ischl. Nadat begin 19e eeuw een arts de heilzame werking van zoutbaden had aangetoond, groeide het kleine Ischl uit tot een mondain kuuroord. De complete Weense elite, inclusief keizers en componisten, reisde af naar het kuurstadje, dat in 1906 het offiële voorvoegsel 'Bad' aan de naam mocht toevoegen.

Het huidige Bad Ischl is een allegaartje van chique villa's, kuurparken, nostalgische badhuizen, moderne wellnessresorts en nostalgische vergane glorie. De Pfarrgasse is de commerciële hoofdader van het stadje, maar echt flaneren doet u over de **Esplanade**, de promenade langs de snelstromende Traun. In een park aan de noordkant van het stadje liet keizer Frans Jozef, de echtgenoot van Sissi (zie blz. 47), een zomerpaleis bouwen, waar ze vele jaren gebruik van zouden maken. In deze **Kaiservilla** ziet u onder meer de werkkamer van Elisabeth en de (50.000!) jachttrofeeën van de keizer (Jainzen 38, tel. 06132 232 41, www.kaiservilla.at, rondleidingen, mei-sept. dag. 9.30-17 uur, daarbuiten: zie website, entree villa en park € 14,50).

Ten zuiden van de kuurstad brengen de cabines van de **Katrin Seilbahn** (www.katrinseilbahn.com) wandelaars omhoog naar de **Katrinalm**, ook weer een berg met een prachtig uitzicht op het Salzkammergut. Berghutten en een keur aan wandelpaden maken meerdaagse wandeltochten mogelijk.

De top van de Schafberg biedt uitzicht op verschillende meren

Eten en drinken

Als keizers en componisten – Zauner: Pfargasse 7 & Hasnerallee 2, www.zauner.at. Konditorei Zauner aan de Pfargasse bestaat al sinds 1832. Hier kwamen kurende keizers en componisten hun lekkernijen halen, waaronder de beroemde Zaunerstollen (noga en chocolade). Er is ook een restaurant met terras aan de Esplanade.

Informatie

Tourismusverband Bad Ischl: Auböckplatz 5 – Trinkhalle, tel. 06132 27 75 70, www.badischl.at.

Tip

De knekels van Hallstatt

Ruimtegebrek is van oudsher een probleem in het kleine Hallstatt, ook op de begraafplaats van de Pffarkirche. Overledenen moesten al snel worden geruimd om plaats te maken voor nieuwe doden. De resten werden netjes opgestapeld in het 16e-eeuwse **Beinhaus**. De schedels werden voorzien van naam, jaartal en soms een bloemrijke versiering. Ze liggen nu te kijk voor de meer dan 250.000 toeristen die er jaarlijks langs wandelen.

Hallstatt ✸ ▶ O 8

Als u slechts één plaats in het Salzkammergut kunt bezoeken, laat dat dan het kleine Hallstatt zijn – maar kom bij voorkeur aan het einde van de dag, als de meeste toeristen weer zijn vertrokken.

Hallstatt ligt op een kleine landtong in de fjordachtige **Halstätter See**, ingeklemd tussen het kabbelende water en steile rotswanden. De huizen staan zo dicht op elkaar dat zelfs de jaarlijkse sacramentsdagprocessie (*Fronleichnsam*) in bootjes op het water moet worden gehouden. Ook voor uw auto is overigens geen plaats: parkeer op een van de grote terreinen buiten het dorp.

De smalle steegjes leiden naar het kleine, maar idyllische marktplein en de daarboven gelegen **Pfarrkirche** (de bovenste van de twee kerken). Binnen hebben kunstenaars een indrukwekkende kruisigingsgroep en twee meesterlijke altaarstukken achtergelaten. Het **Beinhaus** (zie Tip) van de dodenkapel op het kleine kerkhof achter de kerk bevat honderden schedels en botten van overleden Hallstätters.

Nog veel ouder zijn de graven die in de 19e eeuw zijn blootgelegd op de Salzberg, enkele honderden meters boven Hallstatt. In totaal gaat het om meer dan tweeduizend graven, met daarin grafgiften die soms uit verre oorden afkomstig waren. De vondsten bleken zo waardevol, dat de Keltische cultuur uit de periode 850-500 v.Chr. de naam **Hallstattcultuur** kreeg. Het waren vooral zoutwinners, die hun 'witte goud' exporteerden tot aan de Oostzee en de Middellandse Zee (zie Tip blz. 161). Maar ook al ver daarvoor, in 3000 v.Chr., werd hier steenzout uitgehakt. Wie meer wil weten, bezoekt **Museum Hallstatt** (Seestraße 56, tel. 06134 82 80 15, www.museum-hallstatt.at, nov.-mrt. wo.-zo. 11-15, apr. en okt. dag. 10-16, mei-sept. dag. 10-18 uur, entree € 9).

De locaties van de opgravingen en de zoutmijn zijn toegankelijk onder de naam **Salzwelten** (Salzbergstraße 21, tel. 06132 200 24 00, www.salzwelten. at, begin apr.-eind sept. 9.30-16.30, eind sept.-eind nov. 9.30-14.30/15 uur, entree € 22, incl. Salzbergbahn € 30). Volg het steile pad vanaf de kerk (45 min.) of neem achter aan het dorp de Salzbergbahn, een 'kabeltram', omhoog naar de **Salzberg**. Hier wachten een klein restaurant met een schitterend uitzicht, een wandelpad langs de opgravingen en een rondleiding door de mijn, waar met oude en nieuwe technieken het verhaal van de zoutwinning wordt verteld.

Informatie

Tourismusbüro Hallstatt: Seestraße 99, tel. 06134 82 08, www.hallstatt.net.

Dachstein en Gosautal ▶ N 8

Scherpe kalkrotsen, uitgestrekte gletsjers en diepblauwe meren karakteriseren de prachtige bergpanorama's van het Dachsteingebergte. Het massief ligt direct ten zuiden van de Hallstätter See en is verspreid over drie deelstaten (naast Opper-Oostenrijk ook Salzburg en Stiermarken). Vanuit **Obertraun** kunt u te voet of met een kabelbaan omhoog naar de **Krippenstein** voor een spectaculair uitzicht en een bezoek aan een tweetal grotten (zie blz. 162). Volg voor een derde grot, de **Koppenbrüllerhöhle**, vanuit Obertraun ruim 2 km de weg naar Bad Aussee (www.dachsteinsalzkammergut.com, rondleidingen eind apr.-eind sept. dag. 9-16 uur, entree € 12,60). Via een wandelpad langs een beek komt u bij een watergrot met druipstenen, een ondergronds meer en een waterval.

Tip

Prehistorische zoutmijnen

De prehistorische mens gebruikte zout om voedsel langer houdbaar te maken. Bij Hallstatt werd al rond 1500 v.Chr. ondergronds zout gewonnen. Mijnwerkers groeven verticale schachten (tot meer dan 100 m diep!), waarna brokken steenzout werden losgebikt en via houten ladders naar boven gebracht. In de periode van de Hallstattcultuur (850-500 v.Chr.) hakten de mijnwerkers horizontale kamers uit in de zoutlagen; de grootste waren meer dan 170 m lang en 20 m hoog. Uit archeologische vondsten blijkt dat ook vrouwen en kinderen in de mijnen werkten. Er zijn kleine schoenen gevonden en beschadigde halswervels bij skeletten van kinderen wijzen erop dat zij zware lasten op hun hoofd droegen. Halverwege de 4e eeuw v.Chr. stopte de zoutwinning plotseling, mogelijk doordat bij een landverschuiving de mijnen volstroomden met modder. Er is zelfs een compleet lijk van een mijnwerker gevonden die daarbij werd bedolven.

Ten westen van de Hallstätter See bereikt u via de B166 het brede, vriendelijke Gosautal. Vanaf **Gosau** gaat de L1291 naar de **Vordere Gosausee**. In een uur wandelt u via een eenvoudig pad rond dit meer, met prachtig zicht op de bossen en de grillige toppen rondom. Ervaren wandelaars kunnen in een kleine twee uur heen en weer naar de **Hintere Gosausee**, een klein meer in een ruig bergdecor.

Vanuit het Gosautal gaan verschillende kabelbanen omhoog. In de zomer zijn ze bedoeld voor wandelaars, daarna nemen wintersporters hun plaats in – de sneeuwzekerheid is hier groter dan in veel dalen in Tirol!

Op ontdekkingsreis

Krippenstein – grotten en bergpanorama's

De Krippenstein is een bekende top in het Dachsteingebergte. In de winter kunnen avontuurlijke skiërs hier off-piste naar beneden, in de zomer brengt een spectaculaire kabelbaan bezoekers omhoog naar twee sprookjesachtige grotten, adembenemende uitzichtpunten en hooggelegen bergrestaurants. Wandelaars volgen de Heilbronner Rundwanderweg, een gezinsvriendelijke route die leidt naar een lager gelegen berghut; de terugweg gaat weer per kabelbaan.

Kaart: ▶ O 8
Duur: 1-2 dagen.

Bereikbaarheid: startplaats is Obertraun. Bij het dalstation van de kabelbaan zijn gratis parkeerplaatsen. Postbuslijn 542 (www.postbus.at) rijdt via Bad Ischl, Hallstatt en Gosau naar het dalstation.
Openingstijden: kabelbaan en Eishöhle: eind apr.-eind okt.; Mammuthöhle: begin mei-eind okt.
Prijzen: verschillende combikaartjes voor kabelbaan en attracties, volwassene van € 30 tot € 45.
Horeca: op de berg zijn verschillende restaurants en berghutten.
Informatie: www.dachstein-salzkammergut.com.

Ten zuiden van de Hallstätter See stijgen de rotswanden van het Dachsteingebergte steil omhoog. De eerste top die opdoemt is de Krippenstein, die een keur aan recreatieve mogelijkheden biedt. Bedenk van tevoren wel wat u gaat doen; bij het dalstation van de kabelbaan in **Obertraun** koopt u dan het juiste combikaartje (tip: terug naar beneden wandelen is goedkoper).

De kabelbaan kent drie deeltrajecten. De cabine klimt eerst naar station op de Schönbergalm. Bezoek hier in elk geval de **Eishöhle** 1, een ijsgrot die u na een kwartier wandelen bereikt. De rondleiding (50 min., geschikt voor kinderen) neemt u mee langs druipstenen en dieper in de grot langs sprookjesachtige ijsformaties. Let op: neem warme kleren mee, want het is 'ijskoud' in de grot.

Fervente grotliefhebbers kunnen vervolgens naar de **Mammuthöhle** 2, op een half uur wandelen van het station. Het is de diepste grot van Oostenrijk, waarvan de gids in een uur slechts een klein gedeelte kan laten zien. Of ga met helm en overall op een avontuurlijke trektocht door de grot.

Adembenemende uitzichten

Het tweede traject van de kabelbaan eindigt op de Krippenstein (2100 m) bij een groot hotel-restaurant. Een wandeling van een kwartier brengt u naar een bergkapel en daar vlak naast het uitzichtpunt **Welterbespirale** 3: via een rondgaand pad komt u boven op een 'aluminium schip' met uitzicht op het berglandschap van Dachstein. Na nog eens een kwartier wandelen wacht **5fingers** 4, een spectaculair platform boven een 400 m diepe afgrond, met daaronder de Hallstätter See.

Nieuw – voor ervaren klimmers – is de **Klettersteig Dachstein Krippenstein**. U komt er door halverwege de route naar 5fingers de bordjes te volgen.

Rondwandeling

Van de vele wandelmogelijkheden is de **Heilbronner Rundwanderweg** de bekendste (zie kaartje). Volg de gemarkeerde route voor een deel of volg de totale route (circa 3 uur) naar de berghut Gjaid Alm. Die ligt weer vlak bij het laatste station van de kabelbaan, dus de terugtocht naar Obertraun gaat zonder verdere inspanningen.

De Heilbronner Rundwanderweg is eenvoudig te volgen en ook geschikt voor (wat oudere) kinderen. Onderweg kunnen ze op zoek gaan de **Dachstein Hai**, een acht meter hoge haai die eraan herinnert dat dit ooit de bodem van een oerzee was. Eindpunt van het eerste traject is het **Heilbronner Kreuz** 5 (1,5 uur wandelen), een groot kruis met ook weer uitzicht op de Hallstätter See. Terugwandelen naar het tweede kabelbaanstation kan hiervandaan via verschillende wandelpaden.

IN EEN OOGOPSLAG

Stiermarken

Hoogtepunt ✷

Graz: na Wenen is de hoofdstad van Stiermarken een van de boeiendste steden van Oostenrijk. Het oude centrum is nog helemaal intact en vormt een romantisch decor voor een stad vol kunst, cultuur en cafés. Zie blz. 166.

Op ontdekkingsreis

Schlossberg – kasteelberg met een ondergronds doolhof: blikvanger in het centrum van Graz is de Schlossberg, een beboste 'berg' met opvallend steile hellingen. Ooit stonden er onneembare vestingwerken op de top, nu is het een groen park met prachtige uitzichten over de stad, enkele markante bouwwerken en een ondergrondse kinderattractie. Zie blz. 172.

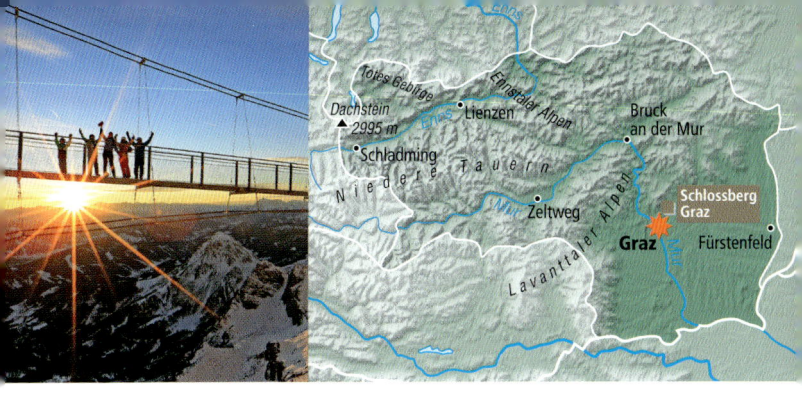

Bezienswaardigheden

Lurgrotte: in de grootste druipsteengrot van Oostenrijk zorgen stalagmieten en stalactieten voor een feeëriek plaatje. Aan beide uiteinden van de grot worden rondleidingen georganiseerd. Zie blz. 176 en blz. 179.

Burg Riegersburg: een van de indrukwekkendste burchten langs de oostgrens van het land bekroont een 482 m hoge basaltrots met steil oprijzende wanden. De ook al zeer steile toegangsweg passeert elf bastions en zeven poorten; veel sneller gaat de panoramalift aan de noordkant van de berg. Zie blz. 182.

Mariazell: een basiliek met daarin een oud Mariabeeldje vormt het hart van het drukste bedevaartsoord van Oostenrijk. Ook niet-gelovigen zullen de sfeer in Mariazell heel bijzonder vinden. Zie blz. 186.

Actief

Schladminger Tauern en Dachstein: dit berggebied in het hart van Oostenrijk is zowel bij winterse als zomerse bezoekers populair. Extra attracties zijn de panoramagondel met balkon in de openlucht, de ijssculpturen in het Eispalast, de spectaculaire Dachstein Hängebrücke en de 'Treppe ins Nichts'. Zie blz. 191.

Sfeervol genieten

Thermenland: in de zuidoosthoek van Stiermarken borrelt warm en mineraalrijk bronwater omhoog. Samen met de zuivere berglucht trok dit al in de 19e eeuw kuurgasten naar de verschillende stadjes. Inmiddels zijn daar moderne wellnesscomplexen bijgekomen. Zie blz. 180.

Stiermarken

Het groene hart van Oostenrijk

Stiermarken (Steiermark) staat niet bekend als een deelstaat met grote toeristische toppers, maar juist dat heeft weer zijn eigen charme. Wat er wel te vinden is: een prachtige hoofdstad, verstilde alpendorpen en verrassend veel mensen die nog in klederdracht lopen. De bijnaam 'het groene hart van Oostenrijk' dankt Stiermarken aan de bergen, de heuvels en het grote areaal bos. Opmerkelijk zijn daarbij de contrasten in het landschap. Het noorden is bergachtig, met machtige toppen en diepe kloven. In de winter hebben skiërs en langlaufers hier volop keus. Oude mijnwerkershuizen en afgegraven heuvels herinneren bovendien aan een industrieel verleden. In het hart van de deelstaat liggen uitgestrekte bossen en het sfeervolle Graz, de tweede stad van Oostenrijk. Richting de Sloveense grens verandert het landschap. Hier nodigen glooiende heuvels en wijnhellingen uit tot een lange wandeling, eindigend bij een van de vele cafés waar de opbrengst van de wijngaarden wordt uitgeschonken. Vele burchten en versterkte abdijen bewijzen echter dat het hier niet altijd pais en vree was. Vooral Hongaren en Turken hielden regelmatig plundertochten en zelfs de Fransen hadden een oogje op het fraaie land van Stiermarken.

INFO

Internet
www.steiermark.com/nl
ausseerland.salzkammergut.at
www.gesaeuse.at
www.hochsteiermark.at
www.murtal.at
www.oststeiermark.com
www.schladming-dachstein.at
www.sued-west-steiermark.at
www.thermenland.at

Toeristenbureau
De verschillende regio's zijn verzameld onder de naam **Steiermark Touristik**: St. Peter Hauptstraße 243, Graz, tel. 0316 40 03-450, www.steiermarktouristik.com.

Vervoer
De luchthaven van Graz (www.flughafen-graz.at) is met een overstap in Wenen vanuit Amsterdam en Brussel te bereiken. De trein rijdt in circa drie uur van Wenen naar Graz. Een fijnmazig spoornetwerk zorgt binnen Stiermarken voor het verdere vervoer.

Graz ✳ ▶ T 10

Na Wenen heeft Graz van alle Oostenrijkse steden misschien wel het meest te bieden. Het oude centrum is nog helemaal intact en vormt een romantisch decor voor een stad vol kunst, cultuur en cafés – dat laatste ook dankzij de vele studenten, die zorgen voor een levendige en vooral zeer relaxte sfeer.

Graz is groot geworden rond de Schlossberg, een heuvel langs de rivier de Mur waarop al in de 10e eeuw een versterking met de naam Gradec stond (waar later Graz van is afgeleid). Aan de voet ontstond een handelsstadje, dat tot begin 17e eeuw grote welvaart kende. Aanvallen van de Turken, de pest en drie Franse bezettingen luidden de neergang in, maar in de loop van de 19e eeuw krabbelde Graz weer op. Een nieuwe zwarte bladzijde volgde in 1938, toen Graz al voor de Anschluss massaal de zijde van de nazi's koos. Toch bleef de stad daarna gevrijwaard van bombardementen.

De rode daken van Graz met op de achtergrond de Schlossberg

Door de Altstadt

De meeste bezienswaardigheden liggen in de Altstadt op de oostelijk oever van de Mur. Dit compacte stadshart is prima te voet te verkennen. Tram en fiets (studentenstad!) zijn goede alternatieven. Wat direct opvalt: de oude gevels worden her en der aangevuld met moderne glazen constructies voor cafés, winkels en parkeergarages. In lang niet alle steden zijn zulke ingrepen geslaagd te noemen, maar in Graz lijkt de combinatie goed uit te pakken.

Hauptplatz 1

Al vanaf de middeleeuwen is dit driehoekige marktplein het kloppende hart van Graz. De huizen rondom zien er net wat anders uit dan op veel andere Oostenrijkse marktpleinen, waar in de 17e eeuw middeleeuwse huizen massaal van een nieuwe barokgevel werden voorzien. Ook aan deze Hauptplatz hebben veel huizen een middeleeuwse oorsprong, maar de gevels vertonen veel meer variatie in bouwstijlen en kleuren. De dakdekkers kozen overigens wel consequent voor dezelfde kleur: rood. Uitzondering daarop vormt het zwarte dak van het **Rathaus** aan de zuidkant van het plein. Het verving eind 19e eeuw een voorganger uit 1550, maar kreeg daarbij wel het uiterlijk van een veel ouder gebouw, inclusief arcaden en romantische torentjes.

Landhaus 2

Herrengasse 16

Wandel links langs het Rathaus de Herrengasse in, de belangrijkste winkelstraat van Graz. Achter de strenge gevel van het Landhaus vergadert het parlement van Stiermarken. Eenmaal op de binnenplaats blijkt dat het om een parel van de renaissance gaat, een bouwstijl die in de 16e eeuw uit Italië was komen overwaaien. Het was dan ook een Italiaanse architect die de drie boven elkaar gelegen galerijen tekende. Tip: ook de bontgekleurde huizen op nummers 7 en 9 hebben zo'n elegante binnenhof.

Streets and Places

- Lendkai
- Neubaugasse
- Netzgasse
- Kepplerstr.
- Wartingagasse
- Kőrösistr.
- Schwimmschulkai
- Mur
- Kepplerbrücke
- Wickenburggasse
- Parkstr.
- Kaiser-Franz-Josef-Kai
- Lendplatz
- Fellingergasse
- Neubaugasse
- Mariahilferstr.
- Schlossbergbahn
- Kasematten
- Glockenturm
- Stallbastei
- Volksgartenstr.
- Afritschgasse
- Marschallgasse
- Mariahilferstr.
- Sackstraße
- Schlossbergplatz
- Uhrturm
- Grazer Märchenbahn
- Paulustorgasse
- Orpheumgasse
- Kosakengasse
- Schlossbergplatz/Murinsel
- Sporgasse
- Hofgasse
- Roseggerhaus
- Annenstr.
- Südtiroler Pl.
- Mariahilferstr.
- Lendkai
- Erzherzog-Johann-Brücke
- Murgasse
- Erzherzog-Johann-Brunnen
- Hauptplatz Congress
- Färbergass
- Färberplatz
- Prokopigas
- Herrengasse
- Stempfergasse
- Vorbeckgasse
- Dominikanergasse
- Annenstr.
- Südtiroler Platz/Kunsthaus
- Grieskai
- Franziskanerpl.
- Casineum
- Stefaniensaal
- Schmiedgasse
- Kernstockgasse
- Belgiergasse
- Albrechtgasse
- Sparkassenplatz
- Landhausgasse
- Raubergasse
- Frauengasse
- Grenadiergasse
- Griesgasse
- Feuerbachgasse
- Tegetthoffbrücke
- Marburger Kai
- Neutorgasse
- Andreas-Hofer-Pl.
- Universalmuseum Joanneum
- Steiermärkische Landesbibliothek
- Stubergasse
- Schmiedgasse
- Kalchberggasse
- Kaiserfeldgasse
- Raubergasse
- Rösselmühlgasse
- Griespl.
- Brückenkopfgasse
- Schiffgasse
- Radetzkybrücke
- Radetzkystr.
- Marburger Kai
- Kaiserfeldgasse
- Joanneumring
- Entenplatz
- Griesgasse

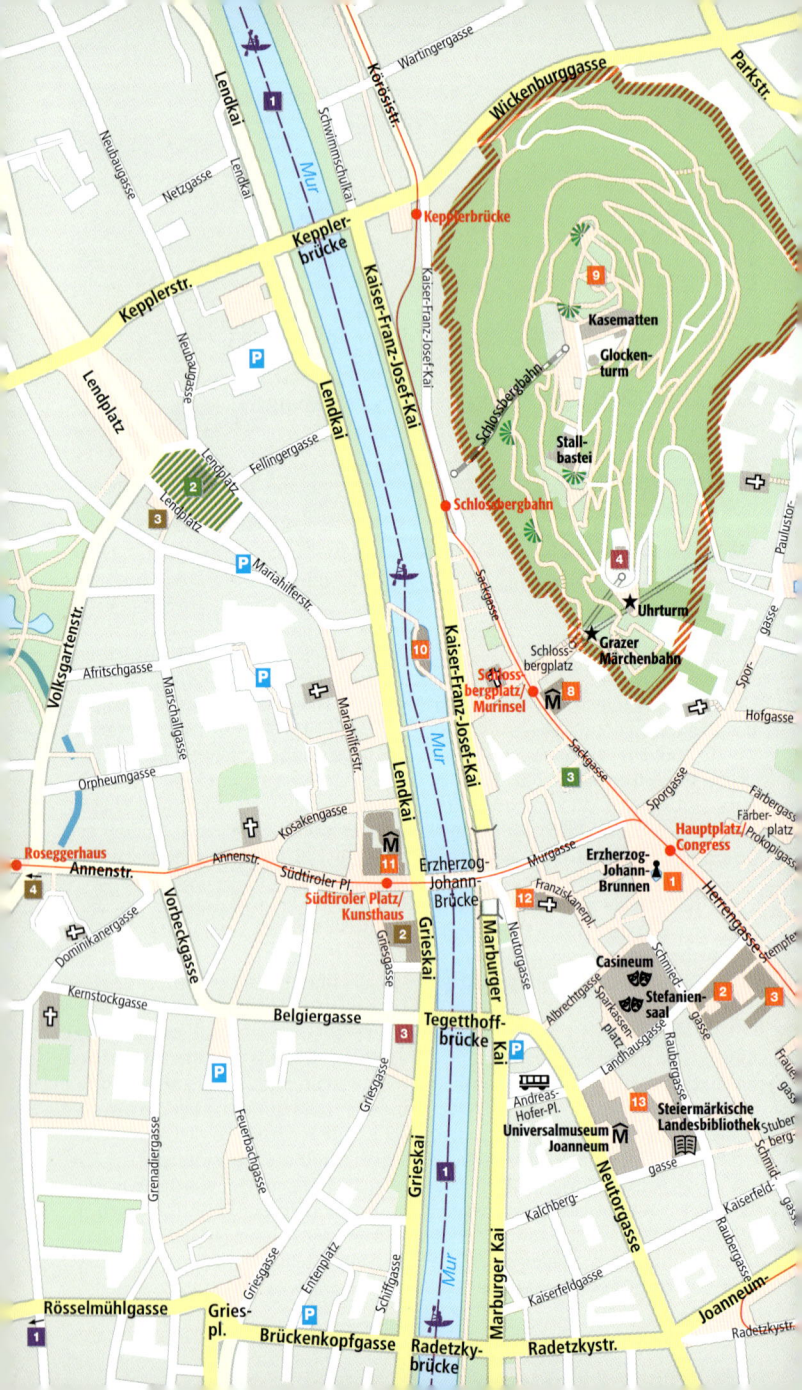

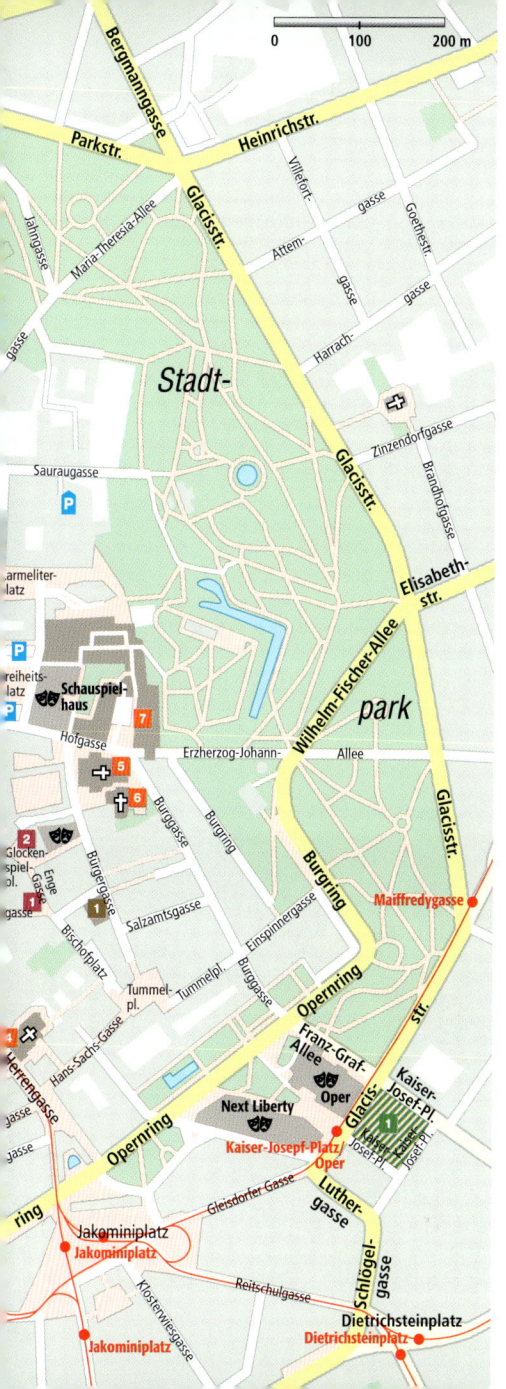

Graz

Bezienswaardigheden

1. Hauptplatz
2. Landhaus
3. Landeszeughaus
4. Stadtpfarrkirche
5. Dom
6. Mausoleum
7. Burg
8. GrazMuseum
9. Schlossberg
10. Murinsel
11. Kunsthaus
12. Franziskaner Kirche
13. Joanneumsviertel

Overnachten

1. Hotel Zum Dom
2. Hotel Wiesler
3. Pension Zur Steirerstub'n
4. Hotel Daniel

Eten en drinken

1. Frankowitsch
2. Glöckl Bräu
3. Der Steirer
4. Aiola Upstairs

Winkelen

1. Bauernmarkt Kaiser-Josef-Platz
2. Bauernmarkt Lendplatz
3. Kastner & Öhler

Actief

1. Murtour

Landeszeughaus [3]

Herrengasse 16, tel. 0316 80 17 98 10, www.museum-joanneum.at/landeszeughaus, apr.-okt. di.-zo. 10-17 uur, nov.-mrt. di.-zo. 11-14 uur alleen rondleidingen, entree € 9

Het gebouw (1642-1644) achter het Landhaus herbergt het grootste wapenarsenaal ter wereld. Meer dan 30.000 wapens en wapenrustingen uit de 15e tot 17e eeuw, variërend van musketten tot complete toernooiharnassen en kanonnen, vullen de vier verdiepingen van dit enorme arsenaal. Oorspronkelijk waren de wapens bedoeld om uit te delen aan de bevolking als de Turken weer eens voor de stadspoorten stonden.

Stadtpfarrkirche [4]

Herrengasse 23

Nog een stukje verder in de Herrengasse hoort de barokke toren met het bronsgroene helmdak bij de Stadtpfarrkirche (parochiekerk). De hoge, smalle beuken en de kruisgewelven zijn typisch voor de gotische bouwstijl van de 15e eeuw, maar zoals veel kerken in Oostenrijk kreeg ook dit godshuis later een barokke restyling, met onder meer een nieuwe gevel (1780). Binnen is veel van de barokke overdaad in de 19e eeuw weer verwijderd. Topstuk is een werk dat wordt toegeschreven aan de Venetiaanse schilder Tintoretto (1518-1594). Curieus is het glas-in-loodraam links van het koor, waarin Mussolini en Hitler een plaatsje kregen, toekijkend bij de geseling van Christus (goed zoeken: linkerraam, vierde paneel van onderen, rechts). Het is een grapje van de kunstenaar die het raam na de oorlog herstelde – een frivoliteit die overigens pas later door het kerkbestuur werd ontdekt.

Dom [5]

Burggasse 3, www.domgraz.at

Neem in de Herrengasse tegenover het Landhaus een van de steegjes; na wat zigzaggen komt u in de Burggasse, een steile straat met daarin de kathedraal van Graz. Buiten oogt de Dom niet indrukwekkend, binnen is het een ander verhaal: de drie gotische beuken (eind

Stap terug in de tijd in het grootste wapenarsenaal ter wereld, het Landeszeughaus

15e eeuw) zijn versierd met religieuze kunst uit verschillende perioden. Typisch barok zijn de overvloedig met bladgoud bedekte preekstoel en het al even bombastische altaarstuk, met bovenop een beeldengroep die de kroning van Maria voorstelt. De gotische schildering van de kruisiging in de Frederikskapel is van rond 1457. Uniek zijn verder twee met ivoor ingelegde reliekkisten (ca. 1470) aan weerszijden van het koor, oorspronkelijk huwelijkskoffers van de hertogin van Mantua.

Mausoleum 6

Burggasse 3, www.domgraz.at, jan.-apr. di. en vr. 10.30-12.30 en 13.30-16 uur, daarbuiten dag. 10.30-12.30 en 13.30-16 uur, entree € 6

Het sierlijke bouwwerk naast de Dom is een praalgraf dat keizer Ferdinand II (1578-1637) voor hem en zijn familie liet bouwen. De buitenkant was in 1637 klaar, het interieur werd in 1687 voltooid onder Leopold I, de keizer die Wenen had bevrijd van de Turken – zijn heldendaden zijn in een plafondfresco vereeuwigd. Binnen heerst een sfeer van serene waardigheid: op het plafond elegant stucwerk en schilderingen, tegen de muren marmeren grafmonumenten en in de crypte een praalgraf voor de ouders van Ferdinand II, aartshertog Karl II en zijn vrouw. Saillant detail: zij ligt hier inderdaad begraven, hij rust in Seckau omdat hij naar verluidt niet meer naast zijn vrouw wilde liggen. Het graf van Ferdinand II zelf is met een sober bordje gemarkeerd.

Schuin achter de Dom en het Mausoleum stond de 15e-eeuwse **Burg** 7, de residentie van de keizer. Een laatste restant is een bijzondere dubbele gotische trap (1499). U komt er door achter de Dom de Hofgasse over te steken en door het poortje naar de achterzijde van de binnenplaats te wandelen.

Volg de Hofgasse terug richting centrum. Ga links de sfeervolle Sporgasse in en dan op de kop van de Hauptplatz rechtsaf de Sackstraße in. Hier vullen paleizen met fraaie binnenplaatsen het straatbeeld. Op nr. 17 beschikt het in 1716 opgeleverde Palais Attems over een prachtig trappenhuis. Op nr. 18 is in een ander paleis het **GrazMuseum** 8 gevestigd, gewijd aan de geschiedenis en de cultuurhistorie van Graz (www.grazmuseum.at, wo.-ma. 10-17 uur, entree € 5).

Op de kruising met de Schlossbergplatz doemt rechts de **Schlossberg** 9 op, een groene berg die 123 m boven Graz uitsteekt (zie blz. 172). Links leidt de weg naar een brug over de Mur. Midden in de rivier ligt het opmerkelijke **Murinsel** 10. Deze mix van kunst en architectuur is een creatie van de Amerikaanse kunstenaar Vito Acconci. De gebogen vormen doen denken aan een mossel, met in het hart daarvan een café en een klein amfitheater. Ga aan de overkant van de rivier linksaf.

Kunsthaus 11

Lendkai 1, tel. 0316 80 17 92 00, www.museum-joanneum.at/kunsthaus-graz, di.-zo. 10-17 uur, entree € 9

Nog meer opmerkelijke architectuur bekroont het Kunsthaus aan de westoever van de Mur. Een gigantisch glazen 'ruimteschip' vormt het toepasselijke decor van een expositieruimte waar alles draait om moderne kunst. Kijk op de affiches welke tijdelijke tentoonstellingen er op dat moment zijn.

Ga bij de volgende brug terug naar het centrum. De gele toren van de **Franziskaner Kirche** 12 dateert van 1643 en kreeg muren van twee meter dik omdat hij deel uitmaakte van de stadsversterkingen. De kerk zelf werd na de oorlog grotendeels herbouwd en is opvallend sober. De kloostergang ▷ blz. 174

Op ontdekkingsreis

Schlossberg – kasteelberg met een ondergronds doolhof

Pal naast het centrum van Graz doemt de Schlossberg 9 op, een beboste 'berg' met opvallend steile hellingen. Ooit stonden er onneembare vestingwerken op de top, nu is het een groen park met prachtige uitzichten over de stad, enkele markante bouwwerken en een ondergrondse kinderattractie. Een bezoek aan Graz is niet compleet zonder een beklimming van de huisberg!

Kaart: ▶ T 10
Duur: 2-4 uur.
Bereikbaarheid: Schlossbergbahn: Kaiser Frans Josef Kai 38, dag. om het kwartier, entree € 2,20; Schlossberglift: Schlossbergplatz, dag., entree € 1,40.
Grazer Märchenbahn: www.grazer maerchenbahn.at, dag. 9-17 uur (eerste ma. in de maand gesl.), entree € 8,50.

Een ontoegankelijke heuvel vlak bij een rivier is een ideale plek om een burcht te bouwen. Dat gebeurde dan ook: in de 12e eeuw verrees hier een kleine burcht (Gradec), die de basis zou worden voor de stad Graz. Door het toevoegen van steeds nieuwe schansen en versterkingen ontstond een machtige vesting die alle belegeringen wist te doorstaan. Totdat de Franse troepen van Napoleon in

1809 de stad innamen en eisten dat de vesting op de Schlossberg werd ontmanteld. Alleen de Uhrturm en de Glockenturm mochten toen blijven staan. In de Tweede Wereldoorlog werden dwangarbeiders ingezet om een netwerk van gangen in de berg uit te hakken. Bij een bombardement konden hier tot 50.000 mensen schuilen. Verschillende ondergrondse ruimten worden nog altijd gebruikt, bijvoorbeeld voor evenementen, zoals bij 'Dom im Berg'.

Omhoog

Er zijn drie manieren om naar de top van de berg te gaan. De Kriegssteig is een zigzagtrap van 260 treden die in de Eerste Wereldoorlog in de rotsen werd uitgehouwen. Startplaats is de Schlossbergplatz onder aan de Uhrturm. Hier vlakbij vertrekt ook de Schlossberglift, een moderne lift die in dertig seconden door het binnenste van de berg omhoog zoeft. Nostalgisch is tot slot de Schlossbergbahn, een zeer steile kabelspoorbaan uit 1895, die een stukje noordelijker aan de rivierzijde van de berg vertrekt.

Lift en trap komen uit bij de **Uhrturm**, een klokkentoren die vanuit een groot deel van Graz te zien is. De huidige toren is van 1560 en heeft een houten weergang voor de brandwacht van de stad. Let op het uurwerk: oorspronkelijk was er alleen een grote wijzer die de uren aangaf, later is de kleine minutenwijzer toegevoegd – bij normale klokken is dat precies andersom.

Op de top

Vanaf de Uhrturm lopen verschillende paden omhoog naar de top. U passeert daarbij diverse uitzichtpunten, restaurants en enkele markante bouwwerken, zoals een 94 m diepe waterput, de fundamenten van een kapel, een Chinees paviljoen, een opstelplaats voor kanonnen en massieve bastions met muren die tot 6 m dik en 20 m hoog zijn.

Helemaal boven, vlak bij het eindpunt van de kabelspoorbaan, staat een tweede toren, de **Glockenturm**. Deze achthoekige toren dateert van 1588 en bezit een enorme luidklok, die om 7, 12 en 19 uur exact 101 maal slaat. Volgens de legende is dat omdat de klok is gegoten van 101 Turkse kanonskogels – een mooi verhaal, maar de klok is van brons en Turkse kanonskogels waren dat zeker niet. In het groen achter de toren zijn de vroegere kazematten omgetoverd tot een sfeervol openluchttheater.

Sprookjesgrot

Met kinderen op stap? Vlak bij de voet van de lift start een 35 minuten durende rit met een treintje door een magische ondergrondse wereld vol kleuren, geluiden, sprookjes en fantasieën. De uitleg in deze **Märchenbahn** is meestal in het Duits, maar er zijn ook Engelstalige ritjes.

en de kloostertuin horen bij een klooster dat in 1239 werd gesticht. Rond het complex ligt de **middeleeuwse wijk** met smalle steegjes en enkele fraaie huizen.

Joanneumsviertel 13

Ingang Kalchberggasse, tel. 0316 80 17 91 00, www.museum-joanneum.at, di.-zo. 10-17 uur, entree € 13 voor alle exposities

Aan de zuidrand van de middeleeuwse wijk hebben de bibliotheek en verschillende musea onderdak gevonden in een groot complex, waarin oude en nieuwe architectuur samengaan. De **Neue Galerie Graz** toont kunst en grafiek uit de 19e, 20e en 21e eeuw. Het **Naturkundemuseum** heeft een klassieke natuurhistorische collectie van onder meer opgezette dieren, fossielen en mineralen. Tot slot zijn onder de naam **Multimediale Sammlungen** foto-, film- en geluidsopnamen uit de geschiedenis van Stiermarken bijeengebracht.

In de omgeving

Schloss Eggenberg

Eggenberger Allee 90, tel. 0316 80 17 95 32, www.museum-joanneum.at, Prunkräume: rondleidingen apr.-okt. di.-zo. 10-16 uur, entree € 11,50; Alte Galerie: apr.-eind okt. wo.-zo. 10-17 uur, entree € 9; park: dag. 8-17/19 uur, entree € 2

Tramlijnen 1 en 7 rijden naar de westgrens van Graz, waar na nog eens tien minuten wandelen pronkslot Eggenberg wacht, omgeven door een Engels landschapspark met luidruchtige pauwen. De bouw van huidige kasteel startte in 1625. Uit deze periode dateren de typisch Italiaanse elementen, zoals de drie zuilengalerijen op de binnenplaats. Later zijn barokke details toegevoegd. Bouwheer Hans Ulrich von Eggenberg was zeer geïnteresseerd in wetenschap en baseerde het ontwerp van zijn kasteel op de ordening van de natuur. De vier torens staan voor de vier seizoenen en elementen. Verder zijn er 365 ramen (voor de dagen van het jaar) en 24 ontvangstzalen (24 uur in een dag) met 52 vensters (de weken). Ook elders in het gebouw is de getallensymboliek terug te vinden.

De **pronkzalen** zijn alleen via een rondleiding te bekijken. Centraal ligt de Planetensaal uit 1635, een enorme feestzaal die weelderig is versierd met stucwerk en schilderingen rond het thema planeten. Ook de andere zalen kregen in hun decoraties vaak een thema mee.

De **Alte Galerie** op de eerste verdieping toont kunst uit de 13e tot 18e eeuw, met daarbij werken van grote namen als Rembrandt, Lucas Cranach de Oude, Pieter Brueghel de Jonge en Albrecht Dürer. Verder zijn er exposities rond munten, de jacht en archeologie, met als topstuk de *Cultuswagen van Strettweg*, een opmerkelijke 42 cm hoge bronzen wagen met daarop verschillende personen. Hij dateert van de 7e eeuw v.Chr. en werd gevonden in een vorstengraf.

Basilika Mariatrost

Kirchplatz 9, mariatrost.graz-seckau.at

Circa 7 km ten noordoosten van Graz, langs de weg naar Weiz, pronkt op een 496 m hoge berg de veelbezochte bedevaartskerk van Mariatrost, die ook voor niet-gelovigen van alles te bieden heeft. U kunt met de auto naar boven, maar toepasselijker is het bestijgen van de 216 treden tellende trap. De in frisgele tinten geverfde kerk is een schoolvoorbeeld van de barok: alle plafonds en muren zijn beschilderd, veel houtsnijwerk is met bladgoud bedekt en elke kapel heeft zijn eigen altaarstuk. Het aanbeden Mariabeeldje dateert van 1465.

Österreichisches Freilichtmuseum Stübing

Stübing, Enzenbach 32, tel. 03124 537 00, www.freilichtmuseum.at, apr.-okt. dag. 9-16 uur, entree € 10

Hoe zag het Oostenrijkse platteland er honderd jaar geleden uit? Dit klassieke openluchtmuseum (15 km ten noordwesten van Graz) doet een poging het verleden zichtbaar te maken. Meer dan honderd boerderijen, werkplaatsen, winkels en scholen zijn uit het hele land hier bijeengebracht. Bijzonder: de indeling is als het land zelf, dus u wandelt als het ware van Burgenland naar Vorarlberg. Bij demonstraties en andere activiteiten – ook voor kinderen – wordt het verleden nog tastbaarder.

Stift Rein

Gratwein-Straßengel, Rein 1, tel. 03124 516 21, www.stift-rein.at, kerk: dag.; rondleidingen: half mrt.-begin jan. 10.30 en 13,30 uur, entree € 8

Niet ver van het openluchtmuseum staat de oudste nog in gebruik zijnde cisterciënzerabdij ter wereld. De zeventien monniken richten zich hier op het motto van hun orde: bid en werk. Het klooster is dan ook sober, in tegenstelling tot de kerk uit 1140, die in de 18e eeuw werd verbouwd tot een barokke 'theaterzaal' met alle mogelijke decoraties en beschilderingen. Let op de plafondfresco's met trompe-l'oeil-effecten: door het perspectief lijkt het plafond uit koepels te bestaan.

In de abdijkerk van Stift Rein is geen enkel stukje witte muur te bekennen

Hundertwasserkirche

Bärnbach, Piberstraße 15
Maak onderweg naar het openluchtmuseum ook een ommetje naar **Bärnbach**, waar de buitenkant van de Barbarakirche door de kunstenaar Friedensreich Hundertwasser (zie blz. 65 en blz. 98) werd opgevrolijkt. Hij pakte ook de omgeving aan, waardoor een kleurrijk, bijna sprookjesachtig geheel is ontstaan. In het sobere interieur hangen werken van lokale kunstenaars.

Tip

Lippizaners: van donker naar wit

Witte lippizaners die als in een balletvoorstelling op muziek hun kunsten vertonen – de Spaanse Rijschool werd er wereldberoemd mee. Omdat het Weense hof een voorkeur voor schimmels had, werd op die kleur doorgefokt, maar er zijn ook bruine en zwarte lippizaners. Ook veulens zijn donker. Bij elke verharing worden ze een tintje lichter en pas tussen het vierde en tiende levensjaar zijn ze helemaal wit. De beste hengsten gaan naar de Weense Hofreitschule als ze circa vijf jaar oud zijn. Na nog eens acht jaar training zijn ze klaar voor het grote werk. Sommige hengsten draaien tot hun vijfentwintigste mee in de shows.

Lurgrotte

Ingang Semriach: www.lurgrotte.at, rondl. half apr.-okt. dag. 10-16, nov.-half apr. za. en zo. 11 en 14 uur, entree € 7,50; ingang Peggau: www.lurgrotte.com, rondl. apr.-okt. dag. 9-16 uur, entree € 7,50

De grootste druipsteengrot van Oostenrijk bevindt zich op 20 km van Graz. Tot 1975 was de hele Lurgrotte – 5 km lang – toegankelijk, maar in dat jaar verwoestte een overstroming het middelste deel van het padennetwerk. Nu worden er aan weerszijden van de oorspronkelijke gang rondleidingen georganiseerd (zie blz. 179).

Lipizzanergestüt Piber

Köflach, Piber 1, tel. 03144 33 23, www.srs.at/start-piber/, apr.-okt. dag. 9.30-17 uur, rondleidingen 10-16 uur; nov.-mrt. alleen rondleidingen dag. 11 en 14 uur; entree vanaf € 13

In 1580 stichtte de Oostenrijke aartshertog Karel II een hofstoeterij op het landgoed Lippiza in het huidige Slovenië. Doel: het fokken van keizerlijke rij- en koetspaarden. Zo ontstond de lippizaner, een elegant en wendbaar ras dat de hoofdrol speelt in de shows van de Spaanse Rijschool (zie blz. 90 en Tip). De eerste paarden kwamen uit Spanje (vandaar de benaming), maar sinds 1920 is de staatsfokkerij gevestigd bij een kasteel in **Piber**, circa 40 km ten westen van Graz. Het terrein, inclusief stoeterij, manege, kasteel, museum en café, is toegankelijk voor bezoekers.

Overnachten

Charme en stijl – **Hotel zum Dom** [1]:
Bürgergasse 14, tel. 0316 82 48 00, www.domhotel.co.at, 2 pk vanaf € 89. Boetiekhotel vlak bij de Dom. Historisch gebouw met een mix van oud en nieuw. Goede prijs-kwaliteitverhouding.

Uitzich op de rivier – **Hotel Wiesler** 2 : Grieskai 4-8, tel. 0316 706 60, www.hotelwiesler.com, 2 pk vanaf € 89. Een groot art-nouveaupand aan de Mur herbergt een hotel waar moderne gemakken, design en retro-elementen hand in hand gaan.

Gastvrij onthaal – **Pension Zur Steirerstub'n** 3 : Lendplatz 8, tel. 0316 71 68 55, www.pension-graz.at, 2 pk vanaf € 52. In een aangename buurt aan de rand van het oude centrum wacht u een vriendelijke ontvangst in een gezellig pension met 27 kamers, een goed restaurant en frisse, lichte kamers.

Modern design – **Hotel Daniel** 4 : Europaplatz 1, tel. 0316 711 08 00, www.hoteldaniel.com, 2 pk vanaf € 64. Betaalbaar hotel vlak bij het station: vanbuiten weinig opvallend, vanbinnen modern, pragmatisch, met af en toe een vleugje exclusiviteit.

Eten en drinken

Delicatessenbar met terras – **Frankowitsch** 1 : Stempfergasse 2-4, tel. 0316 82 22 12, www.frankowitsch.at, ma.-vr. 7.30-19, za. 8.30-17 uur. Broodjes, gebak en typisch Oostenrijke delicatessen, met een terras om alles ter plekke te proeven.

Schnitzel en bier – **Glöckl Bräu** 2 : Glockenspielplatz 2-3, tel. 0316 81 47 81, www.gloecklbraeu.at, dag. 10.30-24 uur, hoofdgerecht vanaf € 14. Geniet binnen of buiten van de uitstekende schnitzel en het eigen bier. Gezellig terras op een pleintje midden in Graz.

Specialiteiten uit Stiermarken – **Der Steirer** 3 : Belgiergasse 1, tel. 0316 70 36 54, www.der-steirer.at, dag. 11-24 uur, hoofdgerecht vanaf € 16. Van hoofdgerecht tot tapas – hier wordt alles waar mogelijk met regionale producten bereid. Grote keus uit wijnen, die ook in de naastgelegen winkel te koop zijn.

Uitzicht vanaf de Schlossberg – **Aiola Upstairs** 4 : Schlossberg 2, tel. 0316 81 87 97, upstairs.aiola.at, dag. 9-24, restaurant dag. 12-22 uur, hoofdgerecht vanaf € 13. Heerlijk eten op een unieke locatie: de kasteelberg aan de rand van het centrum. Probeer een plekje te vinden op het grote terras.

Winkelen

Boerenmarkt – Op de Kaiser-Josef-Platz kunt u van maandag tot en met zaterdag van 6-13 uur terecht voor brood, vlees, groenten, fruit en andere regionale producten. Dat gebeurt onder de benaming **Bauernmarkt** 1 . Een vergelijkbare markt, met dezelfde tijden, vindt plaats op de **Lendplatz** 2 .

Modewarenhuis – **Kastner & Öhler** 3 : Sackstraße 7-13, www.kastner-oehler.at. Een van de grootste modewarenhuizen van Oostenrijk: zes verdiepingen kleding voor dames, heren en kinderen.

Actief

Raften – **Murtour** 1 : tel. 0316 24 15 15 19, murtour.at, € 45. Verken de rivier de Mur al peddelend in een raft. Telefonisch reserveren.

Klimpark – **Abenteuer Park Graz:** Attendorf, Köberlbauerweg 52, tel. 0664 345 04 19, www.abenteuerparkgraz.at, mrt./apr.-nov. vr.-zo. 9-20 uur, entree € 24. Klimparcours tussen de boomtoppen en andere outdooractiviteiten.

Info en festiviteiten

Graz Tourismus Information: Herrengasse 16, tel. 0316 807 50, www.graztourismus.at.

Aufsteirern: half sept., groot volksfeest in het centrum. ▷ blz. 180

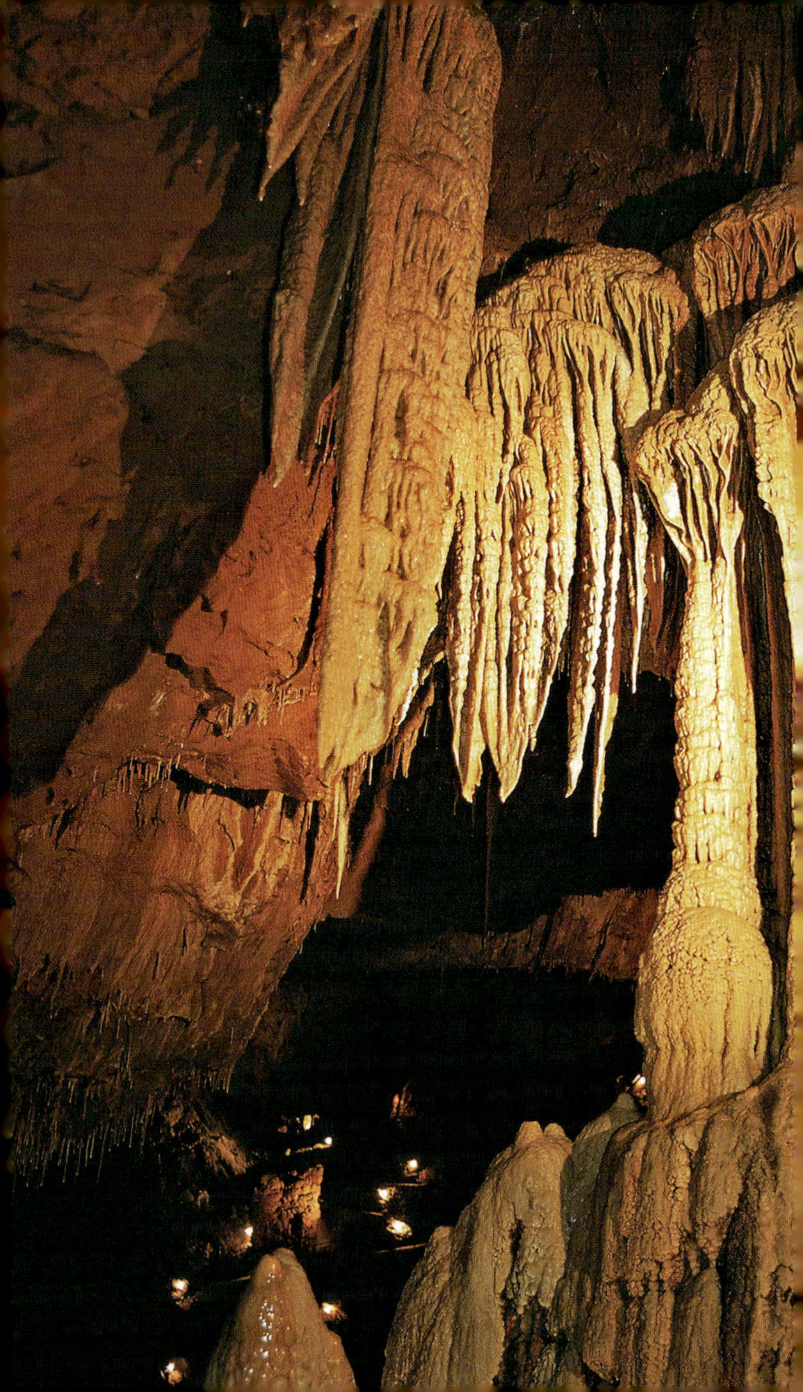

Favoriet

Druipstenen in de Lurgrotte

Stiermarken telt maar liefst 4500 grotten. De grootste daarvan is de Lurgrotte (zie blz. 176), waar druipstenen voor een feeëriek plaatje zorgen. Druipsteengrotten komen alleen voor in kalkrijk gesteente. Als zuur regenwater in de grond sijpelt, lost de kalk heel langzaam op. Zo ontstaan in de bodem scheuren en gaten, die kunnen uitgroeien tot een grot. Waterdruppels die in een grot naar beneden vallen, laten op het plafond een heel klein beetje kalk achter. Daardoor ontstaan hangende pegels van kalk, stalactieten genoemd (ezelsbruggetje: 'hangtieten'). Daar waar de druppels op de bodem van de grot neerkomen, vormen zich stalagmieten. Per eeuw groeien de stalactieten en stalagmieten enkele centimeters naar elkaar toe, totdat uiteindelijk zuilen de grot vullen.

Ten zuiden van Graz

Rijd vanuit Graz zuidwaarts en u doorkruist een heuvelachtige streek vol met wijngaarden, maisvelden en akkers vol pompoenen – van de pompoenzaadjes wordt de bekende *Kürbiskernöl* gemaakt, pompoenzaadolie die tegenwoordig als superfood wordt beschouwd. De bijnaam 'Oostenrijks Toscane' kreeg deze streek vanwege de warme kleuren en de boerderijen die prominent in het landschap staan, beschut door populieren (in plaats van cipressen).

Maar wijn is de belangrijkste reden waarom toeristen naar het zuiden van Stiermarken afzakken. De wijnproductie is te klein om het eindresultaat te exporteren, dus is een bezoek aan een van de vele wijnboerderijen of uitspanningen een unieke kans om de veelal witte, mineralige wijn te proeven. Sinds 1784 hebben de wijnboeren het recht om zelf aan huis wijn te verkopen. Dat doen ze in de befaamde *Buschenschänken*, die overal langs de weg opduiken en met borden zijn aangegeven. U kunt er op een terras of onder een schaduw biedende pergola terecht voor een heerlijk glas wijn, maar ook voor regionale specialiteiten of een stuk zelfgebakken brood, geserveerd op een grote plank.

De beste manier om het wijnland te verkennen is door het volgen van een van de acht wijnroutes die in de streek zijn uitgezet. Onderweg wijzen bordjes de weg. Details vindt u bij de toeristenbureaus en via www.steiermark.com.

Echte wijnliefhebbers maken bovendien een tussenstop in **Kitzeck im Sausal**, het hoogst gelegen wijndorp van Europa, waar het kleine **Weinmuseum** illustreert hoe vroeger wijn werd gemaakt (Steinriegel 15, www.kitzeck-sausal.at, apr.-okt. dag. 10-12 en 14-17 uur, nov.-mrt. ma.-vr. 9-12 uur, entree € 3).

Tip

Ratelende vogelverschrikkers

Ze zijn al van verre te zien én te horen: ratelende windmolentjes die opduiken tussen de wijnstokken. Het zijn *Klapotetz*, molentjes waarbij de wieken houten hamertjes op een plank laten slaan. Het geluid zou hongerige vogels op een afstand moeten houden. Of het helpt? Twijfelachtig, maar zo gebeurt het al eeuwen en dus blijven ze gewoon staan. De traditie wil dat de *Klapotezt* van 25 juli (Jakobi) tot 11 november (St. Maarten) het landschap sieren.

Thermenland

In de zuidoosthoek van Stiermarken borrelt dankzij een vulkanisch verleden warm en mineraalrijk bronwater omhoog. Vanaf de 19e eeuw profiteerden verschillende dorpen en stadjes van dit heilzame water en ontwikkelden zich tot kuuroord. Dat verklaart de benaming Thermenland voor deze regio.

Bad Radkersburg ▶ V 11

Radkersburg, gelegen aan de grens met Slovenië, kreeg pas in 1978 het officiële voorvoegsel 'Bad' en oogt dan ook niet

Thermenland

als een kuurplaats. De handel over de rivier de Mur en de wijnbouw zorgden voor welvaart, die nog terug te vinden is in het goed bewaard gebleven centrum. Pleintjes, fresco's en mozaïeken zorgen hier voor een aangename sfeer.

Symbool van de stad is de achthoekige klokkentoren bij het stadhuis op het centrale plein. De Mariazuil of pestzuil op datzelfde plein herinnert aan de pestepidemie van 1681.

De vestingwerken rond het centrum zijn getuigen van de strategische ligging aan de grens. Het bijbehorende kasteel is er ook nog, maar ligt nu aan de Sloveense kant van de grens. Het voormalige wapenarsenaal, het **Altes Zeughaus**, fungeert als stadsmuseum (Emmenstraße 9, tel. 03476 350 01 03 00, www.badradkersburg.at/museum, mei-okt. di., wo., vr. en za. 14-18 uur, daarbuiten beperkt rondl., entree € 3,50).

Kuurgasten komen naar Bad Radkersburg vanwege het water dat veel calcium en bicarbonaat bevat, hetgeen vooral bij nieraandoeningen heilzaam zou zijn. Maar ook wellnessfans zijn welkom in **Parktherme Bad Radkersburg** (Alfred Merlini-Allee 7, tel. 03476 267 70, www.parktherme.at).

Informatie

Gästeinfo Tourismusverband Region Bad Radkersburg: Hauptplatz 14, tel. 03476 25 45-0, www.badradkersburg.at.

Bad Gleichenberg ▶ V 10

Ook Bad Gleichenberg profiteert van het aangename klimaat, het heilzame bronwater en het groene landschap. Met **Das Kurhaus** (www.daskurhaus.at) bezit het dorp zelfs een van de grootste en modernste kuur- en wellnesscentra van Stiermarken. De Romeinen kwamen hier al om te genieten van het warme bronwater, maar het was graaf Von Wickenburg, de gouverneur van Stiermarken, die vanaf 1834 de commerciële mogelijkheden onderkende en het kuuroord ontwikkelde. En met succes: de Oostenrijkse aristocratie kwam hier graag ontspannen.

De mondaine sfeer van toen hangt er nog altijd. Een wandeling neemt u mee langs fraaie villa's, hotels in biedermeierstijl en een sereen **Kurpark**, waar de bekendste gasten van vroeger nu in steen tussen de perkjes opduiken. De Römerbrunnen – een klein, ommuurd waterbassin – herinnert aan de allereerste kuurders, de Romeinen.

In een bos enkele kilometers ten westen van Bad Gleichenberg staan onder de benaming **Styrassic Park** meer dan 85 levensgrote dinosauriërs opgesteld, aangevuld met speelterreinen voor kinderen (Dinoplatz 1, tel. 03159 287 50, styrassicpark.at, apr.-begin nov. dag. 9-16/17 uur, daarbuiten doorgaans za. en zo. 10-16 uur (zie website), entree € 13).

Informatie

Tourismusverband Region Bad Gleichenberg: Obere Brunnenstraße 1, tel. 03159 22 03, www.bad-gleichenberg.at.

Bad Blumau ▶ V 9

Dat kuurcentra er ook heel anders kunnen uitzien, bewijst het thermencomplex **Rogner Bad Blumau** (www.blumau.com). De eigenzinnig kunstenaar **Friedensreich Hundertwasser** (zie blz. 65 en blz. 98) kreeg de vrije hand bij het ontwerpen van de kuurhuizen en accommodaties, resulterend in een fantasievol, surrealistisch complex met gouden koepels, zwevende ramen, golvende daken en speelse kleuren.

Burg Riegersburg ▶ V 10

Riegersburg, Riegersburg 26, tel. 03153 821 31, www.veste-riegersburg.at, apr. en okt. dag. 10-18, mei-sept. dag. 9-18 uur, entree € 12,50, lift € 2/4

Machtige burchten beschermden vroeger de oostgrens van Oostenrijk tegen invallen van de Turken en de Hongaren. Een van de indrukwekkendste vestingen is de Riegersburg, een burcht die boven op een 482 m hoge basaltrots met bijna verticale wanden staat. De ook al zeer steile toegangsweg passeert elf bastions en zeven poorten; veel sneller gaat de panoramalift aan de noordkant van de berg. Een deel van de burcht is ingericht als museum met exposities over de heksenvervolging, wapens en de geschiedenis van de burcht. Roofvogelshows, een klimpark en een taveerne maken het aanbod compleet.

Schloss Herberstein

St. Johann/Herberstein, Buchberg 1, tel. 03176 882 50, herberstein.co.at, begin nov.-half mrt. do.-zo. 10-15.30, half mrt.-apr. dag. 10-16 uur, mei-sept. dag. 9-17 uur, entree winter € 8,50, zomer € 16

Ook deze burcht is van oorsprong middeleeuws, maar na talrijke verbouwingen vertoont het nu een mengelmoes aan stijlen. Sfeervol is de binnenplaats met arcaden – typisch voor de Italiaanse renaissance. Een rondgang biedt een inkijkje in het leven van de adel in de 18e en 19e eeuw. Al in de 17e eeuw werden bij het kasteel damherten gehouden. Dat groeide uit tot **Tierwelt Herberstein**, bevolkt door dieren uit vijf continenten, waaronder wolven, leeuwen en luipaarden (Stubenberg am See, tel. 03176 807 77, www.tierwelt-herberstein.at, begin nov.-half mrt. do.-zo. 10-15.30, daarbuiten dag. 9/10-16/17 uur, entree € 8,50/16).

Pöllau ▶ V 8

Het kleine Pöllau is vooral bekend bij natuurliefhebbers, maar vergeet ook het centrum niet. Opvallend groot zijn de koepel en de toren van de **Stiftskirche St. Veit**, een schoolvoorbeeld van Stiermarkse (laat)barok: binnen is alles rijkelijk beschilderd en met bladgoud bedekt. Wie kerkelijk onderlegd is, herkent op de muren en plafonds de vier kerkvaders, de twaalf apostelen en een hele serie heiligen – niet verwonderlijk dat het inrichten twaalf jaar duurde! De voormalige abdij staat nu bekend als **Schloss Pöllau** en is via een beschilderde poort bereikbaar.

Wandelaars hebben het voor het uitkiezen in **Naturpark Pöllauer Tal** (www.naturpark-poellauertal.at), een dal dat is gevuld met bossen, wijngaarden, oude

Vanaf een vulkanische rots waakt de vesting van Riegersburg over de omgeving

boerderijen en landerijen. Een pelgrimsroute leidt naar de **Wallfahrtskirche Pöllauberg**, een oud bedevaartskerkje met plafondfresco's.

De auto is nodig voor een uitstapje naar **Stift Vorau**, 16 km ten noorden van Pöllau (Vorau, tel. 03337 23 51, www.stift-vorau.at, rondleidingen half apr.-okt. ma.-vr. 10, 14, 16, za. 10, zo. 11, 14, 16 uur, nov.-half apr. di.-vr. 10, 14, za. 10 uur, entree € 7, kerk gratis). Een gids toont de gefortificeerde kloostergebouwen, die nog altijd in gebruik zijn. De grote trots is de abdijkerk, die in 1700-1705 opnieuw werd aangekleed – een barok feest van kleuren en schitteringen.

Het dorp **Vorau** bezit een klein **openluchtmuseum** rond het vroegere plattelandsleven (tel. 03337 34 66, www.freilichtmuseum.vorau.at, apr.-okt. dag. 10-17 uur, entree € 5).

Bruck an der Mur ▶ T 8

Bruck ligt aan een kruispunt van een belangrijke doorgaande weg en van de rivieren Mur en Mürz. Door de nabijheid van de ijzer- en staalindustrie groeide Bruck uit tot een industriestadje, maar in het centrum is daar weinig van te merken. Start een verkenning op het centrale plein, de Koloman-Wallish-Platz. In de eeuwenoude gevels zijn duidelijk invloeden uit Venetië – arcaden, loggia's – te herkennen, een bewijs van de levendige handel met deze stad in de 14e en 15e eeuw. Andere hoogtepunten zijn de onvermijdelijke Mariazuil en een unieke waterput (1626), een meesterstuk van de plaatselijk smid. Wandel oostwaarts om vanaf de hooggelegen ruïne van **Schloss Landskron** een blik op de omgeving te werpen.

Volg dan de zuidoever van de Mur westwaarts om net buiten het stadje de **St. Ruprechtskirche** aan de Leobner Straße te bekijken. Het fresco op de muur stamt dit keer niet uit de tijd van de bombastische barok, maar is veel ouder: omstreeks 1416 maakte een schilder een zeer levendige voorstelling van het Laatste Oordeel, inclusief monsters, demonen en Petrus die op het punt staat de hemelpoort te openen.

In de omgeving

Wandelliefhebbers volgen de Mur zuidwaarts tot voorbij **Pernegg an der Mur**, waar de **Bärenschützklamm** opdoemt (www.baerenschuetzklamm.at, mei-okt. dag. 7.30-16 uur, entree € 3,50). Deze prachtige kloof met snelstromende beek en watervallen is via vlonders, bruggen en trappen toegankelijk gemaakt. Het complete rondje is 13 km lang en overwint 350 hoogtemeters.

Tip

IJzererts

De Kelten en daarna de Romeinen wisten al dat er ijzererts te vinden was in de bergen die nu bekendstaan als de **Eisenerzer Alpen**. Vanaf de 11e eeuw is de **Erzberg** (zie blz. 185) etage voor etage afgegraven, resulterend in een grotesk maanlandschap. Rondom ontstond een bloeiende ijzer- en staalindustrie die, aangevuld met de winning van steenkool, lange tijd de basis vormde voor de economische macht van deze regio en zelfs van het keizerrijk. Door sluiting van de kolenmijn en afbouw van de zware industrie in de vorige eeuw is er nu niet veel meer over van dit economische epicentrum, maar de sporen zijn nog overal zichtbaar.

Nog iets verder zuidelijk ligt **Frohnleiten**, een prachtig rivierstadje met vestingmuren en ook weer een sfeervol hoofdplein met kleurrijke huizen waar het in de zomer gezellig druk wordt.

Informatie

Tourismusverband Bruck an der Mur: Koloman-Wallisch-Platz 1, tel. 03862 890 12 10, www.tourismus-bruckmur.at.

Leoben ▶ S 8

Leoben, de tweede stad van Stiermarken, was ooit een centrum van mijnbouw en zware industrie, maar slechte tijden in deze sector dwongen de stad over te schakelen op moderne technologie, congressen én toerisme. Want ondanks het industriële verleden is Leoben een aangename, toegankelijke stad. De rivier de Mur omarmt het oude centrum, waar studenten voor extra leven in de brouwerij zorgen.

Net als veel andere steden is ook Leoben gebouwd rond een rechthoekig marktplein, de **Hauptplatz**, ommuurd door voorname gevels in een waaier aan kleuren. In het rode huis woonde in de 17e eeuw de staalmagnaat Hackl; de gevelbeelden zijn voorstellingen van de vier seizoenen en de christelijke deugden. Een pestzuil en twee bronnen kleden het plein verder aan.

De **Schwammerlturm**, niet te missen aan het einde van een zijstraat, kreeg zijn naam van het merkwaardige dak, dat de vorm heeft van een paddenstoel (*Schwammerl*). De toren is te beklimmen en heeft een café. De **Stadtpfarrkirche St. Xaver** aan de Kirchgasse, herkenbaar aan de twee torens en de lila gevel, heeft vanbinnen slechts twee kleuren: zwart en goud, die beide echter wel in overvloed zijn toegepast.

De Erzberg bij Eisenerz is laag voor laag afgegraven, resulterend in enorme traptreden

In de omgeving

Tip voor gezinnen: langs de autosnelweg A9, ten noordwesten van Leoben, ligt in **Mautern in der Steiermark** een klein dieren- en attractiepark, genaamd **Der Wilde Berg** (Alpsteig 1, tel. 03845 22 68, www.derwildeberg.at, eind apr.-eind juni en half sept.-eind okt. do.-zo. 9-18 uur, eind juni-half sept. dag. 9-18 uur, entree € 16). Te zien zijn typische alpendieren, maar ook bizons, wolven, bruine beren, roofvogels en aaibare boerderijdieren. De attracties zijn ook voor kleine kinderen geschikt.

Eisenerz ▶ R 8

De weg vanuit Leoben naar Eisenerz maakt deel uit van de **Eisenstraße** (www.eisenstrasse.co.at), een toeristische autoroute rond de sporen van de zware industrie. Dat klinkt weinig aantrekkelijk, maar het tegendeel is waar. Juist de contrasten zorgen voor fascinerende plaatjes: enerzijds de ruige bergtoppen, vriendelijke alpenweides en ruisende beekjes, anderzijds de herinneringen aan de zware industrie in de vorm van sobere arbeidershuisjes, ertstreinen, fabriekspijpen en spookachtige constructies van smelterijen en hoogovens.

Hart van de autoroute is het industriestadje **Eisenerz**, dat bijna pittoresk in het dal van de Erzbach ligt, omgeven door majestueuze toppen. Een van die bergen verklaart de naam van het stadje: de **Erzberg**, waar mogelijk al vanaf de 7e eeuw ijzererts is afgegraven. Door al dat graafwerk heeft de bruinrode berg nu de vorm van een getrapte piramide – bijna als Balinese rijstvelden, maar dan wel met terrassen van gemiddeld 24 m hoog. De berg is meteen ook de grootste toeristische attractie van de regio. Onder de naam **Abenteuer Erzberg** (Erzberg 1, tel. 03848 32 00, www.abenteuer-erzberg.at, mei-okt. dag. 10-15 uur, entree vanaf € 17) maakt u op verschillende manieren kennis met het industriële verleden. **Erlebniswelt Schaubergwerk** is een rondleiding door het ondergrondse gangenstelsel, die start met een tochtje in een oude mijnwerkerstrein. In **Hauly's Abenteuerfahrt** gaat u mee in de (aangepaste en overdekte) laadbak van een gigantische ertstruck. In het gevaarte is plaats voor maar liefst 62 gasten. De avontuurlijke tocht gaat over de afgegraven terrassen op de berghelling. Uniek is de mogelijkheid om op donderdag een ontploffing mee te maken, bedoeld om een nieuwe laag erts vrij te leggen. Bij het mijncomplex start verder een 400 m lang leerpad over geologie en mineralen.

In het stadje zelf is het op en rond de Marktplatz aangenaam toeven. Aan de oostkant, boven aan een trap van 150 treden, staat de **St. Oswaldkirche**, die in de 16e eeuw werd versterkt om weerstand te bieden aan de vijandige Turken. De (gerenoveerde) kerk valt op doordat er geen barokke restyling is geweest: alles is gotisch, met enkele bijzondere details, zoals een galerij met prachtig steenhouwwerk.

De **Schichtturm** aan de zuidkant van het dal dateert van 1581 en hoorde bij de smelterijen. De klok gaf het begin van de ploegendienst aan. De klim naar de toren wordt beloond met een uniek uitzicht over de Erzberg.

Actief

Wandelaars kunnen hun hart ophalen in de bergmassieven rond Eisenerz. Vanuit het stadje gaat bijvoorbeeld een 12 km lange wandelroute de **Pfaffenstein** (1871 m) op en weer af. Gemakkelijker is een rondje om de **Leopoldsteiner See** (4 km ten noordwesten van Eisenerz), een meer dat door granieten wanden wordt ingesloten. Wat lastiger te bereiken, via **Tragöss**, is de **Grüner See**, een – inderdaad groen – bergmeer dat in het voorjaar wordt bijgevuld met smeltwater en dan flink in oppervlakte groeit. Dat is voor duikers het signaal om het overstroomde park vanuit een ander perspectief te bekijken.

Informatie

Stadtgemeinde Eisenerz: Mario-Stecher-Platz 1, tel. 03848 251 10, www.eisenerz.at.

Mariazell ▶ T 6

Met zo'n naam kan het niet anders: Mariazell is een oude bedevaartsplaats, de belangrijkste van Midden-Europa zelfs. Al acht eeuwen lang trekken devote katholieken massaal naar dit kleine stadje, waar in de **Basilika Mariä Geburt** een middeleeuws Mariabeeldje wordt vereerd (zie Tip blz. 188). Het drukst wordt het rond Maria-Hemelvaart (15 augustus) en Maria-Geboorte (8 september), dus niet-gelovige bezoekers mijden bij voorkeur deze dagen. Wat diezelfde niet-gelovigen ook zal opvallen: devotie en commercie gaan blijkbaar prima samen, want kraampjes en winkels met souvenirs en memorabilia vullen de straten rondom de basiliek. En ook de plaatselijke horeca doet zichtbaar goede zaken.

Door de verschillende bouwfasen vertoont de kerk een merkwaardige mix van stijlen. Het gotische hart (drie

Kajakken in het snelstromende water van de Salza ten zuiden van Mariazell

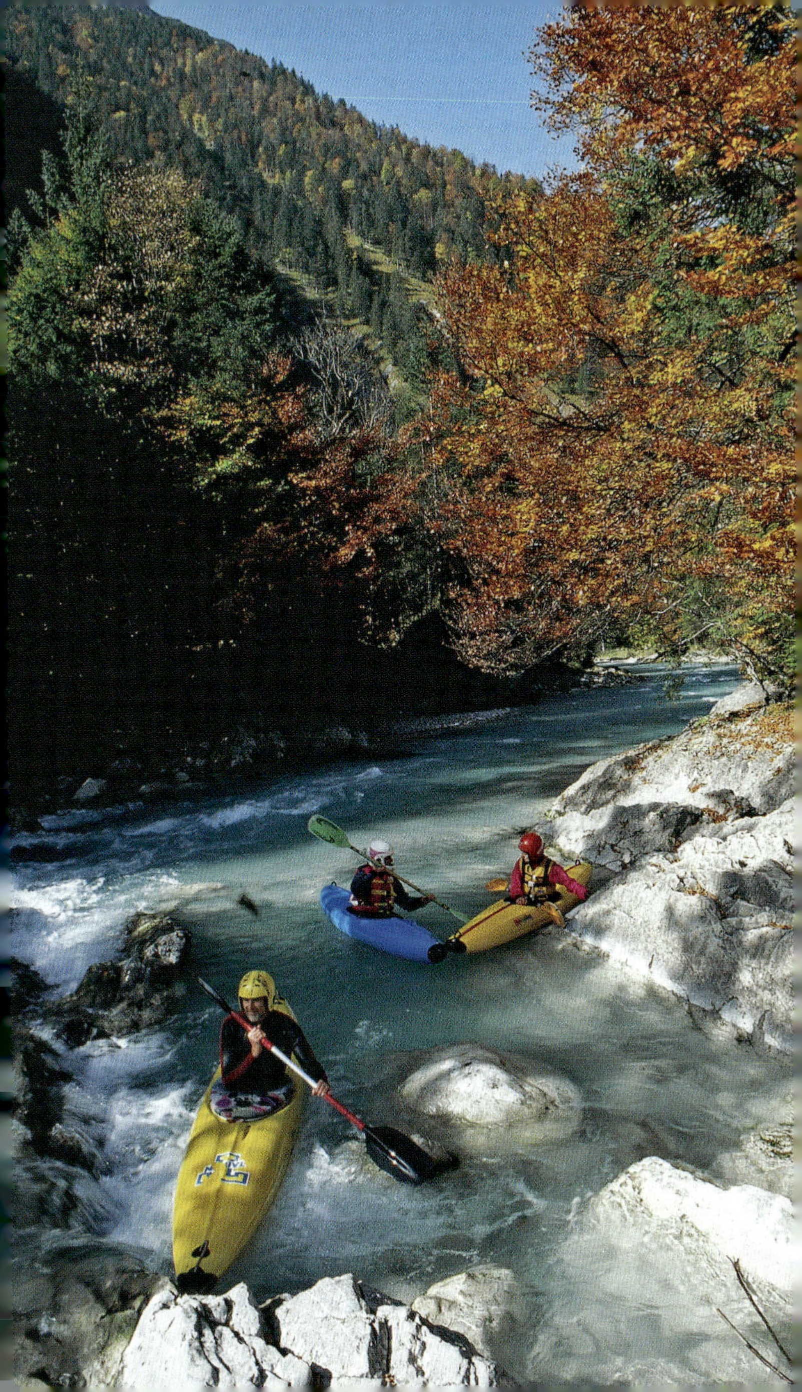

beuken en de middelste toren) lijkt te worden omarmd door een nieuwere kerk in kleurrijke barok (de twee zijtorens en de zijmuren). Ook binnen is alles barok wat er blinkt. Letterlijk zelfs: het overdadig toegepaste bladgoud valt in het niet bij het glanzende zilver in de **Gnadenkapelle**, waar het kleine, aangeklede Mariabeeldje wordt omkranst door zilveren zuilen en een zilveren baldakijn. Een trap achter de ingang geeft toegang tot de **Schatzkammer** (mei-eind okt. di.-za. 10-15, zo. 11-16 uur, entree € 4), waar de waardevolle objecten van de kerk worden bewaard. Deze schatten staan en hangen op de galerij rond het schip. U ziet onder meer giften die de keizerlijke Habsburgers aan de basiliek schonken. Ontroerend zijn de ex voto's – soms zelfgemaakte schilderijtjes – die dankbare bezoekers hebben achtergelaten als Maria hun gebeden had verhoord.

Voor een heel andere blik op Mariazell neemt u in de Wiener Straße de kabelbaan omhoog naar de **Bürgeralpe** (www.buergeralpe.at). Op de top wachten een restaurant, een klein vrijetijdspark en talrijke wandelroutes.

In de omgeving

Ten zuiden van Mariazell stroomt de smaragdgroene rivier de **Salza** door een stil dal, met aan weerszijden scherpe toppen, zoals de indrukwekkende **Hochschwab** (2277 m). Dit **Salzatal** is een prachtige bestemming voor wandelaars, die in de soms ruige natuur gemzen, alpenmarmotten en steenarenden kunnen tegenkomen. Vlak voor **Palfau** stort een hoge waterval zich in de Salza. Een avontuurlijke wandeling (2-3 uur) met pittige klimmetjes leidt door deze **Wasserlochklamm** naar de bron (www.wasserloch.at). Het snelstromende water van de Salza leent zich bovendien goed voor rafting, wildwaterkanoën en cayoning (www.salza.at).

Informatie

Tourismusverband Mariazeller Land: Hauptplatz 13, tel. 03882 23 66, www.mariazell-info.at.

Nationalpark Gesäuse ▶ R 7-8

In 2003 kreeg het (voorlopig) laatste Oostenrijkse nationale park een officiële status: Nationalpark Gesäuse (www.gesaeuse.at, www.nationalpark.co.at).

Tip

De Heilige Maagd

De geschiedenis van Mariazell begon in 1157, toen een monnik een lindenhouten Mariabeeldje op deze plek plaatste, met daarbij een kluizenaarscel (*Zelle*). Dat beeldje zou verantwoordelijk zijn voor verschillende wonderen, waardoor steeds meer mensen Maria om hulp kwamen vragen. De eenvoudige kapel groeide uit tot een drukbezochte bedevaartskerk; rondom ontstond het huidige stadje Mariazell.

De eind 19e eeuw herbouwde benedictijnenabdij van Admont

Het omvat een indrukwekkend berglandschap dat wordt getekend door grillige kalksteenruggen, diepe kloven, grasgroene alpenweides en dichte hellingbossen. Het park ligt globaal tussen de plaatsen **Hieflau** en **Admont**, aan weerszijden van de rivier de Enns. De naam Gesäuse betekent 'gesuis', verwijzend naar het geluid van de Enns – hoewel 'gebulder' een betere omschrijving zou zijn. Kajakken en raften zijn hier favoriete activiteiten van avontuurlijke bezoekers, maar het aanbod is veel breder: van huttentochten, klimmen en mountainbiken tot in de winter skiën, sneeuwschoenwandelen en hondensledetochten.

Het oudste bergbeklimmerskerkhof van Oostenrijk ligt rond de dorpskerk van **Johnsbach**. Op de grafstenen vertellen foto's en beknopte teksten meer over de slachtoffers. Vooral leuk voor kinderen is het waterspeelpark in **St. Gallen**, waar spelen en zwemmen samengaan (Bodenweg 64, tel. 03632 204 42, www.wasserspielpark.at, mei-sept. dag. 9-17/19 uur, dagkaart € 12).

Stift Admont ▶ Q7

Admont, Admont 1, tel. 03613 231 20, www.stiftadmont.at, half mrt.-begin nov. dag. 10-17 uur, winterseizoen: zie website, entree € 11

Admont ligt aan de westelijke toegang tot Nationalpark Gesäuse, in een breed deel van het Ennsdal. Het verstilde dorp heeft slechts één bezienswaardigheid, maar die trekt dan ook busladingen toeristen: Stift Admont, een uitgestrekt adbijcomplex dat het hele dal domineert. Al in de 11e eeuw werd hier een klooster gesticht, maar na een brand in 1865 bleven daarvan slechts smeulende resten over – alleen de prachtige bibliotheek bleef grotendeels gespaard. Kort na de brand werd begonnen met de herbouw van de kerk en de vier vleugels in neogotische stijl.

Er wonen en werken nog altijd benedictijner monniken in de abdij, maar een deel van het complex is ook opengesteld voor bezoekers. Grote trekker is de schitterend gedecoreerde bibliotheek uit 1776, waar de wanden zijn gevuld met 70.000, soms zeer kostbare werken. In de vleugels van de abdij is een breed spectrum aan exposities ingericht, van een natuurhistorisch museum met opgezette dieren en curiosa tot religieuze kunstschatten en verrassende hedendaagse kunstwerken.

Bad Aussee ▶ O 7

Bad Aussee is de belangrijkste plaats in het Stiermarkse deel van het **Salzkammergut** (zie ook blz. 155). Hoge bergen en stille meren tekenen het idyllische landschap, dat in de 19e eeuw door de Weense chic werd ontdekt. Aussee kreeg al in 1868 de officiële status van kuuroord. Een kuurpark en villawijken herinneren aan de welgestelde kuurgasten van weleer. Rijk waren ook de handelaren die in een vroegere periode zout wonnen in de omliggende bergen. Aan de Hauptstraße, Kirchengasse en Chlumeckyplatz kunt u zien wat ze met hun geld deden. Stap binnen bij het **Kammerhofmuseum** om nog veel meer te leren over de stad, het zout en de kuurgasten (Chlumeckyplatz 1, tel. 3622 537 25 11, www.badaussee.at/kammerhofmuseum, juli-half sept. dag. 10-13 en 15-18 uur, begin apr.-juni en half sept.-okt. di.-vr. 9-12, za. 15-18, zo. 10-13 uur, entree € 5).

Eind mei/begin juni staat Aussee in het teken van het **Narzissenfest** (www.narzissenfest.at), gewijd aan de wilde narcissen die dan de alpenweiden kleuren. Dat betekent een bloemencorso, hoempamuziek en veel klederdracht.

Enkele kilometers oostwaarts ligt de door grazige weiden en hoge toppen omgeven **Grundlsee**. Ga met een bootje het water op of kies voor een van de wandelroutes. Een rondje rond de **Altausseer See** is 6,5 km lang en eenvoudig te volgen. De nabijgelegen **Altaussee** is beroemd vanwege de zoutmijnen waar de nazi's in de Tweede Wereldoorlog geroofde kunst uit heel Europa bijeenbrachten. Nog altijd wordt hier zout gewonnen, maar ook bezoekers zijn welkom voor een avontuurlijke ondergrondse rondleiding in **Salzwelten Altaussee** (Altaussee, Lichtersberg 25, www.salzwelten.at, rondleidingen begin apr.-okt. dag., daarbuiten wo. 19 uur, entree € 18). Warme kleding meenemen!

Aan de noordkant van de Altaussee slingert een panoramaweg naar een bergrestaurant op de **Loser** (www.loser.at). Een mooie wandeling (2,5 uur) leidt vanaf de parkeerplaats naar de top van de berg. Verder: klettersteige, mountainbikepaden, een klimpark en mogelijkheden voor parapenten.

Informatie

Tourismusverband Ausseerland – Salzkammergut: Bahnhofstraße 132, tel. 03622 54 04 00, ausseerland.salz kammergut.at.

Schladminger Tauern en Dachstein ▶ N 8-P 9

In het hart van Oostenrijk heeft elk bergmassief zijn eigen naam. De benaming **Niedere Tauern** wordt gebruikt voor het gebergte tussen de rivieren Enns en Mur. Onderdeel hiervan zijn de **Schladminger Tauern**, gelegen ten zuiden van de skioorden **Schlad**ming en **Ramsau am Dachstein**. Het is een prachtig berglandschap, dat met kabelbanen en skiliften uitstekend is ontsloten voor wintersporters en zomerse avonturiers. Aan de noordkant hiervan rijst het **Dachsteinmassief** (zie blz. 161) omhoog tot bijna 3 km hoogte, met als voorste blikvanger de **Hunerkogel** (2865 m).

Met 123 pistekilometers en 44 moderne kabelbanen en stoeltjesliften behoort het skigebied Schladming-Dachstein tot de populairste wintersportbestemmingen van Oostenrijk. Zomerse bezoekers kunnen kiezen uit onder meer 1000 km aan wandelpaden. Maak een prachtige meerdaagse huttentocht of volg de Tauern-Höhenweg,

De spectaculaire Hängebrücke in het ski- en wandelgebied Schladming-Dachstein

een pittige route van zeven dagen. Daarnaast is er ook voor rafters, mountainbikers, golfers, klimmers en sportieve kinderen van alles te doen.

Zeer spectaculair is een tocht omhoog langs de zuidwand van het **Dachsteinmassief**. Startpunt is de Dachstein-Südwandbahn, een panoramagondel met plaats voor vijftig personen en zelfs een balkon in de openlucht. De cabine gaat in zes minuten met grote snelheid omhoog, het laatste stuk bijna verticaal. Let op: reserveer een plekje, want in de zomer wordt het zeer druk! Boven is in de gletsjer een grot uitgehakt met daarin ijssculpturen, het **Eispalast**. Alleen voor mensen zonder hoogtevrees zijn de **Dachstein Hängebrücke** en de **'Treppe ins Nichts'**, die beide boven een schier eindeloze diepte hangen (www.derdachstein.at, combiticket € 10).

Voor diezelfde dappere doelgroep hebben ze in **Gröbming**, 18 km ten oosten van Schladming, de langste en steilste tokkelbaan van de Alpen aangelegd. Wie durft stapt bij **Zipline Stoderzinken** in een stoeltje en daalt dan 2,5 km af, waarbij de snelheid oploopt tot 65 km/u (Stoderstraße 114, tel. 03685 226 22, www.zipline.at, mei-juni en half sept.-okt. wo.-zo. 10-17/18, juli-half sept. dag. 10-18 uur, entree € 39, vanaf 8 jaar, tot 125 kg). Wie toch liever de rust opzoekt, kan te voet **Naturpark Sölktäler** (www.soelktaeler.at) verkennen, dat westelijk van Schladming begint. Grootste troeven: rust, ruimte en natuur. In de winter leent het gebied zich goed voor tochten op sneeuwschoenen of langlaufski's.

Abtei Seckau ▶ R 9

Seckau, Seckau 1, tel. 03514 523 40, www.abtei-seckau.at, mei-okt. dag., rondleidingen mei-okt. dag. 11 en 14 uur (start bij kloosterpoort), entree € 6

In 1142 stichtten augustijner monniken een klooster aan de voet van de Seckauer Alpen. In latere eeuwen werd het klooster flink verbouwd en uitgebreid. Zo dateert de prachtige binnenplaats, omkaderd door sierlijke arcaden, van de 17e eeuw. Maar de echte blikvangers zijn hier de twee vierkante, massieve torens die de toegang tot de basiliek bewaken. Ze lijken origineel – de vormen zijn kenmerkend voor de romaanse bouwstijl uit de 11e en 12e eeuw –, maar het zijn reconstructies van eind 19e eeuw.

Ook het interieur verrast. Waar in veel andere kloosterkerken barokke bombast overheerst (fresco's, bladgoud, nepmarmer), oogt deze basiliek een stuk soberder. Zware pijlers uit de 12e eeuw ondersteunen prachtige gewelven; slechts hier en daar zorgt een oud fresco voor kleur op de muren. Let ook op de kruisigingsgroep hoog in het koor. De beelden lijken modern, maar het kruisbeeld is van begin 13e eeuw! Uitbundig is daarentegen wel het mausoleum van aartshertog Karl II (1540-1590), door Italiaanse kunstenaars tussen 1587 en 1612 gemaakt. De aartshertog en zijn vrouw liggen in steen op het praalgraf, omgeven door talrijke beelden, fresco's en reliëfs. De Engelkapelle brengt u weer terug naar het nu. In een serie schilderingen (1952-1960) verbeeldde de kunstenaar Herbert Boeckl hier zijn visie op de Apocalyps. Een rondleiding neemt u mee langs nog veel meer (soms verborgen) schatten.

Het westelijke Murtal ▶ P 10-R 9

De rivier de Mur komt bij **Predlitz-Turrach** Stiermarken binnen en kronkelt dan door een steeds breder wordend dal richting de grens met Slovenië. De Murradweg (zie Tip blz. 193) is volgens de Oostenrijkers de mooiste fietsroute door de Alpen. Wandelaars kunnen bij Predlitz-Turrach, aan het begin van het dal van de Turrach, een grillig gevormde kloof verkennen, de **Hoher Steg**.

Het stadje **Murau** is op zijn mooist vanaf de oude stenen brug. Torenspitsen, een groot slot en oude huizen met houten erkers vullen de hellingen boven de kademuur. Een deel van de stadsommuring en twee poorten zijn nog intact. Bijzonder zijn de resten van een galg langs de weg naar Ranten, circa 2,5 km buiten Murau. Drie zuilen en een laag muurtje markeren de executieplaats.

Bij **Niederwölz** begint een zijdal dat eindigt bij **Oberwölz**. Dit ministadje werd rijk door de handel in zout en ijzererts en heeft veel van de oude glorie weten te behouden, waaronder de 14e-eeuwse stadsmuren en drie poorten. Grote trots is de **Stadtpfarrkirche St. Martin**, de parochiekerk met barokke inrichting en fresco's uit 1777.

Judenburg is de belangrijkste stad in het Murtal. In de middeleeuwen had de handelsstad een grote Joodse gemeenschap – vandaar de naam –, totdat de keizer in 1496 alle Joden verbande. Toch behield de stad het opmerkelijke stadswapen: een bebaard hoofd met een puntige jodenmuts. De nazi's vervingen dit Joodse stadswapen in 1939, maar na de oorlog werd het in ere hersteld. Blikvanger in het oude stadshart is de **Stadtturm** op de Hauptplatz, een toren met een hypermodern planetarium, een panoramarestaurant en een glasbodemlift (www.sternenturm.at, entree € 14).

Wie geïnteresseerd is in mijnbouw, kan in het nabijgelegen **Fohnsdorf** een 1,5 uur durende rondleiding door het **Bergbaumuseum** volgen (www.bergbaumuseum-fohnsdorf.at, mei.-okt. dag. 9-17 uur, entree € 7).

Ten zuiden van de Mur, in **Rachau**, ligt de **Wipfelwanderweg**, een 2,7 km lang boomkroonpad (www.wipfelwanderweg.at, entree € 9).

Tip

De Murradweg

De Donauradweg (zie blz. 112) is populair onder Nederlandse vakantiefietsers, maar veel Oostenrijkers vinden de Murradweg mooier. Deze route volgt de rivier de Mur stroomafwaarts – het parcours daalt dus geleidelijk! Vanaf de bron in de Hohe Tauern fietst u eerst door het bergachtige Stiermarken naar Graz en vervolgens naar de Sloveense grens. De route is prima bewegwijzerd en onderweg heten tal van cafés, restaurants en hotels de fietsers van harte welkom. Voor kinderen vanaf een jaar of acht is de route goed te doen. Zie voor de details www.murradweg.com/nl.

Turracher Höhe ▶ O-P 11

Turracher Höhe is de naam van een hoog plateau in de uiterste zuidwesthoek van Stiermarken, op de grens met Karinthië. Het hart wordt gevormd door drie bergmeren (Turracher See, Grünsee en Schwarzsee), omringd door bossen en bergweiden. Het gebied is vooral bekend bij wintersporters, die hier een niet al te groot (42 km aan pistes), maar afwisselende en redelijk sneeuwzekere winterbestemming vinden. Veertien kabelbanen en liften zorgen voor het vervoer omhoog. In de zomer staan de kabelbanen ter beschikking van wandelaars en moutainbikers. Extra attractie in zomer én winter is de **Nocky Flitzer**, een rodelbaan op rails van maar liefst 1600 m lengte, met drie spectaculaire rotondes (www.turracherhoehe.com/nl, met kabelbaan omhoog vanaf € 12,50). Voor kinderen zijn er boven nog meer attracties en speelterreinen. Wandelaars kunnen naar het westelijk gelegen biosfeerpark **Nockberge** (zie blz. 246).

IN EEN OOGOPSLAG

Salzburg

Hoogtepunten

Salzburg: stad van Mozart en stad van almachtige aartsbisschoppen die in de 17e eeuw een bijna protserig nieuw stadshart lieten bouwen. Het is heerlijk wandelen door dit barokke Salzburg met zijn pleinen, kerken en paleizen. Zie blz. 196.

Großglockner Hochalpenstraße: aan de zuidkant van het Salzburgerland, op de grens met Karinthië, gaat de 48 km lange Großglockner Hochalpenstraße dwars door de bergmassieven van Nationalpark Hohe Tauern. Zie blz. 218.

Op ontdekkingsreis

The Sound of Music – Salzburg als filmdecor: Salzburg is niet alleen de stad van Mozart, maar ook van *The Sound of Music* (1965), de beroemde musicalfilm die hier deels werd opgenomen. Elk jaar komen 300.000 fans naar Salzburg om op zoek te gaan naar sporen van de zingende familie Von Trapp, zoals de tuin waar Julie Andrews en de kinderen 'Do-re-mi' lieten klinken. Zie blz. 206.

Großglockner Hochalpenstraße: volg de 36 haarspeldbochten van deze panoramische route naar de Hochtor, een tunnel op de grens met Karinthië, en geniet onderweg van de steeds wisselende uitzichten. Eindpunt is de Kaiser-Franz-Jozefs-Höhe (2369 m), een uitzichtpunt met een restaurant en uitzicht op de Großglockner, de hoogste berg van Oostenrijk. Zie blz. 218.

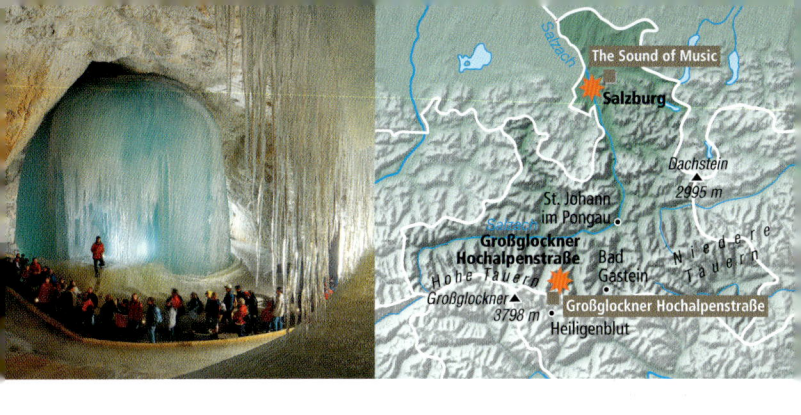

Bezienswaardigheden

Salzwelten Hallein: de winning van zout zorgde lange tijd voor welvaart in het Salzburgerland. Bij Hallein is van een oude zoutmijn een verrassende toeristische attractie gemaakt. Gekleed in overall ontdekt u op avontuurlijke wijze het ondergrondse labyrint. Zie blz. 212.

Eisriesenwelt: hoog in een bergwand bij Werfen begint een 40 km lang grottenstelsel, waarvan het voorste deel is versierd met sprookjesachtige ijsformaties. Een gids toont de mooiste plekjes. Zie blz. 215.

Krimmler Wasserfälle: Nationalpark Hohe Tauern heeft de hoogste bergen, de langste gletsjers én de hoogste waterval van Oostenrijk: bij de Krimmler Wasserfälle valt het water in drie etappes 380 m naar beneden. Zie blz. 220.

Actief

Ski amadé: rond Radstadt ligt het grootste aaneengesloten skigebied van Oostenrijk, bekend onder de naam Ski amadé: 760 km aan pistes en 270 skiliften wachten op wintersporters van alle niveaus. In de zomer is een keur aan andere sportieve actviteiten mogelijk. Zie blz. 214.

Uitgaan

Salzburger Festspiele: Salzburg is nu trots op Mozart, maar lange tijd was dat anders. Pas in 1877 werd een eerste festival ter ere van de beroemde stadgenoot georganiseerd. Dat groeide uit tot de Salzburger Festspiele, die elk jaar in de zomer worden gehouden en bezoekers uit de hele wereld trekken. Zie blz. 210.

Oostenrijk in het klein

Salzburg is de naam van een deelstaat én van de hoofdstad van die deelstaat. Om verwarring te voorkomen spreken de Oostenrijkers daarom ook wel over het Salzburgerland als ze de deelstaat bedoelen. Het 'Salz' in de benaming verwijst naar het zout dat hier vanaf 1000 v.Chr. werd gewonnen. Dit zout was niet alleen belangrijk om voedsel langer houdbaar te maken, maar ook als betaalmiddel. Zo kregen de Romeinse soldaten soms gedeeltelijk in zout uitbetaald.

Met Mozart en de Salzburger Festspiele als grootste troeven doet de stad Salzburg op cultureel gebied nauwelijks onder voor grote broer Wenen. Ook qua charme, sfeer en elegantie heeft Salzburg veel te bieden. De koffiehuizen en de worstkraampjes zijn typisch Oostenrijks, maar het barokke decor van kerken, steegjes en pleinen doet bijna Italiaans aan – resultaat van de bouwlust van de almachtige prins-aartsbisschoppen in de 17e eeuw.

De deelstaat bezit zo'n beetje alle landschappen die Oostenrijk kent: van brede dalen en golvende heuvels tot stille boerendorpjes en bij wintersporters bekende bergpieken. Topattractie in de Alpen is de Großglockner-Hochalpenstraße, een hooggelegen tolweg met majestueuze uitzichten. Natuurliefhebbers kunnen bovendien genieten van meren, watervallen, kloven, Nationalpark Hohe Tauern en de spectaculaire Eisriesenwelt, het grootste ijsgrottencomplex ter wereld. Een avontuur voor het hele gezin is een bezoek aan de zoutmijnen van Salzwelten Hallein.

INFO

Internet
www.salzburg.info
www.salzburgerland.com

Toeristenbureau
SalzburgerLand Tourismus GmbH: Wiener Bundesstraße 23, Hallwang, tel. 0662 668 80, www.salzburgerland.com/nl.

Vervoer
Er gaan directe vluchten van Amsterdam naar de luchthaven W.A. Mozart. Ook zijn er vluchten met een tussenstop vanuit Amsterdam en Brussel. Voor trein- en autoreizigers is Salzburg goed en snel bereikbaar.

Korting
Met de SalzburgLand Card krijgt u korting bij bezienswaardigheden en in het openbaar vervoer. Prijzen vanaf € 66 (voor zes dagen).

Salzburg ❋ ▶ M 7

Dankzij de winning van zoutsteen werd de regio rond Salzburg al vroeg bewoond. Na de Kelten kwamen de Romeinen, die hier een van hun belangrijkste steden ten noorden van de Alpen bouwden. Na het instorten van het Romeinse rijk in de 5e eeuw stichtte de missionaris Rupert in 696 hier een nieuw bisdom, dat in de eeuwen daarna zou uitgroeien tot een Europees machtscentrum van formaat.

De aartsbisschoppen regeerden als absolute vorsten over hun territorium, dat zich uitstrekte van Beieren tot in Hongarije en Italië. Rond het jaar 1500 bouwden ze hun burcht uit tot een onneembare vesting, de Hohensalzburg. In de 17e eeuw lieten ze de middeleeuwse

Het barokke Salzburg in het laatste daglicht, gezien vanaf de Kapuzinerberg

benedenstad vervangen door een nieuw, bijna protserig regeringscentrum. Italiaanse architecten vulden deze nieuwe stad met de fraaiste kerken, paleizen en statige woonhuizen, als was het een klein Rome. Dat verklaart het harmonische, barokke stadsbeeld van de Altstadt. In 1803 maakte de Franse keizer Napoleon een einde aan de macht van de prins-aartsbisschoppen; in 1816 werd Salzburg bij het keizerrijk Oostenrijk gevoegd.

Maar velen zullen Salzburg vooral kennen als muziekstad. Wolfgang Amadeus Mozart werd hier in 1756 geboren – hij kreeg een eigen plein met standbeeld, zijn geboorte- en zijn woonhuis zijn te bezoeken en de prestigieuze Salzburger Festpiele zijn ooit ter ere van hem begonnen. Ook zijn talloze souvenirs voorzien van zijn naam of beeltenis. Muziek- en filmliefhebbers kunnen bovendien op zoek naar sporen van *The Sound of Music* (1965), de beroemde film die zich gedeeltelijk in Salzburg afspeelt.

Linkeroever van de Salzach

Salzburg is zonder twijfel een van de mooiste steden van Oostenrijk. Dat vindt ook UNESCO, die het oude stadshart beloonde met een plekje op de Werelderfgoedlijst. Deze Altstadt laat zich prima te voet verkennen – niet alleen vanwege de compacte afmetingen, maar ook doordat auto's niet welkom zijn (met uitzondering van het openbaar vervoer). Dat betekent ook dat u voor uw eigen auto een plekje in een van de ondergrondse parkeergarages moet zoeken.

Festung Hohensalzburg [1]

Mönchsberg 34, tel. 0662 84 24 30-11, www.salzburg-burgen.at, mei-sept. dag. 9-19, okt.-apr. 9.30-17 uur, entree vanaf € 12

De beste plek om een stadsverkenning te beginnen is de machtige vesting van de aartsbisschoppen, onneembaar gelegen op een 120 m hoge rots aan de

Salzburg — Altstadt Map

Streets and Bridges
- Schwarzstr.
- Elisabethkai
- Auersperg-str.
- Franz-Josef-Str.
- Adolf-Kolping-Platz
- Auerspergstr.
- Steinhamerstr.
- Hubert-Sattler-Gasse
- Rainerstr.
- Faberstr.
- Schrannengasse
- Wolf-Dietrich-Str.
- Paris-Lodron-Str.
- Paris-Lodron-Str.
- Vier-thal
- Müllner Steg
- Salzach
- Franz-Josef-Kai
- Makartsteg
- Elisabethkai
- Franz-Josef-Kai
- Griesg.
- Staatsbrücke
- Giselakai
- Imbergstr.
- Rudolfskai
- Mozartsteg
- Gstättengasse
- Getreidegasse
- Judeng.
- Goldgasse
- Waagpl.
- Kaigasse
- Kapitelgasse
- Herrengasse
- Sigm.-Haffner-Gasse
- Franziskanergasse
- Hofstallgasse
- Sigmundstor
- Münzg.
- Bürgerspital
- Dr.-Ludwig-Pahause-Weg
- Buckreuth
- Ernst-Sompek-Str.
- Oskar-Kokoschka-Weg
- Hans-Seidl-Weg
- Festungs-bahn
- Untersbergstr. (Unterbergstr.)
- Steingasse
- Theatergasse
- Bergstr.
- Makartplatz

Places and Landmarks
- Paracelsusbad
- Kongresshaus
- Kurhaus
- Kurgarten
- Museumspavillon
- St. Andrä
- Mirabellgarten
- Mirabellplatz
- National bank
- Schule
- Bastionsgarten
- Evangelische Christuskirche
- Universität Mozarteum
- Loretokirche
- Klosterbruderhof
- St. Sebastian
- Dreifaltigkeitskirche und Priesterhaus
- Klausentor
- Humboldt-Terrasse
- Kammerspiele
- Landestheater
- Anlegestelle Altstadt
- Markuskirche
- Museum der Moderne
- Museumsplatz
- St. Johann Platzl
- Kapuzinerkloster
- Steintor
- Altes Rathaus
- St. Blasius (Bürgerspitalkirche)
- Bürgerspital
- Universität
- Universitätsplatz
- Alter Markt
- Weihnachtsmuseum
- Großes Festspielhaus
- Rupertinum
- DomQuartier
- Residenzplatz
- Neue Residenz
- Haus für Mozart
- Felsenreitschule
- Domplatz
- Kapitelplatz
- Erzbischöfliches Palais
- Edmundsburg
- Karolinenhöhe
- St. Peter
- Mönchsberg
- Hildmannplatz
- Freyschlössl
- Schartentor
- Wasser-Spiegel (Wassermuseum)

0   100   200 m

Salzburg

Bezienswaardigheden
1. Festung Hohensalzburg
2. Stiftskirche Nonnberg
3. Stiftskirche St. Peter
4. Dom
5. Residenzplatz
6. Salzburg Museum
7. Fransiskanerkirche
8. Geboortehuis Mozart
9. Pferdeschwemme
10. Mönchsberg
11. Haus der Natur
12. Kapuzinerberg
13. St. Sebastianskirche en Sebastiansfriedhof
14. Woonhuis Mozart
15. Schloss Mirabell en Mirabellgarten

Overnachten
1. Hotel Am Dom
2. Arthotel Blaue Gans
3. arte vida boutique guesthouse
4. Berglandhotel
5. Motel One Salzburg Mirabell

Eten en drinken
1. Tomaselli
2. Balkan Grill
3. Carpe Diem Finest Fingerfood
4. M32
5. Alter Fuchs

Winkelen
1. Getreidegasse
2. Linzergasse
3. Europark

Uitgaan
1. Großes Festspielhaus, Haus für Mozart, Felsenreitschule
2. Marionettentheater

199

rand van de Altstadt. De bouw begon in 1077; wat u nu ziet dateert grotendeels van de 16e eeuw. De vesting was een dorp op zich, met woonvertrekken, stallen, eetzalen en een kerk. Een deel daarvan is nu toegankelijk voor bezoekers. Zij kunnen op twee manieren naar boven: met een kabeltreintje uit 1892 (Festungsbahn, start in de Festungsgasse) of te voet. De klim over steile paden en trappen duurt twintig minuten en gaat langs drie poorten en een ophaalbrug. Eenmaal binnen de ommuring wacht een eerste binnenplein, met daaraan de St. Georgskirche (1502), een vierhonderd jaar oude linde, een waterput en een fantastisch uitzicht op de stad en de omliggende bergen – in de avondschemering is de aanblik zelfs sprookjesachtig! Een rondje door de binnenste burcht kan alleen met een audiotour. Zo komt u langs de martelkamer, enkele musea en de vorstelijke vertrekken van de aartsbisschoppen, waaronder middeleeuwse zalen met prachtige lambrizeringen en plafonds.

Stiftskirche Nonnberg 2

Nonnberggasse 2, abdijkerk dag. 9 uur-zonsondergang (niet tijdens missen)

Aan de voet van de burcht markeert een toren met een rood helmdak het oudste nog bestaande nonnenklooster van Oostenrijk. Het grootste deel van de abdij, gesticht rond 712-715, is nog altijd in gebruik en niet toegankelijk voor bezoekers. De abdijkerk is dat wel. De toren dateert van de 11e eeuw, toen de kerk werd herbouwd na een brand in 1006. De rest van de kerk is rond 1500 gebouwd in gotische stijl, herkenbaar aan de hoge, slanke vormen en de spitsbogen. De inrichting is voor Oostenrijkse begrippen zeer sober. Bijzonder zijn de fresco's van begin 12e eeuw en de crypte met het graf van Erentrudis, de eerste adbis.

Stiftskirche St. Peter 3

St. Peter-Bezirk 1, www.stift-stpeter. at, dag. 8-19/21 uur

Stift St. Peter, de mannelijke tegenhanger van Nonnberg, werd in 696 door de heilige Rupert gesticht. Hiermee legde hij de basis voor de huidige stad Salzburg. Van de kloostergebouwen is alleen de abdijkerk voor bezoekers opengesteld, maar dat is dan ook een waar juweel. De toren is romaans (12e eeuw), de rest van de kerk werd in de 17e en 18e eeuw herbouwd in barokstijl. Het resultaat is een zeer uitbundig interieur in pure rococo: bladgoud, muurschilderingen, altaarstukken en stucwerk zorgen voor een overdonderend effect.

Het contrast is groot met het serene, bijna romantische **St. Peters Friedhof** rechts naast de kerk. In het groene 'park' in de schaduw van de Mönchsberg wandelt u langs eeuwenoude graven van monniken en bekende Salzburgers. In de berg zijn catacomben uitgehakt die in de Romeinse tijd via tunnels toegankelijk waren. Mogelijk werden hier vroegchristelijke diensten gehouden.

Bekijk zeker ook de binnenplaatsen van het klooster, met de Petersbrunnen uit 1673 en Stiftkeller St. Peter, wellicht het oudste restaurant van Europa.

Dom 4

Domplatz, www.salzburger-dom.at, ma.-za. 8-17/19 uur, zo. 13-17/19 uur

De Dom vormt het hart van de barokke stad die de prins-aartsbisschoppen in de 17e eeuw lieten bouwen. Nadat de oude kathedraal in 1598 was afgebrand, werd een Italiaanse architect ingeschakeld om een nieuwe kerk te bouwen die groter moest worden dan de St. Pieter in Rome. Toen bleek dat de schatkist dat niet kon trekken, werd de huidige, wat bescheidener kathedraal opgetrokken. Vanbinnen imponeert de Dom vooral door de omvang en de prachtige koepels en plafonds. De rest van het interieur is beduidend minder kleurrijk dan bijvoorbeeld de abdijkerk van de St. Peter. Echt oud is het bronzen doopvont uit 1321, waarin Mozart nog is gedoopt. Hij bespeelde ook het barokke orgel uit 1703. In de crypte liggen verschillende aartsbisschoppen begraven. De kerkschatten zijn te zien in het **Dommuseum** (wo.-ma. 10-17 uur, juli/aug. ook di., entree € 12 voor DomQuartier, zie Tip).

Residenzplatz 5

Pleinen vormden een belangrijk onderdeel van het ontwerp dat de Italiaanse architecten voor de nieuwe stad maakten. Ook de Residenzplatz oogt Italiaans: niet uitbundig, maar juist streng en sober. In het midden staat de **Residenzbrunnen**, een fontein uit 1661. De wat saaie grijze gevel aan de westkant hoort bij de **Residenz** (wo.-ma. 10-17 uur, juli/aug. ook di., entree € 12 voor DomQuartier, zie Tip), het paleis van de almachtige aartsbisschoppen. Rond drie binnenplaatsen liggen 180 kamers en pronkzalen, die veel bonter zijn aangekleed dan de buitenkant doet vermoeden: fresco's, meubels, tegelkachels, wandtapijten en klokken tonen de weelde waarin de aartsbisschoppen leefden. Op de tweede verdieping bevat de **Residenzgalerie** een waardevolle schilderijencollectie, met onder andere Hollandse meesters uit de Gouden Eeuw.

Salzburg Museum 6

Mozartplatz 1, tel. 0662 62 08 08-700, www.salzburgmuseum.at, di.-zo. 9-17 uur, entree € 8,50

De Residenzplatz sluit aan op de **Mozartplatz**, een plein waar de naamgever met een groot standbeeld wordt geëerd. Bij de onthulling in 1842 waren twee van zijn zonen aanwezig. De Neue Residenz huisvest nu het Salzburg Museum. Hoofdonderwerpen zijn geschiedenis, kunst en cultuur van Salzburg, die op soms speelse en interactieve

Tip

DomQuartier

Vijf locaties in de barokke wijk van de prins-aartsbisschoppen presenteren zich gezamenlijk onder de naam DomQuartier. Wandel mee door de werk- en woonvertrekken van de aartsbisschoppen in een rondje van 1,3 km met audiotour. Een combikaartje kost €12. Zie www.domquartier.at voor alle deelnemende locaties.

wijze worden geïllustreerd. Aan de andere kant van het plein bezit het **Panoramamuseum** een 26 m lang en 5 m hoog schilderij, dat toont hoe Salzburg er in 1825 uitzag (Residenzplatz 9, dag. 9-17 uur, entree € 4).

Tip: probeer om 7, 11 of 18 uur op het plein te zijn om te luisteren naar een concert dat klinkt vanuit de klokkentoren van de Neue Residenz.

Franziskanerkirche 7

Franziskanergasse 5, dag.

Een spitse toren markeert deze mysterieuze kerk, die niet lijkt te passen in het barokke stadshart. Opvallend is het grote contrast in bouwstijlen. Het schip is typisch romaans (12e-13e eeuw): laag en enigszins duister. Daarna volgt het veel hogere en door licht overspoelde koor (15e eeuw). Tussen de naar de hemel oprijzende zuilen zijn de kapellen uitbundig versierd volgens de barokke traditie. Ook het hoogaltaar uit 1709 is in deze stijl uitgevoerd, net als de duidelijk later toegevoegde westgevel aan de buitenkant. Een zoekplaatje voor liefhebbers van architectuur!

Geboortehuis Mozart 8

Getreidegasse 9, tel. 0662 84 43 13, www.mozarteum.at, dag. 9-17.30 (juli/aug. 8.30-19) uur, entree € 10

De **Getreidegasse** was en is nog steeds een belangrijke straat. Vanwege ruimtegebrek in het compacte stadshart zijn de huizen opvallend hoog. Vroeger dienden de panden als stal of voor opslag – elke week werd de straat met rivierwater doorgespoeld om het afval te verwijderen. Nu is de Getreidegasse een bedrijvige winkelstraat waar het in het hoogseizoen (onaangenaam) druk kan worden. Extra toeristentrekker is het geboortehuis van Mozart op nr. 9, dat eenvoudig te herkennen is aan de geelgekleurde gevel en de grote vlaggen. De ouders van Mozart woonden van 1747 tot 1773 op de derde verdieping; op 27 januari 1756 werd hier hun zoon Wolfgang Amadeus geboren. Het hele pand is ingericht met herinneringen aan de componist en zijn werk. Echte Mozartfans kunnen vervolgens ook zijn woonhuis op de andere oever bezoeken (zie blz. 203).

Pferdeschwemme 9

De Getreidegasse eindigt vlak voor de Mönchsberg bij de Herbert-von-Karajan-Platz. Hier staat een paardenbad waarin vroeger de paarden uit de aartsbischoppelijke stallen werden gedrenkt (zie blz. 204).

Mönchsberg 10

MönchsbergAufzug, Gstättengasse 13, retour € 3,60

Iets verder noordelijk brengt een lift, de MönchsbergAufzug, bezoekers omhoog naar een uitzichtplatform. Boven kunt u via tal van paden de stadsberg van Salzburg verder verkennen of een expositie van moderne kunst bezoeken in het **Museum der Moderne** (Mönchsberg 32, tel. 0662 84 22 20-403, www.museumdermoderne.at, di.-zo. 10-18 (wo. tot 20) uur, entree € 12). Overigens heeft het museum ook een vestiging in het **Rupertinum** in het centrum (Wiener-Philharmoniker-Gasse 9).

Haus der Natur 11

Museumsplatz 5, tel. 0662 84 26 53, www.hausdernatur.at, dag. 9-17 uur, entree € 8

Een van de leukste musea van Salzburg, zeker voor kinderen! Wat ooit begon als natuurhistorisch museum is nu een spannende doe- en kijkattractie rond natuur en techniek. Leerzaam zijn de afdelingen over het heelal, het menselijk lichaam en dinosauriërs. Verrassend zijn het reuzenaquarium en het reptielenhuis. Speels is het Science Center, waar moderne technieken op interactieve manier worden uitgelegd.

Rechteroever van de Salzach

Kapuzinerberg 12

Vanuit de Steingasse leiden steile trappen de Kapuzinerberg op. De klim is pittig, maar doorzetters worden beloond met een fraai uitzicht op de Altstadt. De bastions maakten deel uit van de 17e-eeuwse stadsomwalling. Wie nog verder klimt naar de top van de 638 m hoge 'berg', passeert onder meer het Kapuziner Kloster, een monument voor Mozart, en het Franziskischlössl (1629), waar de bewakers van de stadsmuur onderdak vonden.

St. Sebastianskirche en Sebastiansfriedhof 13

Linzer Gasse 41

Een weldadig rustpunt aan de drukke Linzer Gasse. De kerk oogt sober nadat het interieur werd hersteld na een stadsbrand in 1818. Boeiender is het bijbehorende kerkhof dat aartsbisschop Wolf Dietrich von Raitenau tussen 1595 en 1600 liet aanleggen. Zelf rust hij in een mausoleum in een kapel. Mozarts vader en vrouw kregen een graf dicht bij elkaar. Let ook op de Italiaanse beelden en arcaden.

Woonhuis Mozart 14

Makartplatz 8, tel. 0662 87 42 27-40, www.mozarteum.at, dag. 9-17.30 (juli/aug. 8.30-19) uur, entree € 10

Toen het appartement van de familie Mozart aan de Getreidegasse te klein werd – Wolfgang en zijn zus Nannerl sliepen op dezelfde kamer – verhuisde het gezin in 1773 naar het Tanzmeisterhaus aan de Makartplatz, dat door de bisschop beschikbaar was gesteld. Hier had het gezin de beschikking over acht ruime kamers. Mozart studeerde en componeerde hier als hij niet op reis was. Het huis werd in 1944 tijdens een bombardement bijna geheel verwoest, maar inmiddels is het in oude luister hersteld. Binnen ontdekt u de originele Tanzmeistersaal, veel informatie over Mozart en zijn familie, plus muziekinstrumenten uit zijn tijd. De interactieve onderdelen maken het tot een modern, maar toch ook sfeervol museum, waar het bovendien minder druk is dan in het geboortehuis van Mozart (zie blz. 201).

Schloss Mirabell en Mirabellgarten 15

Mirabellplatz, tel. 0662 80 72-0, www.salzburg.info, Marmorsaal ma., wo., do. 8-16, di., vr. 13-16 uur; Marmorstiege dag. 8-18 uur; tuinen dag. (dwergentuin winter gesl.); entree gratis

In 1606 liet aartsbisschop Wolf Dietrich von Raitenau Schloss Mirabell bouwen voor zijn maîtresse Salome Alt. Samen hadden ze vijftien (!) kinderen. Na de stadsbrand van 1818 werd het slot herbouwd in neoclassicistische stijl. Nu is het de zetel van de burgemeester en enkele gemeentelijke afdelingen, maar de Marmorsaal en het trappenhuis zijn (meestal) te bezoeken. De paleistuin is strak ingedeeld: kenmerkend voor de barok van de 17e en 18e eeuw. Verrassend zijn de 17e-eeuwse beelden van dwergen. De orangerie wordt ingericht met herinneringen aan de film *The Sound of Music*, waarvan hier een scène werd opgenomen (zie blz. 206). ▷ blz. 208

De tuinen van Mirabell, met op de achtergrond de Hohensalzburg

Favoriet

Barok paardenbad

Niet alleen de aartsbisschoppen, ook hun paarden leefden vroeger in barokke weelde. Het grote complex onder aan de Mönchsberg waar nu de Festspiele worden gehouden, huisvestte oorspronkelijk de aartsbisschoppelijke stallen. Hier was plaats voor maar liefst 1700 paarden. Direct naast de stallen werd in 1694/1695 de **Pferdeschwemme** 9 gebouwd, een bad waarin de paarden konden worden gewassen en gedrenkt. Voor de bouw schakelde de aartsbisschop zijn beste architect in, Johann Bernhard Fischer von Erlach. Hij verwende de paarden met een barok pronkstuk, inclusief fresco's en beeldhouwwerken. Het schilderij hiernaast toont de situatie anno 1828, toen er een cavaleriekazerne in de stallen (links) was ondergebracht. Wie nu het paardenbad bezoekt, zal ontdekken dat er sindsdien nauwelijks iets is veranderd. Behalve dat er nu geen paarden meer door de bassins lopen. En dat er inmiddels een aangenaam café tussen het 'kunstwerk' en de rotswand zit.

Op ontdekkingsreis

The Sound of Music – Salzburg als filmdecor

Salzburg is niet alleen de stad van Mozart, maar ook van The Sound of Music (1965), de beroemde musicalfilm die hier deels werd opgenomen. Elk jaar komen 300.000 fans naar Salzburg om op zoek te gaan naar sporen van de familie Von Trapp, zoals de tuin waar Julie Andrews en de kinderen 'Do-re-mi' lieten klinken.

Kaart: stadsplattegrond blz. 198-199.
Informatie: www.salzburg.info, www.salzburgerland.com.

Het verhaal van *The Sound of Music* in het kort: Maria wil non worden in de abdij Nonnberg, maar de moeder-overste vindt haar ongeschikt en stuurt haar als gouvernante naar kapitein Georg von Trapp. Hij blijkt een strenge marinekapitein, die na de dood van zijn vrouw met zeven kinderen achterbleef. Maria leert de kinderen zingen en optreden. En uiteindelijk trouwt ze met de langzaam ontdooide kapitein. Als in 1938 de nazi's de macht in Oostenrijk overnemen, vlucht de familie te voet over de bergen naar Zwitserland.

Van boek naar film

De film is gebaseerd op een boek van de echte Maria von Trapp (zie kader). Nadat eerst twee Duits-Oostenrijkse films zijn gemaakt, verkoopt Maria het verhaal aan de Amerikaanse film-industrie. Daar bewerken ze het boek – typisch Hollywood – tot een romantische musicalfilm, waarvan de liedjes wereldwijd nog altijd door talrijke fans worden meegezongen.

Opmerkelijk: de Amerikaanse film slaat in Oostenrijk totaal niet aan. De Oostenrijkers zien te weinig terug van het echte verhaal van de Von Trapps. Bovendien blijven verwijzingen naar het naziverleden een gevoelig onderwerp. Pas nadat Salzburg in 2011 de rechten van de musical heeft gekocht, maakt ook Oostenrijk kennis met *The Sound of Music* – zij het in een realistischere versie. Ook het toeristenbureau ziet eindelijk de internationale potentie: brochures en internetpagina's worden gemaakt en gidsen nemen liefhebbers van over de hele wereld mee langs de in het collectieve filmgeheugen gegrifte filmdecors.

De belangrijkste filmlocaties

Aan het begin van de film zetten de nonnen van **Stift Nonnberg** 2 de toon als ze zingen 'How do you solve a problem like Maria?' De abdij zelf is niet te bezoeken, maar de begraafplaats en de kerk zijn dat wel. Verderop in de film laat Maria de stad Salzburg aan de kinderen zien, onder het zingen van 'Do-re-mi'. De vrolijke scène eindigt in de barokke tuinen van **Schloss Mirabell** 14.

Kapitein Von Trapp woont in **Schloss Leopoldskron** (Leopoldskronstraße 56-58), nu een chic hotel aan een meertje ten zuiden van de Mönchsberg. Het meer komt diverse keren in beeld, bijvoorbeeld wanneer Maria en de kinderen uit een roeiboot vallen. Daarbij staat overigens wel een bordkartonnen gevel van **Schloss Frohnburg** op de achtergrond. Ook bij dit slot (Hellbrunner Allee 53) worden buitenopnames gemaakt. Zo zingt Maria hier, met een gitaarkoffer in de hand, 'I have confidence', en gooit Rolf steentjes tegen het raam van Liesl.

Bij **Schloss Hellbrunn** (zie blz. 208) staat het paviljoen waar Maria en de kapitein elkaar de liefde betuigen, en waar Liesl en Rolf 'Sixteen going on seventeen' zingen. Klassiek is de scène in de **Felsenreitschule** van het **Festspielhaus** 1, waar de familie meedoet aan een zangwedstrijd en de vlucht naar Zwitserland voorbereidt. Vluchten doen ze daarna te voet via de **Huntersberg** vlak bij Hellbrunn – de berg is nu met een kabelbaan bereikbaar: eenmaal boven blijkt dat het in werkelijkheid wel heel erg ver lopen is naar Zwitserland ...

Buiten Salzburg

En de beroemde openingsscène van een dansende Maria op een alpenweide? Die is opgenomen in Mehlweg in Duitsland. Rond Salzburg kunt u nog wel naar de **Mondsee** (zie blz. 158), waar de trouwscène is opgenomen, en naar **Werfen** (zie blz. 215), waar Maria en de kinderen picknicken op een alm. Werfen heeft er zelfs een wandelroute aan gewijd.

De echte familie Von Trapp

De zingende familie Von Trapp heeft echt bestaan. Maria (1905-1987) trouwde in 1927 met Georg, die zeven kinderen had. Samen kregen ze nog eens drie kinderen. Nadat Georg in 1935 zijn kapitaal had verloren, begon de familie aan een muzikale carrière. Na de Anschluss van 1938 vluchtten ze naar Amerika, waar ze als de Trapp Family Singers bleven optreden. In 1957 stopte de samenwerking, maar het familiehuis in Vermont is nog altijd een populaire toeristische attractie. Het boek dat Maria over haar leven schreef, diende als basis voor de musicalfilm, uiteraard wel voorzien van een romantisch sausje. Zo was de echte Maria zeker niet de lieve gouvernante en moeder zoals Julie Andrews die in de film vertolkte.

Buiten het centrum

Schloss Hellbrunn
Fürstenweg 37, tel. 0662 82 03 72-0, www.hellbrunn.at, apr.-okt.dag. 9-16.30/18 uur, avondrondleidingen 19-21 uur; entree € 12,50

De autovrije Hellbrunnerallee loopt vanuit Salzburg in zuidelijke richting en passeert daarbij een groot aantal voorname lusthoven en buitenplaatsen. Eindpunt van de bomenlaan is Schloss Hellbrunn, de zomerresidentie van aartsbisschop Markus Sittikus, gebouwd tussen 1613 en 1619. De kunstschatten zijn verdwenen, maar de muur- en plafondschilderingen van de vertrekken kunt u nog altijd (met een audiotour) bekijken. Dat de aartsbisschop hield van het entertainen van zijn gasten, blijkt wel uit de Wasserspiele in de enorme tuin. In het sprookjesachtige decor kunnen vanuit alle hoeken en gaten plots waterstralen spuiten of orgelklanken klinken.

Zoo Salzburg
Anif, Hellbrunner Straße 60, tel. 0662 82 01 76-0, www.salzburg-zoo.at, dag. 9-16.30/18.30 uur, entree € 11,50

Aartsbisschop Markus Sittikus hield al dieren op zijn terrein. Dat groeide uit tot de moderne Zoo Salzburg, die u in vier minuten wandelen vanaf Schloss Hellbrunn kunt bereiken. De bewoners – onder andere leeuwen, neushoorns, sneeuwluipaarden en tapirs – hebben de beschikking over ruime terreinen.

Salzburger Freilichtmuseum
Großgmain, Hasenweg 1, tel. 0662 85 00 11, www.freilichtmuseum.com, juli/aug. dag. 9-18, eind mrt.-juni, sept.-begin nov. di.-zo. 9-17/18, 26 dec.-7 jan. dag. 10-16 uur, entree € 11

In **Großgmain**, 5 km ten zuidwesten van Salzburg, zijn in een openluchtmuseum zo'n zestig boerderijen uit de 16e-19e eeuw bijeengebracht. Ook een stoomtrein en oude tradities dragen bij aan het instandhouden van het verleden.

De speelse Wasserspiele bij Schloss Hellbrunn: een grapje van de aartsbisschop

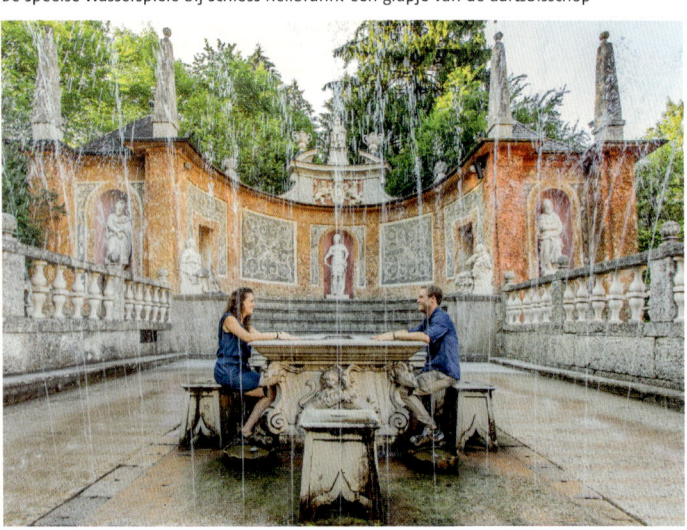

Hangar-7

Salzburg Airport, Wilhelm-Spazier-Straße 7A, tel. 0662 21 97-0, www.hangar-7.com, Flying Bulls dag. 9-22 uur, entree gratis

Uniek – dat is het minste wat je van Hangar-7 kunt zeggen. In een hypermodern gebouw op het vliegveld heeft Dietrich Mateschitz, oprichter van Red Bull, een groot aantal historische vliegtuigen, helicopters, formule 1-auto's en kunstwerken verzameld. Daarnaast zijn er verschillende bars en lounges, plus het toprestaurant Ikarus.

Overnachten

Let op: de prijzen van de accommodaties kunnen tijdens de Festspiele fors oplopen.

Hartje stad – **Hotel Am Dom** 1: Goldgasse 17, tel. 0662 84 27 65, hotelamdom.at, 2 pk vanaf € 119. Gehuisvest in een van de barokke panden van de Altstadt, vlak naast de Residenz. De kamers zijn modern en zeer stijlvol ingericht, soms met historische elementen, zoals eeuwenoude balken.

Speelse mix van oud en nieuw – **Arthotel Blaue Gans** 2: Getreidegasse 41-43, tel. 0662 84 24 91, www.blaue-gans.com, 2 pk vanaf € 170. De muren van dit oudste – en zeer goed beoordeelde – hotel van de stad staan al sinds 1350 overeind, daarbinnen zorgen kunst en design voor een bijzondere ervaring. Op een steenworp afstand van het geboortehuis van Mozart.

In exotische sferen – **arte vida boutique guesthouse** 3: Dreifaltigkeitsgasse 9, tel. 0662 87 31 85, www.artevida.at, 2 pk vanaf € 69. Een vleugje Marokko, een toefje Azië, maar vooral kleurrijk en sfeervol. Kies uit kamers of appartementen en geniet van de tuin met Marokkaanse salon en het wellnessaanbod.

> ## Tip
> ### Mozartkugeln
> De etalages van de banketbakkerijen liggen er vol mee: de beroemde Mozartkugeln. De echte Kugeln (herkenbaar aan de zilver-blauwe verpakking met een afbeelding van Mozart) werden in 1890 bedacht door banketbakker Paul Fürst. Zijn lekkernijen zijn nog altijd te koop in vier naar hem genoemde winkels. Maar helaas vergat Paul patent aan te vragen, waardoor diverse andere winkels nu eigen (goedkopere) varianten op de markt brengen. Maar wat zijn het? Het gaat om ronde bonbons van chocolade, met in het hart pistachenoten en marsepein, omringd door noga van hazelnoot, amandelen en groene pistache.

Charmant en gastvrij – **Berglandhotel** 4: Rupertgasse 15, tel. 0662 87 23 18, www.berglandhotel.at, 2 pk vanaf € 80. Charmant hotel voor niet-rokers met frisse, moderne kamers en een gastvrije ontvangst. Prettige sfeer.

Betaalbaar en modern – **Motel One Salzburg Mirabell** 5: Elisabethkai 58-60, tel. 0662 88 52 00, www.motel-one.com, 2 pk vanaf € 69. Net buiten het centrum, maar door de prijs een prima keuze voor een stadsverkenning. Modern aangekleed met speelse designelementen en geluiddichte kamers.

Eten en drinken

Klassiek koffiehuis – **Tomaselli** 1: Alter Markt 9 , tel. 0662 84 44 88-0, www.tomaselli.at, ma.-za. 7-19, zo. 8-19 uur. Salzburg kent een lange traditie van koffiehuizen. Tomaselli dateert van 1700 en is daarmee het oudste koffiehuis van Oostenrijk. En natuurlijk dragen de obers er een vlinderdas.

Broodje Bosna – **Balkan Grill** 2 : Getreidegasse 33, tel. 0662 84 14 83, ma.-za. 11-19, zo. 12-19 uur. Een klassieker in Salzburg: aansluiten bij de rij voor een miniloket in de Getreidegasse en dan genieten van een heerlijk broodje Bosna, gevuld met worst, ui, peterselie en een saus naar geheim recept.

Michelinster voor kleine gerechten – **Carpe Diem Finest Fingerfood** 3 : Getreidegasse 50, tel. 0662 84 88 00, www.carpediemfinestfingerfood.com, dag. 8.30-24 uur, restaurant ma.-za. 12-14 en 18.30-22 uur, kleine gerechten vanaf € 6, hoofdgerecht vanaf € 30. Een uniek loungerestaurant in de drukke Getreidegasse. De hele dag culinaire, creatieve gerechtjes op de begane grond, het restaurant op de eerste verdieping serveert al even culinaire hoofdgerechten.

Restaurant met uitzicht – **M32** 4 : Mönchsberg 32, tel. 0662 84 10 00, m32.at, di.-zo. vanaf 9 uur, hoofdgerecht vanaf € 23. Niet goedkoop, maar het uitzicht vanaf het dakrestaurant bij het Museum der Moderne op de Mönchsberg maakt veel goed. Bij mooi weer reserveert u het best een plekje op het terras.

Echt Salzburgs – **Alter Fuchs** 5 : Linzergasse 47-49, tel. 0662 88 20 22, www.alterfuchs.at, ma.-za. 12-14 uur, hoofdgerecht vanaf € 10. De menukaart biedt een beperkte keuze, maar voor een redelijk bedrag eet u stevige Salzburgse kost. En dat in een typisch Oostenrijks decor.

Winkelen

De **Getreidegasse** 1 is, samen met de omliggende straten en stegen, het belangrijkste winkelgebied in de Altstadt. Let ook op de vele smeedijzeren uithangborden. Aan de overkant van de rivier wandelt u via de Staatsbrücke zo de **Linzergasse** 2 in, waar alles net wat minder duur is. **Europark** 3 , het grootste en bekendste winkelcentrum van Salzburg, bevindt zich langs de autoweg ten noordwesten van het centrum.

Uitgaan

Salzburg is vooral een cultuurstad, maar dat wil niet zeggen dat er geen nachtleven is. Sfeervol wordt het 's avonds vooral in de wijk ten oosten van de Dom en rond de Steingasse aan de andere kant van de rivier.

Verbouwd voor de Festpiele – **Großes Festspielhaus, Haus für Mozart, Felsenreitschule** 1 : Hofstallgasse 1, www.salzburgerfestspiele.at/führungen, regelmatig rondleidingen (zie website), entree € 7. In de loop van de 20e eeuw werden de voormalige aartsbisschoppelijke stallen speciaal voor de Salzburger Festspiele verbouwd tot concertzaal. Buiten deze periode kunt u met een rondleiding mee. Uniek is de Felsenreitschule, een voormalige paardenrijschool waar eind 17e eeuw

Tip

Salzburger Festspiele

Nu is Salzburg trots op Mozart, maar dat heeft lang geduurd. Wolfgang Amadeus stierf eenzaam en werd lange tijd nauwelijks gewaardeerd. Pas in 1877 organiseerde de stad een eerste festival ter ere van de beroemde zoon. Sinds 1920 worden de Salzburger Festspiele (bijna) elk jaar gehouden. Het begint traditioneel met een uitvoering van het toneelstuk *Jedermann*. Daarna volgt een keur aan opera's, toneelvoorstellingen en concerten. In 1936 heeft zelfs de familie Von Trapp hier opgetreden (zie blz. 207). Zelf ook eens kijken en luisteren? Bestel uw (dure) kaarten dan zeer ruim van tevoren!

Het Marionettentheater brengt The Sound of Music

voor het publiek drie galerijen met arcaden in de bergwand zijn uitgehakt.
Mozart in het klein – **Salzburger Marionettentheater** 2 : Schwarzstraße 24, tel. 0662 87 24 06, www.marionetten.at, kaarten € 18-35. Een klassieker in Salzburg! In een klein baroktheater worden opera's van Mozart en zijn vakbroeders uitgevoerd door marionetten. Voor kinderen zijn er speciale voorstellingen.

Info en festiviteiten

Tourist Info: Mozartplatz 5, tel. 0662 889 87-330; Hauptbahnhof, Südtiroler Platz 1, tel. 0662 889 87-340, www.salzburg.info.
Mozartwoche: eind jan., www.mozarteum.at. Een week lang koren, kamermuziek en concerten van Mozart in het Mozarteum.
Osterfestspiele: week voor Pasen, www.osterfestspiele-salzburg.at. Muziekfestival, in 1967 door Herbert von Karajan in het leven geroepen.
Pfingstfestspiele: rond Pinksteren, www.salzburgerfestspiele.at. Concerten en opera's als voorproefje van de grote Festpiele in de zomer.
Salzburger Festspiele: eind juli-eind aug., www.salzburgerfestspiele.at. De hele stad staat in het teken van concerten, opera's en toneelvoorstellingen.
Christkindlmarkt: vanaf begin dec. Kerstmarkten op verschillende locaties, plus het sfeervolle *Adventsingen*.

Salzburger Seenland

Ten noorden van de stad Salzburg ligt het Salzburger Seenland, een waterrijk gebied met daarin de meren Wallersee, Mattsee, Grabensee en Obertrumer See. Het landschap is licht golvend, met naald- en loofbossen, akkers, weiden en boerendorpen – een ideale setting voor niet al te zware wandel- en fietstochten. De meren vormen daarbij het uitgangspunt. Door de aangename temperaturen van het water in de zomer nodigen ze uit tot zwemmen of op zijn minst pootjebaden. Natuur is er in de vorm van *Moore*, moerassen waarvan de bovenste turflaag is ontgonnen. Mooi wandelen kunt u bijvoorbeeld bij de **Wenger Moor** (www.wengermoor. at) bij de Wallersee. Kinderen gaan wellicht liever een dagje naar **FANTASIANA Erlebnispark Straßwalchen**, een attractiepark met alle gebruikelijke toeters en bellen (Straßwalchen, Märchenweg 1, tel. 06215 81 81, www. erlebnispark.at, openingstijden: zie website, entree vanaf € 15,50).

Informatie

Salzburger Seenland Tourismus: Seeham, Seeweg 1, tel. 06217 202 20, www. salzburger-seenland.at.

St. Gilgen ▶ N 7

De meren ten oosten van Salzburg sluiten aan op de meren van het Salzkammergut (zie blz. 155). Hoofdplaats is St. Gilgen, idyllisch gelegen op de oever van de **Wolfgangsee** (zie blz. 158). Toeristen komen naar dit meer om te zeilen, te paragliden en te bergwandelen. Nostalgisch is een tochtje met het stoomschip Kaiser Franz Josef, dat al sinds 1873 rondjes over het meer vaart.

Ook Mozartfans weten de weg naar St. Gilgen te vinden. Mozarts moeder werd hier geboren en later woonde zijn zus Maria Anna, beter bekend als 'Nannerl', hier met haar echtgenoot, een plaatselijke baron. Hun woonhuis fungeert nu als **Mozarthaus**, dat zich vooral richt op de familie van Wolfgang en de muzikale ambities van Nannerl (Ischlerstrasse 15, tel. 06227 202 42, www.mozarthaus.info, mei-okt. za.-zo. 10-12 uur, entree € 4).

Muziekliefhebbers kunnen daarna meteen door naar het **Musikinstrumenten Museum der Völker**, dat een enorme collectie muziekinstrumenten uit de hele wereld bezit (Aberseestraße 11, tel. 06227 82 35, www.hoerart. at, begin jan.-mei ma.-do. 9-11 en 15-19, vr. 9-11, zo. 15-18 uur, juni-half okt. di.-zo. 9-11 en 15-19 uur, dec.-begin jan. ma.-vr. 9-11 en 14-17 uur, entree € 4).

Vanuit St. Gilgen gaat zomer en winter een kabelbaan steil omhoog naar de **Zwölferhorn**, een berg die een prachtig uitzicht biedt over de Wolfgangsee (www.12erhorn.at). Verder starten hier diverse (ook meerdaagse) wandelroutes. Nog veel meer wandelmogelijkheden zijn er rond de **Postalm**, een berggebied dat bereikbaar is via een prachtige tolweg vanuit het nabijgelegen **Strobl**.

Informatie

Tourismusbüro St. Gilgen: Mondsee Bundesstraße 1a, tel. 06227 23 48-0, wolfgangsee.salzkammergut.at.

Hallein ▶ M 7

Vanuit Salzburg stroomt de rivier de Salzach zuidwaarts naar Hallein, een stadje met een sfeervol, voornamelijk 18e-eeuws centrum. *Hall* is een oud Keltisch woord voor zout; het stadje dankte zijn welvaart dan ook voor een groot deel aan dit 'witte goud'. Al meer dan 2500 jaar geleden haalden de Kelten zout uit diepe mijnen. Hun geschiedenis wordt verteld in het **Keltenmuseum** (Pflegerplatz 5, tel. 06245 807 83, www. keltenmuseum.at, dag. 9-17 uur, entree € 7,50). Topstukken zijn een strijdwagen en een vorstenkamer.

Een nog grotere publiekstrekker ligt in **Bad Dürrnberg**, waar van een oude zoutmijn een spectaculaire toeristische attractie is gemaakt: **Salzwelten Hal-**

lein (Ramsaustraße 3, tel. 06132 200 85 11, www.salzwelten.at, eind jan.-mrt. en begin nov.-dec. dag. 10-15, apr.-begin nov. dag. 9-17 uur, entree € 21). Trek een overall aan en verken het ondergrondse labyrint met een treintje, vaar over een ondergronds zoutmeer en glijd van houten glijbanen zoals de mijnwerkers vroeger deden. Leerzaam én leuk dus, ook voor kinderen (vanaf 4 jaar). Buiten is een Keltisch dorpje van 2500 jaar geleden gereconstrueerd.

In de omgeving

Circa 3 km ten westen van **Golling an der Salzach**, op tien minuten lopen van een parkeerplaats, stort het water van een beek zich in de **Gollinger Wasserfall** 75 m naar beneden (Wasserfallstraße 23, www.golling.info, mei-okt. dag. 9-18 uur, entree € 3). Rijd dan voor een nog spectaculairder plaatje vanuit Golling over de B159 richting het zuiden. Even voorbij de monding van de rivier de Lammer perst de Salzach zich met donderend geraas door een 100 m diepe kloof, genaamd **Salzachöfen** (of Salzachklamm). Volg de (soms) glibberige wandelpaden of zoef aan een zipline door de kloof (www.erlebnisschlucht.at).

Informatie

Tourismusverband Hallein: Mauttorpromenade 6, tel. 06245 853 94, www.hallein.com.

Abtenau ▶ N 8

De rivier de Lammer kronkelt door een gebied dat **Tennengau** wordt genoemd. Ook hier heeft het snelstromende water diepe kloven uitgesleten, zoals de

De 75 m hoge waterval bij Golling

Een grillig ijspaleis in de Eisriesenwelt, de 'wereld van de ijsreuzen' bij Werfen

Lammerklamm (mei-okt., dag.) bij **Oberscheffau**, een kloof die via trappen voor wandelaars toegankelijk is gemaakt.

De hoofdweg door het Lammertal leidt naar **Abtenau**, een populaire vakantieplaats voor zowel zomer- als wintertoeristen. Raften, paragliden, klimmen, skiën – actieve sporters hebben het hier voor het uitkiezen. Een zomerrodelbaan en talrijke wandelpaden vullen het aanbod aan. Startplaats van veel activiteiten is de **Karkogel**, de berg ten zuiden van Abtenau, die met een kabelbaan bereikbaar is.

Informatie

Tourismusbüro Abtenau: Markt 165, tel. 06243 40 40, www.abtenau-info.at.

Radstadt ▶ N 9

Radstadt ontstond uit een vesting die de aartsbisschoppen van Salzburg eind 13e eeuw op een strategische plek lieten bouwen. De middeleeuwse versterkingen herinneren hier nog aan. De huizen rond het marktplein getuigen van de winsten die de handel in zout, wijn en ijzer opleverden.

Maar het zijn vooral de omliggende bergen die bezoekers lokken: Radstadt ligt in het hart van het grootste skigebied van Oostenrijk, dat zich presenteert onder de naam **Ski amadé** (www.skiamade.com) en 760 km aan pistes en 270 skiliften telt. Blikvanger ten noorden van Radstadt is de **Rossbrand** (1770 m). De top is met de auto te bereiken. De beloning: uitzicht op nog eens 150 andere bergtoppen. In de zomer staat alle infrastructuur ter beschikking van wandelaars (meer dan 1000 km aan paden), klimmers, rafters, mountainbikers en parapenters. Voor warme dagen is er een groot openluchtzwembad.

Informatie

Tourismusverband Radstadt: Stadtplatz 17, tel. 06452 74 72-0, www.radstadt.com.

Werfen ▶ M 8

Trek voor de twee grote attracties van Werfen minimaal een dag uit. De eerste is al van verre te zien: op een steile rots hoog boven het stadje pronkt **Burg Hohenwerfen**, een machtig kasteel dat voor verschillende films als decor is gebruikt (Burgstraße 2, tel. 06468 76 03, www.salzburg-burgen.at, apr., okt.-nov. di.-zo. 9.30-16 uur, mei-sept. 9-17/18 uur, entree vanaf € 12). Te voet klimt u in vijftien minuten omhoog, sneller gaat het met een modern kabeltreintje. Boven stapt u zo de middeleeuwen in: een gids toont u onder meer de kerkers, de vorstenvertrekken en de wapenkamer. Ook zijn er roofvogelshows.

Een attractie van wereldformaat zijn de sprookjesachtige grotten van de **Eisriesenwelt** (Eishohlenstraße 30, tel. 06468 52 48, www.eisriesenwelt.at, mei-26 okt. dag. 8-15/16 uur, entree € 24). Het gangenstelsel is meer dan 40 km lang, maar alleen het voorste deel is bedekt met ijs, dat door de natuur in de prachtigste vormen is geboetseerd. Een rondleiding duur 75 minuten. Neem een dikke jas én stevige schoenen mee vanwege de vele trappen in de grot. Die schoenen hebt u bovendien nodig om bij de ingang te komen: vanuit Werfen volgt u eerst met de auto (of een pendelbusje) een 5 km lange slingerweg steil omhoog (tot 21%) naar een parkeerplaats. Hiervandaan is het twintig minuten lopen naar een kabelbaan, gevolgd door nog eens twintig minuten lopen naar de hooggelegen ingang van de grot.

Informatie

Tourismusverband Werfen: Markt 24, tel. 06468 53 88, www.werfen.at.

Pongau ▶ M 9-N 9

Werfen vormt de entree tot de Pongau, de regio die zich uitstrekt tot aan de grens met Karinthië. Hoofdplaats is **St. Johann im Pongau**, een winkel- en vakantiestadje met een gezellig centrum. De aanblik is voornamelijk

19e-eeuws: het stadje werd na een brand in 1855 herbouwd. Dat geldt ook voor de Pongauer Dom, een neogotische kerk met twee slanke torens en een prachtig hoogaltaar.

Bij het 3 km verderop gelegen **Alpendorp** begint een enorm skigebied dat zich uitstrekt tot voorbij de wintersportdorpen **Wagrain** en **Flachau**.

Waterspektakel wacht 5 km ten zuiden van St. Johann bij de **Liechtensteinklamm** (www.liechtensteinklamm.at, begin mei.-sept. dag. 8-18 uur, daarbuiten: zie website, entree € 6). Vanaf een parkeerplaats wandelt u in anderhalf uur via vlonders en trappen langs een kloof die eindigt in een waterval.

Bischofshofen is vooral bekend vanwege het schansspringen op 6 januari. De plaatselijke kerk bezit eeuwenoude fresco's, een praalgraf van een bisschop en een hoogaltaar uit 1680. Wandelaars kunnen prachtige tochten maken rond het massief van de **Hochkönig**, dat opdoemt achter Bischofshofen. Topper is de 74 km lange Königsweg.

Lungau ▶ O 10

De Lungau, de dunbevolkte regio in de zuidoostpunt van het Salzburgerland, bestaat vooral uit zonnige hoogvlaktes, beschermd door machtige bergruggen. Eeuwenlang leefden de boeren hier in bittere armoede – tot de toeristen het ongerepte landschap met zijn bloemrijke alpenweiden, steile rotswanden en tientallen meertjes ontdekten. In de zomer is het gebied vooral geschikt voor actieve (gezins)vakanties, in de winter kunnen skiërs – beginners, gevorderden en snowboarders – kiezen uit 150 km aan pistes en 50 skiliften.

Het bijna 6000 inwoners tellende **Tamsweg** is de grootste plaats in de Lungau. Op de Marktplatz getuigen huizen uit de 15e en 16e eeuw van de winsten die de handel in ijzer en zout opleverden. Trots zijn ze ook op de oude tradities, zoals de jaarlijkse Samsonoptocht, waarbij meer dan 6 m hoge poppen worden rondgedragen. In de zomer rijden stoomtreintjes over het smalspoor van de **Murtalbahn** naar Murau. De bedevaartskerk **St. Leonhard** ten zuidwesten van Tamsweg beschikt over een uitbundig interieur en gebrandschilderde ramen uit 1440.

Het veel kleinere **Mauterndorf** oogt nog zeer authentiek. De ligging aan een belangrijke handelsroute naar Italië en het heffen van tol (*Maut*) leverden het dorp voorname huizen met trapgevels op. Boven het dorp ligt de middeleeuwse **Burg Mauterndorf**, die de handelsroute moest beschermen (www.salzburg-burgen.at, mei-okt. dag. 9.30/10-18/18.30 uur, entree vanaf € 6,50). Nostalgisch is een ritje met de **Taurachbahn**, een smalspoortrein met stoomlocomotieven (juni-sept.).

Enkele kilometers ten zuiden van Mauterndorf bekroont **Schloss Moosham** een rots hoog boven de Mur. In het middeleeuwse kasteel werden ooit heksen veroordeeld, voor het laatst in 1796. De martelkamer is vast onderdeel van de rondleiding, net als de wapenzaal en een middeleeuwse slaapkamer (Unternberg, tel. 06476 305, www.schlossmoosham.at, rondl. 16 dec.-okt. di.-zo. (aug. ook ma.), entree € 11).

Gasteinertal ▶ M 9-10

Kuren, wandelen en wintersporten – het lange en brede dal van Gastein is er helemaal voor ingericht. De sneeuwzekerheid en de uitgebreide infrastructuur maken de vier skigebieden in het dal zeer populair. In de zomer kunnen bergwandelaars dankzij meer dan 350 km aan paden en veertig berghutten prachtige meerdaagse tochten maken.

Onverwacht mondain oogt **Bad Gastein**, een vakantieoord dat duidelijk is getekend door de kuurgeschiedenis. De Romeinen kenden al de geneeskrachtige werking van het warme bronwater dat opborrelt in de omliggende bergen. Later ontdekte men dat er radon in het water zit, een radioactief edelgas dat verlichtend kan werken bij verschillende aandoeningen. Keizer Frans Jozef en en zijn gemalin Elisabeth (Sissi) maakten Gastein beroemd als kuuroord. Na de oorlog kwam daar de wintersport bij. Het resultaat is een mix van vergane kuurglorie uit de periode rond 1900, moderne thermaalbaden en skiaccommodaties. Verrassend is de 340 m hoge waterval midden in het kuurstadje.

Skiën en wandelen kan op de **Graukogel** en de **Stubnerkogel** aan weerszijden van Bad Gastein. Die laatste berg heeft bovendien een spectaculair uitzichtplatform, de Glocknerblick, en een 140 m lange hangbrug, de hoogstgelegen hangbrug van Europa.

Liefhebbers van modern kuren kunnen ook terecht in **Böckstein** aan de zuidkant van het dal, waar een middeleeuwse goudmijn nu een eigentijds wellnesscentrum herbergt. Ook het chique vakantiedorp **Bad Hofgastein** richt zich op kuurgasten en wintersporters. Vooral langlaufers vinden hier eindeloze, zacht glooiende hellingen.

Nationalpark Hohe Tauern ▶ L-N 10

De machtigste bergtoppen, de langste gletsjers en de hoogste watervallen van Oostenrijk: het nationale park Hohe Tauern is een waar wonder der natuur. Vooral het ongerepte hart van het park is een droombestemming voor (ervaren) bergwandelaars. Hier heeft natuurbescherming prioriteit. In de randzones zijn ook andere activiteiten toegestaan.

Nationalpark Hohe Tauern strekt zich uit over drie deelstaten: Salzburg (44%), Tirol (23%, zie blz. 247) en Karinthië (33%). De beroemde **Großglockner Hochalpenstraße** (zie blz. 218) verbindt Salzburg met Karinthië. Een tweede noord-zuidroute is de **Felbertauernstraße**, met als startplaats **Mittersill**. Dit vakantieoord herbergt ook **Nationalparkwelten**, een van de bezoekerscentra van het ▷ blz. 220

Tip

Bauernherbst

Wie tussen eind augustus en eind oktober het Salzburgerland bezoekt, valt met zijn neus in de (boeren)boter: in tal van dorpen en stadjes staat dan de Bauernherbst (boerenherfst) op de evenementenkalender. Van oudsher wordt in deze periode geoogst en worden de koeien – versierd met bloemen en bellen – vanaf de bergweiden terug naar de winterstal gebracht. Deze traditie vormen de basis van een jaarlijks evenement met boerenmarkten, oude ambachten en streekgerechten. Natuurlijk kleedt de bevolking zich hierbij in passende dracht, compleet met dirndl en lederhosen. Kijk voor de agenda op www.salzburg.info en zoek op 'Bauernherbst'.

Op ontdekkingsreis

Großglockner Hochalpenstraße ✳ – de mooiste panoramaroute van de Alpen?

Met de auto, de motor of zelfs per fiets – de hoogste bergpasroute van Oostenrijk staat garant voor spectaculaire panorama's. De 48 km lange Großglocker Hochalpenstraße klimt in 36 haarspeldbochten omhoog naar de Hochtor, een tunnel op de grens van Salzburg en Karinthië. Onderweg zijn er twaalf plekken om uit te stappen. Tip: kom extra vroeg of laat op de dag om de drukte te ontlopen.

Kaart: ▶ L 10
Informatie: www.grossglockner.at.
Openingstijden route: begin mei-eind mei 6-20, juni-aug. 5-21.30, sept.-eind okt./begin nov. 6-19.30 uur. Let op: de pas kan bij extreme weersomstandigheden gesloten zijn.
Dagkaart: auto € 35,50, motor € 25,50 (de bezienswaardigheden zijn gratis).

Het is 1930. Europa zit volop in een economische crisis. Toch start Oostenrijk juist nu met de aanleg van een eerste autoroute dwars door de Alpen. Circa 3200 werklozen werken vijf jaar lang aan het uitbouwen van een eeuwenoude handelsroute tot een volwaardige autoweg. De nieuwe bergroute is al vanaf het begin vooral bedoeld voor toeristen: door het heffen van tol moeten de kosten worden terugverdiend.

Topattractie

De nieuwe panoramaweg is meteen al een succes. In het eerste jaar klimmen 12.900 auto's (60% van alle in Oostenrijk geregistreerde auto's) via de haarspeldbochtenroute omhoog. Dat aantal is inmiddels gegroeid tot 900.00 bezoekers per jaar, waarmee de Großglocker Hochalpenstraße in de top drie van meestbezochte attracties in Oostenrijk staat. Met name in juli en augustus kan het druk worden; kom dan bij voorkeur vroeg of laat op de dag.

De weg start bij **Bruck**, nabij Zell am See. Het eerste deel door het Fuschertal is vrij toegankelijk. Betalen doet u bij het tolstation in **Ferleiten** (of thuis via internet). Daarna kunt u de hele dag van de weg en alle bezienswaardigheden gebruikmaken. Apart betalen moet u wel voor **Wild & Freizeitpark Ferleiten** [1], net voor de tolpoortjes (www.wildpark-ferleiten.at, begin mei-begin nov. dag. 8 uur-zonsondergang, entree € 7,50). Het park beschikt over een speeltuin en een tuin met alpenflora- en fauna.

Boven de boomgrens

Bocht na bocht kronkelt de weg omhoog. Het uitzicht bestaat uit de beken, beboste hellingen en bloeiende alpenweiden van **Nationalpark Hohe Tauern**. Bordjes verwijzen naar twaalf stopplaatsen, waar meestal ook wat te zien of te doen is. Bij parkeerplaats **Hochmais** [2] (1850 m) – met informatieborden over de gletsjers en de plantenwereld – komt u boven de boomgrens.

Maak in elk geval een tussenstop bij **Haus Alpine Naturschau** [3] (9-17 uur), waar de bergnatuur op speelse wijze wordt geïllustreerd. Ruim een kilometer verder gaat een zijweg met kasseien naar de **Edelweißspitze** [4], met 2571 m het hoogste uitzichtpunt langs de route. Hier wachten een restaurant, een winkeltje en een uitkijktoren met zicht op meer dan dertig drieduizenders!

Door de tunnel

Op het hoogste punt van de panoramaroute rijdt u via een tunnel, de **Hochtor** [5], Karinthië binnen. Een expositie en een themawandeling vertellen het verhaal van vroegere reizigers, zoals de Kelten en Romeinen. Volg dan aan de andere kant de slingerweg omlaag en ga na 6 km rechtsaf, de Gletscherstraße in. Langs watervallen en bordjes die waarschuwen voor alpenmarmotten komt u bij de **Kaiser-Franz-Josefs-Höhe** [6] (2369 m), voorzien van een panoramaterras, een restaurant, een tentoonstellingsruimte en een filmzaal. Keizer Frans Jozef en zijn echtgenote Elisabeth (Sissi) wandelden in 1856 in vier uur naar deze plek, die uitkijkt op de **Großglockner** en de steeds kleiner wordende **Pasterzegletsjer**. Bij het uitzichtterras starten verschillende wandelroutes, onder meer naar de gletsjer en naar de Wilhelm-Swarovski-Beobachtungswarte.

nationale park (Gerlosstraße 18, tel. 06562 409 39, www.nationalparkzentrum.at, dag. 9-18 uur, entree € 10). Er zijn verrassende tentoonstellingen en u vindt er informatie over alle recreatiemogelijkheden, waaronder meer dan veertig verschillende natuurexcursies.

Topper in het Salzburgse deel zijn de **Krimmler Wasserfälle** (www.wasserfaelle-krimml.at, half apr.-eind okt., entree € 3), waar het water in drie etappes 380 m naar beneden valt – de hoogste waterval van Europa! Dat betekent ook dat het er behoorlijk druk kan worden. De klim naar het bovenste deel is pittig en duurt minimaal anderhalf uur.

Zell am See ▶ L 9

Zell am See is een van de toegangspoorten tot het nationale park Hohe Tauern. Het is een typisch Oostenrijks toeristenstadje, waarvan de huizen in het opgepoetste centrum scherp afsteken tegen het sneeuwwit van de bergtoppen en het diepblauw van de **Zeller See**. Dit meer – 3,8 km lang en 1,5 km breed – beschikt over gratis stranden (behalve in het centrum), maar zwemmers zullen snel merken dat het water aan de koude kant is. Niet-zwemmers kunnen met verschillende boottypen het water op.

Voor wandelaars gaan er verschillende kabelbanen langs de hellingen van de omliggende bergen omhoog, resulterend in adembenemende uitzichten op de toppen van de Hohe Tauern. Een van de mooiste wandeltochten is de Pinzgauer Spaziergang, een circa 24 km lange route over een bergrug. Startpunt is de kabelbaan die naar de top van de **Schmittenhöhe** leidt.

De skipistes deelt Zell am See met het nabijgelegen **Kaprun** (15 min. rijden) en andere buurdorpen – zij bundelen hun krachten onder de naam Europa Sportregion. Door de hoge ligging is vooral de **Kitzsteinhorn** (www.kitzsteinhorn.at) sneeuwzeker; zelfs in de zomer kunt u op deze gletsjer op ski's naar beneden! Voor avontuurlijke wintersporters zijn hier bovendien drie funparks. Uitzichtpunt **Gipfelwelt 3000** (3029 m) biedt een fantastisch uitzicht op de reuzen van de Hohe Tauern.

Kaprun is ook bekend vanwege de waterkrachtcentrale, die gevoed wordt door verschillende stuwmeren. Hier zorgen het kabbelende water, de loodrechte stuwdammen en de kalksteenrotsen voor een uniek decor tijdens een bergwandeling. Avontuurlijke wandelaars gaan op pad met een lama of met een pan om naar goud te zoeken.

Informatie

Touristeninformation Zell am See: Brucker Bundesstraße 1a, tel. 06542 770, www.zellamsee-kaprun.com.

Saalbach-Hinterglemm ▶ K 9

Bij wintersporters staat Saalbach-Hinterglemm hoog op het lijstje van favoriete bestemmingen. En met reden: meer dan 270 km aan uitstekend geprepareerde pistes in alle categorieën, moderne skiliften, gratis bussen en een fors aantal sneeuwkanonnen zorgen voor perfecte omstandigheden. Voeg daarbij de 's avonds verlichte pistes, de bruisende après-ski en de volle evenementenagenda en het is duidelijk waarom er jaarlijks meer dan twee miljoen overnachtingen zijn – en waarom daar relatief veel jongeren bij zitten. Overigens: ook de naastgelegen dorpen **Leogang** en **Fieberbrunn** maken deel uit van het skigebied, dat zich presenteert als Skicircus Saalbach Hinterglemm Leogang Fieberbrunn.

Saalachtal ▶ L 8

Zodra de sneeuw is gesmolten, brengen vier kabelbanen wandelaars en andere actieve bergsporters naar een alpien zomerparadijs met 400 km aan wandelpaden en dertig bediende berghutten. In deze hutten zijn ook mountainbikers van harte welkom: speciaal voor deze fietsende doelgroep zijn er sportmaaltijden, reparatiemogelijkheden en reservemateriaal beschikbaar. De regio's Saalbach-Hinterglemm, Saalfelden-Leogang en Zell am See-Kaprun vormen gezamenlijk dan ook het belangrijkste moutainbikegebied in de Alpen.

Informatie

Tourismusverband Saalbach-Hinterglemm: Saalbach, Glemmtaler Landesstraße 550, tel. 06541 68 00-68, www.saalbach.com.

Aan de voet van de **Lofener Steinberge** (2511 m) stroomt de **Saalach** door een lieflijk groen dal, dat aan het massatoerisme lijkt te zijn ontsnapt. In het hart van het dal ligt **Lofer**, dat wordt omringd door een kleinschalig en gezinsvriendelijk skigebied. Diezelfde gezinnen vinden hier in de zomer relatief eenvoudige wandelroutes, maar ook voor mountainbiken, raften, zwemmen en kanovaren zijn er volop mogelijkheden. Fietsers kunnen de rivier volgen via de bordjes van de Tauernradweg. Wandelaars volgen de pelgrimsroute naar de bedevaartkerk St.-Maria in **Kirchental**, een creatie uit 1701 van de bekende barokarchitect Fischer von Erlach. Bij **Weißbach** stroomt de Saalach door de **Seisenbergklamm**, een kloof die via trappen toegankelijk is gemaakt.

De 's avond verlichte piste van Hinterglemm zorgt voor een unieke ski-ervaring

IN EEN OOGOPSLAG

Karinthië en Oost-Tirol

Hoogtepunten ✱

Burg Hochosterwitz: een eenzame, 150 m hoge rots wordt bekroond door een machtige burcht die bereikbaar is via een kronkelpad met maar liefst veertien poorten. Elke poort heeft een ingenieus systeem om vijanden buiten de deur te houden. Zie blz. 233.

Pyramidenkogel: een onbetwist hoogtepunt tijdens een bezoek aan Karinthië, in elk geval letterlijk, is de Pyramidenkogel, een ultramoderne uitzichttoren aan de rand van de Wörthersee. Het uitzicht naar alle kanten is onovertroffen. Zie blz. 234.

Op ontdekkingsreis

In de schaduw van de Großglockner – bergwandelen voor jong en oud: vanuit Matrei in Osttirol gaat een kabelbaan naar 2190 m hoogte, waar een schitterend wandelgebied begint. Er zijn routes in verschillende moeilijkheidsgraden, van bijna vlakke paden tot beklimmingen die met staaldraad zijn gezekerd. En dat allemaal in de schaduw van de machtige Großglockner, de hoogste berg van Oostenrijk. Zie blz. 248.

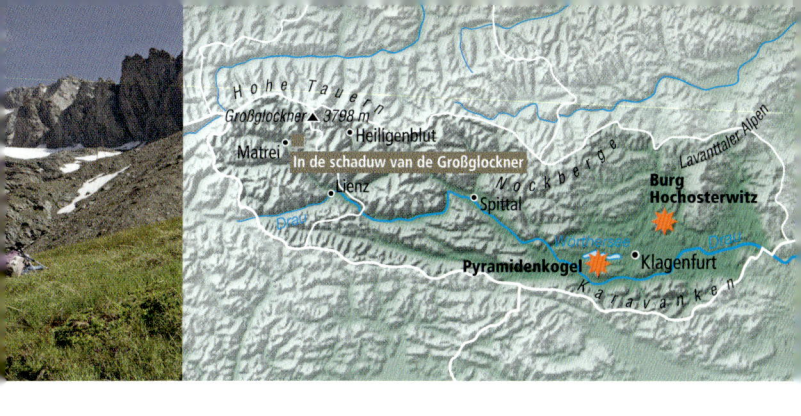

Bezienswaardigheden

Klagenfurt: de hoofdstad van Karinthië heeft een compact stadshart met een mediterrane flair – niet verwonderlijk, want de stad werd na een verwoestende stadsbrand in 1514 door Italiaanse architecten herbouwd. Zie blz. 224.

Wörthersee: in veel meren in Karinthië wordt het water in de zomer zo warm dat ze uitnodigen tot een zwempartij. Het bekendste en drukste meer is de Wörthersee, ook wel de 'Oostenrijkse rivièra' genoemd. Zie blz. 231.

Nationalpark Hohe Tauern: Oost-Tirol is vooral een regio voor liefhebbers van stille groene dalen en hoge bergen. Het noordelijk deel hoort bij het magnifieke Nationalpark Hohe Tauern, dat zich over drie deelstaten uitstrekt. Zie blz. 247.

Actief

Terra Mystica & Terra Montana: een kijkje onder de grond heeft altijd iets avontuurlijks. In de buurt van Villach zijn twee attracties ingericht in een oud mijnstelsel – spannend voor kinderen en ideaal als het weer een keer niet meewerkt. Zie blz. 240.

Weissensee: dit langgerekte meer heeft bij fanatieke schaatsers een magische klank. Elke winter weer wordt hier de Alternatieve Elfstedentocht gehouden, maar ook daarbuiten kan er (meestal) worden geschaatst. Zie blz. 244.

Tussen hoge toppen en alpenrivièra

Karinthië en Oost-Tirol zijn de zuidelijkste en zonnigste regio's van Oostenrijk. Dat betekent relatief warme winters, lange zomers en een bijna mediterrane sfeer die in alles gemoedelijkheid uitstraalt. De zon en de beschutting van de bergen zorgen er bovendien voor dat het water in de ruim 1200 meren van Karinthië snel opwarmt. De watertemperatuur van de populaire Wörthersee kan zelfs oplopen tot boven de 25 °C – tot groot genoegen van de vele watersporters en mondaine badgasten. Dit meer ligt, net als hoofdstad Klagenfurt, in het laagste deel van Karinthië. Brede valleien, bossen, weiden en glooiende heuvels vormen hier het decor. Rond dit groene bekken gaan de heuvels over in steeds hoger wordende bergen, met als topper de Großglockner (3798 m) in Nationalpark Hohe Tauern, de hoogste berg van Oostenrijk. Trots zijn de Karinthiërs ook op de eeuwenoude tradities en op de eigen identiteit – de hoofdstad Wenen moet zich vooral niet te veel met hen bemoeien. Toch koos de bevolking er na de Eerste Wereldoorlog (1914-1918) voor om bij Oostenrijk te blijven, in plaats van aan te sluiten bij het toen nieuwe land Joegoslavië.

In diezelfde periode werd het toenmalige Tirol opgesplitst: in ruil voor militaire steun in de Eerste Wereldoorlog was het zuidelijke deel aan Italië beloofd. In 1920 eiste Italië Zuid-Tirol daadwerkelijk op, waardoor het Oostenrijkse deel van Tirol in twee afzonderlijke delen werd gesplitst: Noord-Tirol (zie blz. 254) en het veel kleinere Oost-Tirol. Beide delen grensden niet aan elkaar, waardoor Oost-Tirol zich geleidelijk steeds meer op het naastgelegen Karinthië ging richten; vandaar dat Oost-Tirol in dit hoofdstuk wordt beschreven. Landschappelijk gezien is het een vrij ontoegankelijk gebied met hoge bergen, waar het massatoerisme nog niet is doorgedrongen – een paradijs voor rustzoekers en liefhebbers van ruige wandeltochten.

INFO

Internet
www.karinthie.com/nl
www.osttirol.com

Toeristenbureaus
Kärnten Werbung: Völkermarkter Ring 21-23, Klagenfurt, tel. 0463 30 00.
Osttirol Information: Mühlgasse 11, Lienz, tel. 050 21 22 12.

Vervoer
Vauit Keulen en Wenen gaan rechtstreekse vluchten naar het vliegveld van Klagenfurt. Treinreizigers kunnen met intercity's naar Klagenfurt en Villach, waarna regionale treinen voor verder vervoeren zorgen. Met de auto rijdt u vanuit Salzburg via de A10 naar Villach of vanuit Wenen en Graz via de A2 naar Klagenfurt.

Klagenfurt ▶ Q 12

De hoofdstad van Karinthië mist de grootstedelijke uitstraling van Wenen en Graz, maar compenseert dat door de aangename mediterrane sfeer die het compacte stadshart uitstraalt. Klagenfurt is zelfs drie keer beloond met een Europese prijs voor het mooiste oude centrum. De zuidelijke flair is eenvoudig te verklaren: na een verwoestende stadsbrand in 1514 werden Italiaanse

Klagenfurt

De draak op de Neuer Platz verbeeldt de stichtingslegende van Klagenfurt

architecten ingeschakeld om de stad te herbouwen. Zij ontwierpen de bijna vierkante plattegrond met kaarsrechte straten en rechthoekige pleinen. Ook de huizen met prachtige binnenplaatsen met arcaden zijn van hun hand.

Het 4 km lange Lendkanal, in 1527 aangelegd om de stadsgrachten van water te voorzien, verbindt het oude centrum met de Wörthersee. Hier wachten het grootste en drukste strandbad van Oostenrijk, een steiger voor rondvaartboten en enkele kinderattracties.

Het oude centrum

Niet alleen de straten en gebouwen, ook de terrasjes dragen bij aan de mediterrane sfeer in het 16e-eeuwse stadshart. Vier straten, bekend als de Ring, vormen de grens van dit oude centrum. Op deze plek stonden oorspronkelijk stadsmuren en -wallen, maar die zijn na een Frans beleg in 1809 gesloopt.

Neuer Platz 1

Sinds de herbouw van de stad fungeert de Neuer Platz als kloppend hart van Klagenfurt. Het is ook een handige startplaats voor een stadswandeling, want onder het plein bevindt zich een grote parkeergarage. Het toeristenbureau is gehuisvest in het **Rathaus** op de kop van het plein – van oorsprong een stadspaleis uit 1650, met een gevel van begin 19e eeuw.

De vervaarlijke stenen draak midden op het plein staat bekend als de **Lindwurmbrunnen**. Het beeld is tussen 1582 en 1593 uit één stuk steen gehouwen en vervolgens door driehonderd jongemannen op zijn plaats gezet. Volgens de stichtingslegende van Klagenfurt leefde de draak in een nabijgelegen moeras – hij vrat iedereen op die in zijn buurt kwam. Om het gevaar te beteugelen, liet de hertog van Karinthië een toren bouwen, waarin zich enkele dappere mannen verschansten. Als lokaas hingen ze een stier op aan een ketting met weerhaken. Nadat de draak zich had vastgevreten, wisten de mannen hem te doden. Op deze plek ontstond Klagenfurt. Tegenover de versteende draak werd in 1636 een beeld van de mythologische held Hercules geplaatst. Het beeld aan de andere kant van het plein stelt keizerin Maria-Theresia voor.

Alter Platz 2

De naam zegt het al: dit langgerekte plein is het oudste stukje van Klagenfurt. In de middeleeuwen was dit een van de hoofdstraten die richting een stadspoort liepen. Nu kunt u hier heerlijk flaneren langs winkels en terrasjes. Bontgekleurde huizen uit de 16e en 17e eeuw vormen het decor. Het gele huis op nr. 1, nu bekend als **Palais Orsini-Rosenberg**, dateert van circa 1600 en fungeerde lang als raadhuis. Via een trap komt u op de binnenplaats, waar de drie galerijen met arcaden kenmerkend zijn voor de uit Italië afkomstige renaissancistische bouwstijl. Ook op nr. 17, 31, 34 en 35 gaat achter de gevel zo'n prachtige binnenplaats schuil. Het **Haus zur Goldenen Gans** op nr. 31 (het beeld boven het portaal verklaart de naam) zou het oudste nog bestaande huis in Klagenfurt zijn. Let ook op de pestzuil midden op het plein. Het monument werd rond 1680 na een pest-epidemie geplaatst; de halve maan en het kruis op de top van de zuil werden toegevoegd nadat de Turken bij het Beleg van Wenen in 1683 waren verslagen (zie blz. 50).

Klagenfurt

Bezienswaardigheden
1. Neuer Platz
2. Alter Platz
3. Landhaus
4. Stadtpfarrkirche St. Egid
5. Stadtgalerie
6. Museum Moderner Kunst Kärnten
7. Klagenfurter Dom
8. Landesmuseum Kärnten – Rudolfinum

Overnachten
1. Hotel Palais Porcia
2. Sandwirth
3. Hotel Dermuth
4. Hotel Plattenwirt

Eten en drinken
1. Bierhaus zum Augustin
2. Dolce Vita
3. Gasthaus in Landhaushof
4. Restaurant Maria Loretto

Winkelen
1. Benediktinermarkt
2. City Arkaden

Actief
1. Wörthersee Schifffahrt

Landhaus 3

Landhaushof, tel. 0463 577 57-215, www.landesmuseum.ktn.gv.at/wappensaal, apr.-okt. ma.-vr. 9-16, za. 9-14 uur, nov.-mrt. di.-vr. 9-16, za. 9-14 uur, entree € 4

Twee torens met bronsgroene spitsen wijzen de weg naar het Landhaus achter de Alter Platz. Het sierlijke bouwwerk, waar nu het parlement van Karinthië vergadert, verrees eind 16e eeuw op de plek van een ouder stadskasteel. De traptorens en arcaden op de binnenplaats herkent u inmiddels als typisch voor de renaissance. Vanuit deze binnenplaats kunt u via een trap en een galerij naar de indrukwekkende **Grosser Wappensaal**. Na een brand in 1723 heeft Josef Fromiller, de bekendste barokschilder van Karinthië, het plafond beschilderd met een prachtig fresco en de muren versierd met 665 wapenschilden van belangrijke notabelen. Doorgaans zijn ook de kleine wapenzaal, de vergaderzaal en de omstreden Kolig-zaal geopend, met daarin moderne fresco's die herinneren aan de wandaden van de nazi's.

Stadtpfarrkirche St. Egid 4

Pfarrhofgasse 4, st-egid-klagenfurt.at, kerk dag., toren beklimmen apr.-okt. ma.-vr. 10-17.30, za. 10-12.30 uur, entree € 1

De hoogste toren (92 m) van de stad, ook weer getooid met met een bronsgroene spits, hoort bij de parochiekerk van Klagenfurt. De barokke vormen vanbuiten worden binnen voortgezet. De plafonds zijn vrolijk beschilderd, onder anderen door Fromiller, terwijl de preekstoel en het hoogaltaar in klassiek marmer, zwart en bladgoud zijn uitgevoerd. Opvallend is de Ernst-Fuchs-Kapelle, waarin de schilder Ernst Fuchs tussen 1991 en 2010 zijn magisch-realistische visie op de Apocalyps verbeeldde. Beklim daarna de toren voor een prachtig uitzicht op stad en ommelanden.

Stadtgalerie 5

Theatergasse 4, tel. 0463 537 55 32, www.stadtgalerie.net, di.-zo. 10-18 uur, entree € 6

Wandel zeker ook langs deze grote expositieruimte, want de wisseltentoonstellingen zijn doorgaans van hoog niveau. Soms hangt er hedendaagse kunst van bekende internationale kunstenaars, soms gaat het om thematentoonstellingen.

Museum Moderner Kunst Kärnten 6

Burggasse 8, tel. 050 53 61 62 52, www.mmkk.at, di.-zo. 10-18 (do. tot 20) uur, entree € 5

Nog meer moderne kunst is bijeengebracht in een sfeervol gebouw – ook weer met een binnenplaats met arcaden – in de Burggasse. In wisselende tentoonstellingen wordt aandacht besteed aan regionale en internationale kunstenaars uit de 19e, 20e en 21e eeuw.

Klagenfurter Dom [7]
Domplatz, dag.
De aanblik van de kathedraal van Klagenfurt is verrassend: geen majestueuze vrijstaande kerk, maar een rijtje modern ogende gevels waarbij alleen een kerktoren de religieuze functie verraadt. Eenmaal binnen oogt de Dom wel zoals je zou verwachten. Prachtige schilderingen, verfijnd sierstucwerk en een monumentaal hoofdaltaar in verschillende soorten marmer zorgen voor een overdonderend effect. Dit is klassieke barok, overgaand in de nog uitbundigere vormen van de rococo. Sta terug buiten, op de Domplatz, even stil bij de maquette van Klagenfurt anno 1591, toen er nog vestingwerken rond de stad lagen.

Landesmuseum Kärnten – Rudolfinum [8]
Museumgasse 2, tel. 050536 305 99, www.landesmuseum.ktn.gv.at, in verband met waterschade tijdelijke tentoonstellingen tot 2018/2019
Maak kennis met de rijke geschiedenis van Karinthië in de hoofdvestiging van het streekmuseum. Van prehistorische vondsten en een prachtige mozaïekvloer uit de Romeinse tijd tot mineralen, vlinders en traditionele trouwkoffers en klederdrachten.

Buiten het centrum

Een populaire wandeling leidt via de Radetzkystraße naar de **Kreuzbergl**, de groene berg die de horizon ten westen van het centrum domineert. Aan de voet van de berg wacht de **Kreuzberglkirche**, een barokke kerk uit 1742 met twee torens. Frisgele tinten sieren het exterieur en het barokke interieur, dat voor Oostenrijkse begrippen bijna ingetogen is. Boeiend is vooral de kruisweg voor de kerk, waarin de lijdensweg van Christus is verbeeld, inclusief een indrukwekkende kruisigingsscène.

Rechts van de kerk vindt u de ingang van de **Botanischer Garten**, een botanische tuin die in een oude steengroeve is aangelegd (Prof.-Dr.-Kahler-Platz 1, mei-okt. dag. 10-18, nov.-apr. ma.-do. 10-16 uur, entree gratis). Steile rotswanden, een waterval en verschillende waterpartijen vormen het fraaie decor voor een collectie alpiene planten, succulenten en eetbare gewassen.

Naar de Wörthersee

Vanaf de Heiligengeistplatz aan de westrand van het centrum gaan de buslijnen 10 en 20 naar de **Wörthersee** (zie blz. 231), een populair meer dat 4 km ten westen van Klagenfurt ligt. De bussen maken een tussenstop bij enkele attracties die vooral kinderen zullen aanspreken. Zoals **Minimundus** (Villacher Straße 241, tel. 0463 211 94-0, www.minimundus.at, mei-sept. dag. 9-19/20 uur, okt,-apr. dag. 10-18 uur, entree € 14), waar meer dan 150 bekende gebouwen uit de hele wereld op schaal zijn nagebouwd. Een restaurant en een indoorgedeelte met een klimwand, een 4D-filmzaal en een vluchtsimulator vullen het aanbod aan.

Direct naast Minimundus markeert een bronsgroene koepel het **Planetarium** (Villacher Straße 239, tel. 0463 217 00, www.planetarium-klagenfurt.at, zomer dag., zaterdag alleen za. en zo., entree € 10). De koepel dient tevens als scherm voor filmvoorstellingen rond thema's als het heelal en dinosauriërs.

Ook vlakbij ligt **Reptilienzoo Happ** (Villacher Straße 237, tel. 0463 234 25, www.reptilienzoo.at, dec.-okt. dag. 9-17/18 uur, entree € 14), het grootste reptielenpark van Oostenrijk. Dwaal langs slangen, leguanen, insecten, spinnen en piranha's die buiten of in de tropische kas leven.

Tussen deze cluster van attracties en de oever van de Wörthersee strekt zich het **Europapark** uit, een aangenaam park met horeca, veel gras, kunst, speelterreinen, een beachvolleybalveld en een skatepark – een ideale plek om een uurtje te relaxen of te picknicken.

Het park sluit aan op de **Wörthersee**, waar langs de oever stranden, steigers en horecavoorzieningen wachten op watersporters en flaneerders. Let op: voor de drie officiële, bewaakte strandbaden betaalt u entree. Een mooi plekje is het schiereiland links van het centrale strandbad, met daarop **Schloss Maria Loretto** (nu restaurant en feestlocatie) en een kleine kapel.

Overnachten

19e-eeuwse charme – **Hotel Palais Porcia** [1]: Neuer Platz 13, tel. 0463 511 59 00, www.palais-porcia.at, 2 pk vanaf € 120. Zoals de naam al zegt een hotel als een paleis: bladgoud, schilderijen, kroonluchters en diepe fauteuils bepalen de sfeer. Verschillende historische stijlen komen langs.

In het centrum – **Sandwirth** [2]: Pernhartgasse 9, tel. 0463 562 09, www.sandwirth.at, 2 pk vanaf € 95. Zeer net viersterrenhotel in een historisch gebouw aan de rand van het centrum. Goede prijs-kwaliteitverhouding.

Aan de voet van de Kreuzbergl – **Hotel Dermuth** [3]: Kohldorferstraße 52, tel. 0463 212 47, www.hotel-dermuth.at, 2 pk vanaf € 128. Heerlijk hotel met een rustige ligging in het groen. Naast standaardkamers ook suites en studio's, plus sauna, zwembad, uitstekend restaurant met traditionele keuken en loungebar.

Schiereiland met Schloss Maria Loretto in de Wörthersee bij Klagenfurt

Op loopafstand van het strand – **Hotel Plattenwirt** 4: Friedelstrand 2, tel. 0463 211 73, www.plattenwirt.at, 2 pk vanaf € 85. Rond het Europapark, richting de Wörthersee, hebt u de keuze uit verschillende hotels. Dit hotel ligt op negen minuten lopen van het strand. Enige nadeel: het hotel heeft geen eigen restaurant, maar er is wel een Italiaan in de buurt.

Tip

Krampus

Eind november verschijnen ze voor het eerst in de straten: groepen jongemannen die verkleed als duivelse demonen de Oostenrijkse dorpen en steden onveilig maken. Vooral op de avond van 5 december zijn ze massaal aanwezig, maar ook in de weken daarvoor zijn er georganiseerde optochten. De demon heet Krampus en fungeert van oudsher als knecht van St. Nikolaus. Terwijl de heilige aan brave kinderen cadeautjes uitdeelt, neemt Krampus de stoute kinderen in een zak mee naar het bos. Klinkt dit bekend? Het gaat inderdaad om de alpenversie van 'onze' Sinterklaas en Zwarte Piet – die naast de duivelse Krampus ineens heel onschuldig oogt.

Eten en drinken

Meer dan bier – **Bierhaus zum Augustin** 1: Pfarrhofgasse 2, tel. 0463 51 39 92, www.gut-essen-trinken.at, ma.-za. 11-24 uur, hoofdgerecht vanaf € 9. Gezellig, druk en typisch Oostenrijks: deze pub annex bistro staat garant voor stevige gerechten in een historische setting. Ruime keus aan bieren.

Beste Italiaan van de stad? – **Dolce Vita** 2: Heuplatz 2, tel. 0463 554 99, www.dolce-vita.at, ma.-vr. 11.30-15 en vanaf 18 uur, hoofdgerecht vanaf € 14. Een klein Italiaans restaurant met een al even kleine kaart, maar de lichte, mediterrane gerechten zijn van topkwaliteit. Reserveren aanbevolen!

Traditionele keuken – **Gasthaus im Landhaushof** 2: Landhaushof 1, tel. 0463 50 23 63, www.gut-essen-trinken.at, dag. vanaf 11 uur, hoofdgerecht vanaf € 11. Oostenrijkse gerechten geserveerd in het historische decor van het Landhaus. Groot terras.

Aan het meer – **Restaurant Maria Loretto** 4: Lorettoweg 54, tel. 0463 244 65, www.restaurant-maria-loretto.at, dag. 10-24 uur, hoofdgerecht vanaf € 12. Een chic pand op een schiereiland in de Wörthersee herbergt een uitstekend restaurant met prachtig uitzicht op het meer. Net wat duurder, maar zeker de moeite waard!

Winkelen

Het grotendeels autovrije centrum nodigt uit tot mediterraan flaneren, shoppen en mensen kijken vanaf een van de vele terrassen. Op donderdag- en zaterdagochtend (6.30-13.30 uur) staat de Benediktinerplatz vol met de kraampjes van de **Benediktinermarkt** 1. Op vrijdagochtend worden op diezelfde plek biologische producten verkocht. In de twee naastgelegen markthallen kunt u elke dag terecht. Voor overdekt winkelen gaat u naar de **City Arkaden** 2 aan de rand van het oude centrum, waarin 120 winkels onderdak hebben gevonden.

Actief

Tochten over het meer – **Wörthersee Schifffahrt** 1 : Friedelstrand 3, tel. 0463 211 55, www.woertherseeschifffahrt.at, vanaf € 15. Vanaf de steigers bij het strand vertrekken schepen voor een rondje over de Wörthersee. Blikvanger is stoomschip Thalia uit 1909.

Info en festiviteiten

Tourismus Klagenfurt am Wörthersee: Neuer Platz 5, tel. 0463 28 74 63, www.visitklagenfurt.at.
Ironman Austria: elk jaar in juni duiken zo'n drieduizend deelnemers uit meer dan zestig landen in het water voor een volledige triatlon.
Krampuslauf: eind november, grootste optocht van Krampusfiguren – het duivelse hulpje van St. Nikolaus – in Oostenrijk (zie Tip blz. 230).

Rond de Wörthersee ▶ P-Q 12

De bijnaam 'Oostenrijkse riviëra' verraadt het al: de Wörthersee is een zeer populair – en prijzig – vakantiegebied. Vooral aan de drukke noordzijde van het meer liggen enkele mondaine badplaatsen met promenades, romantische oude villa's, jachthavens en betaalde badstranden. Al die toeristen komen af op het 'warmste en grootste alpenmeer van Europa': 1,5 km breed en 17 km lang, met watertemperaturen die kunnen oplopen tot boven de 25 °C. Het water van de Wörthersee is bovendien zeer schoon, vaak zelfs schoon genoeg om te drinken. Al met al een heerlijke plek om te zwemmen, zeilen, waterskiën en wakeboarden.

De beste manier om de Wörthersee te ontdekken is per fiets: de bewegwijzerde, 39 km lange Wörtherseeweg R4 volgt de oevers van het meer. Startend in Klagenfurt doemt aan de noordoever als eerste de kleine badplaats **Krumpendorf** op. Let vooral op de bouwstijl van de villa's: een mix van jugendstil en de Engelse landhuisstijl, resulterend in talrijke torentjes en andere frivole details. Een stuk mondainer gaat het toe in het op een schiereilandje gelegen **Pörtschach**, waar 19e-eeuwse villa's, chique hotels en een bloemrijke promenade de toon zetten. Een populaire wandeling leidt via Schloss Leonstain (nu een hotel) naar het uitzichtpunt Hohe Gloriette even ten westen van Pörtschach. De verkenning van de noordelijke oever eindigt bij **Velden**, de bekendste én duurste badplaats aan het meer. Direct aan de oever pronkt **Schloss Velden**, een rond 1600 gebouwd renaissanceslot met vier hoektorens. Het werd na een brand eind 19e eeuw herbouwd en huisvest nu een exclusief hotel.

Aan de zuidoever van de Wörthersee is het een stuk rustiger – de bossen reiken soms tot aan de oever –, maar ook hier zijn volop mogelijkheden voor watersporters, fietsers en wandelaars. Sfeervol is **Maria Wörth**, een minidorp op een schiereilandje. De geschiedenis van de aan Maria gewijde kerk gaat terug tot de 9e eeuw. Het interieur toont een mix van soberheid, barokke weelde en een Madonnabeeld uit de 15e eeuw. Bezoek ook de naastgelegen Winterkirche vanwege de middeleeuwse fresco's. Iets verder landinwaarts is de **Pyramidenkogel** ✹ niet te missen: een 100 m hoge uitzichttoren in een gewaagd ontwerp van hout en staal (Keutschach am

Via trappen, een lift én een glijbaan is de spectaculaire Pyramidenkogel toegankelijk

See, Linden 62, tel. 04273 24 43, www.pyramidenkogel.info, dag., entree € 11). Beklim 441 treden of neem de lift naar het hoogste platform, dat uitkijkt over de Wörthersee, de Karawanken en de Hohe Tauern (zie blz. 234). De afdaling kan spectaculair: een 120 m lange, overdekte glijbaan slingert vanaf de top naar beneden.

Informatie

Wörthersee Tourismus: Velden, Villacher Straße 19, tel. 04274 382 88, www.woerthersee.com.

Maria Saal ▶ Q 12

Het kleine Maria Saal kent een lange geschiedenis als bedevaartplaats. In de 8e eeuw kwam bisschop Modestus naar deze plek om een kerk te stichten en het christendom over Karinthië te verspreiden. Zijn graf trok al snel vele pelgrims. Om hen te kunnen bergen werd in de 15e eeuw de **Dom** gebouwd. De smalle glas-in-loodramen en de gewelven horen bij de laatgotische bouwstijl van die tijd. Binnen ziet u onder meer fresco's uit de 15e eeuw en een hoogaltaar uit 1714. De botten van Modestus liggen in een Romeinse kindersarcofaag in de Sachsenkapelle. Romeins zijn ook de vele reliëfs op de buitenmuur. Ze zijn afkomstig van de Romeinse stad **Virunum**, die kort na het begin van onze jaartelling in de buurt van Maria Saal werd gebouwd en ooit 30.000 inwoners telde. Even ten noorden van **Arndorf** is het amfitheater van deze Romeinse stad weer vrijgelegd.

Aan de rand van Maria Saal zijn in **Freilichtmuseum Maria Saal** tientallen historische bouwwerken uit heel Karinthië bijeengebracht. Met elkaar geven ze een beeld van vier eeuwen leven en werken op het Karinthische platteland (Museumweg 10, tel. 04223 28 12, www.freilichtmuseum-mariasaal.at, mei-15 okt. dag. 10-16/18 uur, entree € 9).

In de omgeving

Circa 5 km ten noordoosten van Maria Saal verheft zich de beboste Magdalensberg (1059 m). De Keltische nederzetting die hier voor het begin van onze jaartelling lag, werd door de Romeinen overgenomen en fungeerde als voorloper van Virunum (zie blz. 232). Het opgravingsterrein, vondsten en reconstructies zijn te zien in het **Archäologischer Park Magdalensberg** (Magdalensberg 15, tel. 0664 620 26 62, www.landesmuseum.ktn.gv.at, mei-okt. di.-zo. 9-17 uur, entree € 6).

Informatie

Tourismusinformation Maria Saal: Am Platzl 7, tel. 04223 511 45, www.mariasaal.at.

Burg Hochosterwitz ✴ ▶ Q 11

Launsdorf, Niederosterwitz 1, tel. 04213 345 97, www.burg-hochosterwitz.com, mei.-half sept. dag. 9-18 uur, half apr.-eind apr. en half sept.-eind okt. dag. 10-17 uur (kassa sluit 1,5 uur eerder), entree € 13

Het is een van de bekendste symbolen van Karinthië: een onneembare burcht die vergroeid lijkt met een steile, 160 m hoge kalkrots. In 1541 kwam Burg Hochosterwitz in handen van de machtige familie Khevenhüller. Later die eeuw lieten zij extra verdedigingswerken aanleggen om Turkse troepen buiten de deur te houden. Wie vanaf de parkeerplaats naar boven klautert (er gaat ook een lift), ziet hoe ingenieus het ontwerp was: een systeem van muren, ophaalbruggen en maar liefst veertien poorten slingert zich om de rots heen naar de eigenlijke burcht. Eenmaal aangekomen in de Hochburg dwaalt u door verschillende zalen en vertrekken gevuld met wapens, familieportretten, kunst en gebruiksvoorwerpen.

Bad Eisenkappel ▶ R 13

Schone lucht en koolzuurhoudend bronwater hebben van Eisenkappel een erkend kuuroord gemaakt. Vanwege de ligging in het uiterste zuiden van Karinthië is het bovendien een goed startpunt voor uitstapjes naar Slovenië en naar de **Karawanken**, het bergmassief dat de grens tussen beide landen volgt. Maar de grootste troef zijn de **Obir-Tropfsteinhöhlen**, kleurrijke druipsteengrotten die alleen bereikbaar zijn via een pendelbus die vertrekt op de Hauptplatz (Hauptplatz 7, tel. 04238 82 39, www.hoehlen.at, half apr.-half okt. dag. verschillende rondleidingen, voor exacte tijden zie website, entree incl. bus € 24). Een rondleiding door de grotten duurt anderhalf uur en gaat gepaard met spectaculaire licht- en geluidseffecten. Doe wel stevige schoenen en een warme jas aan!

Door het Lavanttal

Aan de oostkant van Karinthië stroomt de rivier de Lavant over een lengte van 64 km door een breed, groen dal, dat zich uitstekend leent voor fruitteelt, akkerbouw en wijnbouw. Een souvenir in een fles ligt dan ook voor de hand, bijvoorbeeld de frisse, van appels gemaakte Lavanttaler most.

Het belangrijkste bouwwerk van het dal staat bij **St. Paul im Lavanttal** op een 70 m hoge rots: de **Benediktinerstift St. Paul** werd in 1091 gesticht op de fundamenten van een oude burcht. Door de verschillende bouwfasen vertoont het complex een ▷ blz. 236

Favoriet

Uitzicht vanaf de Pyramidenkogel ✹ ▶ P 12

Een van de hoogtepunten van Karinthië is zonder twijfel de Pyramidenkogel (zie blz. 231), een spectaculaire zend- en uitzichttoren aan de zuidkant van de Wörthersee. De toren staat op een 850 m hoge bergrug, waardoor – op heldere dagen – bezoekers worden getrakteerd op een adembenemend panorama. Direct aan uw voeten kabbelt het diepblauwe water van de Wörthersee, met op een schiereilandje de kerk van Maria Wörth en rechts in de verte Klagenfurt. Loop dan naar de andere kant van het platform en volg met uw blik de langgerekte bergrug van de Karawanken, die de grens met Slovenië bewaakt. Draai nog een stukje verder tot de Wörthersee weer in beeld komt. De horizon daarachter wordt gevuld met de machtige alpentoppen van de Hohe Tauern.

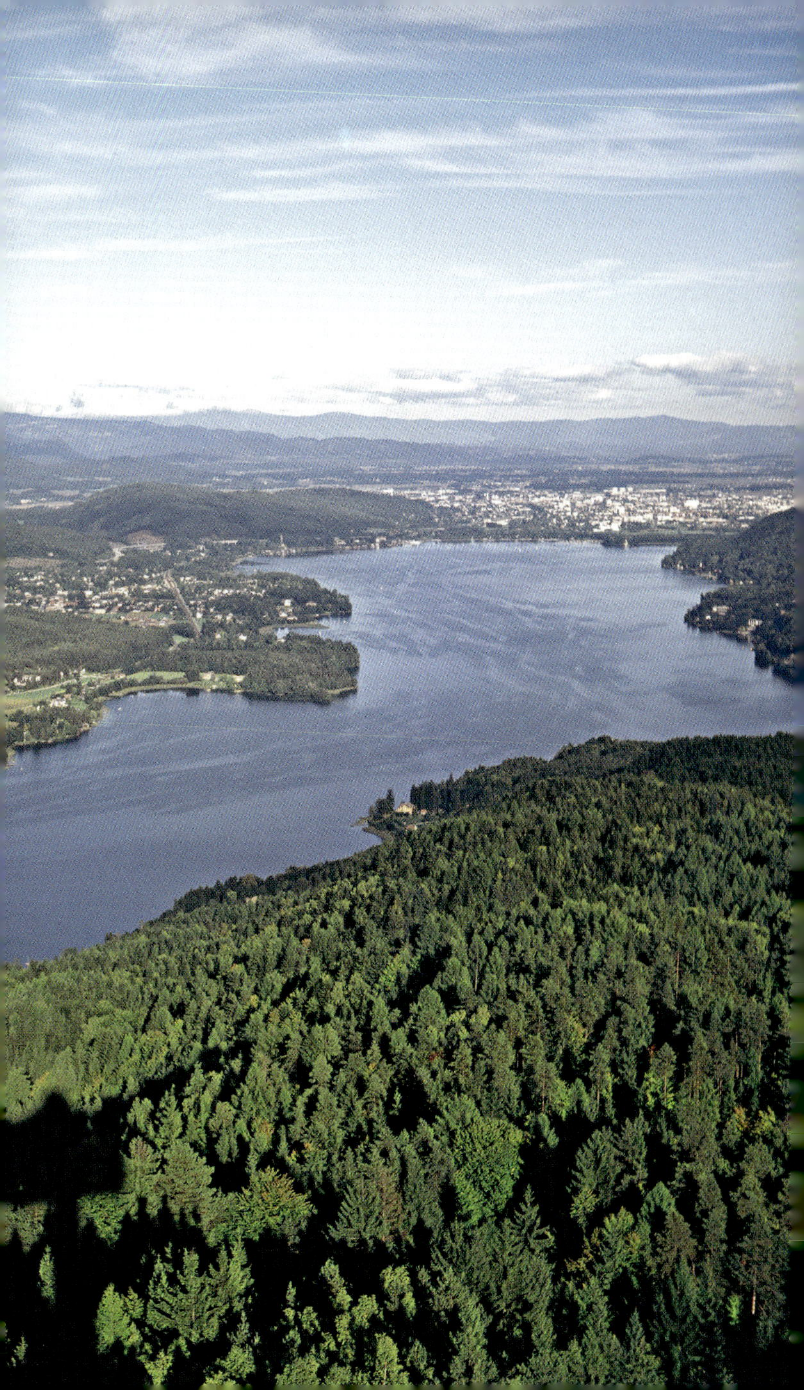

mix aan stijlen. De vierkante torens, dikke muren en kleine ramen van de 12e-eeuwse abdijkerk zijn typisch romaans. Datzelfde geldt voor het interieur, waar een gewijde stilte heerst. Opvallend zijn de middeleeuwse fresco's op de muren – achter het hoogaltaar vindt u de stichters van de abdij. De 17e-eeuwse woonvleugels herbergen het **Stiftsmuseum** (www.stift-stpaul.at, mei-okt. wo.-za. 10-16, zo. 11-17 uur, entree € 9,50), waarin de schatten van de abij worden bewaard, waaronder – verrassend genoeg – werken van Dürer, Rubens, Brueghel, Ruisdael en Van Dyck.

Wolfsberg is de hoofdplaats van het Lavanttal. De rivier stroomt tussen de boven- en de benedenstad door. De mooiste oeververbinding is de Fleischbrücke, een stenen boogbrug waar de heilige Nepomuk (zie blz. 109) nog altijd een oogje in het zeil houdt. Vanaf deze brug wandelt u zo naar de bovenstad en het Rathaus uit 1889. Via pleinen en stegen met statige huizen klimt u vervolgens naar **Schloss Wolfsberg**, een van oorsprong middeleeuws kasteel dat rond 1850 werd verbouwd in de Engelse tudorstijl. Binnen kijken kan helaas alleen als er een tentoonstelling wordt gehouden.

St. Veit an der Glan ▶ Q11

Van eind 12e eeuw tot 1518 was St. Veit de hoofdstad van Karinthië. Stevige stadsmuren en een gracht moesten de stad beschermen tegen met name de Ottomaanse Turken. De rechthoekige vorm van deze ommuurde stad is op de plattegrond nog altijd te herkennen. Muurresten en torens vindt u bijvoorbeeld bij de **Herzogburg**, het hertogelijk paleis aan het einde van de Burggasse. De enorme wapenopslagplaats van de burcht wordt nu voor kunsttentoonstellingen gebruikt.

Hart van de stad is de **Hauptplatz**, een langwerpig plein dat door de barokke gevels een harmonieuze indruk maakt. Typisch Oostenrijks is de aankleding met een pestzuil (1715) en twee fonteinen; het bassin van de Schlüsselbrunnen zou afkomstig zijn uit de Romeinse stad Virunum (zie blz. 232). Maar het echte pronkstuk is het **Rathaus**, dat rijkelijk is versierd met stucwerk, een stadswapen uit 1468 en een beeld van Vrouwe Justitia. De binnenplaats met drie rijen booggewelven dateert van rond 1450 en is kenmerkend voor de uit Italië overgewaaide renaissance. Voor een portie cultuur en stadsgeschiedenis stapt u binnen bij **Museum St. Veit**, te vinden in een hoek van het stadsplein (Hauptplatz 29, tel. 04212 55 55-64, www.museum-stveit.at, apr.-juni en sept.-okt.okt. do.-ma. 9-12, 14-18 uur, juli-aug. dag. 9-18 uur, entree € 7).

Aan de andere kant van het plein wijst een spitse toren de weg naar **Pfarrkirche**, waar de barok wordt gevierd met een uitbundig gedecoreerde preekstoel en altaarstukken. Overdekt shoppen kan om de hoek op de Herzog Bernhard Platz.

Overnachten

Kunstzinnig – **Kunsthotel Fuchspalast**: Prof.-Ernst-Fuchs-Platz 1, tel. 04212 46 60-0, www.hotel-fuchspalast.at, 2 pk vanaf € 60. Net buiten het oude stadshart mocht de schilder Ernst Fuchs (1930-2015) zich uitleven op de aankleding van dit hotel, met als resultaat een magisch realistisch kleurenspektakel.

Info en festiviteiten

Tourismusregion Mittelkärnten: Hauptplatz 23, tel. 04212 456 08, www.kaernten-mitte.at.

Vierbergelauf: bedevaarttocht op Dreinagelfreitag, de tweede vrijdag na Pasen. Zie Tip.
St. Veiter Wiesenmarkt: www.wiesenmarkt.at, eind sept.-begin okt. Traditioneel volksfeest met kermis, jaarmarkt, evenementen enzovoort.

Friesach ▶ Q 10

Kasteelruïnes, vestingmuren, torens, stadsgrachten, een klooster – Friesach is het schoolvoorbeeld van een middeleeuwse vestingstad. De ommuring was niet voor niets: eeuwenlang bewaakte de stad de belangrijke handelsroute tussen Wenen en Venetië.

De reis terug in de tijd begint bij de 820 m lange, van kantelen voorziene **vestingmuur**, beschermd door een met water gevulde gracht. Achter de muur leiden alle straten naar de **Hauptplatz**, waar geparkeerde auto's de historische illusie helaas wreed verstoren. Rondom gaan achter de vrolijk gekleurde barokgevels vaak middeleeuwse huizen schuil. De fontein is een 16e-eeuwse creatie van Italiaanse beeldhouwers met een duidelijke voorliefde voor mythologische monsters. De twee romaanse torens horen bij de **Pfarrkirche St. Bartholomäus**. In het sobere interieur gaat alle aandacht uit naar de sierlijke kansel en het barokke hoogaltaar.

Net buiten de stadsmuren staan nog twee kerken. De enorme **Dominikanerkirche** aan de noordkant dateert van de 13e eeuw en hoort bij een klooster. Binnen heerst een middeleeuwse strengheid, met af en toe opvallend kleurgebruik op muren en gewelven. Neem vooral de tijd voor de vele beelden en reliëfs, want dichter bij de middeleeuwen zult u niet vaak komen. De okergele toren van de **Deutschordenskirche** aan de zuidkant van de stadsmuren doet anders vermoeden, maar ook deze kerk is middeleeuws. Let op de 12e-eeuwse fresco's, het magnifieke hoogaltaar uit 1512 en de grafstenen van ridders.

Een klim van 375 treden brengt u vanuit het centrum van Friesach naar de **Petersberg**, bekroond met de ruïne van het bisschoppelijke kasteel. Het **Stadtmuseum** in de donjon is gewijd aan de stadsgeschiedenis (www.friesach.at, mei-eind sept. wo.-zo. 11-17 uur, entree € 6).

De middeleeuwen staan ook centraal bij een spectaculair project in het bos ten zuiden van Friesach: onder de naam **Burgbau** wordt hier sinds 2009 gewerkt aan het reconstrueren van een middeleeuws kasteel met methodes en machines uit die tijd. De bouwplaats is met een rondleiding te bezoeken (St. Veiterstraße 30, tel. 0660 544 88 56, www.burgbau.at, mei-okt. dag., entree € 11).

Tip

Processie over vier bergen

De **Vierbergelauf** (www.vierbergelauf.at) is een eeuwenoude traditie. Op de tweede vrijdag na Pasen lopen pelgrims in processie over vier bergen in de omgeving van St. Veit. Startpunt is de Magdalensberg. De totale afstand bedraagt meer dan 50 km, waarbij onderweg vijf missen worden gehouden. Vooraan loopt een priester die een kruis torst. Daarachter komen de deelnemers, die tijdens de tocht groene takjes van bomen en struiken verzamelen; die dienen van oudsher als talisman tegen duivelskunsten en hekserij. Ook wordt graan ingeruild voor gewijd graan, dat op bepaalde plekken in manden klaarstaat; dit moet een rijke oogst garanderen. Wie op eigen gelegenheid deze devote pelgrimage wil volbrengen, vraagt in het toeristenbureau naar de routebeschrijving.

In de omgeving

Bergbeklimmer en wereldreiziger **Heinrich Harrer** (1912-2006) was al een beroemdheid voordat hij in de film *Seven Years in Tibet* werd vertolkt door Brad Pitt. In **Hüttenberg** is een etnografisch museum aan hem gewijd, het **Heinrich Harrer Museum** (Bahnhofstraße 12, tel. 04263 81 08-20, www.huettenberg.at, mei-okt. dag. 10-17 uur, combiticket € 14,50). Met hetzelfde kaartje kunt u in het 3 km verderop gelegen **Knappenberg** in het **Schaubergwerk** bekijken hoe vroeger in een mijn kristal werd gewonnen (Knappenberg 32, tel. 04263 81 08-30, www.huettenberg.at, mei-okt. dag. 10-17 uur, combiticket € 14,50).

Volg vanuit Friesach het Metnitztal westwaarts en u komt in het kleine dorp **Metnitz**. Pronkstuk is de Pfarrkirche St. Leonhard, een kerk met muurschilderingen die teruggaan tot 1300. Nog beroemder is de *Karner*, het knekelhuis bij de kerk, waarvan de muren rond 1500 zijn versierd met afbeeldingen van een **dodendans**: de Dood nodigt iedereen, rijk en arm, uit tot een dans die onvermijdelijk leidt naar het definitieve einde.

Info en festiviteiten

Tourismusinformation Friesach: Fürstenhofplatz 1, tel. 04268 22 13-40/43, www.friesach.at.
Spectaculum: het laatste weekend in juli, middeleeuws feest in Friesach.

Gurk ▶ Q 11

Het kleine **Gurk**, gelegen in een verstild dal, is de wat onwaarschijnlijke locatie voor een van de belangrijkste romaanse kerken van Oostenrijk. Het hart van de **Dom** werd gebouwd tussen 1140 en 1200 en is typisch romaans: de dikke muren met kleine ramen en het indrukwekkende portaal zijn kenmerkend voor deze bouwstijl. De hal

Villach bij nacht, met op de voorgrond de rivier de Drau

voor het portaal is later aangebracht en maakt indruk door de fresco's uit de 14e eeuw – als in een stripverhaal wordt het Bijbelverhaal geïllustreerd. De uitbundigheid van de beelden en kunstwerken in het schip is kenmerkend voor de barok uit de 17e en 18e eeuw. Vooral het gigantische, met goud bedekte hoogaltaar is een waar meesterwerk. Tijdens de vastenperiode wordt het altaar afgedekt door een enorme *Fastentuch* uit 1458, een doek waarop 99 scènes uit de bijbel zijn geschilderd. Buiten deze periode hangt de altaarsluier in de Propstkapelle.

Met een gids kunt u vervolgens afdalen in de crypte, het oudste deel van de kathedraal. Honderd marmeren zuilen zorgen hier voor een mystieke sfeer. Een monument markeert het graf van de heilige Hemma von Gurk (ca. 980-1045), de stichteres van de kerk. Bijzonder is ook de Bischofskapelle boven de voorhal, waar een van de wanden is voorzien van opmerkelijke fresco's uit de 13e eeuw.

Villach ▶ O 12

Villach, de tweede stad van Karinthië, was eeuwenlang een belangrijk economisch en cultureel centrum. Dat is het nog steeds, maar door oorlogen, stadsbranden, een aardbeving en geallieerde bomdardementen in de Tweede Wereldoorlog is er van de historische allure weinig overgebleven. Toch is Villach wel degelijk een levendige stad die uitnodigt tot winkelen, flaneren en uitgaan. Sfeervol is het vooral rond de Hauptplatz en de Kirchenplatz, en in de omliggende straten. Huizen uit de 14e, 15e en 16e eeuw, winkels, terrasjes en de onvermijdelijke pestzuil zorgen voor een mediterrane charme.

De hoge kerktoren hoort bij de **Stadtpfarrkirche St. Jakob**. De buitenkant mag eenvoudig ogen, vanbinnen is er wel degelijk van alles te zien. Zoals eeuwenoude grafstenen, een monumentaal altaar en een kunstig gebeeldhouwde kansel van circa 1550 – een groot contrast met de barokke preekstoelen in veel andere kerken. In de zomer is de 94 m hoge toren te beklimmen, met als beloning een prachtig panorama.

Voor een blik in de stadsgeschiedenis wandelt u naar het **Museum der Stadt Villach** (Widmanngasse 38, tel. 04242 205-35 00, www.villach.at, begin mei-okt. di.-zo. 10-16.30 uur, entree € 4). De collectie varieert van archeologische vondsten tot hedendaagse kunst en tijdelijke tentoonstellingen.

In de categorie curieus valt het **Relief von Kärnten** (Peraustraße 14, tel. 04242 205-35 50, www.villach.at, mei-okt. ma.-za. 10-16.30 uur, entree € 2,50). In een gebouw in het Schillerpark is in 1913 een immense 3D-maquette gemaakt van Karinthië, inclusief alle bergen en dalen op een schaal van 1:10.000.

De categorie verwennen wordt vertegenwoordigd door **ThermenResort Warmbad-Villach** aan de zuidoostrand van de stad (Kadischenallee 25, tel. 0242 30 01 27 50, kaernttentherme.com). Het huidige wellnesscomplex oogt futuristisch en is van alle moderne gemakken voorzien, maar de geneeskrachtige warmwaterbronnen worden al eeuwenlang gebruikt om een keur aan kwaaltjes te genezen. Overigens zijn ook 'gezonde' bezoekers welkom voor een duik in het spectaculaire zwembadcomplex.

In de omgeving

Villach is een ideale uitvalsbasis voor uitstapjes naar de omliggende meren en bergen. De **Villacher Alpenstraße** (www.villacher-alpenstrasse.at, tolweg) is een 16,5 km lange panoramaroute die omhoog slingert langs de flanken van de **Dobratsch**. Onderweg is er bij de verschillende parkeerplaatsen van alles te zien en te doen, ook voor kinderen. Zo wandelt u vanaf parkeerplaats 6 naar een alpentuin (begin juni-eind aug., entree € 3).

Wat kun je doen met oude, verlaten mijngangen in een ertsberg? Bij **Blad Bleiberg** hebben ze er twee attracties in gemaakt: **Terra Mystica & Terra Montana** (Bleiberg-Nötsch 91, tel. 04244 22 55, www.terra-mystica.at, rondleidingen Terra Mystica: nov.-apr. za. 15, mei-juni en sept.-okt. dag. 11 en 13, juli-aug. dag. 9.30-15 uur; Terra Montana: mei-juni en sept.-okt. dag. 15, juli-aug. dag. 16 uur, entree € 18,50). In Terra Mystica daalt u af naar een mystieke wereld waar de geheimen van het onderaardse worden onthuld, Terra Montana toont de geschiedenis van de mijnbouw.

Ten zuiden van Villach grenzen Oostenrijk, Slovenië en Italië aan elkaar bij de **Dreiländereck** (www.3laendereck.at). Vanuit **Arnoldstein** gaat een stoeltjeslift omhoog naar een restaurant op ruim 1500 m hoogte. Hier starten verschillende wandelroutes, waaronder de Dreiländerwanderung die u in drie uur door alle drie de landen brengt.

De **Faaker See** ten zuidoosten van Villach is het zuidelijkste zwemmeer van Oostenrijk. Door de aangename watertemperaturen duurt het seizoen van mei tot begin oktober, hetgeen meteen de vele campings, cafés en restaurants rond het meer verklaart. Vanuit **Faak am See** gaat een pittige, 12 km lange wandeling naar de **Kanzianiberg** (met klimpark) en de ruïne van kasteel **Finkenstein**. Een deel daarvan is ingericht als openluchtmuseum en wordt in de zomer gebruikt voor optredens. Krachten opdoen voor de wandeling kan in het restaurant (www.burgarena.at).

Minstens zo toeristisch is de 11 km lange, smaragdgroene **Ossiacher See** ten noordoosten van Villach – ook hier weer lekker warm zwemwater, campings en een keur aan watersportmogelijkheden. Als extraatje kunt u met een salonboot van het ene dorp naar het andere varen; fietsers maken in 32 km een rondje om het meer. Aan de noordkant gaan

De abdijkerk van Stift Ossiach: hoogtepunt van de barokke decoratiekunst

er vanuit **Annenheim** een kabelbaan en een stoeltjeslift omhoog naar de top van de **Gerlitzen** (1909 m). In de zomer is deze berg de perfecte locatie voor een tandemvlucht met een parapente-instructeur. In de winter is dit een kindvriendelijk en sneeuwzeker skigebied met circa 40 km aan pistes.

In **Ossiach** verrast de vanbuiten eenvoudig ogende kerk van **Stift Ossiach** met een ongekend weelderig interieur. De beste barokkunstenaars van Karinthië mochten zich hier uitleven in sierlijk stucwerk, goudglanzende altaren en bontgekleurde fresco's, met als topstuk de driedimensionale plafondschildering in de koepel.

Ten zuiden van het meer staat op een hoge rots de ruïne van **Burg Landskron**, met in de zomer een restaurant en een roofvogelshow (www.adlerarena.com, eind apr.-eind okt. dag. 10.30-16/18.30 uur, entree € 12). Halverwege de route naar de burcht kunt u bij de **Affenberg** kennismaken met een kolonie Japanse makaken (www.affenberg.com, apr.-okt. dag. 9.30-17.30 uur, entree € 12).

Info en festiviteiten

Region Villach Tourismus: Villach, Többringer Straße 1, tel. 04242 420 00, www.region-villach.at.

Carinthischer Sommer: www.carinthischersommer.at, juli-aug. Grootste muziekfestival van Karinthie op diverse locaties in en rond Villach.

Hermagor ▶ N 12

Vanaf Villach slingert het meer dan 100 km lange **Gailtal** westwaarts langs de Italiaanse grens. Het is een lieflijk dal waar de meeste boerendorpen nog veel van hun authentieke charme hebben behouden. Hoofdplaats van het dal is Hermagor. Door talrijke stadsbranden en oorlogen is er weinig ouds te ontdekken, maar het is een uitstekende startplaats voor verkenningstochten door de omgeving. Bijvoorbeeld naar de **Pressegger See**, een groot meer met aangenaam warm en schoon water. Vooral voor gezinnen is hier van alles te doen, zoals het waterspeelpark 1. **Kärtner Erlebnispark** (tel. 04282 33 88, www.erlebnispark.cc, mei-sept./okt. dag. 9-18 uur, entree € 21).

Wandelaars vinden 2,5 km ten zuiden van Hermagor een van de spectaculairste kloven van Oostenrijk: de **Garnitzenklamm**. Het snelstromende water heeft zich hier over een lengte van 4 km diep ingesneden in het alpenlandschap. Er zijn verschillende wandelmogelijkheden, die tot zeven uur in beslag kunnen nemen.

Mede door de afgelegen ligging is **Nassfeld** bij Nederlandse en Belgische wintersporters geen bekende naam, maar met meer dan 100 km aan pistes is het skigebied verrassend groot. Bovendien zorgen honderden sneeuwkanonnen voor een continu witte ondergrond.

Schaatsers weten daarentegen wel massaal de weg te vinden naar de **Weissensee**, het hoogstgelegen meer (930 m) van Oostenrijk waar elke winter de Alternatieve Elfstedentocht wordt verreden (zie blz. 244).

Informatie

Info Nassfeld-Pressegger See: Hermagor, Wulfeniaplatz 1, tel. 04285 82 41, www.nassfeld.at.

Spittal an der Drau ▶ N 11

De plaatsnaam verwijst naar de ontstaansgeschiedenis: in 1191 stichtten de graven van Ortenburg aan de Drau een gasthuis (*Spittl*) voor pelgrims en reizigers. Na het uitsterven van de dynastie begon een Spaanse edelman in 1534 met de bouw van een slot, dat later werd overgenomen door het Italiaanse geslacht Porcia. **Schloss Porcia** vormt nog altijd het middelpunt van het stadje. Vanbuiten oogt het massief, vanbinnen heeft het de grandeur van een mediterraan palazzo: de binnenhof telt drie verdiepingen met arcaden, Toscaanse

Tip

Kortingskaarten

Sommige activiteiten in Oostenrijk kunnen duur zijn, zoals een ritje met een kabelbaan. Een kortingskaart is dan zeer welkom. Gelukkig heeft bijna elke regio zijn eigen kaart, die al bij enkele keren gebruiken rendabel wordt. Zo biedt de **Kärnten Card** gratis toegang tot circa honderd bezienswaardigheden, plus korting bij activiteiten en vervoer. Prijzen: kaart voor één week voor een volwassene € 42, voor een kind € 22. Er zijn ook kaarten voor twee en vijf weken (www.kaerntencard.at). Voor Oost-Tirol is er een vergelijkbare kortingskaart, de **Osttirol's Gletscher-Dolomiten Card** (www.osttirol.com).

zuilen en antieke ornamenten. Twee verdiepingen zijn ingericht als **Museum für Volkskultur**, dat een beeld geeft van het vroegere leven van de bergboeren (tel. 04762 28 90, www.schloss-porcia.at, begin apr.-eind okt. dag. 9-18 uur, daarbuiten ma.-do. 13-16 uur, entree € 8).

Ten zuiden van Spittal leidt een 4 km lange kabelbaan in twee etappes naar de top van de **Goldeck** (2142 m), vanwaar in de zomer wandelpaden alle kanten op waaieren. In de winter wacht hier 25 km aan skipistes. Naar boven kan in de zomer ook met de auto via de 14,5 km lange **Goldeck Panoramastraße** (www.goldeck-panoramastrasse.at, tolweg). Startpunt en tolloket zijn in **Zlan**.

In de omgeving

In **St. Peter im Holz**, 5 km ten noordwesten van Spittal, hebben de Kelten en de Romeinen veel sporen achtergelaten. Resten van de Romeinse stad Teurnia zijn te zien in **Römermuseum Teurnia** (Lendorf, St. Peter in Holz 1a, tel. 04762 338 07, www.landesmuseum.ktn.gv.at, mei-okt. di.-zo. 9-17 uur, entree € 6). Bovendien kunt u de ruïne van de oudste bisschopskerk van Oostenrijk bekijken en, net buiten de stadsmuur, in de Friedhofskirche een 5e-eeuwse mozaïekvloer.

Nog wat verder in noordoostelijke richting ligt het massief van de **Reißeck**. Een populair uitstapje gaat via een kabelbaan en een zeer steil treintje (tot 82%) naar een berghotel, waar diverse wandelingen starten. Tip: neem een kijkje bij de spectaculaire stuwmeren.

Informatie

Tourismusverband Spittal an der Drau: Burgplatz 1. tel. 04762 565 02 26, www.millstaettersee.com.

Millstätter See ▶ N-O 11

De Millstätter See, qua grootte het tweede meer van Karinthië, trekt bijna net zoveel bezoekers als de Wörthersee. Al die toeristen komen af op het zonnige weer, het warme water (tot 27 °C) en de sfeervolle dorpen. Toch zijn de oevers niet volgebouwd: de hotels, campings, strandbaden en aanlegsteigers zijn vooral geconcentreerd rond de dorpen, met **Döbriach** als zwaartepunt, gevolgd door **Seeboden** en **Millstatt**.

Millstatt is een vriendelijke badplaats annex kuuroord met villa's van begin vorige eeuw, een zandstrand, een surf- en zeilschool én een opmerkelijk grote abdij. **Stift Millstatt** heeft al sinds 1773 geen kerkelijk functie meer, maar de kerk, de kloostergang en de binnenplaats pronken nog als voorheen. Let vooral op de fresco's, de versierde kapitelen in de kloostergang en de graftombes.

Fietsers kunnen in 28 km rond het meer rijden. Voor wandelaars liggen net wat verder weg boomloze, afgeronde bergtoppen, bekend als *Nocke*. Onder de vele routes is vooral de Millstätter See Höhensteig een bekende naam: 200 km lang, verdeeld over acht etappes.

Informatie

Millstätter See Tourismus GmbH: Millstatt, Kaiser-Franz-Josef-Straße 49, tel. 04766 37 00-0, www.millstaettersee.com.

Gmünd ▶ N 11

Het vestingstadje Gmünd is een sfeervolle tussenstop langs de Tauern Autobahn (A10), een van de belangrijkste noord-zuidverbindingen door de Alpen. Vanwege de strategische ligging kreeg Gmünd in de   ▷ blz. 246

Favoriet

Schaatsen op de Weissensee ▶ N 12

Een strakblauwe lucht, bergen die aan weerszijden de hoogte in rijzen, prachtig zwart ijs – de 12 km lange en maximaal 900 m brede **Weissensee** is niet voor niets uitgegroeid tot een mekka voor met name Nederlandse schaatsers. Elke winter weer maken duizenden liefhebbers de reis naar het hart van Karinthië om hier hun rondjes te draaien of deel te nemen aan de Alternatieve Elfstedentocht (eind januari-begin februari). Wedstrijdschaatsers strijden dan om het Open Nederlands Kampioenschap, toerrijders kunnen kiezen uit tochten van 100 en 200 km. Afhankelijk van het weer kan ook buiten deze periode worden geschaatst, met wat geluk van half december tot maart. Vrijwilligers onderhouden de baan, die onder ideale omstandigheden helemaal tot aan de oostrand van het meer reikt. Kijk voor de actuele ijssituatie op www.natureislauf.at en voor informatie over de tochten, inclusief klassieke sfeerbeelden van bevroren snorren, op www.weissensee.nl.

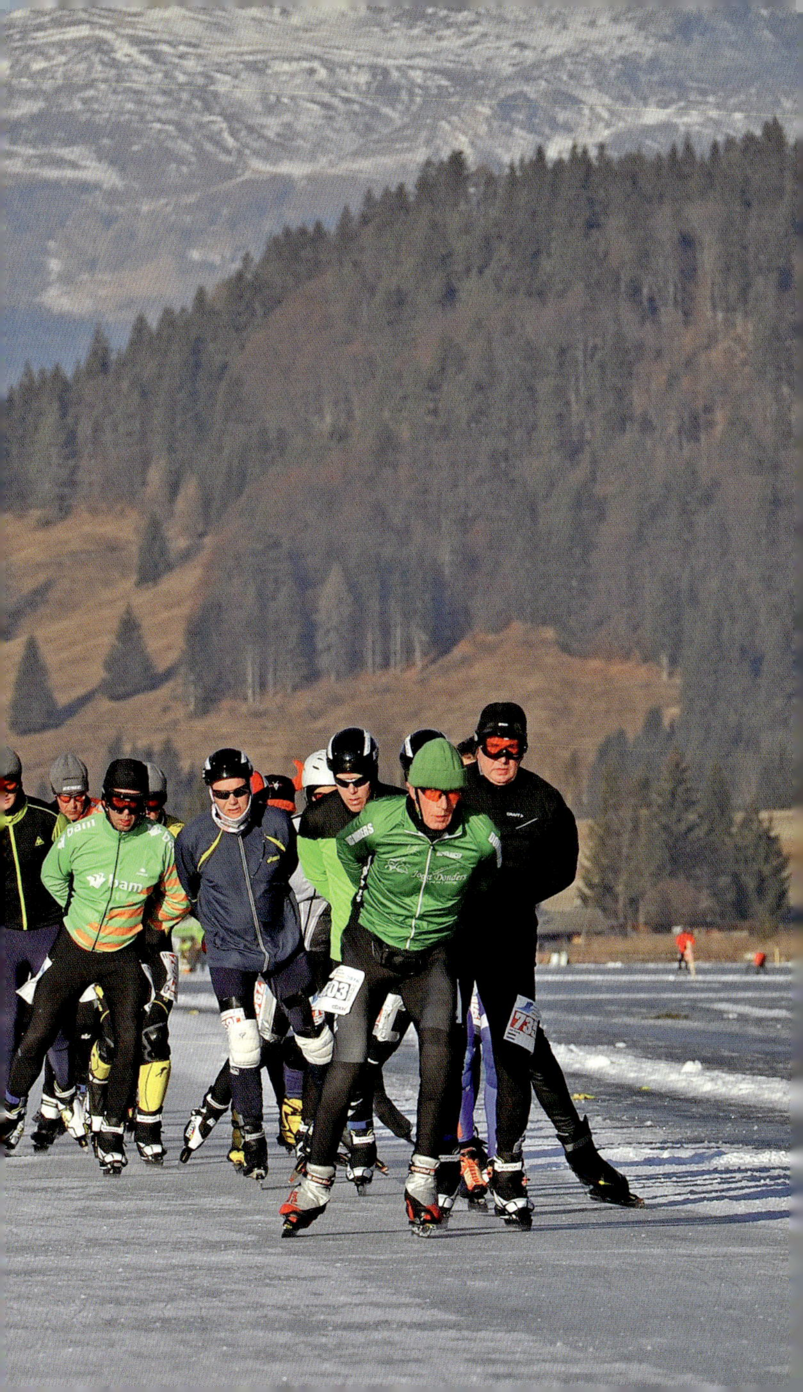
bam

middeleeuwen stadsmuren, die ook nu nog het stadshart omsluiten. Het is heerlijk slenteren door de oude straten, waar veel kunstenaars en galeries een plekje hebben gevonden. Aan de Hauptplatz ademen twee eeuwenoude herbergen de sfeer van vroeger: Kohlmyar en Gasthof zur Post. In een hoek van het plein werd in de 17e eeuw het **Neue Schloss** gebouwd: drie vleugels rond een binnenplaats. Ook het 'oude' kasteel is er nog, zij het in de vorm van een ruïne: de **Alte Burg** torent boven het stadje uit.

De fabriek van Ferdinand Porsche was van 1944 tot 1950 in Gmünd gevestigd. Auto's en memorabilia zijn te zien in het **Porsche Automuseum** (Riesertratte 4a, tel. 04732 24 71, www.automuseum.at, 15 mei-15 okt. dag. 9-18, 16 okt.-14 mei dag. 10-16 uur, entree € 8).

In de omgeving

Een prachtige bestemming voor een dagje natuur is het **Maltatal**, dat vanuit Gmünd in noordwestelijke richting afbuigt. Talrijke wandelingen in het hoofddal en de zijdalen leiden langs hoge watervallen. Vanaf het dorp **Malta** betaalt u tol voor de **Malta Hochalmstraße** (half mei-okt.), een spectaculaire route die via tunnels, bruggen en watervallen omhoog kronkelt naar de **Kölnbreinsperre**, met daarachter het hoogste stuwmeer van Oostenrijk.

Nog zo'n panoramaroute doorkruist **Biosphärenpark Nockberge** ten oosten van Gmünd, een middelgebergte met ronde, afgetopte bergen (*Nocke*) – deze **Nockalmstraße** start in **Innerkrems**.

Informatie

Tourismusverband Lieser-/Maltatal: Gmünd, Hauptplatz 20, tel. 04732 22 22, www.familiental.com.

Lienz ▶ L 11

Lienz (uitgesproken met een lange 'ie' ter onderscheid van Linz in Opper-Oostenrijk) is de belangrijkste plaats van Oost-Tirol. Het centrum is klein maar levendig: cafés met terrassen, ambachtelijke winkels, bloemperken en zelfs palmbomen zorgen voor een mediterrane flair – Italië is dan ook niet ver weg.

Kloppend hart is de Hauptplatz, een rechthoekig plein dat wordt gedomineerd door de twee uivormige torens van **Schloss Liebburg**, dat nu fungeert als raadhuis. De machthebbers van Lienz bouwden het slot in de 17e eeuw omdat ze hun oude residentie – **Schloss Bruck**, dat opdoemt op een berghelling aan de westelijke horizon – te koud en te kil vonden. Dit oude slot herbergt nu het **Museum der Stadt Lienz**, dat is gewijd aan de stadsgeschiedenis en ruimte biedt voor tijdelijke tentoonstellingen (Schlossberg 1, tel. 04852 625 80, www.museum-schlossbruck.at, half mei-juni di.-zo. 10-17, juli-aug. dag. 10-18, sept.-okt. di.-zo. 10-16 uur, entree € 8,50). In het museum hangt ook werk van **Albin Egger-Lienz** (1868-1926), de schilder die vooral bekend werd met monumentale, expressieve schilderingen over de Eerste Wereldoorlog.

Wintersporters kunnen vlak bij Schloss Bruck met een kabelbaan omhoog naar de uitdagende pistes van skigebied Hochstein. Aan de noordkant van Lienz ligt het wat grotere wintersportgebied Zettersfeld, dat vooral geschikt is voor beginners.

In de omgeving

Zo'n 4 km ten oosten van Lienz, vlak voor **Dölsach**, bouwden de Romeinen in de 1e eeuw n.Chr. de stad **Aguntum**. Het opgravingsterrein is opengesteld voor bezoekers, een museum illustreert de opkomst en de ondergang van de stad (Dölsach, Stribach 97, tel. 04852 615 50, www.aguntum.info, mei-eind okt. ma.-za. 9.30-16 uur, half juni-half sept. ook zo. 9.30-16 uur, entree €7).

Vlak bij Aguntum slingert de B107 omhoog naar het **Mölltal**, waarna de weg uiteindelijk aansluit op de magnifieke **Großglockner Hochalpenstraße** (zie blz. 218). Het is een door toeristen veelgebruikte (verbindings)route, die garant staat voor prachtige plaatjes. Eindpunt aan de Tirolse kant is **Heiligenblut**, genoemd naar een flesje heilig bloed van Christus, dat volgens de legende bij de Deense heilige Briccius werd gevonden nadat hij door een lawine was overvallen. De heilige en het bloed worden bewaard in de Wallfahrtskirche St. Vinzenz. Spectaculair is de tocht met stoeltjeslift naar de **Schareck**.

Nog een fraaie route gaat ten zuidwesten van Lienz door het **Pustertal**: volg eerst de B100 en ga dan bij Leisach rechts de **Pustertaler Höhenstraße** op. De route slingert over de flanken van het dal, met links uitzicht op de Lienzer Dolomiten. U passeert oude dorpen, glooiende almen, eenzame boerenhuizen en **Erlebniswelt Assling**, dat beschikt over een klein wildpark en een zomerrodelbaan (Oberassling, erlebniswelt-assling.at, voor openingstijden zie website, entree € 9).

Informatie

Osttirol Information: Lienz, Mühlgasse 11, tel. 050 21 22 12, www.osttirol.com, www.stadt-lienz.at.

Matrei in Osttirol ▶ K 11

Matrei is door de centrale ligging in Oost-Tirol van een verstild bergdorp uitgegroeid tot een bedrijvig vakantieoord. Het is een een ideaal startpunt voor sportieve verkenningen van **Nationalpark Hohe Tauern** ▷ blz. 250

Langlaufen op het Zettersfeld met uitzicht op Lienz

Op ontdekkingsreis

In de schaduw van de Großglockner – bergwandelen voor jong en oud

Boven Matrei in Osttirol ligt een schitterend berggebied dat zich presenteert onder de naam Großglockner Resort. Vanuit Matrei klimt de kabelbaan naar 2190 m hoogte, waarna wandelaars kunnen kiezen uit routes in verschillende moeilijkheidsgraden, van bijna vlakke paden tot beklimmingen die met staaldraad zijn gezekerd. En dat allemaal in de schaduw van de machtige Großglockner, de hoogste berg van Oostenrijk.

Kaart: ▶ K 11
Duur: met beklimming Rotenkogel circa 4,5 uur.

Route: de beschrijving start bij de kabelbaan van Matrei (www.gg-resort.at, eind juni-half sept. dag., met lunchpauze) en gaat vanaf het bergstation via een korte, eenvoudige route naar de berghut Kals-Matreier-Törl. Terugwandelen kan langs hetzelfde pad of via een iets lastiger route langs de Adler Lounge, met onderweg de mogelijkheid om via een smal en soms verraderlijk pad de Rotenkogel te beklimmen. Het is technisch geen moeilijke klim, maar vereist wel een vaste tred.
Horeca: Berggasthaus Goldried (wandern.goldried.info), Kals-Matreier-Törl-Haus, Adler Lounge (www.adlerlounge.at).

Europa Panoramaweg

De rode cabines van de Goldriedbahn starten even ten zuiden van **Matrei in Osttirol** en brengen u van 920 m naar 2190 m hoogte. Boven wordt u verwelkomd door een schitterend uitzicht op tientallen drieduizenders, een bergrestaurant en een woud aan gele routebordjes. Kies voor de Europa Panoramaweg richting Kals-Matreier-Törl, een goed beloopbaar pad dat slechts minimaal klimt en daalt – sportieve kinderen vanaf 6-8 jaar kunnen zonder problemen meewandelen.

Na circa 45 minuten komt het Kals-Matreier-Törl-Haus in beeld, een berghut die opvallend nostalgisch oogt tussen de grote, moderne bergrestaurants van de Hohe Tauern. Het panorama is magnifiek: recht vooruit de Großglockner met de markante driehoekige top – het 'dak van Oostenrijk' – en naar het westen het Virgental en het massief van de Venediger.

Naar de Cimaroß

Het terras van de berghut is de ideale plek om de rest van de route te overdenken. Eventueel kunt u de Europa Panoramaweg nog verder volgen richting de stoeltjeslift bij de Blauspitz. Wie direct terug wil wandelen naar de Goldriedbahn, kan dat doen via dezelfde route als de heenweg of via een smal, uitgesleten pad dat direct links van dit hoofdpad begint en richting de Cimaroß en de Adler Lounge leidt. In ruim een half uur stijgt het pad geleidelijk naar de 2405 m hoge **Cimaroß**, bekroond door bergrestaurant Adler Lounge.

Extra: beklimming van de Rotenkogel

Achter de Adler Lounge slingert het hoofdpad schuin rechts terug naar het startpunt, onder meer langs een klein bergmeer. Wie geen last heeft van hoogtevrees, kan eerst links van dit pad een extra uitstapje naar de Rotenkogel maken (rood-wit-rood gemarkeerd). Via een smalle graat wandelt u eerst naar de Gorner (2694 m) en dan verder naar de ruige top van de **Rotenkogel** (2762 m). Het pad is smal en soms wat verraderlijk, maar op de gevaarlijkste punten kunt u zich vasthouden aan een staaldraad. Tip: probeer het gewoon en zie hoe ver u komt – omdraaien kan altijd nog. Het uitzicht wordt namelijk met de meter majestueuzer en is alle inspanning meer dan waard. Wie de eindstreep haalt, kan op de top naast het kruis poseren voor de onvermijdelijke foto.

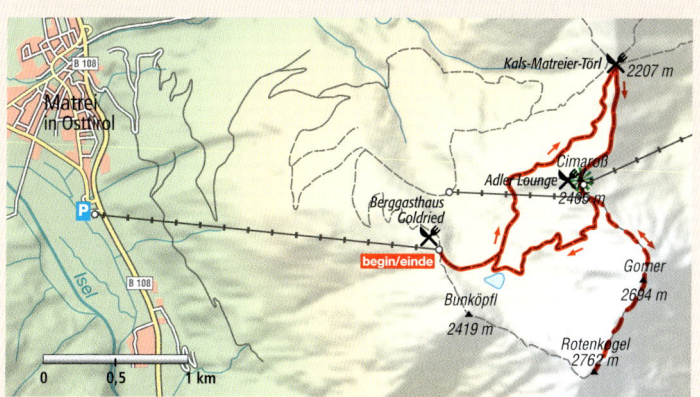

(zie blz. 217), een schitterend berggebied dat zich over drie deelstaten uitstrekt. Direct rond Matrei liggen tientallen toppen van meer dan 3000 m, die via talrijke berghutten en kabelbanen toegankelijk zijn gemaakt.

Ook in Matrei zelf zijn er enkele bezienswaardigheden. In een oud schoolgebouw biedt het **Nationalparkhaus**, een introductie op natuur en landschap van het nationale park (Kirchplatz 2, tel. 04875 51 61-10, www.hohetauern.at, heropening zomer 2017, voor openingstijden zie website, entree € 3). Liefhebbers van barokke kerken bezoeken de **Pfarrkirche St. Alban**, waar bladgoud, marmer, stucwerk en fresco's voor kleur zorgen in het verder witte interieur.

Veel gewijder is de sfeer in de **St. Nikolauskirche** in de nabijgelegen buurtschap Ganz: de romaanse kerk met gotische gewelven is sober, waardoor de muurschilderingen uit de 13e eeuw nog meer indruk maken.

In de omgeving

Hoe verder weg van Matrei, hoe rustiger het wordt. De dorpen in de dalen van Oost-Tirol zijn kleinschalig, net als de toeristenvoorzieningen, bijvoorbeeld voor de wintersport. Prachtig is het **Virgental** ten westen van Matrei, dat aan de noordkant wordt begrensd door de Venedigergruppe. Aan het einde van het dal kunt u omhoog wandelen naar de **Umbalkees**, een gletsjer die zijn smeltwater loost in de vorm van woeste watervallen.

Even ten zuiden van Matrei ontsluit een kabelbaan een prachtig berggebied met eindeloze wandelmogelijkheden (zie blz. 248). In de winter wachten hier 110 km aan pistes voor skiërs en snowboarders. Aan de andere kant van de bergrug dalen stoeltjesliften af naar de in het **Kaisertal** gelegen dorpen **Kals** en **Großdorf**. De snelstromende beken in het dal worden gevoed door de ongenaakbare **Großglockner** (3798 m), de hoogste berg van Oostenrijk. Beklimmen is alleen mogelijk met veel bergervaring én onder begeleiding van een berggids. Gevaarlijk wordt het zeker vlak voor de top, waar de klimmers een messcherpe kam met aan weerszijden peilloze dieptes moeten overwinnen.

Ten noorden van Matrei leidt de B108 naar de Felbertauerntunnel, die Oost-Tirol met de deelstaat Salzburg

Een van de spectaculaire stoeltjesliften in het skigebied Kals-Matrei

verbindt. Vlak bij de toegang tot de tunnel vormt het Matreier Tauernhaus een prachtig startpunt voor een verkenning van het **Gschlösstal**. Een vlak en goed begaanbaar pad leidt onder meer naar de eeuwenoude almdorpen **Außergschlöss** en **Innergschlöss**, met daartussen een unieke rotskapel. In het laatste dorp is een herberg die uitzicht biedt op de **Großvenediger** (3657 m), qua hoogte de vierde berg van Oostenrijk. De hele berg is vergletsjerd, waardoor de beklimming voor ervaren klimmers niet al te moeilijk maar wel gevaarlijk is. Door dit witte gletsjerdecor geldt het daleinde van het Gschlösstal als een van de mooiste van de Alpen. Helaas is ook hier goed te zien hoe snel de gletsjers aan het smelten zijn (zie blz. 56).

Informatie

Tourismusinformation Matrei in Osttirol: Rauterplatz 1, tel. 50 21 25 00, www.matreiosttirol.com.

IN EEN OOGOPSLAG

Tirol en Vorarlberg

Hoogtepunt ✸

Innsbruck: Tirol, de belangrijkste toeristische regio van Oostenrijk, heeft in Innsbruck een waardige hoofdstad. De rivier de Inn en de steil oprijzende bergen zorgen voor een glorieus decor voor deze oude stad, waar de late middeleeuwen nog altijd zichtbaar zijn. Een heerlijke stad om doorheen te dwalen! Zie blz. 254.

Op ontdekkingsreis

Naar de top van de Nordkette: in slechts twintig minuten brengen een tandradbaan en twee kabelbanen u vanuit hartje Innsbruck omhoog naar het ruige alpiene landschap van de Nordkette. Bij elke stop onderweg is er van alles te zien en te doen. Zie blz. 262.

Zillertaler Alpen – drie berghutten op één dag: Tirol is rijk bedeeld met berghutten waar bergwandelaars welkom zijn om een hapje te eten of te overnachten. Deze bergwandelroute passeert drie hutten in het zuidelijkste puntje van het Zillertal. Geniet van de typische huttensfeer én van de spectaculaire bergpanorama's. Zie blz. 268.

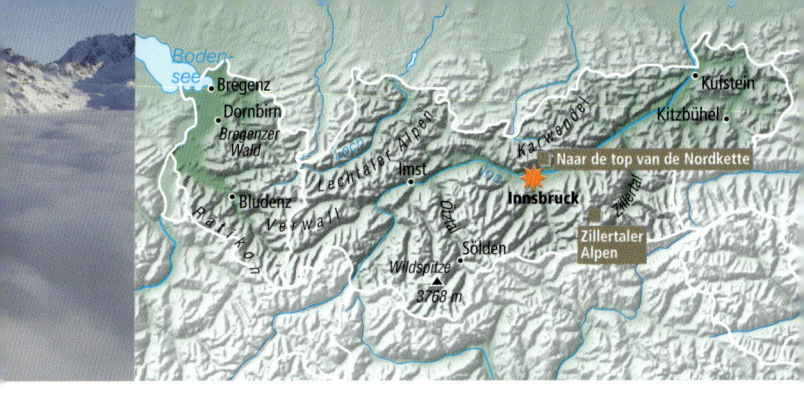

Bezienswaardigheden

Swarovski Kristallwelten: de wereldberoemde kristalfabriek van Swarovski is een van de grootste toeristentrekkers van het land. De zalen met schitterende juwelen en kunstwerken zijn bedoeld om te imponeren – en dat doen ze dan ook, net als de enorme kristallen wolk in het park. Zie blz. 264.

Zillertal: het prachtige Zillertal en de zijdalen trekken elke winter weer talrijke wintersporters. In de zomer wordt alle infrastructuur dankbaar gebruikt door wandelaars, mountainbikers en en een keur aan andere avonturiers. Zie blz. 266.

Zugspitze: de majestueuze Zugspitze ligt net over de grens met Duitsland, maar is ook vanuit Oostenrijk te bereiken – een populair en spectaculair uitstapje voor het hele gezin. Zie blz. 273.

Actief

Adlerweg: de 413 km lange Adlerweg is een van de bekendste meerdaagse bergwandelroutes van Oostenrijk: kies één of meer etappes en verken te voet de indrukwekkende en soms ruige toppen van Tirol. Overnachten kan onderweg in een van de vele berghutten. Zie blz. 271.

Wintersporten: met meer dan 5000 km aan skipistes is het niet verwonderlijk dat Tirol voor veel wintersporters dé favoriete bestemming is. Bekende skioorden zijn St. Anton, Seefeld, Lech en Kitzbühel, maar kijk ook eens naar minder bekende namen als het Stubaital of Montafon. Zie blz. 261 en blz. 279.

Tirol en Vorarlberg

Hoge bergen, diepe dalen

Tirol is het Oostenrijk zoals veel mensen zich dat voorstellen: in de zomer een alpien paradijs voor wandelaars, mountainbikers en andere avonturiers, in de winter een witbesneeuwd wonderland voor skiërs, snowboarders en langlaufers – met als kers op de taart de Tiroolse *Gemütlichkeit*, die zich vooral uit in de vorm van uitbundige après-ski.

Honderd jaar geleden was er van al deze sportieve activiteiten nog geen sprake. Begin 20e eeuw werden de eerste skiclubs opgericht en pas na de Tweede Wereldoorlog kwamen de echte toeristenstromen langzaam op gang. Ondanks deze jonge geschiedenis is de impact van het toerisme op het landschap en het dagelijks leven onmiskenbaar: boerendorpen veranderden in moderne wintersportresorts, omgeven door zo'n 5150 km aan skipistes en 1885 skiliften.

De geschiedenis verklaart ook hoe het kan dat er nu meerdere 'Tirols' zijn. Oostenrijk had de Eerste Wereldoorlog verloren en moest daarom Zuid-Tirol aan Italië afstaan. De rest van het grondgebied van Tirol werd opgeknipt in twee delen die sindsdien niet meer aan elkaar grenzen: het kleine Oost-Tirol (zie blz. 224) en Noord-Tirol, dat in dit hoofdstuk gemakshalve 'Tirol' wordt genoemd.

Ten westen van Tirol ligt Vorarlberg, na Wenen de kleinste deelstaat van Oostenrijk. Het is een eigenzinnige regio, die qua taal en cultuur meer aansluit bij Zwitserland en Liechtenstein dan bij Oostenrijk. Ondanks dat het toerisme in Vorarlberg een minder grote rol speelt, is het landschap verrassend gevarieerd, net als het culturele aanbod.

INFO

Internet
www.visittirol.nl
www.vorarlberg.travel

Toeristenbureaus
Tirol Info: Maria-Theresien-Straße 55, Innsbruck, tel. 0512 72 72-0.
Vorarlberg Tourismus: Poststraße 11, Dornbirn, tel. 05572 37 70 33-0.

Vervoer
Vanuit Amsterdam en Brussel gaan er rechtstreekse vluchten naar Airport Innsbruck-Kranebitten, een luchthaven op 4 km van het stadscentrum. In het winterseizoen rijden er bovendien verschillende speciale wintersporttreinen en -bussen vanuit Nederland en België naar Tirol. De meeste toeristen maken de reis echter per auto. En dat is goed te doen: de afstand Amsterdam-Innsbruck bedraagt 950 km.

Innsbruck ✱ ▶ F 9

Ook wie voornamelijk voor de bergen of de sneeuw naar Tirol afreist, moet zeker een dag inplannen voor de prachtige hoofdstad van de deelstaat. Dat begint al bij de aanblik: steil oprijzende hellingen omringen het dal waarin de stad zich uitstrekt. Eenmaal binnen de stadsgrenzen nodigen een laatmiddeleeuws centrum, een keizerlijk paleis en een barokke kathedraal uit tot een aangename historische stadswandeling.

De Romeinen hadden al een versterking aan de rivier de Inns, maar de huidige stad dateert van eind 12e eeuw, toen door een nieuwe brug de kleine nederzetting zich naar de andere oever kon uitbreiden. Dat verklaart ook de naam Innsbruck – 'brug aan de Inns'.

Innsbruck

Een laatmiddeleeuws stadshart, een rivier en machtige bergen – Innsbruck in de herfst

In 1420 bouwden de Habsburgers, die Tirol in 1363 in bezit hadden gekregen, een eerste bescheiden residentie in Innsbruck. Maar die bescheidenheid duurde niet lang: vooral keizer Maximiliaan I (1459-1519) maakte van Innsbruck een stad vol pracht en praal, waarna ook Ferdinand II (1578-1637) en keizerin Maria Theresia (1717-1780) hun steentje bijdroegen. In de recente geschiedenis maakte de stad naam met de Olympische Winterspelen van 1964 (goud voor Sjoukje Dijkstra) en 1976 (goud voor Piet Kleine).

Altstadt

Start de verkenning van het stadscentrum bij de **Triumphpforte** 1, een triomfboog uit 1765 die fraai afsteekt tegen de toppen van de Nordkette op de achtergrond. Bij de boog begint de Maria-Theresien-Straße, een voorname voetgangersstraat met oude stadspaleizen, winkels en terrasjes. Waar de straat zich verwijdt tot een langgerekt plein, is de **Annasäule** 2 niet te missen. De zuil herinnert aan 26 juli 1703, de naamdag van de heilige Anna (de moeder van Maria), waarop Tirol een aanval van Beierse troepen wist af te slaan.

Steek verderop de weg over en wandel dan de Altstadt in, de vroeger ommuurde middeleeuwse stad. De Herzog-Friedrich-Straße leidt naar een smal marktplein waar ooit toernooien, processies en volksfeesten werden gehouden. Hier stap je zo terug in de late middeleeuwen, de tijd dat keizer Maximiliaan Innsbruck transformeerde tot een keizerlijke pronkstad. Icoon hiervan is het **Goldenes Dachl** 3, een 15e-eeuws gebouw dat rond 1500 in opdracht van de keizer een 'gouden' erker kreeg, voorzien van 2657 vergulde koperen dakplaten. Binnen illustreert een museum op interactieve wijze welke spannende verhalen er de ronde doen over de keizer en de gebeurtenissen op het plein (mei-sept. dag. 10-17, okt. en dec.-apr. di.-zo. 10-17 uur, entree € 4,80).

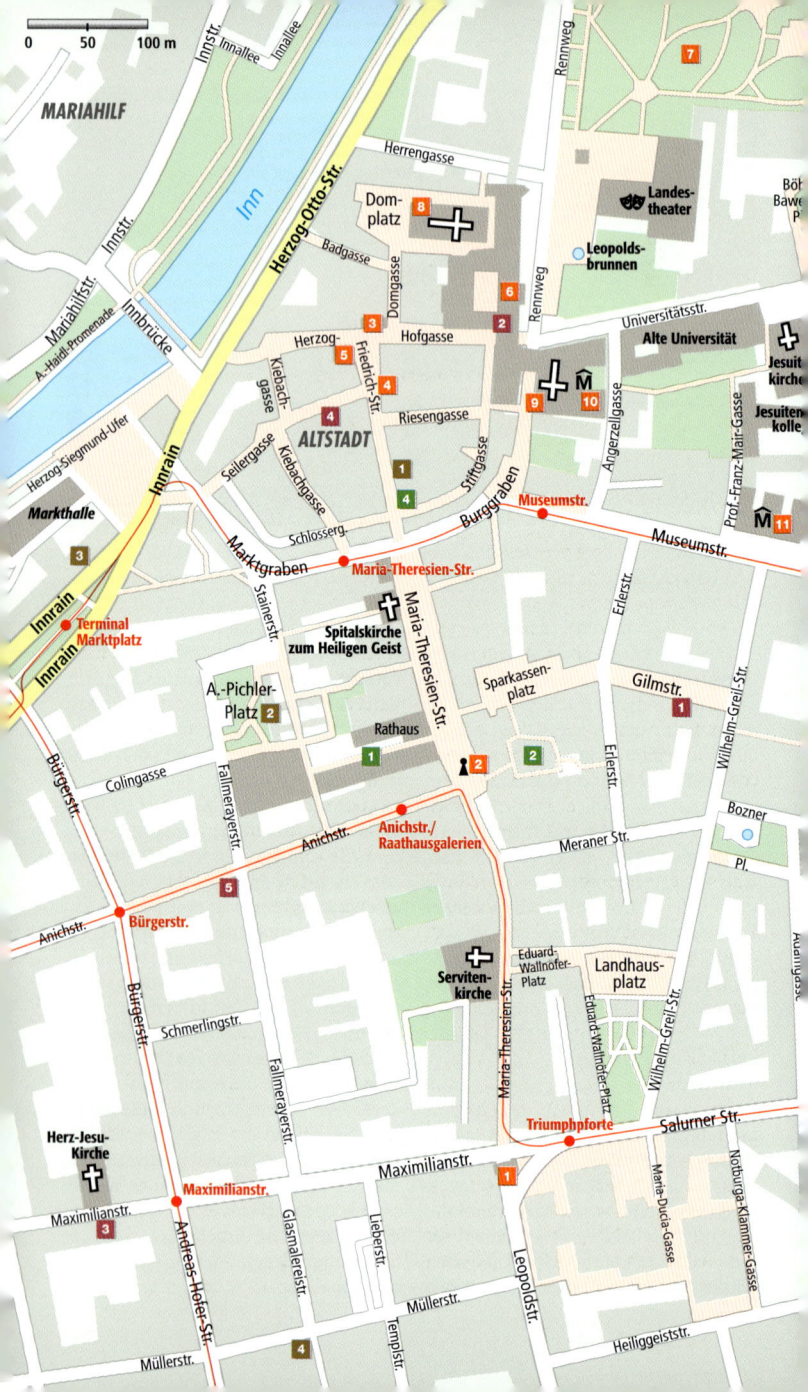

Innsbruck Altstadt Map

MARIAHILF

ALTSTADT

Streets and Locations

- Inn (river)
- Innstr., Innallee, Innrain
- Mariahilfstr., A.-Haidl-Promenade, Innbrücke, Innstr.
- Herzog-Otto-Str.
- Herrengasse, Rennweg
- Badgasse, Domgasse
- Herzog-Friedrich-Str., Kiebachgasse, Seilergasse
- Hofgasse, Riesengasse, Stiftgasse
- Universitätsstr., Angerzellgasse, Prof.-Franz-Mair-Gasse
- Schlosserg., Burggraben, Museumstr.
- Herzog-Siegmund-Ufer
- Marktgraben, Maria-Theresien-Str.
- Stainerstr., Fallmerayerstr., Erlerstr., Wilhelm-Greil-Str., Gilmstr.
- Colingasse, Anichstr., Meraner Str.
- Bürgerstr., Schmerlingstr.
- Eduard-Wallnöfer-Platz, Landhausplatz
- Salurner Str., Notburga-Klammer-Gasse, Maria-Ducia-Gasse
- Maximilianstr., Andreas-Hofer-Str., Glasmalereistr., Liebeneggstr.
- Müllerstr., Tempelstr., Leopoldstr., Heiliggeiststr.

Points of Interest

- Domplatz
- Landestheater
- Leopoldsbrunnen
- Alte Universität
- Jesuitenkirche
- Jesuitenkolleg
- Markthalle
- Terminal Marktplatz
- Spitalkirche zum Heiligen Geist
- A.-Pichler-Platz
- Rathaus
- Sparkassenplatz
- Anichstr./Rathausgalerien
- Bozner Pl.
- Servitenkirche
- Landhausplatz
- Triumphpforte
- Herz-Jesu-Kirche
- Maximilianstr.

Innsbruck

Bezienswaardigheden
1. Triumphpforte
2. Annasäule
3. Goldenes Dachl
4. Stadtturm
5. Helblinghaus
6. Hofburg
7. Hofgarten
8. Dom zu St. Jakob
9. Hofkirche
10. Tiroler Volkskunstmuseum
11. Tiroler Landesmuseum Ferdinandeum

Overnachten
1. Hotel Weisses Kreuz
2. The Penz Hotel
3. Basic Hotel
4. Nala individuellhotel

Eten en drinken
1. Café Central
2. Café Sacher
3. Café-Konditorei Valier
4. Die Wilderin
5. Gasthaus Anich

Winkelen
1. Rathausgalerien
2. Kaufhaus Tyrol
3. Sillpark
4. Swarovski

Vanuit de nabijgelegen **Stadtturm** 4 speurden torenwachters eeuwenlang naar brand en andere gevaren. Nu kunnen bezoekers de 51 m hoge toren beklimmen voor een prachtig uitzicht op Innsbruck en de omliggende bergen. Let ook op de gevelversieringen van de huizen aan de andere kant van het plein. Blikvanger is zonder twijfel het ietwat bombastische **Helblinghaus** 5 op de hoek. Het 15e-eeuwse pand zag er eerst net zo uit als de buren, maar in de 18e eeuw koos de eigenaar voor een restyling in de sierlijke rococostijl.

De Tiroolse tak van de Habsburgers resideerde in de **Hofburg** 6, rechts achter het plein (Rennweg 1, tel. 0512 58 71 86-19, www.hofburg-innsbruck.at, dag. 9-17 uur, entree € 9). Wat in 1453 begon als een gotisch kasteel, werd vooral door keizer Maximiliaan I en later keizerin Maria Theresia uitgebouwd tot een glorieus paleiscomplex. Wat u nu ziet is het resultaat van een grondige verbouwing door keizerin Maria Theresia in de 18e eeuw. Alle vertrekken ademen de sfeer van de uit Wenen overgewaaide laatbarok en rococo. Als bezoeker mag u ronddwalen door de talrijke salons, de gotische kelder, de kapel en de Riesensaal, een feestzaal met plafondschilderingen en muurportretten van Maria Theresia, haar zestien kinderen en andere leden van de Habsburgse dynastie.

De bomen ten noordoosten van de Hofburg horen bij de **Hofgarten** 7, een aangenaam rustpunt in de drukke stad. Vroeger was dit een vorstelijke lusthof annex dierentuin annex moestuin, nu is het een Engels landschapspark waar regelmatig concerten en tentoonstellingen worden gehouden.

Wandel voor een schoolvoorbeeld van barokke weelde naar de **Dom zu St. Jakob** 8 achter de Hofburg, al van verre herkenbaar aan de bronsgroene koepel en de twee statige torens. Binnen wacht een uitbundig tafereel van goud, zilver, marmer, plafondschilderingen en een altaarstuk met een schilderij van Lucas Cranach de Oude.

Hoe anders is de sfeer in de **Hofkirche** 9 aan de zuidoostkant van de Hofburg. Curieus is wellicht het beste woord om deze kerk te omschrijven. Alles is gebouwd rond het (lege) praalgraf van keizer Maximiliaan I, die in 1519 overleed. Let vooral op de 28 manshoge bronzen beelden die een wake rond het graf houden. Bordjes vertellen wie hier allemaal staan; met wat zoeken ontdekt u zelfs koning Arthur! Elders in de kerk rust de ▷ blz. 260

Favoriet

Kerst in Innsbruck

De middeleeuwse steegjes van Innsbruck worden nog sfeervoller als in de adventtijd de kertstversiering uit de dozen wordt gehaald. Eindeloze snoeren met lampjes zorgen dan voor een sprookjesachtig decor, terwijl torenblazers en adventzangers voor bijpassende muziek zorgen. Dik ingepakte bezoekers verzamelen zich intussen bij de kramen voor een glaasje glühwein en de plaatselijke specialiteit *Kiachl* (ronde deegwaren met een zoete of hartige vulling). Kloppend hart van al deze bedrijvigheid is de enorme kerstboom op de Herzog-Friedrich-Straße, in de schaduw van twee van de bekendste gebouwen van Innsbruck: het Goldenes Dachl (rechts) en het Helblinghaus (links).

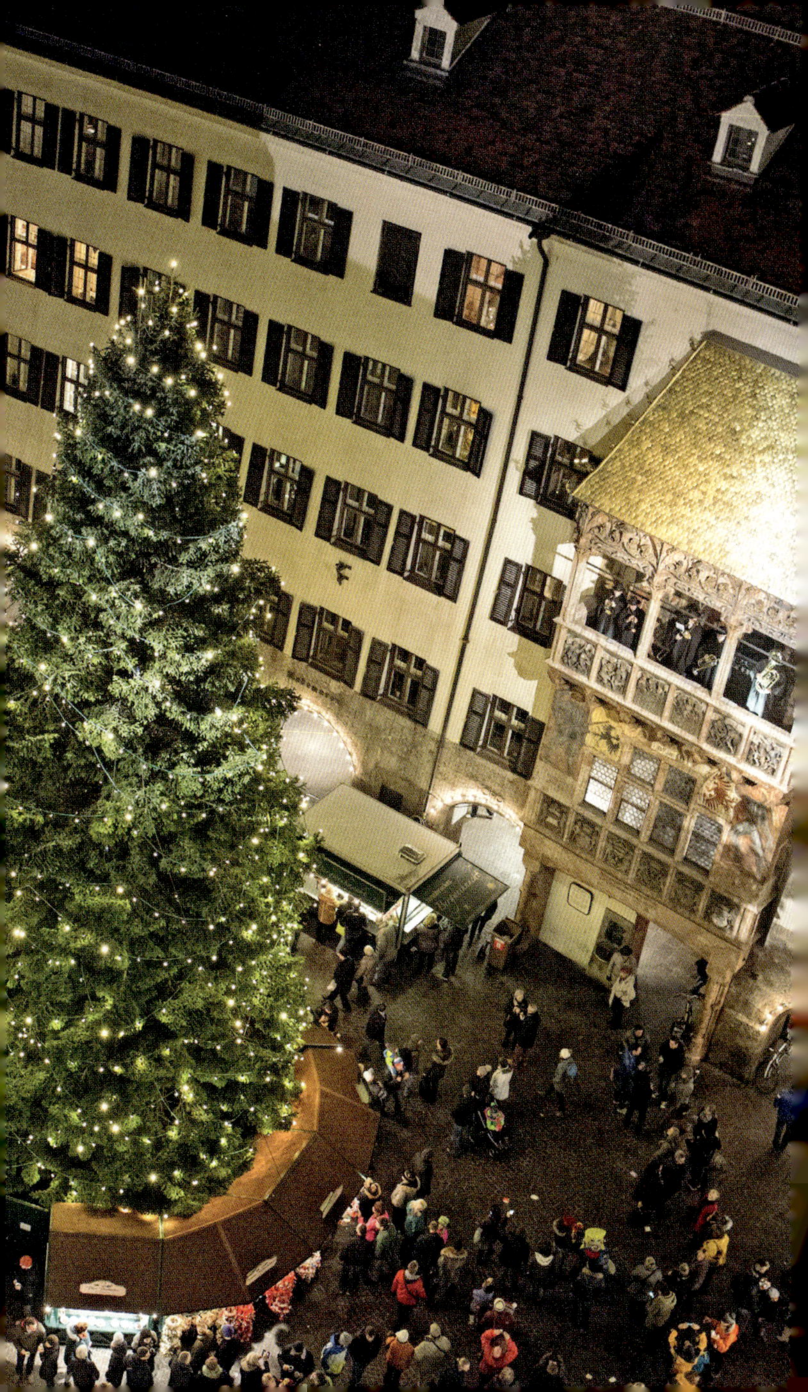

beroemde Tiroolse vrijheidsstrijder Andreas Hofer (zie Tip).

Toegang tot de kerk krijgt u via het **Tiroler Volkskunstmuseum** 10 (Universitätsstraße 2, www.tiroler-landesmuseen.at, dag. 9-17 uur, combiticket € 11), dat vooral is gewijd aan Tiroolse volkskunst en klederdrachten. Met het combiticket mag u ook naar het nabijgelegen **Tiroler Landesmuseum Ferdinandeum** 11 (Museumstraße 15, di.-zo. 9-17 uur). Dit streekmuseum toont de geschiedenis van de deelstaat in de vorm van archeologie, natuurwetenschappen, muziek en kunst, met onder andere een prachtige collectie Hollandse (Rembrandt) en Vlaamse (Brueghel) kunst.

Tip

De strijd van Andreas Hofer

Trots zijn ze in Tirol op hun nationale held Andreas Hofer (1767-1810). Deze herbergier leidde in 1809 een Tiroolse opstand tegen de Beierse overheersers, die als bondgenoot van Napoleon de macht over Tirol hadden gekregen. Drie keer wisten de Tirolers de Beierse en Franse troepen bij gevechten rond de Bergisel te verslaan. De vierde slag werd echter verloren. Andreas Hofer werd verraden en uiteindelijk geëxecuteerd in het Italiaanse Mantua.

Rond het centrum

Aan de noordkant van het centrum klimt u met de **Nordkettenbahnen** binnen twintig minuten naar de top van de Nordkette, met onderweg de Alpenzoo, skipistes en wandelroutes (zie blz. 262).

Reis naar de zuidoostrand van Innsbruck voor een andere topattractie: **Schloss Ambras** (Schlossstraße 20, tel. 01525 24-48 02, www.schlossambras-innsbruck.at, dec.-okt. dag. 10-17 uur (portretgalerij en beeldencollectie apr.-okt.), entree € 10). Aartshertog Ferdinand II werd in 1564 regent van Tirol en liet een oude burcht uitbouwen tot het huidige pronkkasteel. Een deel van zijn enorme verzameling kunst en curiosa is hier nog te zien, evenals een portrettengalerij, wapens, harnassen en de Spanische Saal, een feestzaal met op de muren 27 adellijke voorgangers van Ferdinand.

Wat verder naar het westen ligt de **Bergisel**, een beboste heuvel die bekend werd door de opstanden tegen Beierse troepen (zie Tip). De heuvel is niet te missen: op de top staat een door de toparchitecte Zaha Hadid ontworpen skischans. Ook niet-springers kunnen hier omhoog naar een panoramarestaurant en een uitzichtterras. In **Tirol Panorama** aan de voet van de schans toont een groot panoramaschilderij (1869) hoe de vrijheidsstrijd in 1809 verliep – een tikje nationalistisch, maar vooral fascinerend. In hetzelfde gebouw is het **Kaiserjägermuseum** gewijd aan de militaire geschiedenis van Tirol van de 18e tot de 20e eeuw (www.tiroler-landesmuseen.at, wo.-ma. 9-17 uur, combiticket € 11).

Liefhebbers van exuberante rococo wandelen vanaf de schans via de Klostergasse een stukje de stad in: de wit-gele muren van de **Basilika Wilten** verbergen een overweldigend theatraal interieur vol met bladgoud, marmer, fresco's en vooral zeer gedetailleerd sierstucwerk. Bedevaartgangers komen al eeuwenlang naar deze kerk vanwege het Mariabeeldje boven het hoogaltaar.

In de omgeving

Igls, gelegen op een zonnig plateau ten zuiden van Innsbruck, is van een kuur- en vakantiecentrum uitgegroeid tot een veelbezochte wintersportplaats. Hier ligt de olympische bosbleebaan, die nog altijd wordt gebruikt. Vlakbij kunt u met een kabelbaan en stoeltjesliften omhoog naar de **Patscherkofel** (2246 m), waarvan de hellingen in de winter als skipistes zijn ingericht.

Eveneens ten zuiden van Innsbruck begint de **Brenner Autobahn**, de tolweg naar Italië door het **Wipptal**, bekend van de 190 m hoge Europabrücke. Al snel maakt de weg een wijde bocht om **Schönberg im Stubaital**. Hier start hier voor Tiroolse begrippen rustige **Stubaital**, een zijdal met daarin de vakantieplaatsen **Fulpmes** en **Neustift**. Het overweldigende landschap nodigt uit tot zomerse of winterse verkenningen van de omliggende **Stubaier Alpen**, die met kabelbanen bereikbaar zijn.

Overnachten

Authentiek hotel in hartje stad – **Hotel Weisses Kreuz** 1: Herzog-Friedrich-Straße 31, tel. 0512 594 79-0, www.weisseskreuz.at, 2 pk vanaf € 80. Traditioneel onderkomen met authentieke details vlak bij het Goldenes Dachl. Al sinds 1465 in bedrijf; in 1769 overnachtte Mozart hier met zijn vader.
Eigentijds – **The Penz Hotel** 2: Adolf-Pichler-Platz 3, tel. 0512 57 56 57-0, www.the-penz.com, 2 pk vanaf € 145. Achter een moderne glazen gevel huist een eigentijds hotel met schone, functionele kamers. Dakterras met schitterend uitzicht en zeer uitgebreid ontbijt.
Modern stadshotel – **Basic Hotel** 3: Innrain 16, tel. 0512 58 63 85, www.basic-hotel.at, 2 pk vanaf € 100. Geheel gemoderniseerd stadshotel met lichte, frisse kamers. Geniet bij het ontbijt van het zelfgebakken brood. Op één minuut lopen van het voetgangersgebied.
Stadsoase – **Nala individuellhotel** 4: Müllerstraße 15, tel. 0512 58 44 44, www.nala-hotel.at, 2 pk vanaf € 98. Aan de rand van het oude centrum, met een heerlijk tuinterras en kamers die door designers van een eigen karakter zijn voorzien.

Eten en drinken

De traditionele koffiehuizen van Innsbruck doen soms erg Weens aan. Dat geldt zeker voor **Café Central** 1 (Gilmstraße 5, www.central.co.at): ruim opgezet, met 'marmeren' zuilen en kroonluchters. Elegant oogt **Café Sacher** 2 in het Hofburgcomplex (ingang aan de Hofgasse, www.sacher.com), dat ook functioneert als wijnbar en restaurant. Voor heerlijk gebak en een nostalgisch zitje stapt u binnen bij **Café-Konditorei Valier** 3 (Maximilianstraße 27, www.konditorei-innsbruck.at).
Seizoensgerechten – **Die Wilderin** 4: Seilergasse 5, tel. 0512 56 27 28, www.diewilderin.at, ma. gesl., hoofdgerecht vanaf € 12. Met lokale producten tovert de chef-kok moderne, culinaire varianten van Oostenrijkse klassiekers op tafel.
Traditioneel Tirools decor – **Gasthaus Anich** 5: Anichstraße 15, tel. 0512 57 04 50, www.stift-wilten.at, zo. gesl., hoofdgerecht vanaf € 9. Veel stamgasten is altijd een goed teken. Dat geldt ook voor deze traditionele herberg die in alles *Gemütlichkeit* uitstraalt. Authentieke inrichting met houten schotten en degelijke Tiroolse kost. ▷ blz. 264

Op ontdekkingsreis

Naar de top van de Nordkette

Twintig minuten slechts duurt de tocht van hartje Innsbruck naar het ruige alpiene landschap van de Nordkette. En dat zonder inspanning, want in drie etappes brengen een hypermoderne tandradbaan en twee kabelbanen u omhoog. Bij elke stop onderweg is er van alles te zien en te doen. Een verfrissend uitstapje vanuit de hoofdstad van Tirol!

Kaart: ▶ F 9
Informatie: de Hungerburgbahn, de Seegrubenbahn en de Hafelekarbahn gaan dagelijks op en neer. Retour alle banen € 33. Zie www.nordkette.com voor de details. Alpenzoo: Weiherburggasse 37a, tel. 0512 29 23 23, www.alpenzoo.at, dag. 9-17/18 uur, entree € 10.

Hungerburg is de naam van een stadsdeel dat op een plateau boven Innsbruck is gebouwd en vooral uit villa's en hotels bestaat. In 1906 reed de eerste tandradtrein naar deze wijk, onderweg via een spectaculaire brug de Inns overstekend. In 1927/1928 was ook de Nordkettenbahn klaar, een serie van twee cabinebanen die vanaf Hungerburg naar de top van de Hafelekar leidde. Inmiddels zijn al deze banen vernieuwd. En hoe! De Hungerburgbahn, de onderste etappe, kreeg van de bekende architecte Zaha Hadid een futuristisch uiterlijk en ging in 2007 open. De bovenste twee cabinebanen zijn in 2004 geheel vernieuwd. Daarbij werden ook de snelheid en de capaciteit aangepakt, waardoor er nauwelijks wachttijden meer zijn.

Naar de Alpenzoo

Startplaats van de **Hungerburgbahn** is het congresgebouw van Innsbruck, gelegen naast de Hofgarten. Het eerste deel rijdt de tandradbaan ondergronds, daarna volgen het markante station Löwenhaus en de al even spectaculaire brug over de Inns. Na weer een ondergronds traject kunt u uitstappen bij station **Alpenzoo**, genoemd naar de kleine dierentuin die er vlak naast ligt. Te zien zijn vooral dieren en planten die in de Alpen voorkomen, dus ideaal voor wie nu eindelijk eens een alpenmarmot of steenbok van dichtbij wil bekijken. Verder leven hier onder meer wolven, gieren, beren en zelfs vissen en reptielen. Stap vervolgens weer in voor het laatste, zeer steile traject naar Hungerburg – en bewonder de ingenieuze constructie die ze verzonnen hebben om de vloer van de treinwagons recht te houden.

Boven de boomgrens

Ook het bergstation van de Hungerburgbahn is weer een architectonisch hoogstandje. Geniet hier van het uitzicht op Innsbruck en wandel dan voor de tweede etappe naar het dalstation van de **Seegrubenbahn**, met daarin een klein museum over de geschiedenis van de kabelbanen. Een grote cabine klimt zeer steil omhoog langs een steeds kaler wordend landschap en mindert dan vaart bij station Seegrube (1905 m), voorzien van een uitzichtplatform en een restaurant. Voor wandelaars is er een panoramaroute (25 min.). Ervaren mountainbikers kunnen via een pittige singletrail afdalen, voor rotsklimmers ligt op zo'n twintig minuten lopen een prachtig klimgebied met veertig routes.

Uitzicht op de Karwendel

Wie nog altijd geen genoeg heeft van de fraaie uitzichten, stapt voor de derde etappe in de cabine van de **Hafelekarbahn**. Het eindstation ligt op 2269 m hoogte op de berg **Hafelekar**. Vanaf het uitzichtplatform ligt het verstedelijkte dal van de Inns aan uw voeten. Wandel dan naar de andere kant van de berg voor een overweldigend panorama dat bestaat uit de steile pieken en nauwe kloven van het Karwendelmassief. Het mooiste plekje is zonder twijfel de top van de Hafelekar, die in een wandeling van 15-20 minuten te bereiken is. Wie meer wil weten over de lagunes en koraalriffen die aan de basis liggen van dit woeste gebergte, volgt het geo-leerpad, dat met vijf infopanelen de ontstaansgeschiedenis uitlegt.

De terugreis naar Innsbruck gaat via dezelfde route, maar de soms zeer steile afdaling met de kabelbanen en de tandradbaan zorgt toch weer voor een heel andere ervaring.

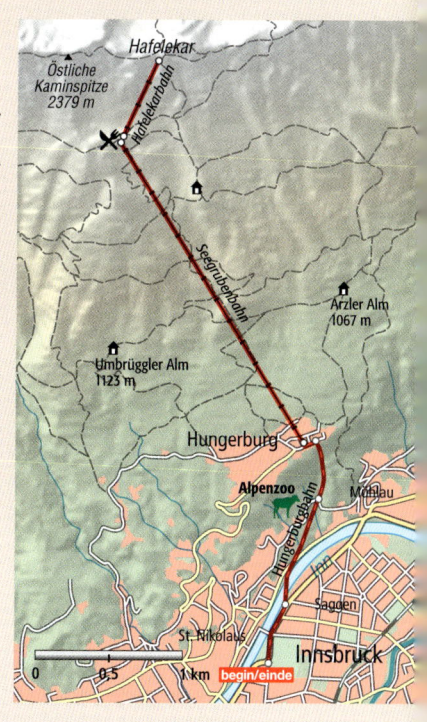

Winkelen

Het voetgangersgebied van Innsbruck zit vol met winkels van allerlei snit, waaronder sportwinkels om de wandel- of wintersportuitrusting aan te vullen. Overdekt winkelen kan in de **Rathausgalerien** 1 (Maria-Theresien-Straße 18) en in **Kaufhaus Tyrol** 2 (Maria-Theresien-Straße 31), plus buiten het centrum in het **Sillpark** 3 (Museumstraße 38). Ook **Swarovski** 4 (zie hierna) heeft een grote winkel in Innsbruck (Herzog-Friedrich-Straße 39).

Actief

De wintersportfaciliteiten rond de stad presenteren zich onder de naam **Olympia SkiWorld**. Daaronder vallen negen skigebieden, negentig kabelbanen en stoeltjesliften, en 300 km aan pistes. Eén skipas is genoeg voor al deze gebieden.

Info en festiviteiten

Innsbruck Tourismus: Burggraben 3, tel. 0512 53 56-0, www.innsbruck.info.
Tanzsommer: juni-juli, www.tanzsommer.at. Gerenommeerd dansfestival met dansers uit de hele wereld.
Festwochen der Alten Musik: juli-aug., www.altemusik.at. Alles draait om muziek uit de barok en de renaissance.

Hall in Tirol ▶ G 9

Dankzij de winning van zout was Hall rond het jaar 1500 groter dan Innsbruck. De welvaart van toen is het stadje nog altijd aan te zien: steile klinkerstraatjes, pastelkleurige huizen en een trots kasteel herinneren aan de rijke middeleeuwen. Hall wordt zelfs gezien als een van de best bewaarde oude steden van Oostenrijk. Symbool van de stad is **Burg Hasegg**, herkenbaar aan de markante toren met twaalfkantige spits, ook bekend als de Münzerturm. Eeuwenlang werden hier zilveren Thalers geslagen, daalders waarmee over de hele wereld betaald kon worden. **Museum Münze Hall** (tel. 5223 585 55 20, www.muenze-hall.at, apr.-okt. di.-zo. 10-17, nov.-mrt. di.-za. 10-17 uur, entree € 8) vertelt het hele verhaal. De toren kan beklommen worden.

Ten noorden van de burcht begint het oude stadscentrum, met de Oberer Stadtplatz als belangrijkste plein. Hier pronkt, stoer en hoog, de **Pfarrkirche St. Nikolaus**. Buiten overheerst de gotiek, binnen de barok: goud, zwart en roze zijn de hoofdkleuren, aangevuld met bonte schilderingen en overdadig gedecoreerde altaarstukken. Bekijk zeker de Waldaufkapelle met daarin tientallen schedels van heiligen.

De mijnbouw is het hoofdthema van het **Bergbaumuseum** (Fürstengasse 1, rondleidingen ma., do. en za. 11.30 uur, entree € 5). Een gids neemt u mee langs een nagebouwde mijngang, werktuigen, mineralen en een glijbaan.

In de omgeving

Het verder oostelijk gelegen dorp **Wattens** is vooral bekend van **Swarovski Kristallwelten**, de wereldberoemde kristalfabriek die is uitgegroeid tot een van de drukst bezochte attracties van Oostenrijk (Kristallweltenstraße 1, tel. 05224 510 80, kristallwelten.swarovski.com, dag. 8.30-19.30 uur, entree € 19). Een enorme grasgroene kop heet bezoekers welkom in de fascinerende wereld van het geslepen kristal. Dwaal door de zalen met overdonderende kunstwerken en juwelen, en door het park met onder meer een indrukwekkende kristallen wolk.

Informatie

Region Hall-Wattens: Unterer Stadtplatz 19, tel. 05223 455 44-0, www.hallwattens.at.

Schwaz ▶ G 9

Waar Hall rijk werd door de winning van zout, dankte Schwaz haar welvaart aan het delven van zilver en koper. Rond 1500 was Schwaz na Wenen zelfs de tweede stad van Oostenrijk! Vooral langs de Franz-Josef-Straße zijn nog enkele huizen uit de bloeiperiode bewaard gebleven. Hoog boven deze voetgangersstraat uit torent de **Pfarrkirche**, de parochiekerk die is getooid met 14.000 koperen dakplaten. Het interieur wordt gedomineerd door een woud aan zuilen en een ingenieus netwerk van gewelven. Bijzonder: de gegoede burgers en de mijnwerkers hadden beide hun eigen ruimtes in de kerk, afgescheiden door een houten schot.

Een stukje zuidelijker, aan de Gilmstraße, moet de **Franziskanerkirche** het doen zonder kerktorens. De hoge vormen van de gotiek en de pasteltinten van de barok zorgen binnen voor een opmerkelijke mix. Hoogtepunt is de kloostergang naast de kerk, waar 16e-eeuwse fresco's het lijdensverhaal van Christus illustreren.

De geschiedenis van de mijnbouw komt heel dichtbij tijdens een ondergronds bezoek aan het **Schwazer Silberbergwerk** (Alte Landstraße 3a, tel. 05242 723 72, www.silberbergwerk.at, mei-sept. dag. 9-17, okt.-apr. dag. 10-16 uur, entree € 17). Een treintje brengt u – met helm en beschermende jas – naar het hart van de zilvermijn, waar een gids alles laat zien over de winning van het edelmetaal. Doe stevige schoenen aan!

Op een helling ten zuidoosten van de stad is **Burg Freundsberg** niet te missen. Hart van het kasteel is een middeleeuwse woontoren, met daarnaast een in de 17e eeuw verbouwde slotkerk. Klim naar boven voor het uitzicht, het restaurant en het stadsmuseum in de donjon (Burggasse 55, tel. 05242 651 29, www.freundsberg.com, apr.-okt. di.-zo. 10-17, nov., dec., mrt. di.-zo. 11.30-17 uur, entree € 3,50).

In de omgeving

Nog een kasteel staat enkele kilometers noordelijker in het dal: **Schloss Tratzberg** (Jenbach, tel. 05242 635 66, www.schloss-tratzberg.at, eind mrt.-begin nov. dag. 10-16/17 uur, entree € 13,50). Hier komen de middeleeuwen en de renaissance samen, zeker in de binnenhof met zijn beschilderde arcaden. Tijdens de rondleiding ontdekt u onder meer de wapenzaal en de Habsburgersaal, met op de muren de stamboom van de Habsburgse dynastie. Voor kinderen zijn er speciale rondleidingen.

Informatie

Tourismusverband Silberregion Karwendel: Münchner Straße 11, tel. 05242 632 40, www.silberregion-karwendel.com.

Achensee ▶ G 8-9

De diepblauwe Achensee is met een lengte van 9 km het grootste meer van Tirol. Door de overdag aantrekkende wind is het een ideale bestemming voor zeilers en surfers, maar ook andere watersporters komen aan hun trekken. Wie zich liever laat vervoeren, stapt op een van de rondvaartboten.

Pertisau en **Maurach** zijn de belangrijkste dorpen aan het meer, dat verder door steile rotswanden wordt begrensd. Bij Pertisau starten drie dalen die leiden naar het **Alpenpark Karwendel**, een ruig gebergte dat zich uitstekend leent voor wandelingen en mountainbiketochten. Ook de kabelbaan bij het dorp is een goed startpunt voor avontuurlijke verkenningen. Aan de andere kant van het meer gaan kabelbanen omhoog naar het **Rofangebergte**, waar eveneens een netwerk aan wandelpaden wacht. Een beetje toeristisch, maar daarom niet minder leuk, is een ritje met een tandradstoomtrein naar de Achensee vanuit **Jenbach** (www.achenseebahn.at).

Zell am Ziller is een van de drukke toeristenplaatsen in het dal. Kabelbanen leiden naar de skipistes en naar wandel- en mountainbikepaden in de omliggende bergen. Extra attractie is de rodelbaan Arena Coaster (met diverse loopings). Stap voor de gebruikelijke portie barok binnen in de Pfarrkirche St. Veit, versierd met fresco's uit 1779. Prachtige panorama's zijn verzekerd bij het volgen van de **Zillertaler Höhenstraße**, een kronkelige autoroute op de hellingen boven Zell.

Ter hoogte van Zell begint het bij Nederlandse wintersporters bekende

Informatie

Achensee Tourismus: Achenkirch, Im Rathaus 387, tel. 05246 53 00-0, www.achensee.com.

Zillertal ▶ H 9-G 10

Vanuit datzelfde **Jenbach** rijdt er in het zomerseizoen een nostalgische stoomtrein door het Zillertal naar Mayrhofen (www.zillertalbahn.at). Achter de ramen van de wagons schuift een opmerkelijk breed dal voorbij, met graslanden op de dalbodem en daarachter geleidelijk stijgende hellingen. Typisch Tiroolse dorpen en boerderijen completeren het idyllische plaatje.

Het Zillertal is een van de toeristische topbestemmingen van Tirol, vooral als in de winter de hellingen sneeuwwit kleuren. In totaal bezit het dal, aangevuld met de zijdalen, zo'n 640 km aan pistes. De populairste wintersportgebieden zijn Zillertal Arena (rond Zell am Ziller en Gerlos), Hochzillertal-Hochfügen en Zillertal 3000 (rond Mayrhofen) – ze zijn met één skipas toegankelijk. Beroemd is ook de après-ski, die hier met hoofdletters wordt geschreven.

Gerlostal, met als hoofdplaats **Gerlos**. Vooral voor gezinnen met kinderen is hier in zomer en winter van alles te doen. Een prachtige weg, bekend als de **Gerlosstraße**, leidt door het dal naar de deelstaat Salzburg.

Ook **Mayrhofen** is een bekende naam bij wintersporters. Let hier op de typische bouwstijl van het Zillertal: brede huizen met vooruitspringende daklijsten en balkons rond het hele huis. Ter hoogte van Mayrhofen splitst het Zillertal zich in vier diepe dalen, die worden omgeven door met ijs bedekte bergreuzen. Vooral het groene, bosrijke Tuxertal is door de aanwezigheid van kabelbanen en skiliften een ideaal vertrekpunt voor tochten in zomer en winter. De Hintertuxer gletsjer is het hele jaar geopend voor skiërs en heeft een fraaie ijsgrot. Wandelaars vinden een waar paradijs in **Naturpark Zillertal** nabij de grens met Italië.

Informatie

Zillertal Tourismus: Schlitters, Bundesstraße 27d, tel. 05288 871 87, www.zillertal.at. ▷ blz. 270

De Achensee met op de voorgrond Pertisau en daarachter Maurach

Op ontdekkingsreis

Zillertaler Alpen – drie berghutten op één dag

Oostenrijk telt vele honderden berghutten, waarbij vooral Tirol rijkelijk is bedeeld. Soms gaat het om eenvoudige onderkomens, soms om complete berghotels met restaurant, gezinsslaapkamers en douches. Deze bergwandelroute passeert drie hutten in het zuidelijkste puntje van het Zillertal. Geniet van de typische huttensfeer én van de spectaculaire bergpanorama's.

Kaart: ▶ G 10
Route: ca. 6 uur, hoogteverschil 840 m.
Moeilijkheidsgraad: gemiddeld zware bergwandeling over goede paden zonder technische moeilijkheden. Goede conditie vereist.
Berghutten: Dominikushütte (www.dominikushuette.at), Friesenberghaus (www.friesenberghaus.com), Olpererhütte (olpererhuette.de). Alleen in de zomermaanden geopend.

Volg vanuit Mayrhofen de B169 diep het Zillertal in. U kunt de auto bij het Natuurparkhaus in Ginzling parkeren en hier de wandelbus nemen, of u volgt de (tol)weg verder het dal in. De weg eindigt bij het **Schlegeisspeicher**, een stuwmeer waarvan de aanleg in 1965 begon. Parkeerplaatsen en een bergrestaurant langs het stuwmeer bewijzen dat dit een populair plekje is om van het uitzicht te genieten en om te wandelen.

Klim naar het Friesenberghaus

Wandel eerst naar de stuwdam, met vlak daarboven de **Dominikushütte**. De berghut werd op deze plek gebouwd toen een voorganger door het water van het stuwmeer werd opgeslokt. Bij de berghut en de dam staan de eerste bordjes die u op weg helpen naar het Friesenberghaus. Het pad slingert omhoog door bossen, die al snel plaatsmaken voor kale hellingen met gras, rotsen, ruigtes en af en toe een beek. Waar nodig helpen vlonders u om met droge voeten aan de overkant te komen.

Na zo'n 700 m klimmen (ca. 2,5 uur) is de volgende berghut al van verre te zien, met daarachter de top van de Hohe Riffler (2131 m). Het **Friesenberghaus** werd in 1928-1930 gebouwd door een Duitse alpenvereniging, zoals overigens veel Oostenrijkse berghutten. Hier is het tijd voor een voedzame lunch, met als decor een majestueus bergpanorama dat reikt van de Ötztaler Alpen tot aan de Hohe Tauern.

Berliner Höhenweg

Het volgende traject gaat via de Berliner Höhenweg (een meerdaagse wandelroute door de Zillertaler Alpen) richting de volgende berghut, de Olpererhütte. Eerst passeert u een meertje met de naam Friesenbergsee, dan gaat het 200 m zigzaggend omhoog. Dit is meteen de laatste kuitenbijter, want de Berliner Höhenweg gaat vanaf nu in licht dalende lijn naar de Olpererhütte. Alleen de vele keien en af en toe een beek vragen om extra aandacht, plus kort voor de hut een kleine hangbrug over een snelstromende bergbeek.

Circa twee uur later staat u bij de **Olpererhütte**, die in de huidige vorm van 2008 dateert. Diep beneden de hut glinstert het blauwgroene water van het stuwmeer. Dat meer is ook het doel van het laatste traject, een steile afdaling waarbij vooral de knieën het zwaar te verduren zullen krijgen – wandelstokken kunnen verlichting bieden.

Tip: vanuit de genoemde berghutten zijn verschillende toppen in de omgeving te beklimmen. Maak er in dat geval een meerdaagse tocht van. Overnachten doet u dan in de berghutten; wel altijd reserveren (zie ook blz. 52).

Tirol en Vorarlberg

Rattenberg ▶ H 9

De aanblik van Rattenberg is sinds de 17e eeuw nauwelijks veranderd. Het ministadje, bestaande uit enkele straten met pastelkleurige huizen, ligt ingeklemd tussen de Inn en een burchtruïne. De middeleeuwse flair wordt alleen verstoord door de busladingen toeristen die flaneren langs de cafés, ateliers en ambachtswinkeltjes, veelal gevuld met creaties van geslepen of geblazen glas. De **Pfarrkirche** onder aan de burcht kreeg in de 18e eeuw een barok interieur waarin goud en roze overheersen. De andere kerktoren hoort bij een voormalig klooster dat nu het **Augustinermuseum** huisvest, met daarin een keur aan religieuze en Tiroler kunstschatten (Klostergasse 95, tel. 05337 648 31, augustinermuseum.at, mei-begin okt. dag. 10-17 uur, entree € 5).

In de omgeving

Uniek, zo mag je het **Museumsfriedhof** (Hagau 82, dag., gratis) in **Kramsach** aan de overkant van de rivier zeker noemen. Op dit 'museumkerkhof' zijn tientallen grafkruizen met de wonderlijkste opschriften verzameld, maar er ligt niemand onder.

Een paar kilometer buiten Kramsach, richting Breitenbach, zijn in **Museum Tiroler Bauernhöfe** 37 gebouwen uit Tirol bijeengebracht, waaronder karakteristieke boerderijen (Angerberg 10, tel. 05337 626 36, www.museum-tb.at, Palmzondag april-okt. dag. 9-17/18 uur, entree € 8).

Informatie

Tourismusbüro Rattenberg: Parkplatz P1, Südtirolerstrasse 34a, tel. 05337 212 00-50, www.alpbachtal.at.

Kufstein ▶ J 8

Kufstein is de noordelijkste stad in het dal van de Inn. De strategische ligging leidde eeuwenlang tot wapengekletter tussen Beieren, Tirol en de Habsburgers. Dat verklaart de aanwezigheid van de burcht die vanaf een rots de omgeving in de gaten houdt. Deze **Festung Kufstein** is ook de belangrijkste attractie van de stad (Festung 2, tel. 05372 665 25, www.festung.kufstein.at, dag. 9/10-17/18 uur, entree € 11,50). Een steil pad en een lift leiden naar de binnenhof, waar een rondleiding door de torens, zalen en kerkers begint. Ook is er een museum. Om exact 12 uur wordt het **Heldenorgel** in de Bürgerturm bespeeld, een traditie die in 1931 startte ter herinnering aan de slachtoffers van de Eerste Wereldoorlog. In juli en augustus zijn er ook om 18 uur concerten.

Het bedrijvige stadshart direct onder de burcht is gevuld met cafés, terrasjes en souvenirwinkels. Hoogtepunt is de middeleeuws aandoende Römerhofgasse met daaraan sfeervolle *Weinstuben*. Voor handgemaakte wijnglazen van het beroemde merk Riedel stapt u binnen in de fabriek met winkel aan de zuidrand van Kufstein (Weißachstraße 28, tel. 05372 648 96-901, www.riedel.com, ma.-za. 9-17/18 uur).

In de omgeving

Wandel of fiets vanuit Kufstein een paar kilometer westwaarts en u komt op een plateau met enkele meren die in de zomer uitnodigen tot zwemmen en andere watersporten. De bekendste meren zijn de **Hechtsee** en de **Stimmersee**.

Met de auto kunt u vanuit Kufstein via een kronkelweg het prachtige groene **Thierseetal** verkennen, in de winter een ideale bestemming voor beginnende skiërs en snowboarders.

Aan de oostrand van de stad gaat een kabelbaan omhoog naar de Brentenjoch. Hier begint het **Kaisergebirge**, een van de mooiste berglandschappen van Tirol. Aan de noordkant ligt de Zahme Kaiser ('tamme keizer'), aan de zuidkant de Wilde Kaiser – de benaming zegt genoeg over de aard van beide ketens. De berghut op de Stripsenjoch fungeert als startpunt voor wandelaars en kletteraars. Ook de **Adlerweg** (zie Tip) doorkruist de Wilde Kaiser. Watersporters kunnen aan de noordrand van het Kaisergebirge terecht op de **Walchsee**, met aan de oever daarvan het gelijknamige dorp.

Söll, 10 km ten zuiden van Kufstein, is een bekend vakantiedorp. De toch al bont beschilderde huizen vallen in het niet bij het opzichtige interieur van de aan Paulus en Petrus gewijde kerk. Maar de grootste attractie bevindt zich buiten het dorp: de 1828 m hoge Hohe Salve, die in zeven minuten met een gondelbaan te bereiken is. In de winter zijn de op het noorden gerichte hellingen – de sneeuw blijft lang goed – zeer geschikt voor beginners en gezinnen. In totaal beschikt SkiWelt Wilder Kaiser-Brixental over bijna 300 km aan pistes, met daarbij de langste avondskipiste van Oostenrijk. In de zomer is beleveniswereld **Hexenwasser** (www.hexenwasser.at) bij het bergstation populair bij kinderen: waterspelletjes, blotevoetenpad en nog veel meer.

Een vergelijkbaar vakantieoord, met name geschikt voor de zomer, is **Scheffau am Wilden Kaiser**. Het dorp heeft zijn oorspronkelijke karakter weten te behouden en vormt een goede uitvalsbasis voor sportieve activiteiten.

Informatie

Kufsteinerland: tel. 05372 622 07, www.kufstein.com.

Tip

Adlerweg

Een bekende naam bij bergwandelaars is de 413 km lange Adelaarsroute – zo genoemd omdat het routeverloop van bovenaf op een adelaar lijkt. De route doorkruist in 33 dagetappes bijna heel Tirol van west naar oost. Overnachten kan in berghutten. De hoofdroute telt 24 etappes en gaat door het berglandschap van Noord-Tirol. Een tweede, kortere route verkent de massieven van de Glockner en Venediger in Oost-Tirol. Kijk voor meer informatie op www.adlerweg.com.

Kitzbühel ▶ K 8

Vooral Oostenrijkse en Duitse wintersporters weten Kitzbühel te vinden. Sportliefhebbers kennen de naam verder van de spectaculaire Hahnenkammafdeling die in januari plaatsvindt.

Het stadje zelf oogt, ondanks de toeristische infrastructuur, sfeervol en zelfs enigszins chic. Vroeger was Kitzbühel dan ook vooral populair bij de elite. De drukste toeristenstraten zijn de Vorderstadt en de Hinterstadt, waar veel historische panden bewaard zijn gebleven. De twee kerktorens horen bij de Pfarrkirche St. Andres en de Liebfrauenkirche, beide gedecoreerd met barokke schilderingen en altaren – maak hier zeker ook een rondje over de sfeervolle begraafplaatsen.

Maar dé trekkers van Kitzbühel zijn natuurlijk de omliggende berghellingen. Vanuit het centrum gaat er een cabinebaan rechtstreeks naar de **Hahnenkamm**, waar een skigebied begint met pistes in alle moeilijkheidsgraden. In een straal van 20 km liggen bovendien nog vijf andere skigebieden.

Aan de oostkant van Kitzbühel gaat een kabelbaan in twee etappes omhoog naar de **Kitzbüheler Horn** (1996 m), in de zomer startpunt van talrijke wandel- en mountainbikeroutes. Vlak onder de top ligt een alpenbloementuin met vierhonderd plantensoorten.

In de omgeving

Aan de andere kant van de Kitzbüheler Horn ligt **St. Johann in Tirol** (spreek uit: Sankt Johánn), ook weer een populaire wintersportbestemming met authentieke huizen en barokke gevels. De meeste pistes zijn bedoeld voor de minder geoefende skiërs. Maar ook langlaufen, wellness en tal van avontuurlijke sporten staan op het aanbodlijstje van St. Johann.

Informatie

Kitzbühel Tourismus: Hinterstadt 18, tel. 05356 666 60, www.kitzbuehel.com.

Seefeld in Tirol ▶ F 9

Mondain? Misschien wel. Seefeld bezit opvallend veel vier- en vijfsterrenhotels en ook het aantal bontjassen in de chique winkelstraten is bovengemiddeld. Maar daarnaast is Seefeld ook gewoon een aantrekkelijk dorp dat uitnodigt tot een onbezorgde vakantie in zomer en winter. Bezoek in elk geval de **Pfarrkirche St. Oswald**: de kerk is gewijd aan de heilige Oswald, maar trekt al vanaf de middeleeuwen bedevaartgangers vanwege een hostie die in 1384 de hoogmoedige ridder Oswald Milser – een andere Oswald dus – bijna het leven kostte. Hij eiste van de priester een extra grote hostie, maar juist op dat moment zakte de grond onder zijn voeten weg. De hostie wordt hier nog altijd bewaard.

Wintersporters kennen Seefeld vooral vanwege de sneeuwzekerheid en het uitgestrekte netwerk aan langlaufloipes (bijna 280 km!), maar ook voor andere winterse activiteiten is volop plaats. Samen met de dorpen **Leutasch, Scharnitz, Mösern** en **Reith** presenteert

Winterse sferen in het stadshart van Kitzbühel

de regio zich onder de naam Olympiaregion Seefeld. Kinderen kunnen hier terecht bij een eigen kinderspeelland, een zwembad en een ijsbaan. Verwacht verder geen uitbundige taferelen in après-skibars: Seefeld doet het – geheel in stijl – met trendy bars, luxe restaurants, een groot casino en een wellnesscomplex.

In de zomer worden dezelfde faciliteiten gebruikt door wandelaars, die in de regio de keuze hebben uit 650 km aan paden. Doel dichtbij is een sfeervol kerkje aan de westkant van het dorp, bekend als het **Seekirchl** (vroeger stond het op een eilandje in een meer). Aan de oostkant gaan kabelbanen omhoog naar een schitterend wandelparadijs.

Informatie

Informationsbüro Seefeld: Klosterstraße 43, tel. 05 088 00, www.seefeld.com.

Ehrwald ▶ E 9

Ehrwald wordt gedomineerd door de Zugspitze (2962 m), de machtige berg op de grens met Duitsland. Dat verklaart ook de naam van het skigebied, Tiroler Zugspitz Arena, waarvan Ehrwald het grootste dorp is. Het is een gemoedelijke wintersportbestemming met 139 km aan pistes, die vooral populair is bij beginners en gezinnen met kinderen.

Dé topattractie blijft echter de **Zugspitze**, die zowel vanaf de Duitse als de Oostenrijkse kant bereikbaar is. Ervaren klimmers kunnen te voet naar boven, maar gemakkelijker én sneller is de kabelbaan (www.zugspitzbahn.at) die start in **Obermoos** even ten noorden van Ehrwald. Vanaf het dalstation, met speelpark voor kinderen, gaan de enorme cabines in tien minuten omhoog. Op de top is het meestal erg druk, maar het uitzicht maakt alles goed. Natuurlijk is er ook een restaurant.

Ten westen van Ehrwald loopt de bij toeristen bekende **Fernpassstraße**, een historische doorgangsroute tussen het Duitse Füssen en **Nassereith**. Bij de Fernpas ten zuidwesten van Ehrwald kronkelt de weg langzaam omhoog, met links en rechts fraaie uitzichten. Dit was vroeger het gevaarlijkste stuk op de route van Duitsland naar Venetië.

Informatie

Zugspitz Arena: Am Rettensee 1, tel. 05673 200 00, www.zugspitzarena.com.

Reutte ▶ D 8

Vlak bij de Duitse grens ligt de oude marktplaats Reutte breeduit op de rechteroever van de Lech. In het stadje vallen vooral de gevelbeschilderingen op, veelal het werk van de plaatselijke schilder Johann Jakob Zeiller. In 1779 voorzag hij de gevel van een statig huis op de Untermarkt van een frisgroene kleur en speelse schilderingen. Hier is nu het aan de stadsgeschiedenis gewijde **Museum Grünes Haus** gevestigd, met ook binnen weer verrassende schilderingen (Untermarkt 25, tel. 05672 723 04, www.museum-reutte.at, di.-za. 13-17 uur, entree € 3).

In de omgeving

Wie vanuit Duitsland via de **Fernpassstraße** (B179) Oostenrijk binnenrijdt, kan het niet missen: even ten zuiden van Reutte gaat de weg onder de langste voetgangershangbrug van Europa door, genaamd **Highline179** (www.highline179.com/nl, dag. 8-22 uur, entree € 8). De brug – 406 m lang en bijna

115 m hoog – leidt naar de ruïne van **Burg Ehrenberg**, met daarin een klein museum en in juli decor van middeleeuwse ridderspelen.

Vanaf de andere oever van de rivier, bij het dorpje **Höfen**, vertrekt een kabelbaan naar een kleinschalig skigebied. Schaatsers kunnen terecht op de de 5 km lange **Plansee**. Het is een van de vijf meren in de omgeving van Reutte, die verder vooral geschikt zijn voor zomerse activiteiten.

Tip

IJsmummie Ötzi

In 1991 werd in een smeltende gletsjer in het Ötztal, op de grens van Oostenrijk en Italië, een gemummificeerd lijk gevonden. Eerst werd gedacht aan een alpinist, maar al snel bleek het te gaan om een man uit de nieuwe steentijd, 5300 jaar geleden. Hij kreeg de naam Ötzi en ligt nu in een museumvitrine in het Italiaanse Bozen/Bolzano. Onderzoek van zijn maaginhoud, kleding en uitrusting heeft veel informatie opgeleverd over het leven van deze getatoueerde steentijdman. Aan de Oostenrijkse kant van de grens is zijn leefomgeving gereconstrueerd in het Ötzi-Dorf in Umhausen (zie hiernaast).

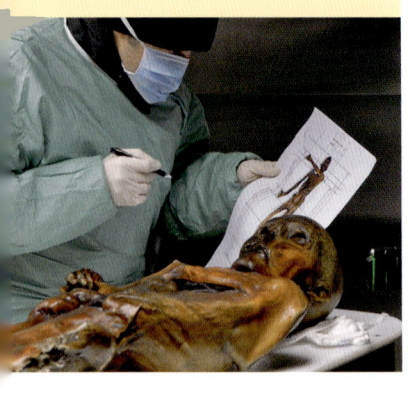

Informatie

TVB Naturparkregion Reutte: Untermarkt 34, tel. 05672 623 36, www.reutte.com.

Ötztal ▶ E 10-11

Vanaf de Inn volgt het ruim 60 km lange Ötztal de bergrivier Ötz (of Ötztaler Ache) naar de Italiaanse grens. Het dal en de zijdalen zijn gezegend met een mild klimaat, waarin zelfs kastanjebomen gedijen. Rondom rijzen talloze drieduizenders van de **Ötztaler Alpen** op, bedekt met het grootste gletsjergebied van Tirol.

Aan de zuidrand van **Umhausen** is in het **Ötzi-Dorf** (Am Tauferberg 8, tel. 05255 500 22, www.oetzi-dorf.at, mei-eind okt. 9.30-17.30 uur, entree € 8,10) de leefwereld van de steentijdjager Ötzi (zie Tip) gereconstrueerd. Vlakbij gaat een bergweg omhoog naar het Horlachtal, met onderweg uitzicht op de **Stuibenfall**, een waterval die zich in twee etappes 159 m naar beneden stort. Dankzij trappen, een hangbrug en aangelegde paden is het watergeweld ook van dichtbij te bekijken.

Verderop in het dal is het bergdorp **Sölden** uitgegroeid tot een populaire wintersportbestemming met volop après-ski. Vlak voor het einde van het dal gaat rechts een weg naar **Vent**, startpunt van beklimmingen van de **Wildspitze**, met 3774 m de hoogste berg van Tirol. Daarna klimt de hoofdweg omhoog naar de **Timmelsjoch**, een 2509 m hoge bergpas op de drempel met Italië.

Informatie

Ötztal Tourismus: Sölden, Gemeindestraße 4, tel. 05 72 00, www.oetztal.com/nl.

Pitztal ▶ D 10-E 11

Parallel aan het Ötztal loopt het bijna 40 km lange Pitztal vanaf de Inn naar de machtige **Wildspitze**. Net buiten het dal, aan de rivier, ligt **Imst**, een vakantieplaats met opmerkelijk veel fonteinen (achttien!) en een prachtig indoorklimcentrum. Ook in het Pitztal zelf – door de beschutte ligging een van de droogste delen van Tirol – zijn prachtige klimbestemmingen, waaronder vijf klettersteigen en 150 sportklimroutes. Verder zijn er tal van wandel- en moutainbikeroutes en een brug om te bungyjumpen. In de winter beschikt het dal over 80 km aan skipistes en ruim 70 km aan loipes.

De weg door het dal eindigt in de buurt van het dorp **Mandarfen**. Hiervandaan gaat een kabelbaan naar de **Rifflsee**, met 2232 m het hoogste bergmeer van Oostenrijk. Aan het eind van het dal brengt de Gletscherexpress (een tandradbaan) u naar de Pitztaler Gletscher, waarna de cabines van de Wildspitzbahn de tocht omhoog vervolgen naar het hoogst bereikbare punt van Oostenrijk (3440 m). Vanaf Café 3.440, het hoogste café van Oostenrijk, kijkt u uit over de met gletsjers bedekte flanken van de **Wildspitze**, die uitnodigen tot prachtige skitochten. In juli en augustus is er elke dinsdag en donderdag een gratis rondleiding naar de ijsgrotten in de gletsjers.

Informatie

Tourismusverband Pitztal: tel. 05414 869 99, www.pitztal.com, www.pitztaler-gletscher.at.

Landeck ▶ D 10

Landeck is met 7800 inwoners een van de grootste plaatsen in West-Tirol. Het is goed toeven in het centrum, maar het is vooral de prachtige omgeving die toeristen naar dit stadje lokt. Zo leidt een korte wandeling naar **Schloss Landeck**, dat een rots aan de zuidrand van het stadje bekroont. Het kasteel herbergt een museum en wordt gebruikt voor evenementen (Schlossweg 2, tel. 5442 632 02, www.schlosslandeck.at, eind apr.-eind okt. dag. 10-17, half. dec.-begin. jan. dag. 14-17 uur, entree € 7,70).

Vanuit het nabijgelegen **Zams** gaat een kabelbaan omhoog naar het ski- en wandelgebied Venet, dat uitzicht biedt op markante toppen als de Wildspitze en de Zugspitze. Ten noorden van Zams is een spectaculaire kloof, de **Zammer Lochputz**, voor wandelaars toegankelijk gemaakt.

Informatie

Tourismusverband TirolWest: Zams, Hauptplatz 6, tel. 05442 656 00, www.tirolwest.at.

Paznauntal ▶ C 10-B 11

Ischgl is de hoofdplaats van het Paznauntal, een 29 km lang dal dat in de zomer een aangename rust uitstraalt. In de winter wordt dat anders: de Silvretta Arena rond Ischgl is een groot aaneengesloten skigebied, met uitlopers tot in Zwitserland. Het gaat om 238 km aan pistes voor alle niveaus, aangevuld met een levendige après-ski én bekroonde restaurants. De hoge ligging zorgt voor voldoende sneeuwzekerheid; moderne voorzieningen, waaronder een dubbeldekse gondelbaan, doen de rest.

Aan het einde van het Paznauntal, op de grens met Voralberg, zigzagt de weg omhoog naar de pas van de **Bielerhöhe** (2032 m), resulterend in een magnifiek bergpanorama waarin toppen als de

Piz Buin (3312 m) en een stuwmeer de hoofdrol spelen. Deze **Silvretta Hochalpenstraße** is bij mooi weer geopend van juni tot oktober (tol). Onderweg kunt u stoppen bij diverse parkeerplaatsen, waar talrijke wandelroutes beginnen.

Informatie

Tourismusverband Paznaun-Ischgl: Dorfstraße 43, tel. 050990 100, www.paznaun-ischgl.com.

St. Anton am Arlberg ▶ C 10

St. Anton is het kloppende hart van Ski Arlberg, een zeer uitgestrekt skigebied dat maar liefst 460 km aan pistes (in alle categorieën) en 79 moderne skiliften en kabelbanen. Voeg daarbij honderd sneeuwdagen per jaar en een bruisend nachtleven en het is meteen duidelijk waarom St. Anton kon uitgroeien tot een van de populairste wintersportbestemmingen van Oostenrijk. Met daarbij als aantekening dat dit winterse paradijs wel zijn prijs heeft … net wat goedkoper is het in buurdorpen als **Pettneu am Arlberg** en **Stuben**.

In de zomer is St. Anton een prachtig decor voor tal van sportieve activiteiten als mountainbiken, klimmen, klettersteigen, kajakken, raften, canyoning en paragliden. Ga in elk geval met de kabelbanen naar de top van de **Valluga** voor een groots 360°-uitzicht op steeds weer nieuwe toppen.

De jetset komt van oudsher graag naar St. Anton, maar bij hen zijn de mondaine skioorden **Zürs** en **Lech** (favoriete koninklijke bestemming) minstens zo populair. Ze liggen aan de andere kant van de **Arlbergpas** (met een 14 km lange autotunnel), die de grens vormt met de deelstaat Vorarlberg. Gratis bussen verbinden de verschillende skigebieden, waarvoor één skipas volstaat.

Volg voor een fraai zomers uitstapje vanuit Lech het Lechtal tot het einde. Hier ligt de **Formarinsee**, een bergmeertje – met smaragdgroen, kraakhelder water – dat in 2015 door de Oostenrijkers werd verkozen tot 'mooiste plek van Oostenrijk'.

Informatie

Tourismusverband St. Anton am Arlberg: Dorfstraße 8, tel. 05446 226 90, www.stantonamarlberg.com/nl.

Bregenz ▶ A 8

Ten westen van de Arlbergpas begint **Vorarlberg**. Hoofdstad van deze deelstaat – maar met 29.000 inwoners niet de grootste stad – is Bregenz, dat ligt ingeklemd tussen de Bodensee en de steil oprijzende Pfänder. De stad bestaat uit twee delen: de hoger gelegen Oberstadt, met nog een middeleeuwse kern, en de ruim opgezette Unterstadt, die uitnodigt tot flaneren langs de boulevard.

De piepkleine **Oberstadt** wordt nog gedeeltelijk door middeleeuwse stadsmuren beschermd. De Martinstor vormt de toegang tot dit eeuwenoude stadsdeel – let in de poort op de gemummificeerde haai die boze geesten weg moest houden. De massieve toren met de enorme uivormige spits is de **Martinsturm** (mei-okt. di.-zo. 10-18 uur, entree € 3,50). De toren is te beklimmen en herbergt een klein museum. In de bijbehorende kapel zijn muurschilderingen uit de 14e eeuw bewaard gebleven.

De **Unterstadt** doet eerder Duits dan Oostenrijks aan – de bekende pastelkleurige barokgevels ontbreken.

Bregenz

Hooggelegen paradijs voor toerskiërs bij St. Anton am Arlberg

Belangrijkste attractie is de groene oeverstrook van de **Bodensee**, met als extra uitzichtpunt het langgerekte havenhoofd. Aan de stadzijde van de boulevard bevindt zich het **vorarlberg museum** (Kornmarktplatz 1, tel. 05574 460 50, www.vorarlbergmuseum.at, di.-zo. 10-18/19 (do. tot 20) uur, juli-aug. ook ma., entree € 9), gewijd aan geschiedenis, kunst en cultuur van Vorarlberg.

De gemoedelijke sfeer van Bregenz sluit goed aan bij de rustig kabbelende golven van de **Bodensee**. Dit grote meer – 74 km lang en grenzend aan Oostenrijk, Duitsland, en Zwitserland – nodigt uit tot een keur aan wateractiviteiten, van zeilen en duiken tot surfen en zwemmen op een van de badstranden. In warme zomers loopt de watertemperatuur op tot 26 °C. Vanuit de haven vertrekken verschillende rondvaartboten (www.vorarlberg-lines.at).

Neem voor een prachtig uitzicht op de Bodensee én 240 bergtoppen de **Pfänderbahn** (www.pfaenderbahn.at), een cabinebaan die naar de top van de **Pfänder** leidt. Boven is van alles te doen: wandelroutes, een restaurant, een speeltuin en het Alpenwildpark met alpendieren (www.pfaender.at, gratis).

In de omgeving

Oostelijk van Bregenz begint het **Bregenzerwald**, met als cenrale as het brede dal van de Bregenzer Ache. Het is een verstild boerenland, van oudsher vooral gericht op de productie van kaas; niet verwonderlijk dus dat juist hier een kaasroute is uitgezet (www.kaesestrasse.at). Karakteristiek zijn de boerenhuizen met houtspanen op de daken. In de winter vinden skiërs hier enkele kleinschalige skigebieden zonder rijen voor de liften.

Dornbirn kon vooral dankzij de industrie uitgroeien tot de grootste stad van Vorarlberg. Nu is Dornbirn vooral bekend vanwege de beurzen en enkele musea. **Inatura** (Jahngasse 9, tel. 05572 232 35-0, www.inatura.at, dag. 10-18 uur, entree € 11) belicht op interactieve wijze de natuur; de benaming **Rolls-Royce Museum** (Gütle 11a, tel. 05572 526 52, www.rolls-royce-museum.at, feb.-nov. en kerstvak. di.-zo. 10-18 uur, juli-aug. ook ma., entree € 9) spreekt voor zich. Vlak bij dit laatste museum, enkele kilometers ten zuidoosten van Dornbin gelegen, start een wandelpad naar de **Rappenlochschlucht** en even verderop de **Alplochschlucht**, twee spectaculaire kloven.

Info en festiviteiten

Bregenz Tourismus & Stadtmarketing: Rathausstraße 35a, tel. 05574 49 590, www.bregenz.travel.
Bregenzer Festspiele: jui-aug., bregenzerfestspiele.com. Groot cultuurfestival met toneel, opera en concerten. Centraal podium is de Seebühne, een openluchttheater aan de Bodensee.

Kleinwalsertal ▶ B-C 9

Slechts 15 km lang is het Kleinwalsertal, zonnig en breed – maar dit idyllische stukje Oostenrijk is vooral bijzonder omdat het alleen vanuit Duitsland (Oberstdorf) te bereiken is. Dat betekent geen doorgaand verkeer en dus alleen bezoekers die afkomen op het fraaie landschap en de ongerepte natuur. Tip: maak voor u de grens oversteekt eerst een uitstapje naar de **Breitachklamm**, een smalle kloof waar de Breitach met ontembare kracht doorheen kolkt, bruist en duikt.

In de winter weten veel Nederlanders de weg naar het dal te vinden. Eén skipas geeft toegang tot zes bergen met meer dan 120 km aan pistes. De setting is gemoedelijk en rustig, zonder drukke après-ski. In de zomer verandert het dal in een waar wandelparadijs.

Informatie

Kleinwalsertal Tourismus: Hirschegg, Walserstraße 264, tel. 05517 511 40, www.kleinwalsertal.com.

Feldkirch ▶ A 10

Het is prettig wandelen door het oude hart van Feldkirch. Poorten, torens, arcaden en smalle stegen met kasseitjes herinneren aan de late middeleeuwen. De oude stadsmuren zijn grotendeels gesloopt – straatnamen als Schlossgrabens en Hirschgrabens verraden de ligging van de grachten. Twee van de vier stadspoorten staan er nog wel, net als verschillende verdedigingstorens langs de rivier de Ill. De kerktoren hoort bij de **Dom St. Nikolaus**, een gotische kerk die is ontsnapt aan de 17e- en 18e-eeuwse trend om kerken vol te stoppen met barokke overdaad. Opvallend zijn nu vooral het ingenieuze netwerk van gewelven en de zeer gedetailleerde altaarstukken. Boven dit alles uit pronkt de **Schattenburg**, een burcht uit de 12e-17e eeuw die een restaurant en een museum herbergt (Burggasse 1, tel. 05522 719 82, www.schattenburg.at, apr.-okt. ma.-vr. 9-17, za.-zo. 10-17, nov.-mrt. di.-vr. 13.30-16, za.-zo. 11-16 uur, entree € 7).

Leuk voor kinderen is het gratis (!) **Wildpark Feldkirch** (Ardetzenweg 20, www.feldkirch.at/wildpark, dag.), een wandelpark met typische alpendieren als gems, wolf, lynx en natuurlijk de altijd populaire alpenmarmot. Vlakbij is een fraai uitzichtpunt genaamd **Rheinblick**, dat uitkijkt over stad en ommelanden.

Informatie

Stadtmarketing und Tourismus Feldkirch: Montforthaus, Montfortplatz 1, tel. 05522 734 67, www.feldkirch.travel.

Bludenz ▶ A 10

Bludenz ligt op het kruispunt van vijf alpendalen en is dan ook een mooi startpunt voor sportieve verkenningen. Maar ook in het stadje zelf is het goed toeven: het centrum is autovrij en nodigt met zijn oude gevels, schilderachtige hoekjes en caféterrassen uit tot een paar uur aangenaam shoppen en flaneren. Let daarbij op de galerijen met arcaden en de twee verdedigingstorens, allemaal restanten uit de 14e eeuw. De Obere Tor huisvest nu het kleine **Stadtmuseum Bludenz** (Kirchgasse 9, juni-sept. ma.-za. 15-17 uur, entree € 2).

In de omgeving

Aan de zuidwestkant van Bludenz begint het smalle, bosrijke **Brandnertal**. De hoofdweg, die soms hoog boven het riviertje langsgaat, doet **Bürserberg** en **Brand** aan. In de winter zijn de hellingen rond beide dorpen vooral geschikt voor beginners en gezinnen; een cabinebaan verbindt de twee skigebieden met elkaar. Aan het einde van het dal gaat in de zomermaanden een kabelbaan naar de **Lünersee**, een schitterend startpunt voor wandel- en klimtochten, bijvoorbeeld naar de **Schesaplana** (2965 m).

Het circa 25 km lange **Großes Walsertal** aan de noordkant van Bludenz heeft de status van 'UNESCO Biosphärenpark'. Dat wil zeggen dat natuurbescherming, kleinschaligheid en duurzaamheid hoog in het vaandel staan. Kleinschalig zijn ook de skigebieden bij **Sonntag** en **Raggal**. In de zomer bestaat het decor voor wandelaars en mountainbikers uit groene alpenweiden, boerendorpjes en klaterende beken.

Het **Klostertal** leidt via de Arlbergpas naar Tirol en is dan ook een belangrijke schakel in het oost-westverkeer. Richting Tirol worden de bergen steeds hoger. Bij **Wald am Arlberg** is het gezinsvriendelijke skigebied **Sonnenkopf** ingericht, dat door de hoogte veel natuurlijke sneeuw heeft. Voorbij **Stuben** gaat de L198 noordwaarts naar de grootschaligere wintersportgebieden rond **Zürs** en **Lech** (zie blz. 276).

Informatie

Bludenz Tourismus: Rathausgasse 5, tel. 05552 636 21 790, www.vorarlberg-alpenregion.at/bludenz.

Montafon ▶ B 11

Dit bijna 40 km lange dal volgt de rivier de Ill tussen Bludenz en de Silvretta Hochalpenstraße (zie blz. 276). Van de vele zijdalen zijn alleen het **Silbertal** en het **Gargellental** bewoond. De andere zijdalen, en dat zijn er nogal wat, maken van het Montafon een fantastisch wandelgebied, met bovendien tal van gemarkeerde mountainbikeroutes. In de winter bezit het dal een van de grootste, maar ook een van de onbekendste skiregio's van Oostenrijk. Eén skipas is genoeg voor alle vier de skigebieden, die nog altijd een authentieke uitstraling hebben. Hoofdplaats van het dal is **Schruns**.

Informatie

Montafon Tourismus: Schruns, Silvrettastraße 6, tel. 050 66 86, www.montafon.at.

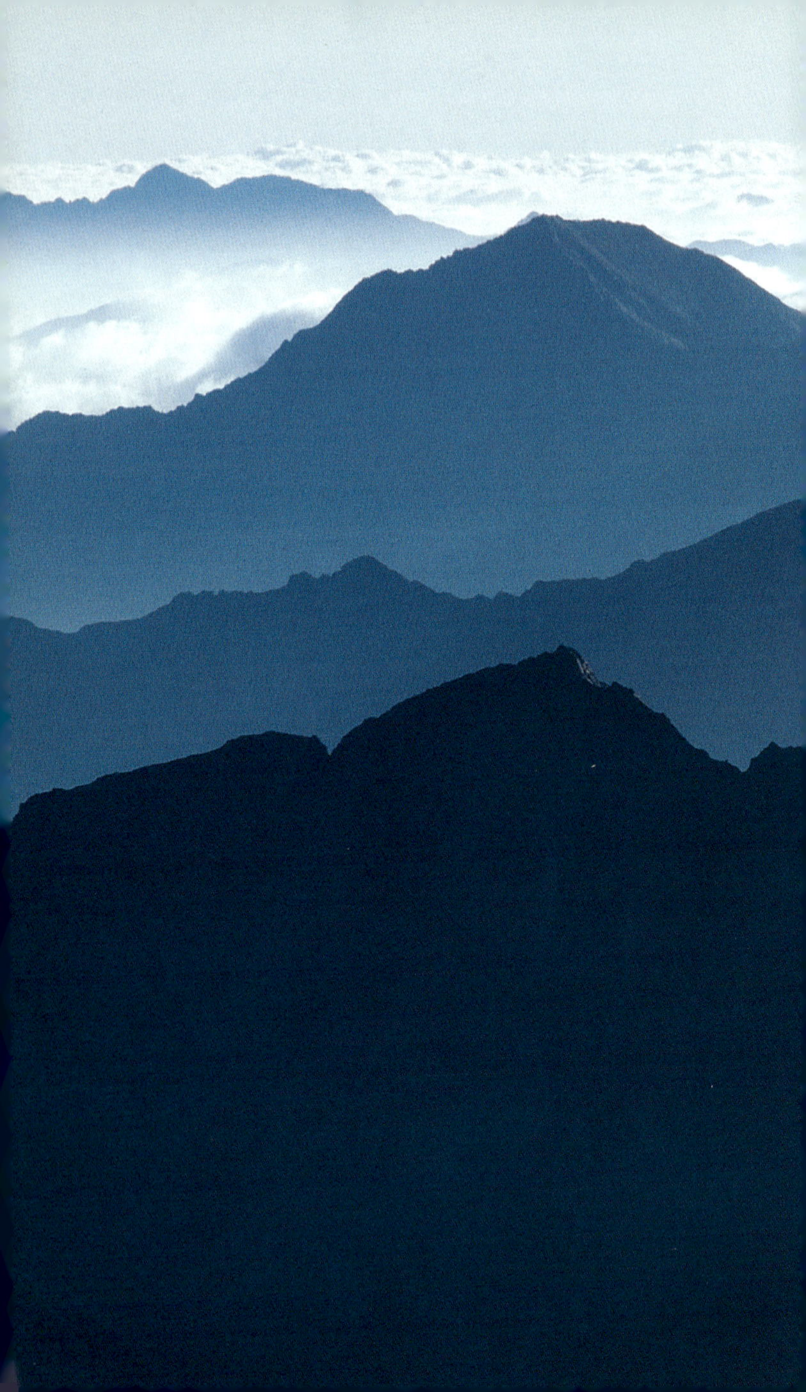

Toeristische woordenlijst

Algemeen

ja/nee	ja/nein
dank u wel	danke
alstublieft	bitte (schön)
goedemorgen	guten Morgen
goedendag	guten Tag
goedenavond	guten Abend
goedenacht	gute Nacht
tot ziens	auf Wiedersehen
hallo	hallo
dag (bij vertrek)	tschüß
pardon	Entschuldigung
het spijt me	es tut mir leid
let op!	Achtung!
hoeveel?	wieviel?
hoe?	wie?
wanneer?	wann?

Onderweg

gesloten	geschlossen, zu
geopend	geöffnet
bus	Bus
tram	Straßenbahn
metro	U-bahn
trein	Zug
boot	Schiff
taxi	Taxi
halte	Haltestelle
retour	Rückfahrkarte
dagkaart	Tageskarte
dienstregeling	Fahrplan
brandstof	Benzin
ingang	Eingang
uitgang	Ausgang
Waar is/zijn ...?	Wo ist/sind ...?
links (af)	links (ab)
rechts (af)	rechts (ab)
rechtdoor	geradeaus
plattegrond	Stadtplan
toeristenbureau	Fremdenverkehrs-büro
station	Bahnhof
luchthaven	Flughafen
museum	Museum
kerk	Kirche
politie	Polizei

Tijd

maandag	Montag
dinsdag	Dienstag
woensdag	Mittwoch
donderdag	Donnerstag
vrijdag	Freitag
zaterdag	Samstag
zondag	Sonntag
feestdagen	Feiertage
voorjaar	Frühling
zomer	Sommer
najaar	Herbst
winter	Winter
week	Woche
maand	Monat
Hoe laat is het?	Wie spät ist es?
vandaag	heute
gisteren	gestern
eergisteren	vorgestern
(over)morgen	(über)morgen
's ochtends	am Morgen
's middags	am Nachmittag
's avonds	am Abend
in het weekend	am Wochenende

Noodgevallen

Help!	Hilfe!
politie	Polizei
brandweer	Feuerwehr
arts	Arzt
tandarts	Zahnarzt
apotheek	Apotheke
ziekenhuis	Krankenhaus
ongeval/ongeluk	Unfall
pijn	Schmerzen
kiespijn	Zahnschmerzen
autopech	Panne

Overnachten

eenpersoonskamer	Einzelzimmer
tweepersoonskamer	Doppelzimmer
bad	Bad
douche	Dusche
met/zonder bad	mit/ohne Bad
met ontbijt	mit Frühstück
handdoek	Handtuch

sleutel	Schlüssel	duur	teuer
lift	Fahrstuhl	goedkoop	billig
bagage	Gepäck	betalen	(be)zahlen
paspoort	Paß		
identiteitsbewijs	Ausweis		
mobiele telefoon	Handy		
oplader	Akkuladestation		
wifi	WLAN		

Getallen

1	eins	17	siebzehn
2	zwei	18	achtzehn
3	drei	19	neunzehn
4	vier	20	zwanzig
5	fünf	21	einundzwanzig
6	sechs	30	dreißig
7	sieben	40	vierzig
8	acht	50	fünfzig
9	neun	60	sechzig
10	zehn	70	siebzig
11	elf	80	achtzig
12	zwölf	90	neunzig
13	dreizehn	100	hundert
14	vierzehn	200	zweihundert
15	fünfzehn	500	fünfhundert
16	sechzehn	1000	tausend

Winkelen

winkel	Laden
markt	Markt
creditcard	Kreditkarte
geld	Geld
geldautomaat	Bankomat
bakkerij	Bäckerei
banketbakker	Konditorei
slager	Fleischhacker/Metzger
zuivel	Milcherzeugnisse
groente	Gemüse
fruit	Obst

De belangrijkste zinnen

Algemeen

Spreek(t) u/jij Engels?	Sprechen Sie/Sprichst du Englisch?
Ik begrijp het niet.	Ich verstehe (es) nicht.
Kunt u dat herhalen?	Können Sie das bitte wiederholen?
Ik heet …	Ich heisse …
Hoe heet u/jij?	Wie heißen Sie/heist du?
Hoe maakt u het/gaat het?	Wie geht es Ihnen/Wie geht's?
Goed. En u/jij?	Gut. Und Ihnen/dir?
Vriendelijk dank.	Vielen Dank.

Onderweg

Mag ik u wat vragen?	Darf ich Ihnen etwas fragen?
Hoe kom ik in …?	Wie komme ich nach …?
Waar is de/het …?	Wo ist der/die/das …?

Noodgeval

Kunt u mij alstublieft helpen?	Können Sie mir bitte helfen?
Er is een ongeluk gebeurd.	Es ist ein Unfall passiert.
Bel direct een dokter/ambulance!	Rufen Sie sofort einen Artz/einen Krankenwagen an!

Overnachten

Hebt u een kamer beschikbaar?	Haben Sie ein Zimmer frei?
Hoeveel kost een kamer?	Wieviel kostet ein Zimmer?

Winkelen

Hoeveel kost het?	Wieviel kostet es?
Verkoopt u …?	Haben Sie …?
Ik wil graag dat hebben.	Ich hätte gerne das gehabt.

Culinaire woordenlijst

Menukaart/bereidingswijze

am Spieß	aan het spit
blau	rauw (vlees)
durchgebraten	doorbakken (vlees)
Eierspeis	roerei
Eintopfgerichte	eenpansmaaltijden
Essig	azijn
Fischgerichte	visgerechten
Fritatten	stukjes omelet
Frühstuck	ontbijt
gedämpft	gestoomd
gedünstet	gesmoord/gestoofd
Gemüse	groente
Geräuchert(er) …	gerookte …
Hauptgerichte	hoofdgerechten
innen roh	rood (vlees)
Kinderteller	kindermenu
Kipferl	croissant
Knödel	knoedels
Mehlspeisen	zoetwaren, gebak
mittel	medium (vlees)
Nachspeisen	desserts
Nockerl	meelballetjes
Öl	olie
Palatschinken	pannenkoek
pfannengerührt	roergebakken
Reis	rijst
Semmel	broodje
Senf	mosterd
Spätzle	kleine stukjes deegwaar
Speisekarte	menu
Tagesgericht	dagmenu
Vorspeisen	voorgerechten

Regionale gerechten

Brettljause	plank met verschillende soorten worst
Debreziner	paprikaworstjes
Germknödel	grote knoedels met pruimenmoes, boter en suiker
Gulash	stukjes gestoofd rundvlees met kruiden
Tafelspitz	zacht, gekookt vlees van de runderlende
Wiener Schnitzel	gepaneerde kalfsschnitzel
Zwiebelrostbraten	geroosterd rundvlees met uien

Vlees, wild en gevogelte

Eber/Wildschwein	wild zwijn
Entenbrust	eendenborst
Fasan	fazant
Faschiertes/Hackfleisch	gehakt
Geselchtes	gerookt vlees
Hähnchen	haan/kip
Hendl	kip
Hühner…	kippen…
Käsekrainer	worst met kaas erin
Kalb	kalf
Kalbsbries	kalfszwezerik
Kaninchen	konijn
Karree	ribstuk
Kutteln	pens, ingewanden
Lendenstück	haasbiefstuk
Lungenbraten	filet
Ochsenschlepp	ossenstaart
Puten…	kalkoen…
Rippensteak	kotelet
Reh	ree
Sauerbraten	gemarineerd rundvlees
Schaf	schaap
Schinken	ham
Schmorfleisch	stoofvlees
Spanferkel	speenvarken
Schwein	varken
Stelze	varkensbout
Surfleisch	pekelvlees

Groenten en kruiden

Chicoree	witlof
Eierschwammerl	cantharellen
Endivie	andijvie
Fisolen	bonen
Gurke	komkommer
Karfiol	bloemkool
Karotte	wortel/peen
Kartoffel/Erdapfel	aardappel

Knoblauch	knoflook
Kohlsprossen	spruiten
Kopfsalat	kropsla
Kraut	witte kool
Kren	mierikswortel
Kreuzkümmel	komijn
Kukuruz	mais
Lauch	prei
Melanzani	aubergine
Paradeiser	tomaten
Prinzessbohnen	sperziebonen
Sauerkraut	zuurkool
Schnittlauch	bieslook
Schwammerl	paddenstoel
Spargel	asperge
Spinat	spinazie
Vogerlsalat	veldsla
Zeller	knolselderie
Zimt	kaneel
Zwiebel	ui

Fruit en vruchten

Beere	bes
Birne	peer
Brombeere	braam
Erdbeere	aardbei
Hagebutte	rozenbottel
Himbeere	framboos
Kirsche	kers
Marille	abrikoos
Pflaume	pruim
Ribisel	aalbes, rode bes

Nagerechten en gebak

Apfelstrudel	appelgebak
Eisbecher	ijscoupe
Gugelhupf	tulband
Kuchen	taart
Obers/Sahne	slagroom
Sachertorte	chocoladetaart met abrikozenjam
Sahneeis	roomijs
Topfen	kwark

Dranken

Apfelsaft	appelsap
Brauner	koffie met room
Flasche	fles
Gespritzter	wijn of vruchtensap met mineraalwater
Glühwein	verwarmde wijn met kruiden
Heuriger	jonge wijn
Krügerl	halve liter bier
Mokka	zwarte koffie
Melange	koffie met opgeschuimde melk
Obstler	schnaps, sterkedrank van fruit
Rosé	rosé
Rotwein	rode wijn
Seidl	0,3 liter bier
Sekt	sekt, bruiswijn
Wasser ohne Sprudel	water zonder koolzuur
Weißwein	witte wijn

In het restaurant

Ik wil graag een tafel reserveren.	Ich möchte gerne einen Tisch reservieren.	Dat is alles.	Das wäre alles.
De kaart/wijnkaart, alstublieft.	Darf ich die Speisekarte/Weinkarte, bitte.	tafel	Tisch
De rekening, a.u.b.	Die Rechnung, bitte.	mes	Messer
Kan ik met een creditcard betalen?	Kann ich mit Kreditkarte bezahlen?	vork	Gabel
Eet smakelijk.	Guten appetit.	lepel	Löffel
Het wisselgeld is voor u.	Das Kleingeld ist für Sie.	fles	Flasche
		servet	Serviette
		met/zonder	mit/ohne
		zout/peper	Salz/Pfeffer
		suiker/zoetstof	Zucker/Süssstoff

Register

Abtei Seckau 192
Abtenau 213
Achensee 265
Achleiten 143
actieve vakanties, sport en wellness 28
Adlerweg 271
Admont 189
Admont, Stift 189
Aggstein, Burgruine 113, 115
Aguntum 246
Aigen-Schlägl 148
Almabtrieb 73
Alpendorp 216
Alplochschlucht 278
Altaussee 190
Altenburg, Stift 119, 121
Altenwörth 114
ambassades 34
Ambras, Schloss 260
Annenheim 241
ANWB Alarmcentrale 22, 36
apotheken 34
Arlbergpas 276
Arnoldstein 240
Attersee 156, 157
attractieparken 11
Außergschlöss 251
Autobahnvignet 21
Bad Aussee 190
Bad Blumau 181
Bad Deutsch-Altenburg 127
Bad Dürrnberg 212
Bad Eisenkappel 233
Baden bei Wien 128
Bad Gastein 217
Bad Gleichenberg 181
Bad Hall 154
Bad Hofgastein 217
Bad Ischl 159
Bad Radkersburg 180
Bärenschützklamm 184
Bärnbach 176
barok 62
Basilika Mariatrost 174
Bauernherbst 217
Benediktinerstift St. Paul 233
berghutten 24, 54, 268
Berliner Höhenweg 269
bevolking, taal en religie 41
Bielerhöhe 275
Biosphärenpark Nockberge 246

Bischofshofen 216
Blad Bleiberg 240
Blockheide, Naturpark 123
Bludenz 279
Böckstein 217
Bodensee 277
Böhmerwald 148
Brand 279
Brandnertal 279
Braunau am Inn 149
Bregenz 276
Bregenzerwald 277
Breitachklamm 278
Bruck 219
Bruck an der Mur 183
Bruckner, Anton 70, 136, 143, 145
Bucklige Welt 129
Burg Clam 146
Burgenland 106, 131
Burg Forchtenstein 132
Burg Freundsberg 265
Burg Hardegg 124
Burg Hochosterwitz 233
Burg Hohenwerfen 215
Burg Kreuzenstein 124
Burg Landskron 241
Burg Mauterndorf 216
Burg Rappottenstein 122
Burg Riegersburg 182
Burgruine Aggstein 113, 115
Bürserberg 279
carnaval 31
Carnuntum 126
Christkindl 154
Cimaroß 249
Clam, Burg 146
culinaire woordenlijst 284
cultuurfestivals 31
Dachstein 161, 162, 191
dierentuinen 10
Dobratsch 240
Döbriach 243
Dölsach 246
Donau 99, 112, 125, 136, 140, 143
Donau-Auen, Nationalpark 125
Donauradweg 102, 112, 143
Donausteig 143
Dornbirn 277
douane 21
Dreiländereck 240
duiken 186

Dürnstein 114, 115
Ebensee 157
economie en toerisme 41
Eggenberg, Schloss 174
Ehrwald 273
Eisenerz 185
Eisenstadt 131
Eisriesenwelt 215
Elisabeth, keizerin (Sissi) 47, 89, 95, 100, 159, 219
Enns 144
Erzberg 184, 185
Esterházy's 131, 132
Esterházy, Schloss 131
eten en drinken 25
Eugenio von Savoy, prins 95, 96, 125
Faak am See 240
Faaker See 240
feestagenda 33
feestdagen 34
feesten en evenementen 31
feiten en cijfers 40
Felberntauerstraße 217
Feldkirch 278
Ferdinand II, keizer 171
Ferleiten 219
Feuerkogel 157
Fieberbrunn 220
fietsen 28, 102, 112, 133, 143, 155, 193, 231
Flachau 216
flora en fauna 58
Florianus 145
Fohnsdorf 193
fooien 34
Forchtenstein, Burg 132
Formarinsee 276
Frans Jozef I, keizer 47, 81, 89, 91, 95, 100, 159, 219
Frauenkirchen 133
Freistadt 147
Freundsberg, Burg 265
Friesach 237
Fulpmes 261
Fuschlsee 156
Gailtal 242
Gargellental 279
Garnitzenklamm 242
Gasteinertal 216
Geinberg 149
geld 34
geografie en natuur 40
Gerlitzen 241

Register

Gerlos 267
Gerlostal 267
Gesäuse, Nationalpark 188
geschiedenis 40, 42
gezondheid 35
gletsjer 56, 219, 275
Gmünd (Neder-Oostenrijk) 123
Gmünd (Karinthië) 243
Gmunden 156
Goldeck 243
Goldeck Panoramastraße 243
golf 28
Golling an der Salzach 213
Gosautal 161
Göttweig, Stift 119
Graukogel 217
Graz 166
Greifenstein 114
Grein 114, 146
Gröbming 192
Großdorf 250
Großes Walsertal 279
Großglockner 219, 248, 250
Großglockner Hochalpenstraße 217, 218, 247
Großvenediger 251
Grundlsee 190
Grüner See 186
Gschlösstal 251
Gurk 238
Habsburgers 41, 43, 87, 88
Hafelekar 263
Haibach ob der Donau 143
Hallein 212
Hall in Tirol 264
Hallstatt 160
Hallstattcultuur 160, 161
Hallstätter See 156, 160, 163
Hardegg, Burg 124
Harrer, Heinrich 238
Haydn, Joseph 69, 131, 132
Hechtsee 270
Heiligenblut 247
Heiligenkreuz, Stift 129
Herberstein, Schloss 182
Hermagor 242
Herzogenburg, Stift 109
Hieflau 189
Hintere Gosausee 161
Hitler, Adolf 92, 136, 149
Hochosterwitz, Burg 233
Hochschwab 188

Höfen 274
Hofer, Andreas 260
Hof, Schloss 125
Hohenwerfen, Burg 215
Hohe Nock 154
Hohe Tauern, Nationalpark 217, 219, 247
Hohe Wand 130
Höllental 130
hotels 23
huisdieren 21
Hundertwasser, Friedensreich 65, 98, 176, 181
Hünerkogel 191
Hüttenberg 238
Igls 261
ijzererts 184
Illmitz 133
Imst 275
Inn 149
Innergschlöss 251
Innerkrems 246
Innsbruck 254
Innviertel 149
internet 37
internetadressen 18
Irrsee 156
Ischgl 275
Jenbach 266
jeugdherbergen 23
Johnsbach 189
Judenburg 193
kaarten en gidsen 19
kaas 27, 74, 277
Kahlenberg 99
Kaisergebirge 271
Kaisertal 250
Kalkalpen, Nationalpark 154
Kals 250
kamperen 24
Kanzianiberg 240
Kaprun 220
Karawanken 233
Karel VI, keizer 92
Karinthië 224
Karkogel 214
Karwendel 266
Kefermarkt 148
Kelten 40, 42, 160, 184, 212
kerkelijke feesten 32
Kerschbaum 148
kerstmarkten 32
kinderen 10, 35, 55
Kirchental 221

Kitzbühel 271
Kitzeck im Sausal 180
Kitzsteinhorn 220
Klagenfurt 224
klederdracht 66
kleding en uitrusting 20
Kleinwalsertal 278
klimaat 19
klimmen 28
Klimt, Gustav 91, 92, 93, 98, 140
Klosterneuburg, Stift 99, 114
Klostertal 279
Knappenberg 238
koffiehuizen 27, 101
Kokoschka, Oskar 93, 113, 140
Kopfing im Innkreis 152
Krampus 32, 230
Kramsach 270
Krems 114, 117
Kremsmünster 152
Kremsmünster, Stift 152
Krenglbach 152
Kreuzenstein, Burg 124
Krimmler Wasserfälle 220
Krippenstein 161, 162
Krumpendorf 231
Kufstein 270
kuren 29, 128, 180, 181, 190, 217, 240
Lainzer Tiergarten 100
Lambach, Stift 153
Lammerklamm 214
Landeck 275
Landskron, Burg 241
Launsdorf 233
Lavanttal 233
Laxenburg, Schloss 100
Lech 276, 279
Leeuwenhart, Richard 116, 144
Leoben 184
Logang 220
Leopold I, keizer 50, 171
Leopoldsteiner See 186
Leutasch 272
Lichtensteinklamm 216
Lienz 246
Lilienfeld, Stift 109
Linz 136
Linzer Torte 142
lippizaners 176
Lofener Steinberge 221
Lofer 221
logeren bij de boer 24

287

Register

Loser 190
Lünersee 279
Lungau 216
Lurgrotte 176, 179
Malta 246
Malta Hochalmstraße 246
Maltatal 246
Mandarfen 275
Maria Saal 232
Maria Theresia, keizerin 95, 100, 125, 257
Mariatrost, Basilika 174
Maria Wörth 231
Mariazell 186
Matrei in Osttirol 247, 249
Maurach 265
Mauterndorf 216
Mauterndorf, Burg 216
Mautern in der Steiermark 185
Mauthausen 113, 146
Mayrhofen 267
meiboom 32
Melk, Stift 110, 113
Metnitz 238
Millstatt 243
Millstätter See 243
Millstatt, Stift 243
Mittersill 217
Mölltal 247
Mondsee 156, 158, 207
Montafon 279
Moosham, Schloss 216
Mörbisch am See 133
Mösern 272
mountainbiken 28, 130, 155, 157, 192, 221, 272, 279
Mozart, Wolfgang Amadeus 69, 82, 197, 201, 203, 212
Mühlviertel 147
Mühlviertler Alm 148
Murau 193
Murradweg 193
Murtal 192
Museumsdorf Niedersulz 124
muziek 68
Nassereith 273
Nassfeld 242
Nationalpark Donau-Auen 125
Nationalpark Gesäuse 188
Nationalpark Hohe Tauern 217, 219, 247
Nationalpark Kalkalpen 154

Nationalpark Neusiedler See-Seewinkel 133
Nationalpark Thayatal 124
Naturpark Blockheide 123
Naturpark Sölktäler 192
Neder-Oostenrijk 106
Nepomuk, bruggenheilige 109
Neusiedl am See 133
Neusiedler See 132
Neusiedler See-Seewinkel, Nationalpark 133
Neustift 261
Nibelungengau 113
Niedere Tauern 191
Niedersulz, Museumsdorf 124
Niederwölz 193
Nockalmstraße 246
Nockberge 193
Nockberge, Biosphärenpark 246
noodnummers 36
Nordkette 262
Obermoos 273
Oberberg am Inn 149
Obertraun 161, 162, 163
Oberwölz 193
Obir-Tropfsteinhöhlen 233
Oost-Tirol 224
openbaar vervoer 22
openingstijden 36
Opper-Oostenrijk 136
Ossiach 241
Ossiacher See 240
Ossiach, Stift 241
Ötzi, ijsmummie 42, 274
Ötztal 274
Ötztaler Alpen 274
overnachten 23
paardrijden 29, 133, 148, 155
Palfau 188
parapente 29, 241
Pasterzegletsjer 219
Payerbach 130
Paznauntal 275
Pernegg an der Mur 184
Pertisau 265
Petronell-Carnuntum 126, 127
Pettneu am Arlberg 276
Pfänder 277
Piber, Lipizzanergestüt 176
Pitztal 275

Plansee 274
Pöchlarn 113
Podersdorf am See 133
Pöllau 182
Pongau 215
Pörtschach 231
Postalm 212
Poysdorf 124
praktische informatie van A tot Z 34
Predlitz-Turrach 192
Pressegger See 242
prijzen 24, 34
Puchberg am Schneeberg 130
Pustertal 247
Pustertaler Höhenstraße 247
Pyramidenkogel 231, 234
Rachau 193
Radstadt 214
Raggal 279
Ramsau am Dachstein 191
Rappenlochschlucht 278
Rappottenstein, Burg 122
Rattenberg 270
Rax (Raxalpe) 130
Reichenau an der Rax 130
Rein, Stift 175
reisdocumenten 21
reiseizoen 19
Reith 272
reizen in Oostenrijk 22
reizen met een handicap 36
reizen naar Oostenrijk 21
Reutte 273
Riegersburg, Burg 182
Riegersburg, Schloss 123
Rifflsee 275
roken 37
Romeinen 40, 42, 80, 83, 126, 184, 243, 246
Rossbrand 214
Rotenkogel 249
Ruegers, Schloss 123
Rust 133
Saalach 221
Saalachtal 221
Saalbach-Hinterglemm 220
Salza 188
Salzach 213
Salzachöfen 213
Salzatal 188
Salzburg 196
Salzburger Festspiele 210

Register

Salzburger Seenland 211
Salzkammergut 136, 155, 190
Salzwelten 161
schaatsen 103, 133, 244, 274
Schafberg 158
Schallaburg, Schloss 115
Schärding 150, 152
Schareck 247
Scharnitz 272
Scheffau am Wilden Kaiser 271
Schesaplana 279
Schiele, Egon 93, 114, 140
Schladming 191
Schladminger Tauern 191
Schlägl, Stift 148
Schlögener Schlinge 143
Schloss Ambras 260
Schloss Eggenberg 174
Schloss Esterházy 131
Schloss Herberstein 182
Schloss Hof 125
Schloss Laxenburg 100
Schloss Moosham 216
Schloss Riegersburg 123
Schloss Ruegers 123
Schloss Schallaburg 115
Schloss Tratzberg 265
Schmittenhöhe 220
Schneeberg 130
Schönberg im Stubaital 261
Schruns 279
Schwaz 265
Seckau, Abtei 192
Seeboden 243
Seefeld in Tirol 272
Seisenbergklamm 221
Semmering 130
Silbertal 279
Silvretta Hochalpenstraße 276
Ski amadé 214
Sölden 274
Sölktäler, Naturpark 192
Söll 271
Sonntag 279
Sound of Music, The 206
souvenirs 37
Spittal an der Drau 242
Spitz 113
St. Anton am Arlberg 276
St. Florian, Stift 145
St. Gallen 189
St. Gilgen 212

St. Johann im Pongau 215
St. Johann in Tirol 272
St. Margarethen 133
St. Paul im Lavanttal 233
St. Peter im Holz 243
St. Pölten 106
St. Veit an der Glan 236
St. Wolfgang 158
staat en politiek 41
Staatz 124
Stadl-Paura 153
Stein 118
Steyr 153
Stiermarken 166
Stift Admont 189
Stift Altenburg 119, 121
Stift Göttweig 111
Stift Heiligenkreuz 129
Stift Herzogenburg 109
Stift Klosterneuburg 99, 114
Stift Kremsmünster 152
Stift Lambach 153
Stift Lilienfeld 109
Stift Melk 110, 113
Stift Millstatt 243
Stift Ossiach 241
Stift Rein 183
Stift Schlägl 148
Stift St. Florian 145
Stift Vorau 183
Stift Wilhering 143
Stift Zwettl 122
Stimmersee 270
Strasswalchen 212
Strudengau 113
Stubaital 261
Stuben 276, 279
Stübing 175
Stubnerkogel 217
Stuibenfall 274
Sulz im Weinviertel 124
Swarovski Kristallwelten 264
taal 37
Tamsweg 216
telefoneren 37
Tennengau 213
Thayatal, Nationalpark 124
Thermenland 180
Thierseetal 270
Thurytal 148
Timmelsjoch 274
Tirol 224, 254
toeristenbureaus 18

toeristische woordenlijst 282
tol 21
Tragöss 186
Tratzberg, Schloss 265
Traunkirchen 157
Traunsee 156, 157
Tulln 114
Turken 50
Turracher Höhe 193
Tuxertal 267
Umhausen 274
Valluga 276
veiligheid 37
Velden 231
Vent 274
verkeersregels 22
Vervoermiddelen 21
Vierbergelauf 237
vignet 21
Villach 239
Villacher Alpenstraße 240
Virgental 250
vogels kijken 133
Vorarlberg 254
Vorau 183
Vorau, Stift 183
Vordere Gosausee 161
Wachau 113
Wagner, Otto 65, 91
Wagrain 216
Wald am Arlberg 279
Waldviertel 122
Wallsee 113
wandelen 30, 52, 117, 143, 148, 155, 157, 163, 182, 186, 188, 190, 191, 192, 216, 217, 220, 221, 248, 268, 271, 272, 279
Wasserlochklamm 188
watersport 10, 30, 133, 157, 231, 240, 243, 265, 270, 271, 277
Wattens 264
weer 19
Weinviertel 124
Weißbach 221
Weißenkirchen 114
Weissensee 242, 244
wellness 29
Wels 152
Wenen 80
– Albertina 87
– Belvedere, Schloss 95
– Bestattungsmuseum 99
– Burgtheater 94, 103

Register

- Dom Museum Wien 82
- Donauinsel 102, 103
- Donaupark 99
- Donauturm 99
- Gemäldegalerie der Akademie der bildenden Künste 92
- Graben 86
- Hermesvilla 100
- Hofburg 88
- Hundertwasserhaus 98
- Jesuitenkirche 82
- Kapuzinerkirche en Kaisergruft 87
- Karlskirche 92
- Karlsplatz 91
- Karlsplatzpaviljoenen 91
- Kunsthalle Wien 94
- Kunsthistorisches Museum 92
- Künstlerhaus 91
- Leopold Museum 93
- Madame Tussauds 99
- MAK - Österreichisches Museum für angewandte Kunst/Gegenwartskunst 91
- Michaelerkirche 83
- Mozarthaus Vienna 82
- Museum Hundertwasser 98
- Museum moderner Kunst Stiftung Ludwig Wien 93
- MuseumsQuartier 93
- Musiekverein 91
- Naschmarkt 92
- Naturhistorisches Museum 93
- Neue Burg 90
- Pestsäule 86
- Peterskiche 83
- Prater 99
- Rathausplatz 94
- Riesenrad 99
- Ringstraße 91
- Römermuseum 83
- Schloss Belvedere 95, 96
- Schloss Schönbrunn 95
- Schönbrunn, Schloss 95
- Seccessiongebouw 92
- Spanische Hofreitschule 90
- Stadtpark 91
- Stephansdom 81
- Tiergarten Schönbrunn 95
- Volksgarten 94
- Wiener Rathaus 94
- Wiener Staatsoper 103
- Wienerwald 102
- Wiener Zentralfriedhof 99
- Wien-Karte 80
- Wien Museum Karlsplatz 91
- ZOOM Kindermuseum 94

Wenger Moor 212
Werfen 207, 215
Wiener Alpen 129
Wiener Sängerknaben 89
Wiener Secession 65, 92
Wienerwald 99
wijn 27, 113, 116, 124, 132, 180
Wildspitze 274, 275
Wilhering, Stift 143
Willendorf 113
winkelen 37
wintersport 9, 30, 149, 155, 161, 191, 214, 216, 220, 243, 246, 261, 264, 266, 267, 271, 272, 273, 274, 275, 276, 278, 279
Wipptal 261
Wolfgangsee 158, 212
Wolfsberg 236
Wörthersee 228, 231, 234
Ybbs 113
Zams 275
Zell am See 220
Zell am Ziller 266
Zeller See 220
Zillertal 266
Zillertaler Alpen 268
Zillertaler Höhenstraße 266
Zlan 243
zout 160, 161, 212
Zugspitze 273
Zürs 276, 279
zwemmen 10, 117, 128, 133, 157, 158, 189, 212, 231, 240, 243, 270, 277
Zwentendorf 114
Zwettl, Stift 122
Zwölferhorn 212

Notities

Notities

Notities

Notities

Notities

Fotoverantwoording en colofon

Omslag: iStockPhoto (Bergtesgadener Land) 7reasons: 126 (IKAnt/LBI ArchPro). Achensee Tourismus: 29. Alternatieve Elfstedentocht Weissensee: 245 (Mobach). Badener Kurbetriebsgesmbh: 128. Dachstein im Salzkammergut: 162 (Schöpf). Wikimedia commons: 94 (Thomas Wolf, www.foto-tw.de/CC BY-SA 3.0 DE); 107 (Ralf Roletschek/fahrradmonteur. de); 109 (Haeferl); 118 (Uoaei1); 120 (Karl Gruber); 145 (Dnalor_01); 176 (Keith Roper); 198 (ot); 224, 230 (Johann Jaritz); 241 (Zairon); 268 (Friedrich Böhringer). Donau Niederösterreich: 117 (www.extrem fotos.com). Graz Tourismus: 167, 170, 172 (H. Schiffer). Großglockner Hochalpenstraße: 218 (A. Kalorik). Harry Bunk: 59. Hofburg Wien: 49. LinzTourismus: 137 (Eckerstorfer); 141, 144 (Röbl). Naturpark Kaunergrat (58). Niederösterreich Werbung: 76-77, 122, 130 (M. Liebert); 112 (weinfranz.at). Oberösterreich Tourismus: 38-39, 147 (Erber); 66, 154-155 (Röbl); 160 (Wiesenhofer). Österreich Werbung: 7 (Bartl); 16-17 (Fankhauser); 35 (P. Burgstaller); 46, 52-53, 97, 175, 222 (l) (Trumler); 64 (Rogner Bad Blumau); 68, 280-281 (Wiesenhofer); 69 (Gesellschaft der Musikfreunde); 88, 90, 93 (Lammerhuber); 103 (W. Zajc); 178 (Porizka); 180 (Pigneter); 183, 267 (Homberger); 185, 187 (H. Wiesenhofer); 213 (G. Popp); 214 (Eisriesenwelt); 235 (Markowitsch); 251 (J. Wörgötter); 255, 277 (Mallaun). Österreichische Galerie Belvedere: 83, 98. Planai-Hochwurzen: 191 (H. Raffalt).Region Villach Tourismus: 238-239. Salzburger Festspiele: 70-71 (M. Borrelli). SalzburgerLand Tourismus: 57, 217; 197, 208 (Eva trifft). Schladming-Dachstein: 9, 10, 61 (Raffalt). Schloss Hof: 125 (H. Hurnaus). Stift Klosterneuburg: 100 (M. Zechany). Stift Melk: 111 (M. Liebert). Südtiroler Archäologiemuseum: 274 (EURAC/Samadelli/Staschitz). Tirol Werbung: 24, 272; 8, 63, 72 (B. Aichner); 23 (D. Gigler); 36 (E. Bichler); 75 (Grießenböck); 247 (W. Seebacher); 248 (Fehringer); 259 (L. Hörterer); 262 (Innsbrucker Nordkettenbahn). Tourismus Salzburg: 31, 211, 203 (G. Breitegger). Tourismusregion Klagenfurt: 229 (Kulturer). TV Schärding: 151. TV Traunsee: 11 (Brainpark). TVB Mariazellerland: 188. TVB Osttirol: 5 (Agentur Bergwerk/U. Grinzinger), TVB Paznaun/Ischgl: 26. TVB Saalbach Hinterglemm: 221 (Gensbichler). WGD Donau Oberösterreich TourismusGmbh: 144 (Hochhauser). wimair.at: 159. www.pyramidenkogel.info: 232 (Steinthaler).

Hulp gevraagd!

De informatie in deze reisgids is aan verandering onderhevig. Het kan dus wel eens gebeuren dat u ter plaatse een andere situatie aantreft dan de auteur.

Is de tekst niet meer helemaal correct, laat ons dat dan even weten. Ons adres is:

Uitgeverij ANWB
Redactie KBG
Postbus 93200
2509 BA Den Haag
anwbmedia@anwb.nl

Productie: Uitgeverij ANWB
Coördinatie: Els Andriesse
Tekst en opmaak: Harry Bunk, Barendrecht
Eindredactie: Silke Bouman, Amsterdam
Coördinatie opmaak: Hubert Bredt, Amsterdam
Ontwerp binnenwerk: Jan Brand, Diemen
Ontwerp omslag: Yu Zhao Design, Den Haag
Concept: DuMont Reiseverlag, Ostfildern
Grafisch concept: Groschwitz/Blachnierek, Hamburg
Cartografie: DuMont Reisekartografie, Fürstenfeldbruck

© 2017 ANWB bv, Den Haag
Eerste druk
ISBN: 978-90-18-04003-1

Alle rechten voorbehouden
Deze uitgave werd met de meeste zorg samengesteld. De juistheid van de gegevens is mede afhankelijk van informatie die ons werd verstrekt door derden. Indien die informatie onjuistheden blijkt te bevatten, kan de ANWB daarvoor geen aansprakelijkheid aanvaarden.